U0906926

广东省物流业发展报告

GUANGDONG LOGISTICS DEVELOPMENT REPORT

（2018—2019）

主 编　广东省现代物流研究院

GUANGDONG PROVINCIAL INSTITUTE OF MODERN LOGISTICS

中国财富出版社

图书在版编目（CIP）数据

广东省物流业发展报告．2018—2019／广东省现代物流研究院主编．—北京：中国财富出版社，2020.2

ISBN 978－7－5047－7068－4

Ⅰ．①广…　Ⅱ．①广…　Ⅲ．①物流—经济发展—研究报告—广东—2018—2019　Ⅳ．①F259.276.5

中国版本图书馆CIP数据核字（2019）第271556号

策划编辑 王　靖　　**责任编辑** 邢有涛　王　靖

责任印制 尚立业　　**责任校对** 张营营　　**责任发行** 敬　东

出版发行 中国财富出版社

社　　址 北京市丰台区南四环西路188号5区20楼　　**邮政编码** 100070

电　　话 010－52227588转2098（发行部）　　010－52227588转321（总编室）

010－52227588转100（读者服务部）　　010－52227588转305（质检部）

网　　址 http://www.cfpress.com.cn

经　　销 新华书店

印　　刷 北京九州迅驰传媒文化有限公司

书　　号 ISBN 978－7－5047－7068－4/F·3136

开　　本 787mm×1092mm　1/16　　**版　　次** 2020年2月第1版

印　　张 22　**彩　页** 6　　**印　　次** 2020年2月第1次印刷

字　　数 498千字　　**定　　价** 90.00元

广东省物流业发展报告（2018—2019）

编　委　会

（按姓氏音序排序）

广东省物流业发展报告（2018—2019）

编写人员及支持单位

（编写人员按姓氏音序排序）

主　　编：翁兴根

副 主 编：陈海权　方贵州　曾亮兵

编辑部主任：王俊柳　吴乐燕

主要成员：何碧莹　胡文玥　贾慧君　李玉玲　李泽华
刘　辉　刘瑞瑞　张嘉桀　张艳平　朱佳蕾

支持单位：广东省商务厅
广东省交通运输厅
广东省工业和信息化厅
广东省各地级以上市商务主管部门
广东省各地级以上市交通主管部门

前　言

2018年，在习近平新时代中国特色社会主义思想的指导下，广东省全面贯彻党的十九大和十九届二中、三中全会精神，认真落实党中央和国务院各项决策部署及省委“1+1+9”工作部署，坚持稳中求进工作总基调，贯彻新发展理念，落实高质量发展要求，统筹做好稳增长、促改革、调结构、惠民生、防风险、保稳定各项工作，全省经济社会发展取得新成绩。根据2018年广东国民经济和社会发展统计公报，2018年全省实现地区生产总值97277.77亿元，比上年增长6.8%。广东省物流业继续保持平稳运行，社会物流总额呈上升态势，全社会物流总费用与GDP的比率有所降低，经济运行质量继续提升，物流业的降本增效效果显著。2018年全国社会物流总费用为13.3万亿元，与GDP的比率为14.8%，比上年同期上升0.2个百分点。广东省社会物流总额达到23.9万亿元，占全国的8.44%。全省社会物流总费用为1.38万亿元，与全省GDP的比率为14.2%，物流费用增速进一步减缓，提质增效成果有所显现，反映出物流运行的效率有所提升。全省物流业增加值为7184.56亿元，占GDP的比例为7.39%，占第三产业增加值的比例为13.62%。全年货物运输总量达到424817万吨，同比增长6.0%；货物运输周转量为28642.51亿吨公里，同比增长1.5%。全省快递业务量129.62亿件，同比增长27.9%；快递业务收入1411.73亿元，同比增长23.1%，快递业务规模继续保持全国首位。

2018年，广东省出台了《广东省推进电子商务与快递物流协同发展实施方案》《广东省关于积极推进供应链创新与应用的实施意见》《广东省农村物流建设发展规划（2018—2022年）》等文件，努力贯彻落实国家促进现代物流健康发展的相关政策，结合广东省物流业发展的现状，推进全省物流业更好地发展。依托移动互联网和新技术，广东省内多式联运、甩挂运输、无车承运人、绿色配送等各种先进运输模式不断涌现。截至2018年年底，广东省有4个项目入选国家多式联运示范工程，第一批及第二批国家多式联运示范工程有序推进；有11个国家级公路甩挂运输试点项目、15个省级试点项目，参与企业40余家，开通甩挂运输线路47条，覆盖国内17个省市（区）；有38家物流企业参与开展道路货运无车承运试点；2018年7月，广州、深圳成功入选国家城市绿色货运配送示范工程；广州市成为“2018年国家流通领域现代供应链体系建设试点城市”，有28家企业入选“全国供应链创新与应用试点企业”。总的来说，2018年广东省物流业发展政策环境持续完善、各种先进运输组织方式不断涌现、供应链创新与应用深入推进、降本增效成效显现，全省物流业取得较大发展，对促进广东省经济社会和产业发展做出了重要贡献。

本书自2010年公开出版第一辑以来，一直致力于为读者总结和反映广东省物流业发展实际情况、广东省物流业发展最新动态、广东省物流业发展最新模式、广东省物流业发展先进理念和做法等，积极顺应新的发展形势和热点，题材和内容更加丰富、新颖，更符合广大读者的需求，是读者全面、深入了解广东省物流业发展的重要读物。

本书的编写得到了广东省商务厅、广东省交通运输厅、广东省工业和信息化厅、广东省各地级以上市商务主管部门和广东省各地级以上市交通主管部门等的大力支持，在此致以衷心的感谢！

由于时间和精力有限，书中难免存在错漏，恳请各位读者批评指正，也欢迎各位读者提出宝贵意见。

编　者

2019年10月

目　录

第一部分　综合与专题

第二部分　区域发展

➢ 珠三角地区

第四部分 典型案例

第五部分 政策资料

附　录

第一部分
综合与专题

2018 年我国物流业发展回顾与展望*

2018 年，受国内外形势影响，我国物流业面临严峻挑战，下行压力有所加大。广大物流企业和从业人员迎难而上，扎实工作，深入推进供给侧结构性改革，培育产业新动能，提高供给质量，满足日益增长的社会物流需求，物流运行呈现总体平稳、稳中有进的基本态势。

今后一段时期，我国物流业仍然处于重要的战略机遇期。展望 2019 年，我国物流业将继续运行在合理区间，长期向好的态势不会改变。我们将围绕构建物流强国的目标，努力建设高质量物流服务新体系。

一、2018 年我国物流业发展回顾

2018 年既是我国物流业贯彻党的十九大精神的开局之年，也是推进物流高质量发展的一年。经过一年的努力，我国物流业实现平稳增长，呈现出一些新的特点。

（一）总体运行稳中趋缓

经济下行压力传导到物流业。2018 年，我国 GDP（国内生产总值）首次超过 90 万亿元，同比增长 6.6%，增速较上年回落 0.2 个百分点。中国制造业采购经理人指数（PMI）均值为 50.9%，仍然处于扩张区间，但进入下半年后，PMI 指数连续下滑，12 月落入 50% 以下的收缩区间，经济下行压力加大。受需求偏弱和经济增速放缓影响，物流运行呈稳中趋缓态势。中国物流与采购联合会的统计显示，2018 年全年社会物流总额为 283.1 万亿元，按可比价格计算，同比增长 6.4%，与上年相比增幅回落 0.2 个百分点，且下半年增长速度明显低于上半年，需求规模保持适度增长，增长压力有所加大。中国物流与采购联合会发布的中国物流景气指数全年均值为 53.8%，与上年相比出现小幅回落，中国公路物流运价指数、公路货运效率指数、仓储指数、快递物流指数、电商物流指数等行业指数与上年相比均有不同程度下滑，指数波动频率与幅度加大，行业下行压力有所增大。

---

* 供稿人：何黎明，中国物流与采购联合会会长，发表于《中国流通经济》2019 年第 4 期。

（二）需求结构持续优化

1. 消费品物流成为重要驱动力

2018 年全年社会消费品零售总额突破 38 万亿元，消费对经济增长的贡献率达 76.2%，消费日益成为经济增长主动力。其中，实物商品网上零售额占社会消费品零售总额的比重达到 18.4%，成为消费增长的亮点。消费贡献持续增大，带动消费品物流快速增长。2018 年全年单位与居民物品物流总额 7 万亿元，较上年可比增长 22.8%，远高于社会物流总额平均增速。电商物流继续保持高速增长，电商物流指数中总业务量指数全年均值为 132.4，说明电商物流业务规模与上年相比增长超过三成。受消费物流带动，2018 年全年快递业务量达到 507 亿件，同比增长 26.6%。零担快运、大车队、仓储配送、冷链物流、即时物流等与消费和电商相关的物流领域保持较快增长势头。消费物流引领行业变革，“新零售”驱动物流模式创新，网上下单、门店发货的前置仓模式及数据打通、仓库共享的协同仓模式改变传统市场竞争格局，有效降低物流成本，提高物流时效，提升客户体验，支撑形成国内强大市场。

2. 工业品物流向价值链上游延伸

2018 年全年全国规模以上工业增加值增长 6.2%，总体保持在合理区间。其中，高技术制造业、装备制造业等保持较快增长速度。总体来看，工业物流仍然是社会物流主要需求来源。2018 年全年工业品物流总额 256.8 万亿元，占社会物流总额的 90.7%，较上年可比增长 6.2%。其中，高新技术和装备制造业物流需求保持较快增长，汽车物流、IT 物流、家电物流等领域处于领先水平。2018 年，交通运输制造、电器机械制造和电子通信技术制造物流需求分别增长 13.8%、10.1% 和 10.5%。制造企业物流外包规模扩大、程度加深，供应链物流成为趋势，精益物流、线边物流、物流控制塔等现代物流模式得到推广，运输、仓储等单环节物流外包逐步向全链条集成外包转变，物流一体化、专业化、可视化水平提高，对制造企业降本增效作用持续增强。2018 年，工业和信息化部鼓励服务型制造，一批服务型制造示范企业与示范项目聚焦供应链物流，现代物流业与制造业深度融合，助力制造业高质量发展。

3. 进口货物物流增速有所放缓

2018 年全年货物进出口总额 30.5 万亿元，首次突破 30 万亿元，与上年相比增加了 9.7%，出口额、进口额均创历史新纪录。但是，贸易顺差大幅收窄，进出口货物贸易不平衡减弱，进出口货物物流增速放缓较为明显。2018 年进口货物物流总额为 14.1 万亿元，同比增长 3.7%，增速与上年相比回落 5 个百分点。

（三）社会物流总费用略有上升

1. 保管及管理费用上涨推高了社会物流总费用

2018 年全年社会物流总费用为 13.3 万亿元，同比增长 9.8%，增速与上年相比提高了 0.7 个百分点。社会物流总费用与 GDP 的比率为 14.8%，与上年相比略有上升，其中保管费用和管理费用是推高物流总费用的重要因素。

2. 运输费用明显回落

中国物流与采购联合会的统计显示，2018 年全年运输费用为 6.9 万亿元，同比增长 6.5%，增速较上年下滑了 4.3 个百分点，运输费用与 GDP 的比率为 7.7%，较上年下降了 0.3 个百分点。究其原因，主要是货源增速放缓和运输结构调整。2018 年全年货物运输总量为 515 亿吨，同比增长 7.1%，增速较上年下滑了 2.2 个百分点。其中，铁路货运量完成 40.3 亿吨，同比增长 9.2%，继续保持较高增长速度。国务院办公厅印发《推进运输结构调整三年行动计划（2018—2020 年）》，提出要采取铁路运能提升、公路货运治理、多式联运提升等六大行动。“公转铁”力度持续加大。环渤海地区、山东省、长三角地区沿海主要港口和唐山港、黄骅港的煤炭集港实现由铁路或水路运输。2018 年全年主要港口疏港矿石运量完成 3.11 亿吨，同比增长 11.2%。多式联运渐成结构调整共识，第三批多式联运示范工程项目名单发布。截至 2018 年年底，铁路集装箱业务同比增长 33.4%，七个主要集装箱铁水联运港口铁水联运量同比增长 25%，多式联运成为运输结构调整的重要着力点，助力降低社会物流成本。

3. 保管费用和管理费用有所上涨

2018 年全年保管费用 4.6 万亿元，同比增长 13.8%，增速较上年提高 7.1 个百分点。保管费用与 GDP 的比率为 5.1%，较上年提高 0.4 个百分点。管理费用 1.8 万亿元，同比增长 13.5%，增速较上年提高 5.1 个百分点。管理费用与 GDP 的比率为 2%，较上年提高 0.1 个百分点。保管费用和管理费用的快速上涨是导致物流成本增速较快的主要原因。在保管费用中，资金占用成本增长 12.3%，增速较上年提高 9.6 个百分点，反映了当前实体经济中融资难、融资贵，资金使用效率偏低，存货资金周转速率不高的现状。仓储成本增长 13.3%，增速较上年同期有所加快，物流用地难、用地贵是导致仓储租金总体上涨的主要原因。此外，配送成本、流通加工成本、包装成本等保管费用以及人工成本等管理费用均保持较快增长，推高物流保管费用和管理费用。受存货成本增长影响，企业降低库存的积极性较高，供应商管理库存、零库存、统仓统配等库存管理模式逐步得到推广。下一阶段，降低保管费用和管理费用将成为物流降本增效的重点方向。

（四）物流企业集中度提高

1. 企业兼并重组做大做强

随着资本市场的发展，兼并重组正在成为物流企业补齐短板、实现跨越式发展的重要手段。2018 年，中远海控收购东方海外，有望成为全球第三大集装箱运营企业；顺丰速运收购敦豪（DHL）在华供应链业务，加速向综合物流服务商转型；深圳投控入股怡亚通，打造高端服务产业集群；万科物流并购太古冷链，布局全国冷链物流版图；天地华宇并入上汽物流板块，向综合物流服务提供商全面转型；中铁快运与顺丰速运组建合资公司，发力高铁快运，铁路混改走向深入；中国邮政成立寄递事业部；南航集团组建货运物流企业。龙头物流企业兼并重组活跃，优化自身战略布局和业务架构，加快向多元化、专业化、规模化方向转型。

2. 市场集中度稳步提高

目前，全国物流相关法人单位数量已经接近40万家。一批综合实力雄厚、引领作用突出的龙头企业加速成长，航运、电商、快递、汽车、冷链等细分市场领域涌现出一批达到或超过世界领先水平的标杆企业。截至2019年2月，全国A级物流企业达到5025家，其中代表国内最高水平的5A级物流企业310家。在细分物流领域，星级冷链物流企业60家，星级车队企业118家。中国物流企业50强主营业务收入超1万亿元，进入门槛提高到29.6亿元，市场集中度进一步提高。

（五）物流新动能引领变革

1. 智慧物流创新迎来变革

物流互联网全面连接物流资源，推动物流在线化发展。2018年，全国动态监控货运车辆超过570万辆。菜鸟启动物流物联网（IoT）战略，推动物流数据化转型。物流大数据加快应用，顺丰速运联合多家公司成立供应链大数据平台，深度挖掘行业数据价值。物流无人技术逐步推广，部分城市开展无人驾驶货车道路测试，无人机、无人车、无人仓、无人配送、无人码头等创新应用走在世界前列。语音助手、单证识别、深度学习等人工智能技术得到应用，区块链技术在物流行业的应用开始启动。物流企业数字化转型提速。流程可视化、操作自动化、决策智能化水平成为重点。“互联网+”物流促进协同化模式创新。无车承运试点企业取得积极成效，骨干物流信息平台加快发展，产业平台化趋势显现。以中国外运为代表的物流企业开启智慧物流战略，以全面数字化转型为基础开展运营模式、商业模式、组织模式的全方位重构，推出运易通等一批社会化物流平台，步入产业智慧化转型轨道。越来越多的物流企业加入智慧物流行列，数字驱动、协同共享的产业生态体系逐步完善，产业互联网迎来快速发展期。

2. 供应链新动能逐步发力

2018年，商务部等七部门会同中国物流与采购联合会决定开展供应链创新与应用试点，并审核确定了北京等55个试点城市，TCL集团股份有限公司等269家试点企业。越来越多的制造、商贸和物流企业加快向供应链转型发展。比如，海尔集团本着以用户需求为中心的理念，以工业互联网平台为基础提供社会化服务，使广大中小制造企业享受智能制造服务，助力提升产业链水平。中国物流与采购联合会与工业和信息化部2018年的联合调研显示，我国部分领先企业已经处在供应链外部协同阶段。从平均水平看，我国企业仍然普遍处于从内部集成到管理普及的较低水平发展阶段，供应链创新和应用还刚刚起步，发展潜力和市场空间巨大。

（六）物流基础设施建设提速

1. 交通与物流基础设施补短板

2018 年交通固定资产投资完成 3.18 万亿元。铁路营业里程估计超过 13 万千米，高速公路通车里程超过 14 万千米，沿海万吨级泊位超过 2400 个，综合交通运输网络加快完善。据中国物流与采购联合会调查统计，2018 年全国运营、在建和规划的各类物流园区超过 1600 个。近年来，物流枢纽建设受到重视，湖北省和顺丰速运筹资新建的湖北鄂州民用机场正式获批，建成后有望成为亚太区第一个、全球第四个专业货运枢纽。经国务院同意，国家发展和改革委员会、交通运输部会同相关部门联合发布《国家物流枢纽布局和建设规划》，贯彻落实党中央、国务院关于加强物流等基础设施网络建设的决策部署，科学推进国家物流枢纽布局和建设，计划到 2020 年和 2025 年分别布局建设 30 个和 150 个左右的国家物流枢纽，为建设国家物流枢纽网络奠定良好基础。

2. 物流设施网络化发展渐成趋势

国家发展和改革委员会、国土资源部、住房和城乡建设部公布第二批 27 家示范物流园区名单，物流园区逐步向连锁化、品牌化、智慧化方向发展。传化智联加强网络业务发展，打造共享班车和物流联盟，搭建全国干线运输网络体系。中国物流与采购联合会牵头成立的百驿物联公司搭建社会化服务平台，推动物流园区互联互通。物流企业网络建设力度加大，主要快递快运企业基本建成覆盖城市和农村的快递物流服务网络。阿里巴巴计划投资上千亿元建设国家智能物流骨干网，提出国内 24 小时、全球 72 小时送达目标。国际物流网络受到重视，物流海外仓和国际仓加快网络建设。物流网络成为“一带一路”倡议重要支撑，沿线物流通道与枢纽布局建设力度加大。2018 年，国内已有 59 个城市开通中欧班列，全年开行超过 6000 列。物流通道与园区枢纽联动融合，编织覆盖全国和全球的协同物流网络，打造“通道 + 枢纽 + 网络”的现代物流运行体系。

（七）行业营商环境持续改善

供给侧结构性改革深入推进，简政减税降费政策相继出台并逐步落地。2018 年 5 月 16 日召开的国务院常务会议确定了进一步降低实体经济物流成本的措施，提出了三个方面的九项具体政策。其中，物流企业承租的大宗商品仓储设施用地减半征收城镇土地使用税，挂车减半征收车辆购置税，货车年审、年检与尾气排放检验“三检合一”，取消 4.5 吨及以下普通货运从业资格证和车辆营运证，对货运车辆推行跨省异地检验，推动取消高速公路省界收费站等政策措施已经逐步实施。《快递暂行条例》正式出台，降低物流成本成为国务院大督查重点内容，车辆运输车治理工作圆满结束，交通运输业增值税税率调整，出入境检验检疫划入海关总署，外商投资道路运输业立项审批取消，优化跨省大件运输并联许可，规范公路治超执法行为，绿色货运示范城市创建，规范和优化城市配送车辆通行等政策出台，公平开放、竞争有序的物流行业营商环境持续优化。

（八）基础性工作稳步推进

教育培训、统计、标准、诚信等基础性工作取得新进展。目前，我国已有610多所本科院校和近2000所中高职院校开设了物流专业，在校生规模达50万人，已有60万人参加了物流、采购等方面的职业能力等级培训与认证，多层次、全方位、高素质的物流人才队伍成长壮大。自2004年10月社会物流统计制度建立以来，已经形成了社会物流统计、物流业景气指数、公路物流运价指数、仓储指数、电商物流指数、快递物流指数等系列数据。PMI指数已经成为国内知名、世界上有影响力的观察中国经济走向的风向标。全国物流标准化技术委员会自2003年9月成立以来，已经制定并发布国家标准68项、行业标准52项、团体标准15项。自2007年物流企业信用评价制度建立以来，共评出A级信用企业648家。目前，中国物流与采购联合会在物流服务平台、即时配送等细分领域建立行业非诚信名单机制，强化行业规范自律，引导提升行业治理水平。

二、2019年我国物流业发展展望

（一）发展形势

当前，我国经济运行稳中有变，变中有忧，物流业发展面临的国内外形势正在发生深刻而复杂的变化。面对国内外形势与各种因素的叠加，我国物流业保持平稳增长的难度将更大。自2018年12月以来，PMI指数连续三个月低于50%，尽管其中有春节因素的影响，但指数水平总体低于上年同期。受此影响，物流规模增速将有所放缓，一些制约行业发展的长期性、结构性矛盾将集中显现，结构调整阵痛持续增强，新旧动能转换相互交织，下行压力成为行业面临的突出问题。不过，总体来看，我国物流业仍然处于重要的战略机遇期。预计2019年我国物流业仍将运行在合理区间，社会物流运行效率将继续保持平稳。

1. 不利因素

一是国际形势影响市场预期。当前，世界经济不稳定、不确定因素增加，特别是中美贸易摩擦对企业信心和市场预期的影响不可忽视，国际贸易波动幅度可能加大，国际供应链体系将加快重构，既会对国际航运、国际货代等产生直接影响，也会对国内物流需求产生一定冲击。目前，衡量国际贸易水平的波罗的海干散货运价指数（BDI）持续回落，表明国际贸易摩擦持续发酵对全球贸易和全球物流产生了一定负面影响。

二是国内市场需求增速放缓。国内消费需求保持较快增长，但增速有所下滑，社会消费品零售总额增速多年来首次低于10%，且实物消费增速低于服务消费增速，直接影响社会物流需求增长。快递业仍然保持较高增速，但增速已经连续几年呈放缓态势。此外，房地产开发投资增长受销售放缓和市场调控影响增速可能持续放缓，制造业投资特别是民间投资受投资信心和利润下降影响有继续放缓的可能，会对社会物流需求增长带来不利影响。

三是物流成本高、效率低问题依然严峻。企业成本上涨压力依然较大。资金、人工、能源等要素成本增长较快。物流用地难、用地贵问题日益尖锐，特别是在特大型、大中型城市，服务国内市场的物流配套设施紧缺，拉高了社会仓储成本。物流运输价格持续低迷，公路货运价格已经跌至近五年来最低水平。由于各种运输方式衔接不畅，中间环节多、损耗大，降低运输成本的难度加大。企业物流成本分散在产业链的各个环节，物流服务质量总体偏低，一体化解决方案设计能力和专业化物流服务能力有待提高。

四是环保治理压力持续加大。随着污染防治攻坚战初战告捷，下一步将针对突出问题打好重点战役。按照国务院部署，运输结构调整将持续推进，2020年采暖季前，沿海主要港口和唐山港、黄骅港的矿石、焦炭等大宗货物原则上将转为铁路或水路运输。同时，重点地区将淘汰“国三”及以下排放标准柴油货车100万辆以上，“公转铁”力度将持续加大。柴油货车污染治理攻坚战进入实施阶段，将以高污染高排放柴油货车为重点建立实施最严格的机动车全防全控环境监管制度。柴油车“国六”排放标准正式发布，各地加大车辆环保限行力度，“国三”及以下排放标准的营运柴油货车面临提前淘汰风险，城市电动货车替换仍然面临通行压力，货车通行难问题尚未得到有效缓解。

五是市场营商环境有待持续改善。目前，简政放权、放管结合、优化服务改革进入深水区，行业治理难度日益增加，简政放权之后的放管结合、优化服务还有待深化和创新。物流业管理涉及部门众多，协调难度很大，不适应一体化运作、网络化经营的物流运行模式。近年来，一系列政策措施相继出台，但存在落实不到位、推进速度慢、地方协调难等问题。新兴的“互联网+”物流领域出现新问题，传统监管模式难以满足时代需要，对物流业治理体系和治理能力提出了新挑战。

2. 有利因素

一是物流先导作用逐步显现。当前，服务业对GDP增长的贡献率达到近60%，物流业作为重要的服务产业，其基础性、战略性地位逐步巩固，先导性作用开始显现。党的十九大报告首次将物流基础设施等同于水利、铁路、公路、电网等“网络建设”，进一步提升了物流产业的地位。继全国物流园区规划之后，政府有关部门首次出台《国家物流枢纽布局和建设规划》，决定规划建设一批国家级物流枢纽。加快推进要素集聚与资源整合，充分发挥全国物流网络中关键节点、重要平台和骨干枢纽作用，实现区域物流格局与产业布局重塑，有效支撑“一带一路”建设、京津冀协同发展、长江经济带建设等国家战略落地，推动区域协调发展，培育新的经济增长极。

二是产业链升级面临机遇。国际贸易摩擦在给我国带来严峻挑战的同时，也提供了重要机遇。我国产业链仍处于全球价值链的中低端，供应链掌控能力不足是重要因素。在世界银行最近一期发布的全球供应链绩效指标（LPI）中，中国排名 27 位，与世界发达国家相比还存在一定差距。全球经济已经进入供应链时代，掌控现代供应链体系既是国家竞争力的重要标志，也是现代化经济体系建设的重要内容。国际贸易摩擦加剧要求我们重新审视国家供应链体系安全问题，防范供应链风险，推动先进制造业与现代服务业深度融合，重构国家供应链体系。下一阶段，随着国家供应链试点城市、试点企业工作的推进，将逐步提高产业链水平，有效支撑实体经济，助力经济高质量发展。

三是科技发展孕育发展新动能。新一轮产业革命、技术革命深入推进，成为行业发展的强大引擎。物联网、云计算、大数据、人工智能、区块链等一系列重大技术与产业深度融合，创造行业新业态，“互联网＋”物流模式不断创新。数字经济引领创新发展，产业互联网深入推进，传统物流运作方式和商业模式将被打破，行业新动能不断培育壮大。当然，面对新一轮技术革命，传统物流企业在观念转变和战略转型速度上略有不足。推动广大物流企业拥抱互联网，全面实施物流数字化、智能化改造，积极参与智慧物流生态体系构建，营造数字驱动、协同共享的产业新生态是下一步面临的新课题。

（二）重点工作

2019 年及今后一段时期，要把建设物流强国作为新时代物流业的新使命。建议重点抓好以下工作：

一是做好国家重大战略物流服务保障。落实制造强国战略，推动供应链物流创新；紧抓消费升级战略，重点推动消费物流发展；围绕乡村振兴战略，构建农业农村物流服务体系；根据京津冀协同发展、长江经济带建设、粤港澳大湾区建设、长三角一体化等区域协调发展战略，调整优化区域物流布局；顺应军民融合战略，形成军事物流与社会物流兼容、应急物流与日常物流兼顾的物流服务保障体系；构建符合“一带一路”建设需要的物流服务网络，积极融入全球供应链体系。

二是推动物流业与相关产业深度融合。深入挖掘制造和商贸行业物流需求，寻找新的行业增长点。发展服务型制造，推动产业物流向社会化、服务化转型。充分借助互联网技术构建产业物流融合发展平台，提供平台化、社会化、专业化物流服务。鼓励物流业深度参与各相关产业产前、产中、产后全产业链服务，开展销售、生产、采购及逆向物流预测预警，充分发挥物流业的支撑服务和先导带动作用。

三是引导物流企业转型升级和转换动能。推动物流企业通过兼并重组、联盟合作、上市融资等形式实现规模扩张和资源集聚，尽快树立行业品牌，打造一批实力雄厚、模式先进、行业领先、国际知名的大型物流企业。鼓励物流企业进行技术改造和装备升级，提高自动化、柔性化、可视化、智能化水平以及运行效率和服务能力。打破传统产业边界，推动产业平台化发展，建立和谐共生的产业生态体系。

四是推动物流由降本增效向提质增效转变。进一步降低物流税费、通行、融资、用地、审批等制度性交易成本，使制度创新在降低物流成本方面发挥重要作用。引导物流企业调整资源配置方式与运输结构，进行技术、组织、模式与管理创新，提高物流企业综合竞争力。鼓励工商企业优化物流成本管理，从降低物流企业成本向降低企业物流成本乃至整个供应链物流成本转变。大力推进现代供应链等新模式和智慧物流等新技术的推广应用，降低全链路物流成本，提高物流供给质量和运行效率。

五是加强物流基础设施网络协同。科学规划并实施国家物流枢纽布局，明确物流基础设施用地属性，加强中西部内陆地区、大中型消费城市、重点制造产业集群的枢纽设施配套建设。持续推进物流园区、配送中心、末端网点等物流基础设施短板建设。规划完善城市物流网点布局，科学制定配送车辆通行规则，缓解城市物流“最后一公里”难题。加强区域物流设施有效衔接，促进物流园区示范引领和互联互通，依托行业协会实施全国百家骨干物流园区互联互通工程，发挥社会物流网络整体效能。

六是鼓励供应链创新与应用。推动供应链综合服务平台建设，拓展质量管理、追溯服务、金融服务、研发设计等功能，提供采购执行、物流服务、分销执行、融资结算、商检报关等一体化服务。开展供应链创新与应用试点示范，引导工商企业聚焦整合资源、优化流程、协同创新。加强数字供应链、智能供应链研究，提高供应链数字化、可视化、智能化水平。积极稳妥发展供应链金融，有效服务实体经济。

七是实施智慧物流发展战略。制定智慧物流专项规划，编制智能物流技术装备路线图，开展重大智能技术装备科技攻关。鼓励社会资本设立产业投资基金，推动智慧物流模式创新。出台财税引导政策，解决新技术、新模式、新业态出现的数字化治理问题和政策障碍。鼓励骨干物流信息平台建设，促进物流要素全面连接，实施中小物流企业数字化、智能化改造工程。加强数字物流基础设施建设，建设物流互联网，引导基础设施线上线下融合发展。

八是大力发展绿色低碳物流。有序推进运输结构调整，引导不达标车辆分阶段分步骤退出市场，鼓励清洁车辆在物流领域的应用，引导清洁车辆更新替换，打好柴油货车污染治理攻坚战，加大财政政策支持力度，切忌一刀切。大力推广绿色物流技术，开展绿色物流、绿色配送、绿色仓储、绿色包装等科技攻关，支持液化天然气车辆、仓库屋顶太阳能发电等绿色装备技术应用，鼓励托盘循环共用、集装箱多式联运、挂车共享租赁等绿色装备设施共享。

九是培育高素质物流人才队伍。加强物流领域理论研究，逐步完善物流理论体系、学科体系和专业人才培养体系。深入推进产学研结合，组织专业化、定制化职业培训，提高物流从业人员整体素质。加强社会保障制度建设，改善从业人员工作条件，降低工作风险，提高社会福利待遇。采取多种方式关心关爱物流行业从业人员，增强其获得感、归属感、荣誉感。

十是夯实行业基础工作，提高市场治理能力。充分发挥行业协会在服务企业、服务行业、服务政府等方面的作用，构建符合物流高质量发展要求的指标体系、政策体系、标准体系、统计体系、绩效评价体系，完善行业治理体系和治理机制，推动物流强国建设。重视部门统筹与地方协调，强调已有政策落实，针对出现的新情况和新问题研究制定新的配套政策。进一步深化简政放权、放管结合、优化服务的改革，推广“互联网+”政务服务创新模式，全面推行便民服务措施。开展平台数字化治理工作，创新政府监管平台、平台管理企业的监管方式。充分发挥行业协会作用，推动诚信体制建设，加强社会统筹协调，建立协同治理机制，营造统一、开放、规范、有序的物流营商环境。

2018 年广东省物流业发展回顾与展望*

一、2018 年广东省经济发展总体情况

2018 年，在习近平新时代中国特色社会主义思想的指导下，广东省全面贯彻党的十九大和十九届二中、三中全会精神，认真落实党中央和国务院各项决策部署及省委“1+1+9”工作部署，坚持稳中求进工作总基调，贯彻新发展理念，落实高质量发展要求，统筹做好稳增长、促改革、调结构、惠民生、防风险、保稳定各项工作，全省经济社会发展取得新成绩。

根据 2018 年广东国民经济和社会发展统计公报，2018 年全省实现地区生产总值 97277.77 亿元，比上年增长 6.8%（见图 1-1）。

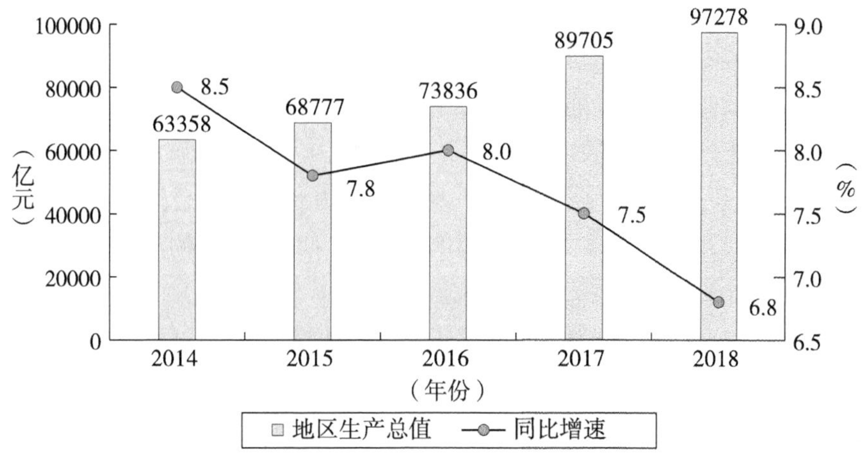

图 1-1　2014—2018 年地区生产总值及增速

注：地区生产总值、各产业增加值绝对数按现价计算，增长速度按可比价计算。

其中，第一产业增加值 3831.44 亿元，增长 4.2%，对地区生产总值增长的贡献率为 2.5%；第二产业增加值 40695.15 亿元，增长 5.9%，对地区生产总值增长的贡献率为 38.6%；第三产业增加值 52751.18 亿元，增长 7.8%，对地区生产总值增长的贡献率为 58.9%。三次产业结构比重为 4.0∶41.8∶54.2，第三产业所占比重比上年提高 0.6 个百分点。在第三产业中，批发和零售业增加值增长 4.5%，住宿和餐饮业增加值增长 2.7%，

* 供稿人：吴乐燕，广东省现代物流研究院。

金融业增加值增长6.3%，房地产业增加值增长3.3%。现代服务业增加值33198.45亿元，增长8.6%。生产性服务业增加值27026.39亿元，增长7.9%。民营经济增加值52611.59亿元，增长7.3%，占地区生产总值的54.1%。2018年，广东人均地区生产总值达到86412元，按年平均汇率折算为13058美元。分区域看，珠三角地区生产总值占全省比重为80.2%，东翼、西翼、山区分别占6.6%、7.4%、5.8%（见表1－1）。

表1－1　　2018年全省分区域主要指标

区域	地区生产总值（亿元）	地区生产总值增长（%）	固定资产投资增长（%）	社会消费品零售总额增长（%）	地方一般公共预算收入增长（%）
珠三角	81048.50	6.9	10.9	7.9	6.2
东翼	6652.12	6.3	15.3	9.0	－1.2
西翼	7450.88	5.4	7.4	9.4	－1.6
山区	5874.45	4.1	7.0	8.9	2.2

资料来源：2018年广东国民经济和社会发展统计公报。

注：由于统计原因，全省合计数据与各区域加总数据不一致，本表保持与统计公报数据一致。

二、2018年广东省物流业发展总体情况

（一）物流行业总体保持平稳发展

2018年，广东省物流业继续保持平稳运行，社会物流总额呈上升态势，全社会物流总费用与GDP的比率有所降低，经济运行质量继续攀升，物流业的降本增效效果显著。2018年全国社会物流总费用13.3万亿元，与GDP的比率为14.8%，比上年同期上升0.2个百分点。广东省社会物流总额达到23.9万亿元，占全国的8.44%。全省社会物流总费用为1.38万亿元，与全省GDP的比率为14.2%，物流费用增速进一步减缓，提质增效成果有所显现，反映出物流运行的效率有所提升。全省物流业增加值为7184.56亿元，占GDP的比例为7.39%，占第三产业增加值的比例为13.62%。全年货物运输总量达到424817万吨，同比增长6.0%；货物运输周转量为28642.51亿吨公里，同比增长1.5%。全省快递业务量129.62亿件，同比增长27.9%；快递业务收入1411.73亿元，同比增长23.1%，快递业务规模继续保持全国首位。

（二）物流支持政策继续加大

2018年，从国家到省级政府高度重视物流业发展，出台了一系列引导物流业健康发展的支持性政策措施。国家层面上，1月，国务院办公厅印发了《关于推进电子商务与快递物流协同发展的意见》，明确了深入实施“互联网＋流通”行动计划，提高电子商务和快递物流协同发展水平，完善电子商务和快递物流协同发展政策法规体系，使衔接更加顺畅。3月，商务部、公安部、国家邮政局、供销合作总社联合发布了《关于组织实施城乡高效配送重点工程的通知》，到2020年，高效配送城市社会物流总成本

与GDP的比率下降2个百分点，仓库利用率达到90%以上，共同配送率达到50%以上，绿色仓库和新能源车辆比例达到30%以上。4月，交通运输部办公厅印发了《关于深入推进无车承运人试点工作的通知》，支持试点企业在城市配送、农村物流、冷链物流等重点物流领域推广无车承运物流模式，鼓励试点企业探索无车承运模式与多式联运、甩挂运输、共同配送等先进运输组织方式融合应用的发展路径。10月，国务院办公厅印发了《推进运输结构调整三年行动计划（2018—2020年）》，提出2020年与2017年相比，全国铁路货运量增加11亿吨、增长30%；全国水路货运量增加5亿吨、增长7.5%；沿海港口大宗货物公路运输量减少4.4亿吨；全国多式联运货运量年均增长20%，重点港口集装箱铁水联运量年均增长10%以上。12月，国家发展改革委、交通运输部联合印发《国家物流枢纽布局和建设规划》，提出到2020年，通过优化整合、功能提升，布局建设30个左右辐射带动能力较强、现代化运作水平较高、互联衔接紧密的国家物流枢纽；到2025年，布局建设150个左右国家物流枢纽。省级层面上，广东省出台了《广东省推进电子商务与快递物流协同发展实施方案》《广东省关于积极推进供应链创新与应用的实施意见》《广东省农村物流建设发展规划（2018—2022年）》等文件，努力贯彻落实国家促进现代物流健康发展的相关政策，结合广东省物流业发展的现状，推进全省物流业更好地发展。

（三）交通建设助力物流业发展

2018年10月24日，历经5年规划、9年建设，前后历时14年，总长约55公里的港珠澳大桥正式开通，极大促进了珠三角东西两岸物流一体化发展，对于推动粤港澳大湾区建设具有重要的意义。2018年，广东省交通建设取得较好成绩，基本建设完成投资1586亿元，创历史新高，超额完成省年计划的32%、交通运输部下达任务的43%。全省公路通车里程21.77万公里，高速公路通车里程9002公里，高速公路通车里程连续五年居全国第一；内河航道通航里程1.21万公里，居全国第二，高等级内河航道1277公里；万吨级以上深水泊位310个，亿吨大港5个；沿海主要港口开通国际航线378条，通达全球100多个国家和地区的200多个港口；完成公路水路客运量10.8亿人次，货运量40.7亿吨，港口货物吞吐量21亿吨，珠三角港口集装箱吞吐量超过6400万标准箱。

（四）各种先进运输组织方式不断涌现

依托移动互联网和新技术，广东省内多式联运、甩挂运输、无车承运人、绿色配送等各种先进运输模式不断涌现。一是多式联运。多式联运已经成为推进广东省综合运输体系建设的“牛鼻子”和“突破口”，加快实施多式联运示范工程项目建设是推进广东省运输结构调整的重要抓手。广东省目前有4个项目入选国家多式联运示范工程，第一批及第二批国家多式联运示范工程有序推进。运行监测数据显示，2018年，第一、二批2个国家示范工程累计开通示范线路7条，参加多式联运企业49家，降低能耗约33万吨标准煤，降低社会物流成本超过91亿元。二是甩挂运输。广东省共有11个国家级公路甩挂运输试点项目、15个省级试点项目，参与企业40余家，开通甩挂运输线路47条，覆盖国内17个省市（区），广东省第四批国家公路甩挂运输试点项目“粤港澳—东盟1+N甩挂运输试点项目”进展顺利。三是无车承运人。截至2018年年底，广东省共有38家物流企业参与开展道路货运无车承运试点，组织开发建设广东省道路货运无车承运人监测平台，指导成立广东省道路货运无车承运人联盟。2018年，无车承运人企业共完成有效订单157.9万单，整合社会零散个体车辆7.1万辆，极大地促进了广东省道路货运业朝集约化、规模化发展。四是绿色配送。2018年7月，广州、深圳成功入选国家城市绿色货运配送示范工程，利用世行全球环境资金，开展绿色货运示范。15家物流企业、1600多台货运车辆加入示范项目，每年节约燃油约1000万升，减少二氧化碳排放约2.63万吨。截至2018年年底，广东省累计推广应用新能源汽车9.8万辆，较2017年新增118%。

（五）智慧物流迎来发展机遇

2018年，从智能仓储、无人分拣到无人机、无人车等新应用，从人工智能、物联网、大数据到人脸识别、区块链等新技术，智慧物流服务开始进入广东省消费者的日常生活，自动化分拣覆盖主要快递企业骨干分拨中心，无人仓在行业内逐渐推广应用。申通快递新建及改扩建场地共投入自动化分拣设备超过100套，其自主研发的国内首条超高速交叉带分拣系统已经投入使用；德邦快递在深圳枢纽、顺德枢纽引入交叉带自动分拣系统，使智能分拣柜模式切换成交叉带自动分拣模式；百世集团上线了智能仓储机器人、料箱搬运机器人、多层穿梭车系统等；京东物流宣布投用全国规模最大的机器人仓群，不同层级的无人仓数量达到50个，负责分拣、存储、搬运的各类机器人超过20种。

（六）供应链创新与应用深入推进

当前，全球国家间竞争的主线日益深化为全球供应链之间的竞争。广东省作为全国供应链创新与应用前沿地，供应链步入全新的业态领域。为深入贯彻落实《国务院办公厅关于积极推进供应链创新与应用的指导意见》（国办发〔2017〕84号）精神，加快供应链创新与应用，高效整合产业和区域资源、要素，提高全省供应链的核心竞争力，促进经济提质增效、高质量发展。2018年8月，广东省商务厅等6部门印发了《广东省关于积极推进供应链创新与应用的实施意见》，提出广东省要成为亚太地区重要的供应链中心。广州市成为“2018年国家流通领域现代供应链体系建设试点城市”，省内的宝供物流企业集团有限公司、佛山众陶联供应链服务有限公司等28家企业入选“全国供应链创新与应用试点企业”。

（七）各地高度重视农村物流发展

为贯彻落实中央、省委、省政府实施乡村振兴战略的工作部署，加快完善广东省农村物流基础设施，加强农村物流配送体系建设，提高广东省农村物流现代化水平，广东省商务厅组织团队对全省农村物流发展情况进行了全面摸底调查，并结合其他省乡村经济发展经验，联合多个部门共同印发了《广东省农村物流建设发展规划(2018—2022年)》。广东省各地市也高度重视农村物流发展，纷纷启动了地市农村物流规划编制工作，引导本地资源构建农村物流网络体系、规范农村物流市场、提高农村物流运行效率。

三、广东省物流业发展存在的主要问题

（一）社会物流成本仍然偏高

2018年广东省全省社会物流总费用与GDP的比率为14.2%，与欧美发达国家相比，还有较大差距。社会物流总费用与GDP的比率过高的原因是多方面的，既有管理方面的，也有市场方面的。管理方面，一是分散、多头及复杂的管理机制和缺位甚至错位的管理工作增加了协调成本，在一定程度上也对先进技术和高效的运输组织方式的引入和推广形成了障碍；二是由于多部门的联合管理，带来了较多的行政罚款，有时会出现同一个问题被罚款多次的情况，给企业造成了较大的成本负担，以罚代管的方式不利于物流行业的健康成长。市场方面，一是过高过多的公路通行费、港口堆场使用费等造成高额的运输成本，尽管2018年广东省从简政放权、减费降负入手推动物流业的“降本增效”，并且效果显著，但过路、过桥费对于物流企业仍是一个过重的成本负担；二是仓库租金的上涨成为除运输、人力、成本外压在物流企业身上的新包袱，2018年珠三角的仓库租金一年内平均增长了10%以上，广州、深圳等一线城市仓库的平均租金早已超过1元/天·平方米；三是物流市场诚信体系远未建立，由此带来了高昂的交易成本。

（二）物流业信息化程度有待提高

与大型跨国物流企业相比，广东省大部分物流企业的信息化建设还处于初级阶段，据统计，广东省物流企业约95%为中小型企业，利润较低，收入不稳定，在公司资产投资方面，均倾向于重硬件，轻软件，物流信息化和物流新技术应用水平比较低，信息化滞后已成为广东省物流业发展的一大障碍。目前，广东省物流行业信息化标准缺失，部门之间、地区之间、企业之间信息格式不统一、数据接口不统一，物流企业的信息系统自成体系，产业链上下游的信息平台也难以对接，造成制造业和物流业联动困难，物流软件行业缺乏龙头企业去担当行业标准的倡导者，冷链物流等特殊物流行

业的标准制定也落后于物流业的发展，相关政策法规体系还需进一步完善健全。

（三）物流行业集中度不高

广东省物流企业实力和层次参差不齐，既有营收上百亿、业务范围遍及国内外、排名全国前列的大型企业集团，如顺丰控股股份有限公司、招商局物流集团有限公司等，也存在众多无证无牌、无车无场的个体小户。多数物流企业只靠几辆货车和几个司机就开始营运，与现代化物流企业相差巨大，并且由于这些物流企业成本低、经营方式灵活，靠廉价优势占领了相当一部分市场份额，不利于物流市场的健康发展。广东地区物流需求比较分散，单个需求量较小，大型物流企业不能灵活满足其需求，而普遍存在的中小型物流企业因为灵活的经营方式则恰好适应其需求，抢占了很大一部分物流市场，导致广东地区的物流行业集中度不高。

（四）高端专业化物流仓储设施稀缺

广东省发达的电子商务为快递的迅速增长提供了有力支撑，2018 年全省快递业务量 129. 62 亿件，同比增长 27. 9%。快速增长的快递业务量需要高效的物流设施去处理，仓储作为处理快递业务量的核心，业务对其相关设施设备的要求越来越高。由于广东省电子商务的仓储和配送很大一部分是 B2C 模式的，货物品种繁多，需要高效的物流拣选设备辅助去完成如此大的作业量，因此对仓储物流的要求更加个性化，货品出入库比 B2B 更复杂。随着最近几年电商企业订单呈几何级的态势增长，电商企业对物流仓储单体面积要求增大，仓储物流也呈现了向空中发展的趋势，高层立体化仓库的市场需求旺盛。高端立体化物流仓储设施不仅可以帮助客户进行业务整合、优化库存水平，还能减少人员投入成本。由于历史原因，现阶段珠三角区域仓储的单体面积普遍过小，多为 1 万 ~3 万平方米，仓库周边交通拥堵且设施简陋、仓库布局不合理，加之珠三角仓储物流用地日益稀缺和地价上涨，很难有交通区位条件优越的大面积土地可供建设高端立体化仓库，难以有效满足大型企业对高端专业化仓储设施的需求。

（五）农村物流网络体系不完善

当前广东省农村物流较为落后且不平衡，粤东西北地区农村物流发展水平和珠三角地区农村存在很大的差距。一是粤东西北农村物流基础设施薄弱，与自身需求不相匹配：乡镇人口占比达 67%，但作为农产品主产区，未铺装路面总里程占比达 81%，快递和货物周转量只占 10% 左右，一些偏远村庄几乎没有物流网点，快递及物流需求没有得到有效满足。二是农村物流成本较高，由于广东农村多丘陵，土地适度规模经营占比仅为 25%，农业种植分散和农村人口低密度分布，导致农产品运输和物资配送成本上升。三是农村物流信息化水平较低，缺乏物流信息平台、车货匹配平台等信息手段支持，农村物流企业多数以线下揽货方式为主，物流供需无法有效对接，仅限于提供简单的运输服务，不能运用信息技术实现货物跟踪调配、物流信息查询、智能化配送等，经营模式低端粗放，无法满足现代化物流发展需要。四是多头管理缺乏整合，长期以来，我省物流业存在“多头参与、条块分割”的情况。发改、交通运输、商务、自然资源、农业农村、供销、邮政等部门职能与农村物流业务均相关，部门间既存在职责交叉又存在信息壁垒；每个部门均有涉农资金和政策，但资源分散，存在整合不够、效率不高的问题。

（六）物流诚信体系尚未建立

当前，我国物流诚信体系尚未建立，广东省作为物流大省，物流市场失信行为屡见不鲜。一是法律体系不完善，失信违约成本低，现代法律法规没有涵盖所有的失信行为，也没有明确的法律法规和约束机制，这就给部分物流企业和个体户的失信提供了钻法律法规空子的机会。二是物流信息化水平较低，各方信息不对称，广东省物流企业信息化建设仍处于较低的阶段，大部分物流企业缺乏运用现代信息技术处理能力。三是诚信教育不足，物流从业人员信用意识淡薄，由于传统观念的影响，无论个人、企业，还是市场，均缺乏诚信教育和学习动力，使得社会主体普遍缺乏诚信意识和道德观念。四是缺乏技术手段约束失信行为，不能对物流市场失信行为进行惩戒，导致劣币驱逐良币现象严重。

四、促进广东省物流业发展的措施建议

（一）深入推进运输结构调整工作

广东正在举全省之力推进建设粤港澳大湾区，携手港澳打造世界级城市群和国际一流湾区，共同深度参与“一带一路”建设。推进粤港澳大湾区融合发展要求交通物流发挥基础性、先导性作用，运输结构调整是粤港澳大湾区交通物流融合发展的先手棋，是绿色交通、绿色湾区经济发展的助推器。2019 年是国家推进运输结构调整三年行动计划的第二年，广东省将按照《广东省推进运输结构调整实施方案》（粤府办〔2019〕8 号），在升级水运系统、提升铁路运能、发展多式联运、推进绿色运输、加强货运治理五个方面着重下大力气，着实推进运输结构调整，力争在 2020 年完成方案目标，助力打赢蓝天保卫战、打好污染防治攻坚战，让粤港澳大湾区物流运输更加安全、便捷、高效、绿色、经济。

（二）打造内通外联、高效便捷的交通基础设施网络

一是完善大湾区对外综合运输通道和内部快速交通网络。重点推进深中通道等续建高速公路建设项目，确保虎门二桥年内建成通车，加强大湾区内高速公路与城

市道路的有效衔接。二是积极推进世界级港口群建设，完善港口集疏运体系，增强广州、深圳国际航运综合服务功能。推进广州、深圳等沿海主要港口的疏港铁路建设，支持大型综合性物流园区集疏运体系建设，优先发展集装化货物的多式联运，积极推动东莞石龙、深圳盐田港国家多式联运示范工程建设，构建高效运行的多式联运体系，打造连接“一带一路”的国际物流大通道。三是优化交通枢纽与物流节点空间布局，加强空港、海港、公路港等枢纽的功能定位、建设标准的衔接，强化枢纽物流功能，完善枢纽集疏运系统，实施铁路引入港口和物流园区工程以及枢纽周边道路畅通工程。

（三）推进城乡配送一体化建设

深入实施《广东省农村物流建设发展规划（2018—2022年）》。一是建立完善广东省县、乡、村三级物流配送网络和“多站合一”物流节点建设，健全粤东西北地区和欠发达乡村的交通运输物流网络，提高城乡物流配送通达度。二是强化城市配送发展的顶层设计，健全城市配送管理体制，建立城市配送管理工作综合协调机制，加快完善城市配送基础设施网络，加大对城市配送通道建设投入，构建干支衔接、通行顺畅的城市配送通道网络，加快推进公用型配送中心、共同配送中心、分拨中心、末端配送节点规划建设，形成完善的城市配送基础设施网络，加快城市配送车辆下乡，积极布局城乡一体化配送市场。三是推动农商互联，完善农产品供应链项目实施。促进农产品流通企业与新型农业经营主体进行全面、深入、精准对接，重点加强农产品产后商品化处理等流通设施建设，不断提高订单农业、产销一体、股权合作等长期稳定的农产品流通模式在农产品流通中的比重，实现联产品、联设施、联标准、联数据、联市场，打造上联生产、下联消费，利益紧密联结、产销密切衔接，长期稳定的新型农商关系，构建符合新时代农产品流通需求的农产品现代供应链体系，提升农产品供给质量和效率。

（四）加快物流标准化建设

一是充分落实现有标准体系建设文件要求。发挥政府部门的组织和引导作用，贯彻落实《广东省人民政府关于印发广东省国家标准化综合改革试点建设方案的通知》等相关文件的要求。二是鼓励物流标准化模式创新。以标准托盘及其循环共用为主线，鼓励广东省商贸流通标准化试点城市和重点推动企业推广“集团整体推进”“供应链协同推进”“平台整合推进”等成熟模式。在此基础上，结合试点城市自身条件，探索推动标准化工作的新模式。三是发挥行业龙头物流企业引领作用。对大中型物流企业信息系统进行整合，构筑统一的物流信息平台，消除物流企业间、行业间的物流信息壁垒。四是重视对物流标准化人才的培养。在高校和职业技术学校的物流管理相关专业开设物流标准化课程，培养物流标准化中高端人才。

（五）推进物流诚信体系建设

全面推进广东省物流诚信体系建设。一是加强物流信用服务机构培育和监管。政府部门要加大对物流信用服务机构的培育力度，引导物流信用服务机构加强自身信用建设，同时要切实加强物流信用服务机构监管，建立严格的准入与退出机制。二是推进信用记录建设、共享及应用。运输、公安、商务、工商、海关、质检、税务等相关政府部门要健全信用信息采集机制，在本部门管理信息系统的基础上，及时、准确地记录各类物流企业的基础信息和信用记录，在保障信息安全的前提下向社会信用服务机构有序开放和共享，推动物流业信用记录在全社会的广泛应用。三是构建守信激励和失信惩戒机制。政府部门应对诚实守信者在资质审核、资金支持、物流企业分类评估、行业评优评先等方面给予优先考虑和支持，对失信者采取多渠道、多形式、多主体的惩戒方式，提高失信成本，使其“一处失信、处处受限”。四是建立和完善物流信用法律法规和物流信用标准。使物流信用信息采集、查询、披露、应用、共享、信息安全等有法可依，同时研究制订物流行业信用信息采集分类共享、物流业信用评价指标体系、物流企业诚信管理体系等标准，形成物流业信用建设的标准体系。五是加强企业诚信制度建设。推动形成行业诚信文化，引导物流企业树立诚信经营理念，督促企业加强信用管理制度建设，借助不同类型媒体，向广大物流从业者普及与诚信相关的法律法规知识，宣传物流业诚信规范，主动抵制和举报行业各种失信行为，形成崇尚和践行诚信的行业文化。

2018 年广东省交通运输发展回顾与展望*

一、2018 年广东省交通运输发展总体情况

2018 年是全面贯彻党的十九大精神的开局之年，是改革开放 40 周年和决胜全面建成小康社会的关键之年。2018 年，创下多项世界之最的港珠澳大桥建成通车（世界总体跨度最长、钢结构桥体最长、海底沉管隧道最长，公路建设史上技术最复杂、施工难度最大、工程规模最庞大的桥梁）。全年广东省交通基本建设完成投资 1586 亿元，创历史新高，超额完成省年计划的 32%、交通运输部下达任务的 43%。全省公路通车里程 21.77 万公里，高速公路通车里程 9002 公里，连续五年居全国第一；内河航道通航里程 1.21 万公里，居全国第二，高等级内河航道 1277 公里；万吨级以上深水泊位 310 个，亿吨大港 5 个；沿海主要港口开通国际航线 378 条，通达全球 100 多个国家和地区的 200 多个港口；完成公路水路客运量 10.8 亿人次，货运量 40.7 亿吨，港口货物吞吐量 21 亿吨，珠三角港口集装箱吞吐量超过 6400 万标准箱。

（一）交通基础设施加速成网

一是高速公路建设加快推进。港珠澳大桥、武深高速仁博段二期、汕昆高速龙怀二期等 15 项 769 公里新建、改扩建项目建成通车，新增通车里程 655 公里，“省市合建”高速公路地方资本金到位率 100%。61 项 3429 公里在建项目进展顺利，虎门二桥主线贯通，深中通道进入全面建设实施阶段。沈海高速开平至阳江段、阳江至茂名段扩建、中山西环高速等 7 项如期开工。粤港澳大湾区互联互通、辐射国内外的现代化运输体系加快形成。二是“四好农村路”建设有序推进。完成农村公路发展规划和 2019—2020 年“四好农村路”规划建设方案的编制工作，争取省财政全额负责粤东西北等欠发达地区窄路基路面加宽、生命防护工程和危桥改造三项工程建设资金。三是普通公路建设养护有效推进。完成普通国省道新改建 277 公里、路面改造 636 公里、农村公路建设 4737 公里，顺利完成年度省“十件民生实事”有关交通任务。四是港航工程建设持续推进。北江航道扩能升级主体工程施工全面展开。汕头港广澳港区航道二期工程等 8 个项目如期完工，广州港南沙港区四期工程等 10 个项目开工建设。

---

* 资料来源：根据李静《在 2019 年全省交通运输工作会议上的讲话》整理。

（二）客运服务保障能力不断增强

推进道路客运改革试点，规范互联网城际客运管理，全省436家三级以上汽车客运站实现联网售票。港珠澳大桥穿梭巴士运营测试及开通工作顺利开展，粤港澳三地交通出行更加便利。深入实施公交优先发展战略，广州、深圳获国家公交都市建设示范城市称号，全国交通一卡通终端设施实现全省21个地市市区公交100%覆盖。全力推进交通行业“厕所革命”，完成178对高速公路服务区（停车区）厕所整治提升。基本公共服务均等化加快推进，全省18674个建制村开通农村客运，具备通车条件的建制村通客车率达100%，公共交通服务指数为100。全面加强农村客运站亭建设，农村客运站亭精准扶贫项目完成率达100%。

（三）加快推动运输结构调整工作

广东省人民政府办公厅印发《广东省推进运输结构调整实施方案》，出台广东省进一步鼓励开展多式联运工作实施方案，加快构建铁路、公路、水路和航空等有效衔接的综合交通运输体系。大力发展多式联运、无车承运、甩挂运输等先进货运组织方式，支持“互联网+高效物流”新业态发展。推动粤港澳大湾区内水上高速客运互通，助推大湾区便捷交通圈建设。

（四）交通运输“放管服”改革不断深化

2018年，广东省大力推进实施高速公路通行费优惠措施，全年减免通行费78亿元。梳理编制交通运输系统省市县三级行政权力通用目录，完成部门行政权力事项实施清单“十统一”。全面取消营运货车二级维护强制检测，推进全省道路货运检验检测改革工作。落实大件运输“一扇门”办理和“首站式”服务，许可办理时限压缩一半以上。创新收费公路融资渠道，发行政府收费公路专项债券71亿元，促进政府收费公路事业持续健康发展。落实还贷资金，防范化解债务风险，置换存量债务167.65亿元。

（五）交通运输合规化治理效果显著

广东省交通运输行业监管日益强化，2018年共查处交通运输违法案件约20万宗，治超非现场执法成效显著，高速公路货车超限率下降到1.0%，同比下降70%，全面铺开普通公路治超非现场执法。有序推进全省道路客运变相挂靠排查整治工作。广东省不断加快网约车合规化进程，网约车驾驶员证、运输证核发量居全国前列。

（六）智慧绿色交通和科技创新发展取得实效

一是智慧交通加速发展。新一代国家交通控制网和智慧公路试点省份建设稳步推进。广东省继续牵头主办第四届中国（小谷围）“互联网＋交通运输”创新创业大赛。推进交通运输行业“数字政府”改革建设。综合交通数据中心建设不断完善，着力加强节假日智慧出行支撑保障服务。开通全国首条高速公路主线 ETC 自由流，ETC 车道及用户数量继续保持全国领先。在全省 36 个高速公路在建项目运用“双套制”电子档案管理，持续推进深中通道项目电子文件归档和电子档案管理“单套制”国家档案局试点工作。二是交通科技创新成果丰硕。港珠澳大桥科研已获国内 27 项省部级科技奖项，建设过程中积累形成的数百项发明专利和科技成果将推动深中通道等后续跨海通道工程的发展。虎门二桥 1960 兆帕悬索桥主缆索股技术研究获中国公路学会特等奖。三是绿色交通建设持续推进。加快绿色交通省建设。全面开展行业新能源汽车推广应用工作，全省新能源营运车辆 8.1 万辆，增长 72.3%，规模全国领先。广州、深圳被列为全国绿色货运配送示范工程创建城市。深入开展绿色公路建设，选定惠清高速等一批省级绿色公路创建示范项目。深入实施大宗货物绿色运输北江示范项目，沿江大宗散货陆转水比例显著提升。电子航道图里程达 1421 公里，内河高等级航道覆盖面达 100%。港口岸电项目建设加速推进。

二、2019 年广东省交通运输发展展望

（一）扎实推进构建粤港澳大湾区综合交通体系

加快完成粤港澳大湾区交通基础设施互联互通专项规划编制，配合交通运输部开展粤港澳大湾区综合交通运输规划研究，尽快出台支持粤港澳大湾区交通发展的实施方案。做好珠三角跨界公路（道路）建设、全省沿海港口布局规划（修编）和珠江口锚地规划等研究工作。继续打造内通外联、高效便捷的粤港澳大湾区交通基础设施网络。完善大湾区对外综合运输通道和内部快速交通网络，重点推进深中通道等续建高速公路建设项目，确保虎门二桥年内建成通车，加强大湾区内高速公路与城市道路的有效衔接。积极推进世界级港口群建设，完善港口集疏运体系，增强广州、深圳国际航运综合服务功能。继续打造高品质出行服务体系。加强港珠澳大桥设施“硬联通”和机制“软联通”，以科技创新为核心动力，以人工智能为抓手，切实提升大桥运维水平。积极与港澳、相关部门、珠海市等各方协同配合，确保用好管好港珠澳大桥，发挥好大桥的示范效应。优化运输结构布局，推动广州—深圳国际性综合交通枢纽建设，进一步提升运输服务一体化和智能化水平，推进建立公交化、多元化的城际客运系统和以多式联运为特色的货运物流体系，优化拓展连通港澳与珠三角主要城市的高速水上客运航线网络。

（二）全力构建现代化综合交通网络

一是有序推进高速公路和国省道建设。稳步推进 62 项（段）3193 公里续建高速公

路建设项目（含计划通车项目）。建成通车虎门二桥、汕湛高速清远至云浮段、河惠莞高速龙川至紫金段等10项工程总计483公里。新开工宁莞高速潮州东联络线等3项工程总计60公里。持续打通省际、市际的“断头路”“瓶颈路”。抓紧开展黄茅海大桥、莲花山通道和狮子洋通道等32项重点项目前期工作。加强国省道提升改造工作，按要求推进滨海旅游公路和南岭生态旅游公路项目前期工作。二是加速推进“四好农村路”建设。抓紧落实韶关、河源、梅州、清远和潮州5个先行市“四好农村路”高质量发展试点示范工作。重点实施乡镇和建制村“畅返不畅”路段整治，危桥改造，生命防护工程、产业路、旅游路、砂土路和等外路改造，200人及以上自然村硬化路等农村公路建设，实现农村公路的高质量发展，为打赢扶贫攻坚战、乡村振兴战略提供支撑。三是积极推进水运建设。加快推进崖门出海航道二期、东江、北江上延、韩江、横门出海航道二期、矾石水道等航道项目前期工作。加快北江航道建设，推进东江航道复航工作，共同打造珠江黄金水道。新增内河高等级航道里程120公里。建成广州南沙国际邮轮码头工程、联石湾船闸工程等10个项目，开工建设广州港南沙港区粮食及通用码头扩建工程等8个项目。四是加快项目储备。推动省市协调联动，补好普通国省道、农村公路和水运等领域短板，谋划一批重点交通基础设施项目，增强发展后劲和潜力。加大前期工作力度，提前落实建设条件，大力推行“四好农村路”涉农资金整合“大专项＋项目清单”管理模式，实现“资金等项目”到“项目等资金”的观念转变。继续创新投融资方式，充分利用政府专项债筹集建设资金，发挥市场机制和社会资本作用，研究解决交通建设长期资金来源问题。

（三）推动交通运输体制机制改革

一是深化体制机制改革。深化交通运输综合行政执法改革、高速公路路政队伍改革，推动公益三类、生产经营类事业单位改革。推进综合交通运行监测和应急处置中心建设，提升行业应急指挥和信息服务能力。推动省内港口资源优化整合和琼州海峡港航资源整合，开展珠江口航道管理体制机制研究，积极推动北江船闸统一管理。做好道路客运改革试点评估工作。积极探索以市场化的路径破解发展瓶颈，充分借助市场力量加快交通运输领域新旧动能转换和高质量发展，深化政企合作，加强与移动、电信、联通、腾讯、华为、中国平安、阿里巴巴等企业深度合作。二是继续落实“放管服”改革各项工作。科学优化交通项目审批事项，简化审批、优化流程、压缩时限，切实提高交通基础设施审批效率。深入开展企事业单位和群众办事创业“堵点”“痛点”问题研究梳理工作。继续加快推进“信用交通省”创建工作，进一步推进信用信息归集共享和信用信息公示。抓好各重点领域信用评价，进一步拓宽联合奖惩项目，继续将联合奖惩一键式嵌入各行业领域行政审批流程工作中。三是加快改革事项落地。统筹推进改革试点经验总结和复制推广。积极探索驾培行业联合监管模式。巩固道路货车“三检合一”改革成果，全面实施道路货运车辆异地检验，推行异地年审。完善汽车维修电子健康档案系统建设，推进机动车维修业转型升级。继续推进广东交通工程建设项目电子档案的研究和普及工作。四是大力推进物流业“降本增效”。制定全省高速公路服务区（停车区）、视频监控、收费站等服务管理规范。研究制定高速公路差异化收费试点方案。大力推进大件运输“主通道”规划和针对性维修改造。到2019年年底，全省实施货车八五折优惠的高速公路里程超过5500公里。

（四）扎实推进运输结构调整工作

通过强化基础设施顺畅衔接、加快运输组织模式创新等，推进运输结构调整工作，在全省范围内开展升级水运系统、提升铁路运能、发展多式联运、推进绿色配送、加强货运治理五大行动，切实提升运输服务水平。推动城乡客运一体化、城乡物流配送一体化发展和公共交通优先发展。积极推动航运金融、航运保险、航运交易发展，探索建立第三方船舶管理市场，助推船舶大型化、专业化发展，助推航运企业转型升级。鼓励发展航运电商，减少货主与航运企业之间的环节；鼓励“穿梭巴士”“驳船联盟”发展模式，提升中小民营水运企业竞争力。服务好实体经济发展，切实维护民营企业和在华外企涉及交通的合法权益。

（五）探索交通运输创新发展新路径

制定广东省“数字交通”建设规划概要。创新驱动加快发展智慧交通，着力推进新一代国家交通控制网和智慧公路试点省份建设，大力推进港珠澳大桥智慧运维的科技创新攻关。推动“互联网+交通运输”融合发展，继续开展中国（小谷围）“互联网+交通运输”创新创业大赛。建设完善国家综合交通运输信息平台广东节点，建成交通运输政务信息资源共享交换平台。打赢交通行业蓝天保卫战。加快“绿色交通省”建设。优先发展城乡和区域一体的公共交通体系。开展绿色公路示范工程建设。实施全省内河港口岸电设施全覆盖工程。加快新能源营运车辆及LNG（液化天然气）、电力等清洁能源动力船舶的推广应用。加快推进大宗货物绿色运输北江示范项目建设并做好总结推广。继续配合做好珠江口地区排放控制区建设，减少船舶排放提升防污染能力。

2018年广东省铁路货物运输发展回顾与展望*

2018年，中国铁路广州局集团有限公司认真落实“交通强国、铁路先行”的工作主题，以走在全路前列为目标，着力构建“三位一体”安全保障体系，强化货运营销策略，推进落实货运增量行动，实现了集团货运安全持续稳定和上量增收。

一、2018年广东省铁路货物运输发展总体情况

（一）货物运输总量持续增长

2018年，广东省铁路货物运输总量（不含南宁局管辖部分）9733.3万吨，比2017年增加471.8万吨，增幅5.1%。其中货物发送4270.6万吨，同比增加245.8万吨，增幅6.1%；货物到达5462.7万吨，同比增加226.0万吨，增幅4.3%，如表1－2所示。

表1－2　　2017、2018年广东省合资（地方）公司铁路货物运量　　单位：万吨

合资公司		发送			到达		
		2017年	2018年	同比增长率（%）	2017年	2018年	同比增长率（%）
广深公司	广坪段	574.0	564.4	－1.7	2179.6	2145.2	－1.6
	广深段	1013.8	1006.2	－0.8	396.4	328.8	－17.0
三茂公司		1071.8	1034.3	－3.5	1555.7	1453.7	－6.6
广梅汕公司		614.3	642.4	4.6	724.7	948.2	30.8
平南公司		10.8	9.3	－13.9	26.6	19.4	－27.1
广东地铁公司		72.0	83.8	16.4	134.4	234.2	74.3
粤海公司		9.3	10.6	14.0	48.7	68.3	40.3
广珠公司		658.7	880.2	33.6	170.7	162.8	－4.6
茂湛公司		—	39.3	—	—	102.0	—
合计		4024.7	4270.6	6.1	5236.7	5462.7	4.3

* 供稿人：陈敏，中国铁路广州局集团有限公司货运部。

（二）货运增量取得突破

坚持稳大宗、增白货、抓营销、提效率、强管理，扎实有效推进货运增量行动，货运上量增收取得显著成效。2018 年，中国铁路广州局集团有限公司（含广东、湖南、海南）累计发送货物 9571 万吨，同比增加 633 万吨，增幅 7.1%；货运收入 99.32 亿元，同比增加 4.1 亿元，增幅 4.3%；日均装车 4739 车，同比增加 225 车，增幅 5%。自 2012 年以来，集团公司装车数、发送货物量、货运收入实现连续两年同步增长。

1. 制订方案，推进“货运增量行动”

贯彻落实中央打赢蓝天保卫战战略部署和“调整运输结构、减少公路运输量、增加铁路运输量”的指示，根据国铁集团货运增量三年行动方案，在深入开展市场调研的基础上，制订《集团公司 2018—2020 年货运增量行动方案》，并就站场能力提升、运输能力提升、货运信息化建设、定价机制等制定了配套措施。同时，对外组织召开广东、海南片区货运营销推介会，对内召开货运系统座谈会，准确对接客户运输需求，协调解决影响货运上量的突出问题，为推进货运增量行动打下坚实基础。

2. 深化合作，提升大宗货物运量

在稳定既有战略合作企业伙伴关系的基础上，进一步扩大战略合作范围，与粤华电力等大客户首次签订战略协议。2018 年，集团公司与韶钢等 17 家大客户签订战略合作协议，同比增加 7 家，协议运量达 5310 万吨，同比增加 1460 万吨，增幅 38%。2018 年实际发送货物 5097 万吨，完成协议运量的 96%。深化与广州港的合作，合作开行“渝穗”海铁班列，搭建了重庆与广州之间的南向通道，并与盐田港、顺丰多式联运等企业合作申报国家多式联运示范工程。2018 年，集团管内七大港口发送铁路疏港煤炭、金属矿石 3130 万吨，同比增长 12.2%。

3. 提升服务，拓展白货市场

针对珠三角地区白货运量大、需求旺盛的特点，深入开展市场调研，按需大力增开白货班列。2018 年新增开行郭塘至乌西集装箱班列、郭塘至辉山集装箱商品车班列等 10 趟。2018 年，全集团白货班列日均发送 17 列、491 车。落实国家“一带一路”倡议，加强与地方政府的协调联系，争取政府补贴及时兑现，确保班列持续、稳定开行。2018 年开行中欧（中亚）班列 350 列，同比增加 39 列。针对商品车运输需求日益增长，但运输方式相对单一、专用车辆阶段性紧缺的突出问题，创造性地推出了集装箱装运小汽车的运输方式，大力拓展商品车运输市场，成为全路首个常态化集装箱装运商品车的铁路局。2018 年，全集团发运商品汽车 63 万台，同比增加 12.8 万台。

（三）货运安全持续稳定

深入贯彻习总书记安全生产和安全发展理念，坚持“四个不动摇”，以“7S”体系为载体，大力推进科技创新，深化人防、物防、技防“三位一体”安全保障体系建设，有效提升双重预防水平。

1. 强基达标筑基石

研究制定煤炭运输抑尘、中欧班列等6个管理办法，修订技术规章2份，并结合货运票据电子化实施情况，组织修订了货运值班员等11个相关岗位的作业指导书，确保了全路货运票据电子化条件下，现场职工有章可循、有规可依；研发启用“货运规章文电查询系统”，动态更新，修订留痕，方便现场查询和学习掌握。组织开展超限桥梁运输、危险货物运输事故和货运票据电子化故障的应急演练，组织管内各相关单位全程观摩参与，切实提高应急处置能力。

2. 双重预防控关键

结合近年货运相关事故、严重安全问题、新业务新设备变化，全面分析货运重点安全风险，共确定17个安全风险（较大风险4个、一般风险13个），逐项制订管控措施，明晰管控责任，严格履职落责，确保风险管控到位。每季度开展一次安全隐患排查，相继开展了安检查危、卷钢装运、装卸作业人身安全、集装箱运输安全四次专项攻关，确保安全隐患闭环整治。加强对现场的问题排查和隐患整治，陆续开展了安全管理评估、“战暑运、保安全、增效益”立功竞赛、拉网式安全风险排查整治、“安全大反思、隐患大排查、设备大整治”等检查整治活动共16次。

3. 科技创新保安全

坚持依托科技创新保安全、促效率，主持研发8项科研项目和4项集团信息化专项项目，逐步提升货运安全管理科技含量。研发了货检视频智能报警系统并在江村站试用，实现对车辆门窗盖阀关闭不良、篷布腰绳断开脱落、敞车车帮上有杂物等影响行车安全的问题智能识别和报警提醒，填补了集团公司甚至全路在货物装载状态智能检测方面的空白，为改善货检作业流程和改革货检作业模式提供了有利条件。完成“广铁集团集装箱智能管理系统”一期功能建设并在大朗站试用，实现集装箱箱号、箱位自动识别，具备装卸作业监控统计分析功能，可实时查询集装箱堆码位置和作业动态信息，省去了费时费力的人工找箱。

（四）基础工作扎实推进

1. 大幅提升货运能力

积极推进物流基地建设，湛江西、茂名东货场、大朗新建货8线等一批建设项目完工投产。针对高栏港装车能力不足等问题，组织开展现场调研，制定加强港口配空组织、提高港口装车效率、强化江村站坏车筛选、充分使用神华码头和鑫和码头装车能力等。目前港口装车能力由8列提升至10列的水平。

2. 推进货运票据电子化、承运制清算

按照国铁集团的统一部署要求，扎实推进货运票据电子化实施工作，在规定的时间节点完成了通道准备、设备配备、系统升级、职工培训、整章建制、应急值守、脱票运输试点等工作，于2018年3月28日起正式实施货运票据电子化。按照新的清算办法，合理确定新的货物运价成本控制线，优化项目运价水平，及时调整营销策略，努力做到综合效益最大化。

3. 优化生产组织，提高劳动效率

按照提高生产一线劳动效率的指导方针，关停了广州西、三水等4个量小的货运办理站；取消班组异地作业站，对5车以下的31个货运站由就近大站进行“托管”。抓住货运站系统、电子货票系统、智能化货检系统等新项目上线运行的契机加快并岗减岗步伐。2018年，电子货票实施后减少票据传输岗位12人，营业厅整合分流33人；智能化货检系统的运用预计减少货检人员78人；关停和托管措施分流96人。

4. 全面提升服务质量

加强客服人员教育培训，强化货运中心服务质量监督管理，切实提高货运服务质量。2018年，货运客服中心共受理电子商务系统有效投诉2件，同比减少15件，减幅88%，受理客户来电投诉27件，同比减少27件，减幅50%。

二、2019年广东省铁路货物运输发展展望

2019年广铁集团货运工作的基本思路是：紧密围绕“在交通强国、铁路先行新征程中当尖兵、当先锋”的目标任务，坚持“强基达标、提质增效”的工作主题，持续推进“7S”安全管理体系建设，实施“稳白增黑”营销策略，努力提高服务质量，全面提升货运能力，促进货运增收上量。

（一）强化货运安全管理

1. 深入推进“7S”安全管理体系建设

一是以落实集团公司“1+7”安全生产责任制管理体系为主线，以广铁集团安全风险管控大数据应用系统为载体，实施货运安全集中监控分析制度，强化管理人员履职过程管理，完善履职质量考评机制，注重履职实绩评价，促进管理人员自觉盯重点、把关键、控安全。二是选树典型，强化引领。以打造标准化装卸机械、标准化超偏载检测装置、标准化轨道衡等为载体，广泛开展标准化货运设备创建工作，促进标准化货运站、标准化集装箱办理站、标准化货检站、标准化班组，创建质量整体提升。三是完善激励机制。健全完善正面引导的激励体系，督促站段完善奖励机制，正面激发员工落实标准、保障安全的主动性；开展客户诚信机制建设，建立红、黑名单，配套激励、约束机制，提高客户共保安全的自觉性。四是健全应急管理体系。开展危险货物运输应急演练，结合演练暴露出的问题，进一步修订完善货运系统各类应急预案、规章制度和管理办法。

2. 加快科研成果转化，强化科技保安全

一是全面推广货检视频智能报警系统。二是加快推进集装箱智能管理系统第二期。

三是开发集装箱平车（F－TR 锁）装卸安全监测系统。四是设计便携式铁路超限货物外形尺寸自动测量装置。五是研发超偏载检测装置及动态轨道衡防雷监控系统。六是研制装卸安全防护智能分析系统。七是完善货运安全检测监控系统。

3. 提升双重预防，强化安全管控

一是突出关键风险，强化动态管控。通过安全大数据分析，定期研判安全风险，明确安全关键点、薄弱点和冷僻点，逐项制订有效的防范措施，并细化到具体岗位和作业环节，突出关键岗位、关键作业、关键时段，牢牢盯住安全风险管控重点。二是坚持问题导向，强化隐患排查整治。采取日常检查、夜间检查、视频监控、监控分析、专项检查、专业评价和安全评估检查等多种检查方式相结合，全面开展隐患排查，以查促改，强化现场控制。三是落实整治闭环，强化检查实效。对检查发现的问题和隐患坚持立查立改立整治，及时建库，跟踪整改。对重大安全隐患实行挂牌督办，严格按“五落实”原则确定详细治理方案，开展专项攻关，落实整治闭环。

（二）推进货运增量行动

1. 优化调整营销策略

一是按货源结构优化营销策略。根据内外部环境和政策变化情况，将货运营销策略由原“稳黑增白”调整为“稳白增黑”。统筹兼顾“运量与收入、份额与效益、收入与利润”的关系，按照“大宗重效益、白货重收入”“大宗创利润、白货争份额”“大宗保运力、白货提服务”的原则以及“白货量价互保、黑货运量互保”的策略，全力稳定白货市场份额，力争黑货实现较大幅度增长。二是按去向区域优化营销策略。统筹考虑发往不同方向货源与公路、水运的竞争关系，按照“东部争市场、西北保收入、西南创效益、周边拓增量”的原则，分区域实施不同的价格策略，稳定长距离高运价白货市场份额，增加中短距离货源运量，提升集团总体效益。三是积极创造有利的外部环境。在加强对企业、客户的营销工作的同时，主动作为，加强向地方政府的汇报协调工作，力争粤湘琼三省尽早出台“公转铁”细化措施，积极营造有利的外部环境。

2. 稳步提升基础运量

一是扩大战略合作“客户群”。在与华菱集团、粤电集团等 17 家大客户续签战略合作协议的基础上，2019 年力争与湛江宝钢、湘衡盐化签订战略合作协议，集团公司战略合作客户增至 19 家，协议运量增至 5450 万吨。二是提升大中型企业“铁运比”。深入研究管内大中型企业产供销情况，系统调研公路、水运大宗物资流量及流向，在运力保障、价格政策上向战略客户、大客户倾斜，千方百计保障运力，以优质服务吸引更多客户与集团建立战略合作关系。积极协调地方政府，按照“一企业一目标”的原则，共同引导大中型企业提升“公转铁”力度，确保管内大中型企业铁路运量增幅高于所在省份增幅目标，为货运增量提供基础货源保障。

3. **全力稳定白货市场**

按照“稳白”的营销策略，积极研究以收入为导向的运价策略。紧密衔接汽运市场价格，对“两高一远”（高运价或吨收入、高附加值、远距离）白货货源实行价格政策倾斜，努力提升长运距、高运价货源占比，实现集团整体效益最大化。加强与铁路国铁集团主管部门的协调汇报，争取对分界口排空方向、长距离跨局货源放宽运价优惠幅度限制，提高集团自主定价权限，稳定、提升白货运输市场份额。

4. **大力发展集装箱运输**

一是大力拓展“适箱货源”。落实地方政府环保要求，在大力拓展矿建、非矿、散粮等货源的同时，积极引导客户采用更加绿色环保的“散改集”运输方式。二是加快投入“适货箱源”。目前，集团公司 35 吨敞顶箱远不能满足市场需求。在努力营销“适箱货源”的同时，加快投入“适货箱源”。力争 2019 年第一季度末新增 600 只敞顶箱投入使用，为集装箱增量创造条件。三是强化中欧（亚）班列和商品汽车入箱组织力度。充分利用广东省补贴政策落实到位的有利契机，强化中欧（亚）班列货源组织力度和服务水平，力争 2019 年中欧（亚）班列开行 450 列，同比增长 28.6%。同时，积极推广吸引更多品牌商品汽车选用集装箱运输这一有益补充方式，力争 2019 年集装箱装运商品汽车 1 万标准箱。

（三）强化基础工作

1. **全面提升货运能力**

一是协调港口共同提升集疏港能力。认真梳理分析管内各大港口制约铁路增量的具体问题，按照“一港一策”的原则，路港双方共同研究解决方案，努力实现承接港口“公转铁”煤炭、矿石等大宗货源运量的任务。广州港由常态日装 12 列提高到 16 列，高栏港由常态日装 10 列提高到 16 列，惠州港由常态日装 4 列提高到 8 列，阳江港由常态日装 7 列提高到 10 列。二是加快货场新建改造。2019 年力争平湖南货场集装箱区、石龙集装箱办理站等 3 个项目建成投产，茂名东、黄岗 2 个物流基地开工建设，同时对江高镇货场西货区进行短平快改造，提升作业能力和效率。

2. **切实提高装卸车效率**

一是全面集中整治铁路货场、线路照明设备，实现夜间照明 100% 覆盖，改善作业条件；提升机械化作业比例，精细化仓储管理，统筹运用劳力设备，提高装卸作业效率。二是针对小塘西、江村（含郭塘、江高镇）、惠州等站经常卸车积压的情况，组织现场调研，逐站制定提升应急卸车能力的措施并抓好落实，提高卸车能力。

3. **强化职工教育培训**

一是积极组织开展职业技能竞赛。2019 年拟开展集团货运、装卸工种的职业技能竞赛，争取将参赛人数由 2018 年的 86 人增加到 200 人，扩大技能竞赛的影响，提高职工技能水平。同时，组织参加全路职业技能竞赛，加大集培力度，提高参赛选手心理素质和业务水平，争取在全路职业技能竞赛中再创佳绩。二是推进师资力量多元化。力推领导人员上讲台，带动科室负责人、车间主任、优秀工班长等积极参与培训教学工作，并拓宽思路、加强横向联系，邀请大专院校、科研机构老师和技术人员授课。三是加快培训基地建设。重点加快广州货运中心大朗培训基地和长沙货运中心株洲北培训基地建设，逐步补充完善实训设施，不断提升实训能力，满足货运系统各岗位技能培训的需要。

4. 加强服务质量管理

建立客服代表服务质量包保制度，对客服代表下现场次数及发现整改问题进行量化，对包保范围内发生服务质量问题整改不力、服务质量责任投诉处理不当的，追究包保客服代表责任，进一步提高客服代表的责任意识和服务质量监督管理能力。

2018 年广东省水路货物运输发展回顾与展望*

一、2018 年广东省水路货物运输发展总体情况

（一）水路货物运输发展稳中有进

受广东水路上年度运输量高增长基数的影响，2018 年广东省水路货物运输量增速有所回落，2018 年全省水路货物运输量 102352 万吨，同比增长 7.9%，比上年同期回落 2.9 个百分点。其中，一季度、二季度、三季度、四季度水路货运量增速分别为 4.6%、4.1%、11.9% 和 8.6%。同时，中远海运特种运输公司、中远海运散货运输公司等大型航运企业航线调整，导致远洋航次减少，沿海航次增加，运输距离相应缩短，水路货物运输周转量明显回落。据 2018 年广东国民经济和社会发展统计公报显示，水路货物运输周转量 24177.39 亿吨公里，同比增长 0.7%，比上年回落 31.5 个百分点。其中，一季度、二季度、三季度、四季度水路货物周转量增速分别为 2.3%、1.6%、3.6% 和 2.4%。此外，水路货运有力支持全省货运量稳步上升，水路货运量占全省货运量的 24.1%，对全省货运量的贡献率为 33.9%，拉动货运量增长 2.0 个百分点；水路货物周转量占全省货物周转量的 84.4%，对全省货物周转量的贡献率为 37.3%，拉动全省货物周转量增长 0.6 个百分点。

（二）港口基础设施建设如火如荼

为实现《粤港澳大湾区发展规划纲要》（以下简称《规划纲要》）目标，广东省加快基础设施建设以构建现代化的综合交通运输体系。广州港深水航道拓宽工程已将主航道珠江口内航段拓宽到 385 米，实现了 10 万吨级集装箱船与 15 万吨级集装箱船（减载）双向通航；新增国际航线 12 条。南沙港区四期工程于 2018 年开工，4 个 10 万吨级集装箱泊位按自动化集装箱码头标准建设，总投资 70 亿元，将全面实现自动化，计划 2020 年基本建成。2018 年，南沙港铁路已全线开工建设，预计 2020 年完工。湛江港全面实施港口建设大会战，30 万吨级航道改扩建项目获批建设，落实与招商局集团“1 + N”战略合作协议，设立“港产城”融合发展基金，保障宝满港集装箱一期扩建

* 供稿人：张嘉桀，广东亚太经济指数研究中心。

等20个合作项目全面落地，建成徐闻港区南山作业区客货滚装码头、徐闻港进港公路和湛徐高速徐闻港支线“三大工程”。东莞虎门港沙田港区三期工程已于2018年建成。地处粤西的广东茂名博贺新港区正式开港，为广东沿海经济带建设提供了有力支撑。北江航道扩能升级项目二线船闸的建成将实现清远水域全年通航，同时将清远枢纽年运货量从2300万吨迅速提升至7000万吨。

（三）多式联运工作取得新突破

广东省积极推动大型港口等多式联运枢纽建设，铁水联运网络覆盖面进一步扩大。大宗物资铁水联运保持稳定增长态势，受国际经济形势不稳定因素影响，铁水联运集装箱运量稳定持续，已由高速增长阶段转向提升服务质量阶段。2018年，广东省大宗物资铁水联运完成5502万吨，广州港875万吨、珠海港828万吨；全省铁水联运集装箱完成22万标准箱，盐田港15万标准箱。广东（石龙）国际多式联运枢纽正式启用，实现进出口货物的多式联运；积极筹建内陆无水港，进一步拓展港口腹地，在广东、广西、湖南、江西、贵州等地建成了20多个内陆无水港或办事处。截至2018年11月底，广州—满洲里—俄罗斯中欧国际货运班列累计开行119列，货物10418标准箱，推进铁路专用线直达码头、港口，完善铁水联运配套设施。此外，江海联运网络不断完善。截至2018年年末，由珠海港集团牵头发起的“西江港口联盟”规模已达36家，开通西江驳船快线22条，遍及西江流域40多个卸货网点，初步构建珠江、西江流域江海联运网络；广州港开通覆盖整个珠江—西江流域160多条水上驳船航线，1—11月，珠江水上驳运完成154万标准箱，同比增长11.4%，形成全港江海联运网络。

（四）港口生产“内快外缓”特征明显

据2019年广东省统计年鉴数据显示，2018年广东港口生产形势整体稳中有进，但增速有所放缓，全省港口货物吞吐量完成211037万吨，比上年增长6.6%，居全国第二，但同比增长速度较2017年下降了3个百分点，整体增速放缓。其中，珠三角港口群集装箱年吞吐量达6167万标准箱，居世界第一。分目的地看，受到中美贸易摩擦升级影响，外贸吞吐量增长速度下降较快，外贸货物吞吐量60793万吨，同比增长2.7%，低于总体增长水平3.9个百分点；内贸货物吞吐量150244万吨，同比增长8.2%，高于总体增长水平1.6个百分点。分港口类型看，沿海港口完成吞吐量175007万吨，同比增长6.4%；内河港口完成吞吐量36030万吨，同比增长7.2%。港口集装箱吞吐量6447万标准箱，占全国的1/4，同比增长3.5%。从主要港口看，深圳、湛江、广州等港口表现稳中有进，但增速均有不同幅度下降，货物吞吐量分别同比增长4.1%、7.0%和4.2%，较2017年分别下降了8.6个、3.1个、4.7个百分点。此外，2018年珠海港实现总吞吐量475.62万吨，集装箱吞吐量23.32万标准箱，继续巩固广东内河第一大港的地位。

（五）部分港口实现快速发展

广东省亿吨大港取得亮眼成绩，新兴港口发展迅猛，在6座亿吨大港中，广州港与湛江港实现跨越式发展。2018年，广州港两项指标均进入世界港口前五位，实现历史性突破，完成集装箱吞吐量2187万标准箱，同比增长7.4%，增速在全球集装箱吞吐量二十强中位居第二。同时，湛江港2018年跨入百万标准箱行列，湛江港集装箱年吞吐量连续保持两位数增长，仅用4年实现了吞吐量从50万标准箱到100万标准箱的历史性跨越。南沙港、惠州港等新兴港口发展尤为突出。2014—2018年，广州南沙港集装箱吞吐量由1115万标准箱提高至1566万标准箱，年均增长8.8%；货物吞吐量由2.57亿吨提高至3.56亿吨，年均增长8.5%；南沙港区已落户全球前21强班轮，开辟外贸航线100条，与100多个国家和地区的400多个港口有海运贸易往来；南沙港区目前已建成16个15万吨级专业化集装箱泊位，还配套36个“无水港”、64条“穿梭巴士”驳船支线等。惠州港作为新兴港口发展迅速，2018年惠州辖区船舶货物吞吐量达9686万吨，比上年同期增长18.2%，其中内河船舶货物吞吐量1445万吨，沿海船舶货物吞吐量8241万吨；集装箱吞吐量38.81万标准箱，同比增长12.5%，按照该速度，惠州港明年也有望跻身亿吨大港行列。

（六）区域港口资源整合稳步推进

粤港澳大湾区是一个多中心港口群，港口群形成一个有机整体是打造粤港澳大湾区世界级港口群的关键所在，广东省正积极推动省内港口资源加快整合发展。广州港务局2018年7月与珠海市交通运输局签署了港口合作协议，8月与珠海港控股集团签署合作协议，推进两港的错位协同发展；9月30日，由广州港股份有限公司（以下简称“广州港股份”）中山城市建设集团有限公司、佛山市公用事业控股有限公司三地企业合资建设的南沙四期码头启动建设；11月，广州港股份全资子公司广东港航投资有限公司出资人民币1亿元，投资佛山高明港区海口码头项目，持有佛山高明港区海口码头项目公司40%股权，2018年12月11日在广州、中山合作框架下，两市在广州签署包括广州港股份出资5亿元收购中山港航集团的52.51%股份在内的系列战略协议，广东省内港口资源整合，工作进一步推进。这一系列举措大大推动了广东省港口的协同稳步发展。

（七）港口发展质量不断提高

广东省各港口“智慧建设”和“生态建设”不断升级，推动港口向下一代港口转变。从“智慧建设”看，招商局集团应用码头吊机远程控制、自动驾驶、5G、物联网、人工智能和大数据等技术，正在将海星集装箱码头打造成为高度智能化的码头，打造成为粤港澳大湾区首个5G智慧港口，实现整体码头多层次、全方位可视化，生产作业宏观态势与局部细节一览无余。此外，招商港口、中国移动深圳分公司、华为、上海振华重工智慧产业集团、三一海洋重工有限公司、上海 ABB 工程有限公司、上海西井信息科技有限公司和深圳中集智能科技有限公司等 11 家企业共建“5G 智慧港口联合实验室”，着力为 5G 与港口深度融合提供服务支撑，聚焦港口数字化转型。从港口生态建设看，2018 年国家交通运输部和广东、广西、贵州、云南省及自治区人民政府联合发布《推进珠江水运绿色发展行动方案（2018—2020 年）》，广东云浮、肇庆、佛山、广州内河港等港口的部分码头泊位已开始建设港口岸电设施。其中佛山港 33 个公用码头 122 个泊位中有 73 个泊位建设了岸电供电设施，岸电覆盖率约 60%，主要服务集装箱船舶。广州港配备岸电设施的大小泊位共计 186 个，其中客运、公务、工作船码头基本完成岸电设施全覆盖。深圳港持续推进节能减排工作，绿色港口建设已在国内处于领先地位，岸电建设和使用居全国沿海港口首位，目前已建成覆盖 25 个大型泊位共计 14 套岸电设施。此外，广州港是粤港澳大湾区处理危险货物种类最为齐全的港口，正在积极推广清洁能源、绿色环保技术的使用，目前全球第一艘 2000 吨级的纯电动货船已在广州下水运营。

二、广东省水路货物运输发展存在的主要问题

（一）统筹管理体制尚未形成

粤港澳大湾区内有一个国家、两种制度、三个关区多种经济体的体制叠加优势和开放叠加形态，湾区内几大枢纽港在地理位置上互相可替代性较强，不同经济体制、不同法律和金融体系以及不同的海关、贸易和出入境制度，带来了极其复杂的管理情境和挑战。广东省作为大湾区主要参与方，港口规模居全国第一，但大而不强，现行“一城一港”管理体制下，港口地理位置相近，角色和功能重叠度很高，珠江水系港口资源整合不充分，行业集中度不高，内河港口企业粗放型发展，同质化竞争严重。

（二）水路相关项目投资收缩

受环保、用地以及市场信心不足等因素的影响，港口、航道投资占比有所下降。2018 年，全省交通基础设施建设计划完成投资 1200 亿元，其中港口项目计划投资 65 亿元，占交通基础设施建设计划总投资 5.4%，相比 2017 年下降了 1.1 个百分点；航道项目计划投资 20 亿元，占交通基础设施建设计划总投资 1.7%，相比 2017 年下降了 0.9 个百分点。同时，航道完成投资规模有所下滑。2018 年广东全省公路水路交通建设完成投资 1586 亿元，创历史新高，其中航道建设完成投资为 26.6 亿元，低于去年同期水平 4 亿元以上。

（三）多式联运体系不完善

广东港口基础设施主要是以满足传统运输作业为主要业务，对于铁路、公路、航

空等物流基础设施整合力度不够，目前多个大型港口仍没有建成疏港铁路，没有形成快捷、畅通、高效的物流运输网络。以深圳港为例，在货物接驳上，深圳港依然以公路运输为主，占比为60%～70%；包含驳船与国际中转的整个水路运输占比为25%～30%；海铁联运占比仅为0.5%。各种货运方式之间的协调衔接存在短板，综合货运体系优势尚未充分发挥。

（四）港口物流相关建设有待改进

港口腹地支撑力度不够，不能适应现代港口物流发展的需要。一是物流基础设施与技术装备不配套、不完善，导致物流服务功能和港口物流市场不健全。省内港口的物流管理信息化程度还比较低，企业标准化运作不高，目前各个港口多数尚未建立现代物流公共信息服务平台，制约了广东各港口物流企业与外界进行信息交换。二是第三方港口龙头企业匮乏。广东省针对港口运输的大型第三方物流企业较少，尤其是缺乏标杆企业、龙头企业对全行业进行引领和带头示范，制约港口物流的进一步发展。三是专业人才队伍建设滞后。随着新时代国内外市场对港口物流服务发展的要求越来越高，港口物流人才培养呈现出明显的疲软态势，存在着理论与实践脱节的现象，难以满足港口物流发展的迫切需要。

三、促进广东省水路货物运输发展的措施建议

（一）推进港口差异化发展

从功能定位上进一步强化不同港口的差异性，建立沿海各港口群间、港口群内各港口间、各无水港间、沿海港口与无水港间布局合理、定位明确、层次分明、分工协作、互联互通的港口大运输网络。避免无序竞争、重复建设、资源浪费。在此基础上，进一步优化整合全省港口资源进行差异化建设，形成以珠三角港口群为主体、粤东和粤西港口群为两翼的港口发展格局，探索在航线定位和服务产品上的差异化与互补，并进一步提升相互之间的融合程度，协同发展。如以广州港、深圳港为龙头打造两大世界级枢纽港区，以建设汕头区域性枢纽港为重点，将粤东港口群建设成为粤东地区对外开放经贸合作的重要平台，强化湛江区域性枢纽港功能，将粤西港口群打造成为大西南地区出海主通道。

（二）多措并举稳定建设投资

港口基础设施投资大，资金回收期长，为确保未来一段时间航道、港口投资规模的合理增速，首先，要积极争取中央财政支持，充分发挥好基础设施投资基金撬动作用，加大对港口等基础设施的支持力度；其次，要积极探索港口发展投融资方式，完善国家投资、地方筹资、社会融资、利用外资的投融资机制，制定鼓励包括民营资本

在内的社会资本投资港口基础设施建设的政策措施，通过建立市场化、多元化的投融资机制，缓解内河水运建设资金紧张难题。最后，为推进港口、航道项目的建设进度，解决基础设施建设进度滞后问题，应加强与自然资源、生态环境等部门的协调沟通，规范推进港口、航道项目前期工作实施，积极做好港口建设项目储备，合理制定规划目标，严格按照进度规划实施推进。

（三）完善多式联运体系

加强与广州铁路等部门的协调合作，强化运力信息共享，促进铁路、公路、港口间运输组织的有效衔接。推动各种运输方式在规划建设等领域融合发展，增强港口物流枢纽节点功能，提升货物运输转运效率，充分发挥各种运输方式的比较优势，实现从单一水路货物运输独立发展向江海联运、水铁联运多种运输方式协同发展转变。从基础设施建设方面为多式联运提供基础保障，加快港口疏港铁路建设，积极推动广州港、深圳港、珠海港、湛江港等港口江海联运配套码头、锚地等设施的技术改造，鼓励大宗货物集疏港向水路和铁路转移。加快搭建广东省多式联运公共信息平台，推进不同部门、不同运输方式、不同企业间多式联运信息开放共享和互联互通，达到“让信息多跑路，货物少跑路”。

（四）推动广东港口物流发展

进一步加大对港口物流基础设施投资的力度，对港区内现有的交通运输网络进行优化、升级和改造，根据港口物流发展目标，规划建设新的内外交通网络；同时在财政税收、企业融资等方面给予第三方物流企业一定政策倾斜，培养标杆企业，提高整个行业服务水平，引导物流业与经济社会发展呈现良性互动。加大搭建信息互通平台系统的力度，不断完善信息平台的各项业务功能，按照电子口岸建设的要求建设物流信息平台系统，进一步将粤港澳大湾区的港口物流、贸易同税务、海关、工商、检验检疫等业务有机结合起来。加大港口物流人才培养、引进的力度，通过利用当前流行的“订单式”人才培养模式等多种途径培养或引进具有现代物流知识、技能的专业人才和综合管理人才。

（五）加快绿色港口建设

将资源节约、环境保护、打造绿色港口的发展理念贯穿于港口设计、施工、管理运营的全过程。在绿色港口等级评定基础上，总结经验、积累数据，以《中华人民共和国清洁生产促进法》为依据，抓紧制定港口清洁生产相关标准，从源头上削减污染，提高资源利用率，为港口可持续发展奠定基础。积极推广实施港口节能环保技术应用，通过产学研合作，促进港口节能环保技术的研发应用，加大港口节能环保资金投入，完善港口节能环保管理体系。

2018 年广东省航空货物运输发展回顾与展望*

2018 年世界经济情况复杂，是世界经济格局大调整的重要转折点，全球经济出现新的下行压力。虽然全球经济经历了 2017 年的高速发展，但 2018 年以来，美国发起贸易纷争、推行关税政策以及其他经济体采取对应的措施，国际金融危机以来经历了最为动荡的一年。据上海社科院发布的《2019 年世界经济分析报告》分析，2018 年世界经济在“大摩擦”和“大调整”中总体实现稳定增长，增速与上年基本持平。但与 2017 年各国经济同步强劲回升不同，2018 年全球经济增长出现了较为明显的分化。除美国等少数国家增速有所提高外，大多数经济体经济增速均出现了一定回落，全球经济下行迹象引发警惕。

国际航空运输协会（IATA）2019 年 2 月 6 日发布 2018 年全球航空货运数据。数据显示，以货运吨公里（FTKs）计算，2018 年全球航空货运市场需求同比增长 3.5%，远低于 2017 年 9.7% 的增速；以可用货运吨公里（AFTKs）衡量，可用运力同比增长 5.4%，超过需求年增长率，对载货率带来下行压力，收益回弹。国际航空运输协会发布的 2018 年 12 月的航空货运市场数据分析表明，北美和欧洲地区“可用货运吨公里”持续增长，而亚太地区表现最弱，需求增长乏力，同比跌幅 4.5%。亚太航空货运 2018 年的疲软很大程度上反映了该地区主要出口国（中国、日本和韩国等）出口需求放缓。此外，我国经济增长放缓和世界贸易紧张局势升级为亚太航空货运带来下行压力。2018 年 12 月全球航空货运市场同比变化情况及载货率水平如表 1 – 3 所示。

表 1 – 3　2018 年 12 月全球航空货运市场概况　单位：%

	全球市场份额	2018 年 12 月			
		货运吨公里同比变化率	可用货运吨公里同比变化率	载货率同比变化率	载货率水平
整体市场	100	-0.5	3.8	-2.1	48.8
非洲	1.7	-2.2	4.9	-2.8	38.1
亚太	35.4	-4.5	2.6	-4.1	54.0

* 供稿人：万青，广州民航职业技术学院。

续　表

	全球市场份额	2018 年 12 月			
		货运吨公里同比变化率	可用货运吨公里同比变化率	载货率同比变化率	载货率水平
欧洲	23.3	1.9	3.7	-1.0	56.7
拉美	2.6	-0.1	6.0	-1.8	29.1
中东	13.3	0.1	4.5	-2.1	48.8
北美	23.7	2.9	4.5	-0.6	42.4

资料来源：国际航空运输协会 2018 年 12 月全球航空货运数据。

一、2018 年我国航空货物运输发展总体情况

2018 年，我国民航坚持稳中求进总基调，坚持供给侧结构性改革，全面落实“一二三三四”民航总体工作思路，积极推进“一加快、两实现”战略进程，圆满完成各项工作任务，在多方面取得了突破性的成绩，保持了稳中有进的良好态势。

（1）运输总周转量情况。根据中国民航局数据，2018 年我国航空全行业完成运输总周转量 1206.53 亿吨公里，比上年增长 11.4%（见图 1-2）。国内航线完成运输总周转量 771.51 亿吨公里，比上年增长 11.1%，其中港澳台航线完成 17.51 亿吨公里，比上年增长 8.8%；国际航线完成运输总周转量 435.02 亿吨公里，比上年增长 12.0%。

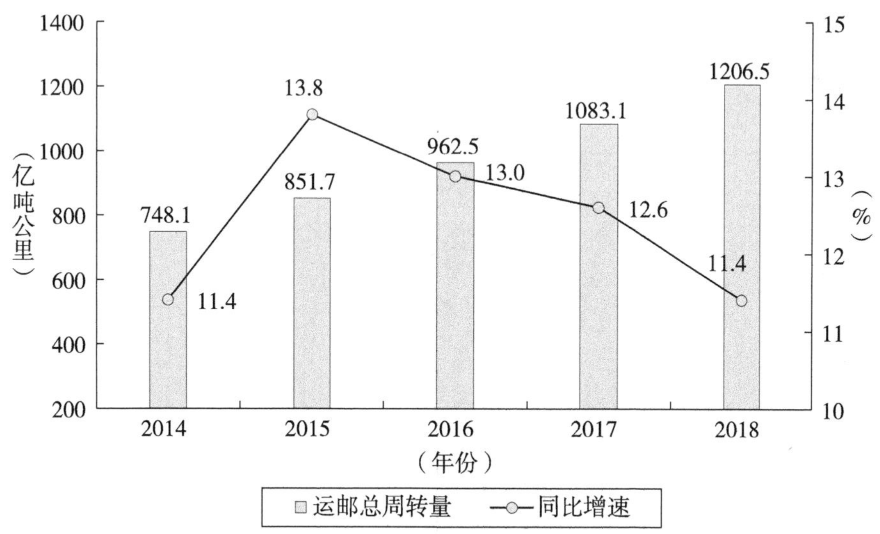

图 1-2　2014—2018 年民航运输机场运输总周转量情况

资料来源：中国民航局。

（2）货邮周转量情况。根据中国民航局数据，2018 年我国航空全行业完成货邮周转量 262.50 亿吨公里，比上年增长 7.8%（见图 1-3）。国内航线完成货邮周转量

75.47 亿吨公里，比上年增长 3.4%，其中港澳台航线完成 3.01 亿吨公里，比上年下降 1.2%；国际航线完成货邮周转量 187.03 亿吨公里，比上年增长 9.6%。

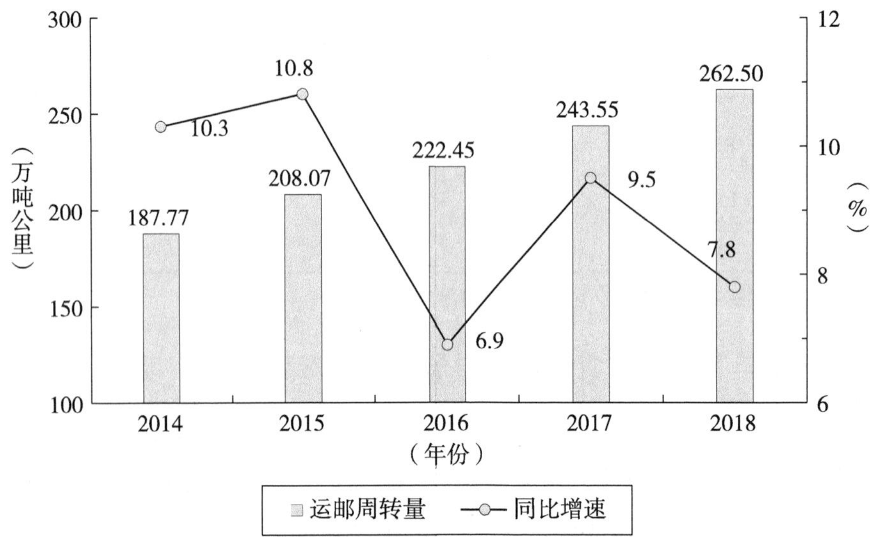

图 1－3　2014—2018 年民航运输机场货邮周转量情况

资料来源：中国民航局。

（3）货邮吞吐量情况。根据中国民航局数据，2018 年全国民航运输机场完成货邮吞吐量 1674.02 万吨，比上年增长 3.5%（见图 1－4）。其中，东部地区完成货邮吞吐量 1245.75 万吨，比上年增长 2.5%；东北地区完成货邮吞吐量 55.07 万吨，比上年增长 0.6%；中部地区完成货邮吞吐量 113.42 万吨，比上年增长 10.5%；西部地区完成货邮吞吐量 259.78 万吨，比上年增长 6.3%，如图 1－5 所示。

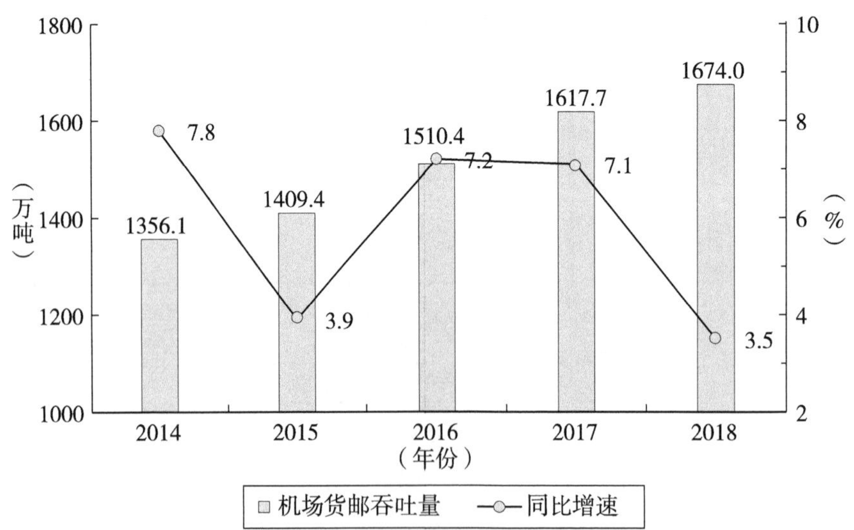

图 1－4　2014—2018 年民航运输机场货邮吞吐量情况

资料来源：中国民航局。

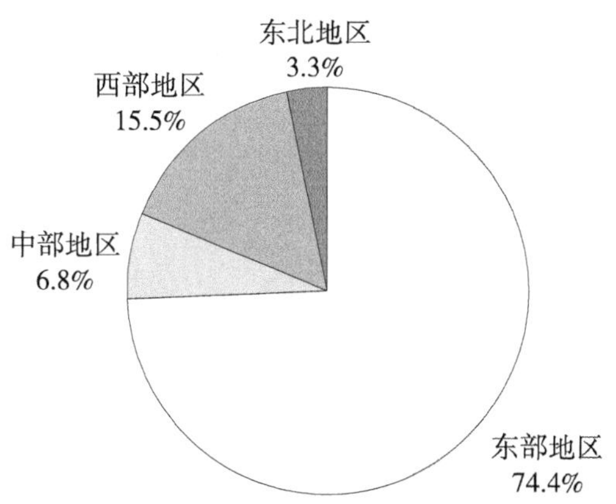

图 1－5　2018 年民航运输机场货邮吞吐量地区分布

资料来源：中国民航局。

货邮吞吐量地区结构方面，我国中西部地区的增长明显快于东部地区，东北地区是唯一货邮增速持续回落的地区。在电子商务快速发展与产业加速转移的共同作用下，航空货运市场热点逐渐向西部地区转移，中西部地区航空枢纽快速崛起。

（4）主要机场货邮吞吐量情况。根据中国民航局数据，2018 年全国货邮吞吐量 1 万吨以上的运输机场 53 个，比上年增加 1 个。上海浦东机场完成货邮吞吐量 376. 86 万吨，连续 11 年位居世界第三。北京、上海和广州三大城市机场货邮吞吐量占全部境内机场货邮吞吐量的 48. 63%，低于 2017 年同期占比的 49. 9%。2011 年以来，北京、上海和广州三大城市机场货邮吞吐量全国占比逐步下降，全国机场货邮吞吐量排名前 20 的西安、武汉、长沙、杭州、海口、深圳等城市的货邮吞吐量持续攀升，同比增长较快。

二、2018 年广东省航空货物运输发展情况

（一）广东省航空货物运输发展整体情况

2018 年广东省航空运输在世界经济情况复杂，国内航空运输平稳增长的情况下，继续保持了增长态势。根据中国民航局数据，2018 年广东省旅客吞吐量完成 1. 4 亿人次，同比增速 9. 6%，低于全国水平（10. 2%）；货邮吞吐量突破 319 万吨，同比增速 6. 0%，高于全国水平（3. 5%）。广州白云机场、深圳宝安机场依然是广东省航空物流的枢纽，货邮吞吐量同比增速大于我国货邮吞吐量排名前十机场的平均水平（见表 1－4），占据全省航空物流 97% 以上的份额。惠州平潭机场起落架次激增，梅县长岗岌机场货邮吞吐量增速显著（见表 1－5）。

表 1－4　　2018 年我国民航货邮吞吐量排名前十机场　　单位：吨

机场	货邮吞吐量			
	名次	本期完成	上年同期	同比增速（%）
上海浦东	1	3768572. 6	3824279. 9	－1. 5
北京首都	2	2074005. 4	2029583. 6	2. 2
广州白云	3	1890560. 0	1780423. 1	6. 2
深圳宝安	4	1218502. 2	1159018. 6	5. 1
成都双流	5	665128. 4	642872. 0	3. 5
杭州萧山	6	640896. 0	589461. 6	8. 7
郑州新郑	7	514922. 4	502714. 8	2. 4
昆明长水	8	428292. 1	418033. 6	2. 5
上海虹桥	9	407154. 6	407461. 1	－0. 1
重庆江北	10	382160. 8	366278. 3	4. 3

资料来源：中国民航局。

表 1－5　　2018 年广东省民航机场货邮吞吐量排名　　单位：吨

机场	货邮吞吐量			
	全国排名	本期完成	上年同期	同比增速（%）
合计	—	3192478. 9	3012686. 5	6. 0
广州白云	3	1890560. 0	1780423. 1	6. 2
深圳宝安	4	1218502. 2	1159018. 6	5. 1
珠海金湾	39	46393. 0	37379. 0	24. 1
揭阳潮汕	47	25249. 7	26271. 4	－3. 9
湛江	69	5945. 1	5238. 9	13. 5
惠州平潭	73	5501. 3	3985. 9	38. 0
梅县长岗岌	163	198. 8	126. 9	56. 7
佛山沙堤	173	129. 0	242. 5	－46. 8

资料来源：中国民航局。

2018 年，广东省民航机场起降架次达到 102. 6 万架次，与 2017 年相比，净增 5. 3 万多架次。全省除广州、深圳和佛山外，起落架次增加显著，尤其惠州起落架次增幅 74. 3%，远超全国同比增速平均 8. 2% 的增幅。近年广东省着力解决机场发展不平衡的措施呈现了明显的效果，推动了全省航空物流市场平衡发展（见表 1－6）。

表 1－6　　2018 年广东省民航机场起降架次排名　　单位：架次

机场	起降架次			
	全国排名	本期完成	上年同期	同比增速（%）
合计	—	1025589	972435	5. 5
广州白云	3	477364	465295	2. 6
深圳宝安	5	355907	340385	4. 6
珠海金湾	42	85380	74694	14. 3
揭阳潮汕	55	55564	49109	13. 1

续　表

机场	起降架次			
	全国排名	本期完成	上年同期	同比增速（%）
湛江	74	28961	25487	13.6
惠州平潭	101	15110	8670	74.3
梅县长岗岌	139	6486	5414	19.8
佛山沙堤	222	817	3381	-75.8

资料来源：中国民航局。

（二）粤港澳大湾区航空物流发展情况

粤港澳大湾区内目前共有香港、澳门、广州、深圳、珠海、惠州和佛山 7 个运输机场，货运总量远远超越旧金山湾区和东京湾区，其中，香港、广州、深圳作为具有国际影响力的航空枢纽，在航空货运方面的优势相对突出。

从整体上看，粤港澳大湾区航空物流具有运量大、机场货运发展不平衡的特点。2018 年，粤港澳大湾区 7 个机场货邮总吞吐量达到 830 多万吨，高居全球区域机场年货邮吞吐量总量排名之首，其中香港机场 510 万吨（见图 1-6），高居全球机场货邮吞吐量排名榜首，占大湾区总量的 61.4%（见图 1-7）；广州机场超过 189 万吨，占大湾区总量的 22.8%，位列国内机场货邮吞吐量第三；深圳机场近 122 万吨，占大湾区总量的 14.7%，位列国内机场货邮吞吐量第四；三大机场货邮吞吐量总量达到 821 万吨，占大湾区机场货邮吞吐量总量的 98.9%。另外四个机场合计不足 10 万吨，其中货邮吞吐量最少的是佛山沙堤机场，2018 年只有 129 吨。

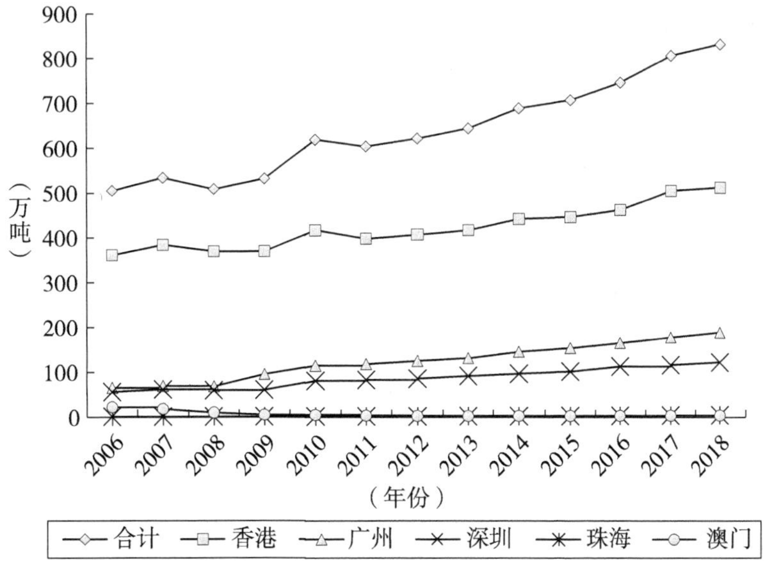

图 1-6　2006—2018 年大湾区主要机场航空货邮吞吐量

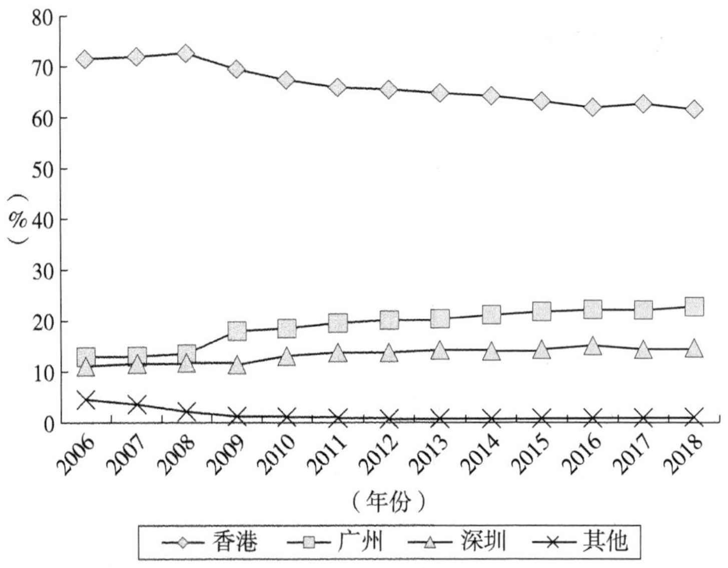

图1－7　2006—2018年港穗深三地机场货邮吞吐量大湾区内占比

三、2019年粤港澳大湾区航空货物运输发展展望

（一）粤港澳大湾区航空货物运输发展面临的挑战

粤港澳大湾区航空货物运输发展规模虽然稳居全球湾区之首，但仍面临着很多难题和挑战。

1. 大湾区内部社会制度的差异

从粤港澳大湾区的内部看，在“一国两制”下，粤港澳社会制度不同、法律制度不同、分属于不同关税区域，市场互联互通水平有待进一步提升，生产要素高效便捷流动的良好局面尚未形成。粤港澳大湾区有着“一个国家、两种制度、三个关税区、四个核心城市”的特点，无论国内还是国际无可借鉴的经验，建设大湾区是一项具有开创性、挑战性的事业。大湾区内产业分工很难理想化，特别是广深港三地，均以高科技制造业、金融业、物流业作为支柱产业发展，产业协同性和包容性有待加强。

2. 同质竞争以及发展不平衡

粤港澳大湾区内机场密集分布，决定了航空货源具有高度同一性，各机场同质化竞争特点明显。同质化竞争的恶性结果往往是转向运输价格竞争、运营补贴竞争等，如果无法将竞争机制引入良性发展的轨道，推向以服务竞争、效率竞争等为之的市场性竞争，将会影响大湾区航空物流整体竞争力的提升和发展。大湾区内的机场规模差异大，有的是枢纽机场业务量大，有的是支线机场业务量小；机场功能不一，有的是国际机场，有的仅有国内业务。航空货物运输量集中的香港、广州和深圳机场，同时也是客运千万级以上的机场，客货资源高度集中，机场满负荷甚至超负荷运行情况严重，空地资源紧张，不利于支撑高质量的航空物流发展。

3. 政策瓶颈的限制

目前限制粤港澳大湾区航空物流发展的政策瓶颈短期内仍然难以全面突破，虽然就通关效率而言，大湾区在国内具有较强的竞争力，但大湾区内的关务政策不同，还没有达到融合的程度。内地机场关卡情况依旧存在，与香港机场通关能力差距甚远。同时，大湾区各机场由于产权主体不同、港澳空管体制差异、关税政策不同等因素，存在监管协调力度不足、资源不足与资源浪费情况并存现象。湾区内各机场基础设施、航线网络、航权安排等多方面也缺乏有效合作机制，不利于协同机制的构建，进而影响大湾区内航空货运的聚集和扩散。

（二）粤港澳大湾区航空货物运输发展趋势

1. 大湾区机场群面临新格局

2019 年，随着国家《粤港澳大湾区发展规划纲要》的实施，大湾区机场群的竞合出现了新的变局，一批新机场面孔陆续浮出水面。珠三角新干线机场（高明机场）已经开工建设，预计 2020 年左右通过验收；广州第二机场选址增城，预计 2020 年开工建设；广州、深圳以及珠三角西岸正在加紧扩容，香港机场将面对来自内地机场的有力竞争，大湾区机场群的新格局将逐步形成。

2. 香港机场仍将保持粤港澳大湾区“货运之王”

2018 年，香港机场旅客吞吐量为 7468. 8 万人次，在国内机场中仅次于北京首都国际机场，其中国际旅客吞吐量则是中国第一、世界第三，货运吞吐量居世界第一，综合实力非常强。香港机场起降架次达 42. 77 万架次，已呈现饱和状态，第三条跑道的建设 2017 年已经开工，预计工期 8 年，将损失部分发展中的市场份额。广州机场的起落架次达到 47. 74 万架次，已经超过香港，旅客吞吐量接近香港机场。但无论广州还是深圳，机场的货运能力距离香港机场还有很大的差距，未来很长一段时间，香港机场将仍然是粤港澳大湾区的“货运之王”。

3. 三地政府监管层面整合将是未来的主要待突破方向

据 IATA 预测，到 2020 年，粤港澳大湾区的客货运需求量将分别达到 2. 33 亿人次和 1000 万吨，各大机场大力扩容，争夺更多的人流和物流，空域资源竞争成为越来越严重的问题。粤港澳大湾区内航空管理体制的创新对航空货运市场尤为重要，内地及港澳三地民航监管当局的监管政策整合将是决定粤港澳大湾区航空货运发展的关键一环。从航空货运运输监管政策总体发展来看，应在实际情况的基础上，研究吸收香港民航处民航市场监管经验，大胆将航空货运市场监管改革推向前进，为粤港澳大湾区内航空货运市场参与者创造平等竞争环境，更重要的是协调三地空域资源，降低航空货运系统运行成本，提高广东省内机场航空货运竞争力。

2018 年广东省快递物流发展回顾与展望*

一、2018 年广东省快递物流发展总体情况

（一）快递行业总体发展稳中向好

2018 年，广东省快递物流业总体发展稳中向好，业务量和业务收入双双增势显著。全省快递服务企业业务量累计完成 129.6 亿件，快递业务量在全国 31 个省市中排名第一，占全国快递业务量的 25.6%，同比增长 27.9%（见表 1－7 和图 1－8），增速快于全国平均水平 1.3 个百分点。全省快递业务收入累计完成 1411.7 亿元，同比增长 23.1%（见图 1－9）。从历史发展走势来看，广东快递业发展迅猛，快递业务量由 2011 年的 8.6 亿件增加到 2018 年的 129.6 亿件，8 年的时间增长了 14 倍。快递业务量一直保持快速增长，2017 年以前快递业务量基本保持 50% 左右的增长率，近两年增速开始放缓，2017 年和 2018 年增速较上年分别下降 20.9 个、4.2 个百分点。2017 年以前快递业务收入基本保持 30% ~40% 的增长率（见图 1－9），2017 年和 2018 年增速较上年分别下降 12.6 个和 7.2 个百分点，广东省快递业正从高速增长向高质量发展转变。

表 1－7　2018 年全国快递业务量排名前十的省市

排名	省市	快递业务量（亿件）	同比增长（%）
—	全国	507.1	26.6
1	广东	129.6	27.9
2	浙江	101.1	27.5
3	江苏	43.9	22.1
4	上海	34.9	11.9
5	北京	22.1	-2.9
6	山东	21.9	44.4
7	福建	21.2	27.4

* 供稿人：刘瑞瑞，广东亚太经济指数研究中心；伍敬群，广州华立科技职业学院。

续　表

排名	省市	快递业务量（亿件）	同比增长（%）
8	河北	17.4	45.9
9	河南	15.3	42.1
10	四川	14.6	31.8

资料来源：国家邮政局公布的2018年邮政行业运行情况。

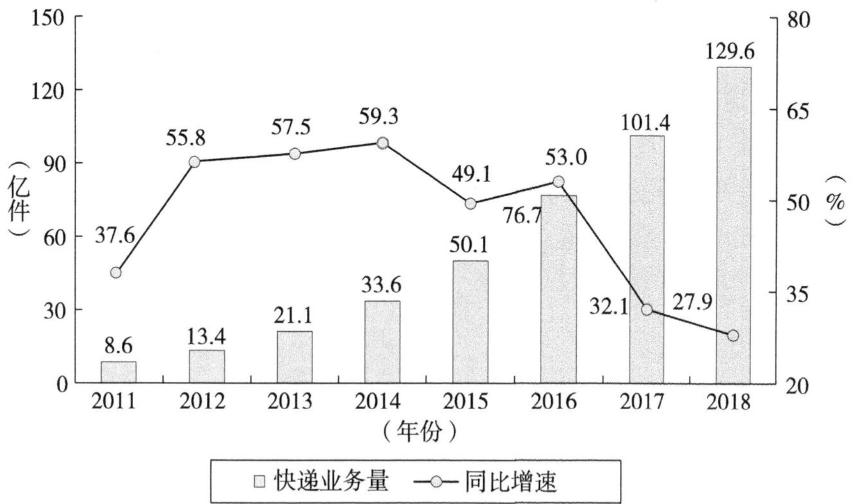

图1－8　2011—2018年广东快递业务量情况

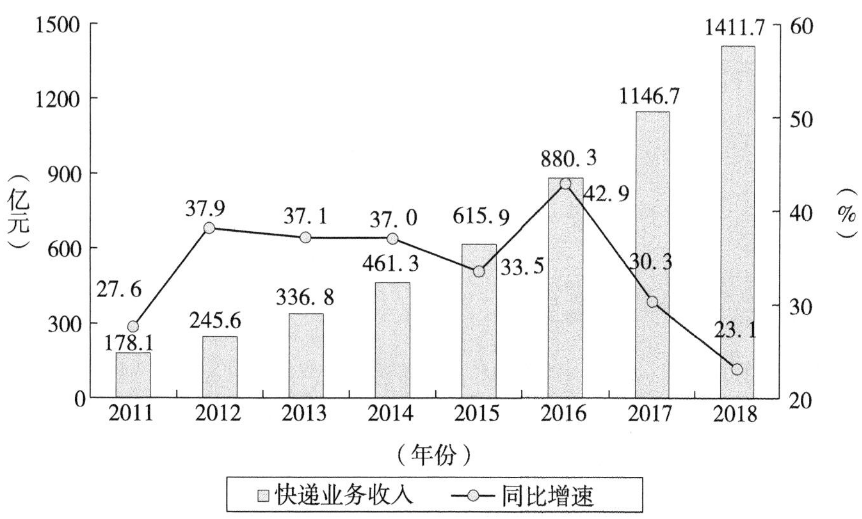

图1－9　2011—2018年广东快递业务收入情况

（二）快递物流全国服务能力增强

广东省快递行业不仅业务量稳居全国第一，对全国各区域的服务能力也在不断增强，异地快递业务量增长较快。2018 年，全省同城、异地和国际/港澳台快递业务量占全部快递业务量的比重分别为 22.4%、73.4% 和 4.2%，业务收入占全部业务收入的比重分别为 15.3%、56.1% 和 17.4%；与 2017 年同期相比，同城快递业务量的比重下降 1.8 个百分点，异地快递业务量的比重上升 1.8 个百分点，国际/港澳台业务量的比重持平，异地快递业主体优势突出。从发展速度来看，同城快递业务增速放缓，全省同城快递业务量完成 29.1 亿件，同比增长 18.8%；实现业务收入 215.9 亿元，同比增长 15.3%。异地快递业务持续增长，全省异地快递业务量完成 95.2 亿件，同比增长 31.1%；实现业务收入 792.0 亿元，同比增长 31.3%。国际/港澳台快递业务稳定增长，全省国际/港澳台快递业务量完成 5.4 亿件，同比增长 28.6%；实现业务收入 245.9 亿元，同比增长 12.4%（见图 1－10）。

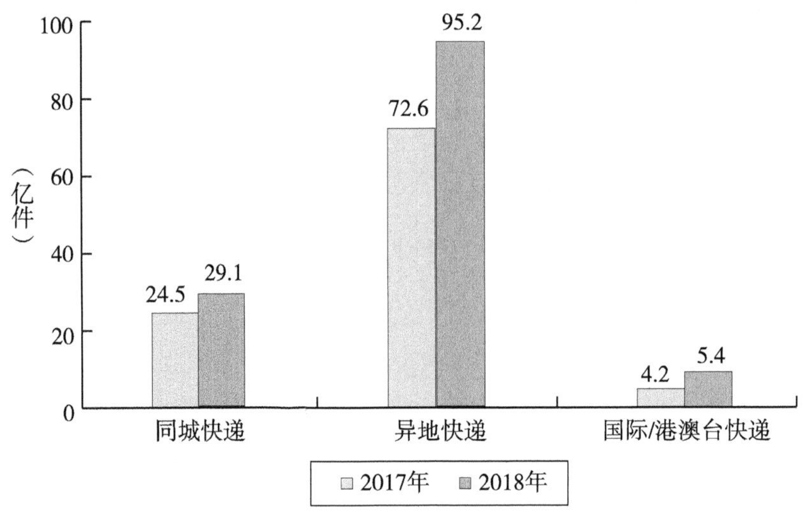

图 1－10　2017—2018 年广东分专业快递业务量对比情况

（三）区域发展分化现象明显

从区域发展来看，广东快递业发展极不平衡，区域分化显著，珠三角地区快递业发展活跃，粤东、粤西和粤北地区发展相对落后。2018 年，珠三角、粤东、粤西和粤北地区快递业务量占全省的比重分别为 84.6%、13.3%、1.1% 和 1.0%，快递业务收入比重分别为 88.8%、8.7%、1.2% 和 1.3%。

从增长趋势来看，珠三角、粤东、粤西、粤北地区各项快递业务均保持了良好的增长势头。2018 年，珠三角地区完成快递业务量 109.7 亿件，同比增长 24.1%，实现业务收入1253.4亿元，同比增长21.1%，粤东地区完成快递业务量17.3亿件，同比增长57.2%，实现业务收入122.2亿元，同比增长47.4%，粤西地区完成快递业务量1.4亿件，同比增长35.4%，实现业务收入17.3亿元，同比增长27.6%，粤北地区完成快递业务量1.3亿件，同比增长29.7%，实现业务收入18.4亿元，同比增长21.3%。

从地市来看，快递业务排名前五位的城市合计在全省占比基本保持不变。快递业务量排名前五位的城市依次是广州、深圳、东莞、揭阳和汕头，其快递业务量合计占全部快递业务量的比重达到86.0%，较上年略下降0.2个百分点。快递业务收入排名前五位的城市依次是广州、深圳、东莞、揭阳和佛山，其快递业务收入合计占全部快递业务收入的比重达到86.2%，与上年基本一致（见表1－8）。

表1－8　　2018年广东各市快递行业发展情况

城市	快递业务量				快递业务收入			
	累计完成（千万件）	排名	同比增速（%）	全省占比（%）	累计完成（亿元）	排名	同比增速（%）	全省占比（%）
广州	506.4	1	28.8	39.1	479.7	1	27.9	34.0
深圳	320.8	2	23.6	24.8	435.7	2	16.0	30.9
珠海	9.8	10	34.4	0.8	14.2	9	27.8	1.0
汕头	57.5	5	43.8	4.4	37.5	7	24.2	2.7
佛山	47.7	6	22.1	3.7	64.3	5	29.0	4.6
韶关	2.0	20	31.8	0.2	2.9	20	19.4	0.2
河源	2.1	19	32.0	0.2	3.9	19	27.4	0.3
梅州	4.6	15	40.7	0.4	5.1	15	20.2	0.4
惠州	27.4	8	35.3	2.1	30.1	8	28.8	2.1
汕尾	4.4	16	35.4	0.3	4.7	17	29.1	0.3
东莞	133.9	3	9.3	10.3	166.9	3	13.0	11.8
中山	36.0	7	15.5	2.8	40.0	6	14.9	2.8
江门	9.1	11	17.9	0.7	14.1	10	16.7	1.0
阳江	4.8	14	31.7	0.4	5.0	16	28.0	0.4
湛江	5.3	13	33.7	0.4	7.2	13	21.0	0.5
茂名	3.4	17	36.6	0.3	5.1	14	37.7	0.4
肇庆	5.6	12	76.1	0.4	8.3	12	55.5	0.6
清远	3.2	18	25.4	0.2	4.5	18	17.9	0.3
潮州	15.1	9	89.4	1.2	10.6	11	65.8	0.8
揭阳	96.0	4	64.5	7.4	69.8	4	62.6	4.9
云浮	1.1	21	22.0	0.1	2.1	21	22.1	0.1
全省	1296.2	—	27.9	100.0	1411.7	—	23.1	100.0

资料来源：2018年第四季度广东省邮政行业运行情况。

（四）快递与电商协同发展步伐加快

随着快递物流在消费者购物体验中的重要性与日俱增，电商与快递企业二者在电商物流领域的边界逐渐模糊，快递企业也开始依托网络优势向产业链上下游延伸，电商物流末端服务能力明显提高，电子商务与快递物流更加高效协同。快递物流无缝对接互联网和电子商务，成为网络零售配送主渠道。通过加强快递物流相关仓储、集散分拨、分拣配送及智能取件等环节资源有效衔接，催生“快递+”新业态，带动以“农产品进城，工业品下乡”为主渠道的电商服务产业链发展。一是促进“快递+现代农业”产业发展，通过专线包机、高铁专列等快递方式，有效实现蔬菜类、配菜类、鲜肉类、水产类等生鲜农产品的原产直销、产销一体，加速拓展电商发展空间和渠道。二是助力“快递+现代制造业”产业升级，快递在助力广东制造强省的过程中，现代制造业为应对柔性生产、个性化定制和零库存的发展要求，将不断增强流程再造和供应链管理能力，以需求为导向，以资源整合为手段，无缝衔接设计、采购、生产、销售和服务全过程，快递业将通过高效协同的组织形态，推动制造业从局部优化向全流程优化升级。

（五）快递物流综合服务水平提升

广东省快递服务基本实现“全城布端点、县区无盲点”。基本实现了所有县区全覆盖，部分快递企业更是深入乡村开展服务；同时，各类智能快递柜快速布局，“最后100米”服务能力得到显著增强。一是快递业务网络覆盖率高，截至2018年年底，全省快递服务营业网点达2.2万处，其中设在农村的有4198处；全省快递服务网络条数2.9万条；快递服务网络长度（单程）694.4万公里。二是服务设备不断升级，为了提升快递物流配送效率，一系列新技术开始密集涌现并投入应用，智能化分拣中心及全无人化分拣中心，通过智能算法和大数据加持，快件分拣效率大幅提升；顺丰获得国内首张无人机航空运营许可证，中国邮政自主研发了智能无人投递车以及智能机器人、智能快递柜等智慧物流技术加速运用，将不断提升服务效率。此外，2018年全省快递企业拥有国内快递专用货机69架，比上年年末增加12架；快递服务汽车3.9万辆，比上年年末增长22.7%；快递服务企业拥有计算机9.3万台，比上年年末增长3.7%；手持终端21.8万台，比上年年末增长19.6%。三是服务质量不断提高，年人均快递使用量为114.2件，较上年增加23.5件；年人均快递支出1244.3元，较上年增加217.6元。

二、广东省快递物流发展存在的主要问题

（一）行业赔偿和投诉机制不完善

由于快递业时间短、发展快，与之发展相配套的行业服务标准尚未建立，尤其是

针对消费者递送物品丢失、破损的赔偿问题，至今尚无全国统一的针对快递行业的赔付标准出台。目前对快递丢失、损坏物品的赔偿问题，仅依据各快递物流企业的自行规定，各自快递服务协议也参差不齐。现实中寄件者很少仔细研究运单上面的相关条款，对自身商品应选择的投递方式也不明晰，很容易造成物品丢失等问题，很大程度上激化了消费者与快递企业之间的矛盾。此外，针对消费者的投诉渠道较窄，一般向快递物流行业企业或拨打 12305 投诉热线进行投诉，问题处理手续复杂，时限较长，并不能及时解决消费者问题。

（二）绿色快递建设水平不高

快递业的快速发展带来了极大的社会效益和经济效益，但同时也产生了环境问题，绿色快递发展已成为快递物流高质量发展的必然要求和内在需要。随着快递量的高速增长，各类纸板、塑料袋、胶带等的使用量激增，给环保带来一定压力，节能环保越来越多地被纳入快递物流发展相关规划中。目前，环保包装无统一标准和官方认证或授权，快递包装质量难以统一，无法跨企业流通，部分企业为压缩成本，采购质量低劣、含有毒有害物质的塑料袋，给环境和人民生活带来危害。此外，快递包装尚未形成完整的回收产业链，快递包装的回收率低，回收难点大，胶带和运单等其他材料的附着更增加了快递包装的回收利用难度。

（三）市场监管体系有待完善

随着广东省快递物流业的快速发展，与之相适应的快递物流体系建设相对落后，不利于快递物流行业高质量发展。一是市场管理相对粗放，行业内企业多以中小型民营快递物流企业为主，且多以特许加盟形式参与经营，企业表现出小、散、弱等问题。由于没有有效的市场监管体系，企业间的互信度和协调性也相对较差，难以为顾客提供令人满意的同质化标准服务，并且有的下级网点为增加资源，同时加盟两家甚至多家快递公司，难以有效保障服务质量。二是存在一定的安全隐患。面临激烈的市场竞争，部分快递企业并未完全执行收寄检视、实名收寄、过机安检的“三个 100% 要求”，违规收寄行为时有发生，给社会及居民安全带来一定的隐患。

（四）“最后一公里”配送设施与城市管理不适应

城市人口多，客运、货运车辆多，交通拥堵、排放超标、污染严重。交通管理部门以交通安全通畅为基本原则和工作要求，对快递运输工具管理较为严格。当前快递物流“最后一公里”运输的设备基本是电动三轮车，而城市交通管理从本质上是排斥电动三轮车的，多地出台了禁止电动三轮车在城市中心行驶的规定。快递货物实际的交付目前主要是人员送达和自提两种，自提又分代理交付和自提柜两种。代理交付涉及效率、分配与社区秩序以及安全问题，自提柜的建设涉及城市社区规划、土地供应、资金投入等问题，尤其是老城区的自提柜投放更加需要综合考虑城市管理多方面要素才能建设成功。

三、促进广东省快递物流发展的措施建议

（一）加快建立统一行业赔偿和投诉机制

建立行业规范行为标准，真正将违约赔偿问题纳入服务规范中。对托运前保价过的快件，按照约定的保价作出赔偿，制定合理的保价费用区间；对托运前未保价的快件，综合考虑运费与快件类别，制定合理的赔偿区间，同时对赔偿期限做出明确的说明。加强政府监管力度，畅通投诉渠道。快递物流的健康发展需要法律制度的约束与引导。除了政府主动监管之外，客户的诉求也是必不可少的一种监督手段，所以，有必要畅通快递物流行业的投诉建议渠道，加大监管力度。一方面是投诉建议渠道的宣传，让更多的客户了解监管部门是哪个；另一方面是制定相应的惩处措施，加大监管部门对快递物流行业的监管力度。

（二）推进快递业绿色低碳发展

一是加强政策引导，建立绿色快递行业标准。为推进快递行业构建绿色供应链，政府层面可以发布一些指导性文件，给市场明确的信号和方向，健全法规标准体系，特别是尽快建立起绿色包装标准体系，推动快递包装标准化、绿色化，以利于全行业融通发展、绿色发展。二是深化科技创新，建立健全激励机制。支持有条件的企业设立国家级快递绿色包装实验室，加大绿色包装研发力度。通过减税降费，补贴产业链中主导技术研发和运营的环节。推动绿色采购试点，鼓励快递企业积极参与到生态文明示范区建设和“无废城市”建设中。三是加强宣传和舆论引导，强化绿色发展理念，推动生态文明、绿色发展理念深入企业的每一个环节。

（三）加快建立快递企业管理体系

一是扩大对现代信息技术的运用，广泛应用通信技术及计算机技术，如条码技术、全球定位系统、数据库技术、电子数据交换技术等，建立专业化的快递物流信息控制中心，提高快递物流企业竞争力和服务水平，提高快递物流信息化的管理水平。通过技术手段对运输商品进行实时监控，既可以快速提高企业的工作效率，也给客户带来便利。二是培训企业内部管理人员，使其实时更新管理知识，学习新的经验，为企业创造更大价值。不仅高层管理人员，主要与客户接触的投递人员也是培训的主要对象。三是建立监督机制，减少管理漏洞，从而让客户放心。

（四）完善快递行业监管体制

一是转变监管理念，创新监管方式，避免多头执法、重复检查，规范执法行为，

提高监管效能，减轻企业负担，强化信用支持。二是健全监管的基本手段，转变思路，逐步形成以信用监管为主、重点监管为辅的新型监管机制，进一步营造公平竞争的市场环境和法治化、便利化的营商环境，提高行业竞争力和服务水平，促进行业高质量发展。三是制定快递行业服务评价体系，根据限定的条件在一定程度上约束快递市场主体的行为，通过信息化手段将评价相关的信息予以及时公布，保障行业服务质量和安全性。

2018年广东省冷链物流发展回顾与展望*

一、2018年广东省冷链物流发展总体情况

（一）冷链物流发展得到各方重视

从国家、广东省到省内各地市，越来越重视冷链物流发展，相继从不同方面鼓励支持冷链食品流通体系建设。国家层面，2018年1月，中共中央、国务院出台了《关于实施乡村振兴战略的意见》，强调大力发展冷链物流，构建农村第一、第二、第三产业融合发展体系，重点解决农产品销售中的突出问题，加强农产品产后分级、包装、营销，建设现代化农产品冷链仓储物流体系；3月，商务部办公厅、中华全国供销合作总社办公厅联合印发了《关于深化战略合作 推进农村流通现代化的通知》，强调要探索创新供应链管理模式和机制，支持供销合作社开展物流标准化、冷链信息化体系和食用农产品、食品等追溯体系建设；5月，财政部办公厅、商务部办公厅开展了“2018年流通领域现代供应链体系建设”工作，鼓励发展农产品供应链，支持农产品批发市场拓展产销对接、安全检测、加工包装、统仓统配、溯源查询等功能，支持培育一批供销合作、农超对接的生鲜农产品冷链服务企业。省级层面，2018年广东省相继出台了《关于推进乡村振兴战略的实施意见》《广东省关于积极推进供应链创新与应用的实施意见》《广东省农产品加工业发展规划（2018—2025年）》《广东省农村物流建设发展规划（2018—2022）》等文件，均强调了要重视农产品供应链体系、冷链物流的发展。地市层面，各地市纷纷落实贯彻国家、省乡村振兴战略实施的内容，同时启动地市农村物流发展规划编制工作，积极引导市场资源合理化发展农村农产品流通市场，鼓励支持企业申报国家、省冷链物流相关项目。

（二）冷库设施建设向粤东西北转移

近年，全国在推动建设农业现代产业园，广东省粤东西北地区特色农业多，是农业现代产业园发展的重点区域，随着一批批农业现代产业园的落地，带动了粤东西北

* 供稿人：吴乐燕，广东省现代物流研究院；李玉玲，广东亚太经济指数研究中心。

冷链物流基础设施的加快建设。同时，由于珠三角地区物流仓储用地紧张，物流市场资源逐渐向粤东西北转移。根据广东省现代物流研究院的调查，2018 年广东省冷库总库容量达到约 470 万吨，相比 2017 年的 390 万吨，同比增长约 20%，继续保持快速增长态势。粤东西北地区冷库容量增长较快，尤其是湛江、茂名、汕头等沿海城市，目前珠三角、粤东西北地区各占全省冷库容量比例在 50% 左右，大型冷库主要集中在沿海水产品丰富、口岸多的地市。

（三）港口不断完善冷链物流基础设施建设

据中国冷链委数据，截至 2018 年 10 月，全国港口冷库总库容约 327.35 万吨，其中，广州港、深圳港的冷库总量分别为 11.8 万吨、3.6 万吨，共计占全国冷库总量的近 5%。2018 年，广州港集团在南沙龙穴岛投资建设冷链物流园区，促进广州港南沙港区港口服务升级，使南沙港区成为泛珠三角经济腹地全面深度参与“一带一路”建设的出海大通道，共投资 18.75 亿元建设华南地区规模最大的冷链物流基地，分两期建设，冷链仓储设施规划库容为 45 万吨，其中一期建设规模为 22.7 万吨，预计 2021 年 3 月可投产。深圳盐田港按照海关总署集约封闭式集装箱查验场地要求开展改革试点，投入国内首个设置在监管场所内的“关区内冷链专用查验平台”，该平台采用全封闭式设计，配备专业空间温控设备，能为查验台提供 12℃恒温环境，进出口冻品、水果的企业不用再往返出入监管区进行查检，吊柜、托运成本的缩减幅度在 50% 以上，通关时间也大幅缩减，食品卫生安全风险将得到有效控制。

（四）冷链物流经营主体向规模化发展

近年来，随着冷链物流作为基础性产业所发挥的作用越来越大，大企业纷纷加大冷链物流领域布局和收购兼并力度。2018 年 7 月，万科物流并购太古实业旗下太古冷链物流。自 2018 年万科物流开始布局冷链物流，设立了冷链平台——万纬冷链，计划在三年内形成覆盖 30 多个节点城市的冷链物流网络，进一步壮大集团冷链业务板块。2018 年 8 月，顺丰控股与夏晖物流成立合资公司新夏晖，顺丰控股为新夏晖控股股东，新夏晖将经营夏晖在中国已有的部分业务——中国内地、香港和澳门的供应链及物流业务（包括国内货运管理）。顺丰控股依托自身领先的快递物流综合服务能力，加上夏晖物流世界领先的多温度食品分发技术，实现双方优势的强强联合，具有极强的行业竞争力。

（五）冷链市场安全溯源体系正在建立

广东省大力支持冷链物流产品安全溯源体系的建立，广东冷链公共服务管理平台已经建设成功，现正在推广应用阶段。广东冷链公共服务管理平台目前基本可以实现冷链产业相关数据信息认证、查询、溯源和跟踪管理等综合服务功能，实现了“生产有记录、流向可追溯、信息可查询、质量可追溯”的农产品质量追溯管理新模式。当前全省多个地市已经对接该公共平台，例如，广州已有31家企业进驻该公共平台、车辆567辆、冷库9个。广州市农产品质量安全溯源管理平台与63个农产品质量安全溯源体系已经建成，初步实现标识溯源应用和标识准出制度。广州市供销总社完善冷链物流配送和农产品质量安全检测设施，建立农产品安全溯源体系，推进优质农副产品进社区。

二、广东省冷链物流发展存在的主要问题

（一）传统农产品流通方式仍占主体

当前广东以农产品和水产品为主体的生鲜产品仍然以传统流通渠道为主。对于果蔬等农产品，主要流通方式仍通过产地收购或批发，通过“一批”、“二批”、农贸市场甚至集市等多层次分销体系，然后才能到达消费者手中。而且，当前广东乃至全国消费者对于冷链产品的接受度仍不高，采用冷链运输的水果、蔬菜等产品，由于冷链物流成本的叠加导致售价较高而不占优势，生鲜产品通过传统流通渠道所占的比例，在较长时间内仍将保持较高水平。如粤西农批和深圳海吉星批发市场，粤西农批市场内公共冷库利用率甚至不足30%。通常对于水产品肉类等产品，冷链流通相对果蔬应用较多，但由于广东消费者对水产活鲜和肉类热鲜的消费偏好，导致冷链流通率整体不高，产品仍以传统常温方式流通。广州黄沙水产交易市场同样拥有大量的活鲜运输，还有如佛山市南海盐步环球水产交易市场有限公司，现有冷库均为商户自有小冷库，冷库总容量小，产品仍以鲜活水产品批发为主，多采用传统运输方式。

（二）全程冷链物流意识有待提高

虽然广东省冷链物流发展处于我国冷链物流发展的领先地位，但由于冷链行业整体仍处于发展初期阶段，全程冷链物流宣传与推广意识薄弱。以生鲜农产品为例，消费者缺少对全程冷链物流食品与普通运输食品的认识与知识普及，在超市、菜市场等购买生鲜农产品，只关注产品品牌、颜色等外在因素，甚至将价格因素放在第一位，并未考虑在终端销售之前是否是全程冷链运输保障食品质量。对于冷链物流企业，全程冷链监控管理体系不完善，在生鲜农产品运输过程中往往出现冷链车里温度不达标，运输过程间断打冷、缺冷等现象。对于农户，缺少对生鲜农产品进行田间预冷意识，致使产品品质会从内到外出现变质、腐烂等问题。

（三）冷链物流经营成本偏高

一是冷库日常耗能成本高。多数生鲜农产品冷库仍是按照工业用电价格收取，导

致冷库用电成本比较高，储存蔬菜、水果、水产品等农产品的冷库使用的工业用电高达0.9元/千瓦·时，是农业电价的3倍。二是冷库投资建设成本高。冷库设备投资大，投资建设冷库不仅只是单纯制冷功能，还涉及冷库恒温、控温功能，仓运配一体化功能，多温层/区冷库功能等相关配套设施，需要大量投资资金。冷库投资回报周期长，冷库建设属于重型资产投资，具有投资建设周期长、投资资金额度大、投资资金回收期长、投资风险高等特点，短时间内难以获得与投资资金成本相对应的收益。三是冷链物流车辆投资成本高。冷链物流车辆较普通运输车辆价格高，车辆保养维修费用高，实现全程冷链物流服务关键环节需要冷链物流车辆软件配置支持，冷链物流车辆收入往往难以覆盖车辆运维成本。四是冷链物流用工成本高。由于冷链物流工作劳动强度相对比较大，经常出现招工难现象。货车从业资格证的考试规范化、司机的老龄化等问题，影响着冷链物流用工成本。

（四）农产品冷链物流“最初一公里”短板消除难

虽然近年一直在强调农产品冷链物流基础设施的建设，但由于大多数社会资本仍关注大型冷库设施的建设，而忽视了农产品产地田头预冷环节基础设施的供给，造成当前农产品产地“最初一公里”的冷链短板成为制约整个农产品冷链物流供应链的主要瓶颈。广东省内尤其是粤东西北农村地区冷链物流“最初一公里”的预冷设施更是缺乏，主要由于部分地区农产品季节性强、种植规模小、距离主要物流节点远、冷链基础设施投入大等因素，限制了社会资本自主对这些地区农产品田头预冷设施的投入。

三、促进广东省冷链物流发展的措施建议

（一）完善重点区域和冷链物流基础设施建设

充分利用交通运输、商务、农业、邮政、供销社等既有农村冷链物流资源，合理布局全省冷链物流节点。加强农产品产地冷链物流设施建设，以湛江、阳江、茂名、江门、佛山、肇庆、中山、广州等水产品产区为重点，完善水产品低温、超低温储藏、运输、包装和加工体系，建设用于水产品加工贮藏的低温冷库（-18℃~0℃）以及适合金枪鱼等远洋捕捞高附加值水产品仓储加工的超低温冷库（-60℃），建成一批国家级和省级重要水产品冷链物流基地；以茂名、湛江、肇庆、梅州、广州、清远等果蔬产区为重点，结合果蔬产区布局田头冷链设施，合理利用产地现有零散及小型冷库，并在主产区集中建设能够提供果蔬预冷、分拣、包装、储藏保鲜等服务的大中型保鲜库（0℃~4℃）；以云浮（温氏）、清远（双汇、天农）为重点，积极推动肉类农产品冷链物流发展，完善覆盖生产、储存、运输及销售整个环节全程“无断链”的肉类冷链物流设施，建设一批国家级和省级重要肉类冷链物流基地。

（二）推动农商互联完善农产品供应链体系

通过政策引导、市场参与的方式，推动农商互联，促进农产品流通企业与新型农业经营主体进行全面、深入、精准对接，重点加强农产品产后商品化处理等流通设施建设，不断提高订单农业、产销一体、股权合作等长期稳定农产品流通模式在农产品流通中的比重，实现联产品、联设施、联标准、联数据、联市场，打造上联生产、下联消费，利益紧密联结、产销密切衔接、长期稳定的新型农商关系，构建符合新时代农产品流通需求的农产品现代供应链体系，提升农产品供给质量和效率。通过中央财政资金扶持一批“推动农商互联完善农产品供应链项目”，落实好项目建设内容及实施进度，以项目带动社会资本进一步完善农产品供应链体系。

（三）加大冷链物流龙头企业培育力度

扶持专业冷链物流服务商发展，加大力度培育龙头企业做大做强。鼓励第三方冷链物流企业通过供应链管理，拓展冷链物流增值服务和延伸服务领域；加快培育一批技术先进、运作规范、核心竞争力强的专业化、规模化冷链物流企业，发展多温共配等高端冷链物流，促进冷链运输集约化发展。按照有关标准，通过鼓励、引导和扶持等手段，推动企业开展质量认证、信用等级评定和国家 A 级物流企业、星级冷链物流企业评估，培育一批经济实力雄厚、经营情况良好、管理方式先进、服务水平高、核心竞争力强的大型冷链物流企业。鼓励具有一定使用第三方配送条件的加工企业剥离自办物流配送功能和业务，鼓励企业冷链物流业务外包。鼓励有条件的冷链物流企业与农产品生产、加工、流通企业加强基础设施、生产能力、设计研发等方面的资源共享，优化冷链流通组织，推动冷链物流服务由基础服务向增值服务延伸。

（四）继续加大冷链物流相关培训

鼓励和支持高校、研究机构、行业协会等组织，以“面向市场、服务行业、学用结合”为宗旨，培养适应现代物流发展需求，了解国家和省冷链物流发展政策、行业动态、最新冷链物流技术的应用型、复合型中高层次管理人才。加强与港澳台物流人才交流，完善冷链物流人才引进政策，全方位引进符合条件的高端冷链物流人才，享受当地引进人才、总部经济技术人员的优惠政策。鼓励举办粤港澳大湾区冷链物流技术创新与应用大赛，依托具有创新大赛组织经验的承办机构或组织在粤港澳大湾区范围内开展冷链物流技术创新与应用大赛，组织地区、企业将冷链物流典型模式、创新做法、新产品、新技术等以大赛的形式进行推广应用，提高全省对冷链物流供应链的认识。

（五）营造冷链物流发展良好环境

在金融创新方面，鼓励金融机构降低冷链物流企业融资门槛，发挥政府性融资担保机构增信作用，加大对冷链物流企业融资担保力度。在土地供应方面，对符合规划的重点冷链物流项目，加大土地供应力度。在冷藏车辆管理方面，加强城市配送冷藏运输车辆的标识管理，在核定载重、车辆年检、交通管制等方面给予政策支持，用好鲜活农产品“绿色通道”政策。在降低企业成本方面，推动冷链物流企业用电、用气价格与农业用电用气同价。

2018 年广东省农村物流发展回顾与展望*

一、2018 年广东省农村物流发展总体情况

（一）农村物流产业基础良好

广东省农业总体保持稳步增长，为农村物流产业的发展提供了良好基础。据 2019 年广东省统计年鉴数据，2018 年全省农作物播种面积 6419.04 万亩，比上年增长 1.23%。其中，粮食作物种植面积 322.56 万亩、产量 1193.49 万吨，比上年略有下降；蔬菜种植面积 1908.37 万亩、产量 3330.24 万吨，同比分别增长 3.67%、4.81%；水果种植面积 1473.49 万亩、产量 1547.81 万吨，同比分别增长 2.27%、8.91%。全省肉类产量 449.90 万吨，比上年增长 1.31%。其中，猪肉产量 281.52 万吨，比上年增长 1.28%；禽肉产量 153.25 万吨，比上年增长 1.00%。全省水产品产量 842.44 万吨，比上年增长 1.07%。其中，海水产品产量 449.17 万吨，比上年略有下降；淡水产品产量 393.28 万吨，比上年增长 3.02%。

（二）农村物流基础设施逐渐完善

截至 2018 年年底，全省铁路通车里程 4630 公里、公路通车里程 217699 公里。2018 年新建农村公路 4737 公里，改造国省道 277 公里。全省载货汽车 217.91 万辆，总货物运输量 424996 万吨、货物周转量 28644.77 亿吨公里，覆盖全省城乡。粤东西北传统运输业、快递业、仓储业、供应链管理加速融合，各地物流龙头企业逐步走向经营多元化、布局网络化和管理现代化。农村地区传统的邮政物流、商贸物流以及新兴的电子商务物流、国际物流等，共同构建了覆盖市、县、乡（镇）三级的农村物流体系。农批市场配套设置相关物流设施，发挥着物流集散的重要作用。

（三）农村电子商务快速发展

2018 年，广东省共有 11 个地级市上榜淘宝村名单，淘宝镇 74 个、淘宝村 614 个，数量均位列全国第二。广东省充分利用县域电子商务优势，结合地区产业集群特色，

---

* 供稿人：朱佳蕾，广东省现代物流研究院。

积极打造线上产业集群，农村第一、第二、第三产业融合发展扎实推进，邮政农村电商网点达2.2万个。据商务部数据，2018年广东省农村网络零售额达665.5亿元，同比增长35.5%。截至2019年8月，广东省已有17个国家级电子商务进农村综合示范县和25个省级示范县，共建成县级电商服务中心69个，镇、村级电商服务站点6406个，开展各类型农村电商人才培训11.99万人次，带动建档立卡贫困人口就业创业3.82万人，增收超6000多万元。

（四）农村物流经营主体规模化发展

全省农村经营主体不断发展壮大，通过集约化、规模化的生产和销售，大大提升了农村物流发展质量和水平。截至2019年1月，全省有915家省级重点农业龙头，首批50个省级现代农业产业园建设进展顺利，国家级现代农业产业园增至4个，新增一批农业龙头企业、农民合作社、家庭农场，扶持90个镇、360个村积极发展“一村一品、一镇一业”。通过“公司+农户”“合作社+农户”等集成生产模式，集合分散的农户产能，开展标准化生产，统一包销并进行规模化运输，农民创收保收取得良好效果，在一定程度上解决了农村物流成本过高和网络渠道不畅问题。

（五）新技术推广应用提升物流效率

信息技术逐步运用于农村物流。冷链物流信息化助推全程冷链不断发展，不仅满足了农产品的保鲜需求，还降低了损耗率。通过运用物联网及卫星定位技术，实现了农资流通的在线监控，实现物流车辆即时定位、补货配货电子化等。全省标准化托盘逐步推广，车货匹配平台、智能机器人、智能快递柜、无人机、无人仓等智慧物流技术加速运用，降低了物流成本，提升了物流效率。

二、广东省农村物流发展存在的主要问题

（一）部分地区农村物流基础设施落后

一是部分农村地区交通基础设施相对滞后。不少农村地区无法满足大型物流车辆通车要求，较为偏远的乡村村道狭窄、桥梁年久失修，甚至被认定为四类危桥，维修资金和人力不足。二是农产品产地批发市场现代化程度低。很多批发市场建成时间久、物流设施设备落后，不符合现代化农产品市场标准，而且部分市场靠近市区，周边道路狭窄，不利于大型车辆通行，对城市交通也产生较大影响。三是农村物流缺乏现代化软硬件设施系统配套支持。相对于快速发展的城市物流，农村地区往往缺乏现代化仓储设施、立体化货架、标准冷库、冷链车等现代化物流设施设备，标准化、信息化、智能化的现代化物流设施设备在农村地区推广应用难度更大。此外，山区网络及移动手机信号不稳定，不能满足电子商务的基本要求。

（二）生鲜农产品物流成本依旧高企

在大宗运输方面，生鲜农产品尤其是鲜活农产品很难通过增加运量降低运输成本，加之容易腐败变质的特性，多采用公路运输，燃料消耗大，运输成本高。生鲜快递运输方面，生鲜产品对包装、时效、运输环境的要求较高，而产品本身价值相对较低，致使快递成本比重较大。以5斤装茂名荔枝为例，用顺丰发往省外的费用约占到销售价格的35%～50%，丰产年荔枝收购成本较低时，快递物流成本占到总成本的60%左右。过高的物流成本，使特色农产品缺乏市场竞争力，为企业发展带来较大的压力。

（三）农村物流标准化信息化水平较低

由于缺乏物流信息平台、车货匹配平台等信息手段支持，农村物流企业多数以线下揽货方式为主，物流供需无法有效对接；规模小而散，托盘、笼车等专业物流设施应用不足，包装、装卸、分拣等作业流程尚未标准化，削弱了物流运行效率；普遍仅限于提供简单的运输服务，不能运用信息技术实现货物跟踪调配、物流信息查询、智能化配送等，经营模式低端粗放，无法满足现代化物流发展需要。一些大型农产品流通中心交易模式仍较传统，信息管理系统不完善，产品集散能力不强，市场辐射范围较窄。农村小规模生产模式下品种选育、施肥施药、采摘分拣、包装标识等缺乏标准，难以达到农产品标准化流通要求。

（四）农村快递服务水平有待提升

随着电子商务进农村示范工作的推进，农村地区的快递网点大大增加，但仍不能满足县镇村快递物流需求，没有实现乡村快递网点全覆盖和村村通快递目标。快递物流网点建设目前仅限于县区、镇和一些电商示范村，规范的村级快递物流网点较少，大部分快递包裹仍需要村民自取，送货上门、上门取货在行政村依然无法全面覆盖。且部分农村地区距离中心城区距离较远，快递业务量少且不稳定，导致农村快递网点运营成本很高，服务不到位，不利于网点稳定运营和发展。

（五）农村物流专业人才短缺

一是农村环境相对较差导致人才难留。对比城市，农村工作生活环境较为艰苦，大部分电商、物流企业在农产品旺季才派遣专业人才驻扎产地，常年工作在农村的专业人才少之又少。二是专业培训缺乏。很多地市针对农产品安全及流通等方面的教育和培训欠缺，从事农产品流通的农业企业及农民专业合作社成员受教育水平普遍偏低，储备人才难以满足现代农业发展的需要，也难以满足为农业企业、农民专业合作社提供服务的第三方物流的需要。目前针对农村、农民进行各类物流及电商人才实操培训的专业机构少，常态化、社会化、专业化的培训体系尚未形成，专业人才也很难在短时间内培养出来，未能推动解决农村物流与电商发展的人才需求。

三、促进广东省农村物流发展的措施建议

（一）完善农村物流基础设施网络

加强农村公路道路建设与改善，统筹交通运输与农村物流基础设施规划衔接，畅通农村物流交通网络。依托各类商贸流通市场、客货运站场、物流快递网点、村邮站、农村零售商店等资源，打造县级农村物流服务中心、乡镇农村物流服务站以及农村物流服务节点，加强节点农资、农产品、消费品、邮政函件、快递等仓储、集运及分拨配送能力，构建县、乡、村三级物流节点互联互通的农村物流基础设施网络体系。支持邮政及各类物流和快递企业将服务网点延伸到农村地区，搭建城乡一体化发展的物流通道。加强农产品冷链物流体系建设，结合各地市农村特色农产品生产基地和优势农产品产区，建设农产品产地冷库、预冷库等冷链基础设施，建设具备农产品流通加工、仓储、运输、配送等综合服务功能的物流园区，支持特色农产品上行。支持物流快递企业与农业大户、农业生产企业、商贸流通企业等加强合作，有效提高农资、农村消费品、特色农产品等物流效率，打通农村物流“工业品下乡”与“农产品进城”的双向流通体系。

（二）推动农村物流信息化标准化建设

合理统筹全省农业、商务、供销、邮政、交通等相关部门信息资源，有效整合重点农业基地、农产品加工企业、农产品流通企业、农村消费品经销企业、物流企业等资源，构建农村物流综合信息平台，提供农村物流供需信息的收集、整理、发布，及时高效组织调配各类物流资源。以电子商务进农村综合示范工作为抓手，推动县级农村物流中心、乡镇农村物流服务站、农村地区商业网点、零售小店等终端和设备信息化改造，增强信息各方的互联互通、集约共享和有效联动。支持物流快递企业打造覆盖城乡的物流信息平台，构建连接物流基地、区域分拨中心以及终端服务网点的信息管理系统。推动农产品冷链物流信息化发展，推广利用条码和射频识别等信息技术，加强冷链物流溯源体系建设。鼓励农村物流企业、农业龙头企业、行业协会、研究机构等参与全省物流业标准体系建设，加快推动农村物流技术、装备、流程、服务、安全等标准制修订工作，推进农村物流标准化进程。加强推进农村物流网络体系标准化模式，积极推动县、乡、村三级农村物流服务网络节点标准化建设，实现管理、服务、设施设备等的规范和统一。

（三）推进农村电商与物流融合发展

支持农村淘宝、京东、苏宁、邮政、供销社等企业，加快完善农村电商物流服务

网络布局，构建县级电商服务中心、镇级电商服务站、村级电商服务网点等三级农村电商服务网络体系。推广揭阳、汕头、惠州等淘宝村发展代表地区的农村电商发展经验，加快推动农业龙头企业、合作社、家庭农场、种养大户等新型农业经营主体和农村混合经营个体户“触网触电”步伐，加强农产品电子商务流通模式应用，提高农村电商发展氛围。依托农业现代产业园、国家现代农业示范区、广东省农产品加工示范区、省级“菜篮子”基地、农业标准化示范区等载体，推动农产品电子商务应用，完善配套农产品电商物流基础设施和服务网络，助推农产品顺利上行。鼓励各类物流、快递企业加强农村地区网络布点，赋能中小农村电商创业个体或企业，为农村电商发展创造条件。

（四）推进第一、第二、第三产业融合发展

支持各类市场主体创新发展多种新型农业产业模式，促进农业生产、加工和流通的融合发展，拉长产业链、提升产品价值、延长保鲜期、改变运输状态。发挥各地农特产品产地优势，实施新型农业经营主体培育工程，培育一批产业关联度大、技术水平高、带动能力强的“全产业链”农业龙头企业、家庭农场、农民合作示范社等新型经营者主体。推动发展现代农业园、农业产业联合体、农业产业集群，引导各类新型农业经营主体集聚化发展。依托现代农业产业园、农产品龙头企业、物流骨干企业、农村电商产业园区等，以规模化种养基地为基础，建设集生产、加工、流通、仓储、研发、示范、电商为一体的三产融合发展示范基地。推动建设中央厨房等业态创新，结合粤港澳大湾区发展规划，重点高水平打造肇庆（怀集）绿色农副产品集散基地，配套建设优质农产品原材料采购、食品加工、质量安全检测、冷链运输配送等设施。

（五）构建农村物流人才体系

在干部队伍建设方面，加强对农村物流干部队伍的培养、配备和管理，组织各级干部参加特色农产品、冷链物流、快递物流、电商物流等农村物流相关知识培训班，增强各级干部对农村物流现代化建设的认知，提升干部队伍管理化水平。在返乡创（就）业方面，支持“领头雁”农村青年创业致富带头人培育工作，积极引导物流专业人才“上山下乡”，支持大学生、青年创业人员、“新乡贤”到农业龙头企业、农村合作社、家庭农场工作，帮助农村建立“工业品下乡、农产品进城”双向流通渠道。在高校人才培育方面，支持地方高校、职业院校利用教育培训资源，开设服务农村物流相关专业与课程，针对性地培育农产品电商、冷链物流、快递物流等方面人才。在重点人才培养方面，加强农村青年致富带头人及家庭农场、农民合作社、村办企业等新型农业经营主体领办人和骨干的职业化培训，培养一批农业职业经理人、经纪人和乡村企业家。

2018 年广东省跨境物流发展回顾与展望*

一、2018 年广东省跨境物流发展总体情况

（一）跨境物流市场规模持续扩大

一是跨境贸易规模不断扩大。随着广东省积极融入“一带一路”倡议步伐不断加快，《粤港澳大湾区发展规划纲要》落地实施，广东省对外贸易规模不断增加，2018 年广东省持续保持我国对外贸易第一强省地位。2018 年，广东省货物进出口总额 71618.35 亿元，比上年增长 5.1%（见图 1－11）。二是跨境电商规模高速发展。在国际贸易形势复杂多变，国际贸易环境不确定因素较多，不同国家、地区之间政治、经济和法律等先决条件不协调的背景下，2018 年广东省纳入统计的跨境电子商务进出口总额 759.76 亿元，同比增长 72.0%，规模位居全国首位。三是跨境货物运输规模持续增加。随着物流基础设施不断完善，广东省跨境电商高速发展带动跨境物流市场规模不断扩大。2018 年，广东省港口货物吞吐量完成 211037 万吨，较上年增长 6.6%，外贸货物吞吐量 60793 万吨，较上年增长 2.7%；港口集装箱吞吐量 6447 万标准箱，较上年增长 3.5%。广东省快递业务量位居全国首位。2018 年，广东省全年快递业务量为 129.6 亿件，同比增长 27.9%，继续位居全国首位；快递业务量占全国的比重超过 1/4，快递业务收入占比接近 1/4。

（二）大湾区交通基础设施持续建设奠定跨境物流基础

一是铁路方面，2018 年年底，粤港澳大湾区内包含京九铁路在内的国家铁路网络里程达到 1811 公里，其中高铁里程 1019 公里，普铁里程 792 公里。作为京广高铁的延长线，广深港高铁于 2018 年 9 月全线通车，香港正式融入国家高铁网络。大湾区内以广州为核心，通过国家铁路、城际铁路与其他公共交通方式的衔接，实现了与周边部分城市物流当日可达。二是公路方面，粤港澳大湾区内高速公路里程超过 4000 公里，是全国高速公路网密度最高的地区之一。2018 年 10 月 24 日正式通车的港珠澳大桥，成为粤港澳物流新通道，为粤港澳大湾区商流、物流的流动打通新的发展“大动脉”。

---

* 供稿人：刘辉，广东省现代物流研究院。

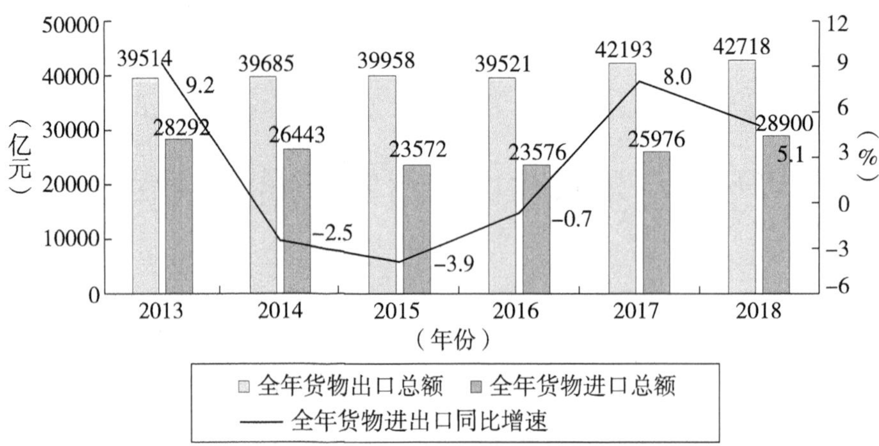

图 1－11　2013—2018 年广东省货物进出口总额及增速

三是水运方面，2018 年粤港澳大湾区内河航道通航里程超过 12000 公里，位居全国前列，基本形成以西江干线和珠江三角洲“三纵三横三线”为骨架的江海直达、联通港澳的高等级航道网。作为世界上沿海港口分布最密集的地区之一，粤港澳大湾区拥有广州港、深圳港、香港港、虎门港、珠海港等众多港口，港口群规模位居全球第一。四是航空方面，粤港澳大湾区机场密集程度居全国之首，除了拥有广州白云国际机场、香港国际机场、深圳宝安国际机场、珠海金湾国际机场和澳门国际机场五大国际机场外，还有佛山机场、惠州机场等机场，航空客货总量世界第一。其中，广州白云国际机场作为大湾区内重要的对港航空枢纽，2018 年 9 月进出口货运量达到 23 万吨，同比增长 16%，其中粤港之间中转货运量 1721 吨，日均往来香港约 100 班次。

（三）跨境物流新模式不断涌现

一是推广跨境物流创新通关模式。随着港珠澳大桥顺利开通与运行，港珠澳大桥三地通关口岸分别由香港、珠海和澳门三地政府各自负责设立和管理，均位于各自属地内，采用“三地三检”的通关模式。其中，珠澳之间采取“合作查验、一次放行”的新模式，三地口岸实行 24 小时通关。二是推广“粤港跨境货栈项目”创新模式。“粤港跨境货栈项目”是广州海关在南沙自贸试验区首创的改革创新项目，实现香港机场与南沙保税港区物流园区之间一站式的“空陆联运”，顺德成为首个复制推广该自贸试验区改革业务的地区，为企业开启了成本更低、效率更高的全新通关模式，将自贸区“粤港跨境货栈”的改革复制推广到国通保税物流中心，相当于企业将香港空运货栈货物的收发点延伸至顺德（见图 1－12）。三是推广粤港粤澳“一点清关”模式。“一点清关”模式是针对香港、澳门邮政自身承揽“e 特快”产品轻小、价值高、时效要求高的特点，广州海关创新建立的模式，模式主要环节包括：数据预申报，邮件自港澳口岸进境运抵国际邮件互换局，无须转关验放直接办结海关手续。省去传统模式

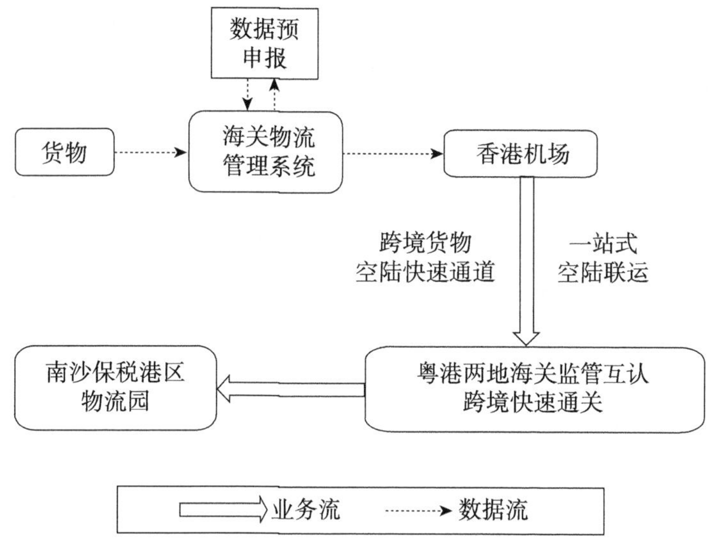

图1－12　“粤港跨境货栈”模式流程

下邮件运抵后，分拣、补录信息、系统审单后再分拣等环节，真正实现邮件“秒通关”，降低邮政企业成本。同时，海关依托信息化系统，设定1.1万条自动征税参数，推动系统自动对碰征税，并加强与邮政等部门的沟通配合，优化用邮人短信通知指引功能，通过“关邮e通”平台以及邮递物品通关管理系统，实现用邮人全程线上办理业务。2018年1—11月，广州海关监管“一点清关”模式（见图1－13）清关的香港邮件951万件，同比增长163%，占同期香港进境清关邮件总数94.91%；自7月16日对澳门邮件启动该模式以来，监管该模式清关的澳门邮件28.8万件，占同期澳门进境清关邮件总数的99%。

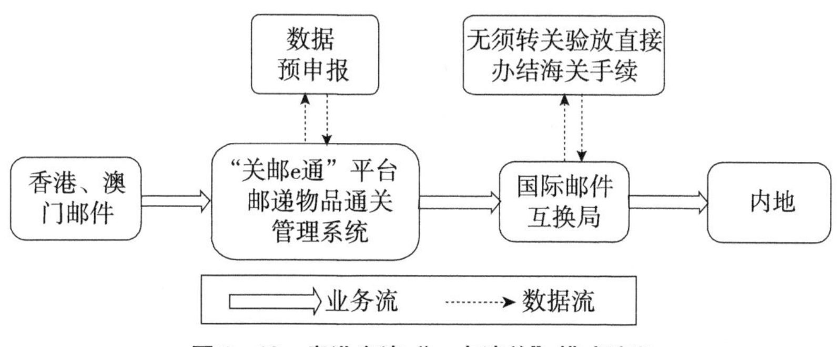

图1－13　粤港粤澳“一点清关”模式流程

（四）跨境物流通关环境不断完善

一是国家政策引导。2018年，《国务院关于印发优化口岸营商环境 促进跨境贸易便利化工作方案的通知》（国发〔2018〕37号），提出创新边境口岸通关管理模式，在毗邻港澳口岸实施更便利的通关措施，在有条件的口岸推广粤港澳“客、货车一站式通关”模式。二是粤港澳三地海关共推关税优惠政策。广州海关加强与港澳海关关际合作，推动“跨境快通模式”，推进通关制度高效顺畅衔接，落实内地与港澳CEPA（内地与香港关于建立更紧密经贸关系的安排，内地与澳门关于建立更紧密经贸关系的安排）项下进口商品税收优惠政策。2018年1—9月，广州海关关区内对港享受优惠税率的进口货值6亿元，同比增长81%。三是各口岸海关结合实际优化关口便利政策环境。如深圳海关推出前海保税港区通关便利创新政策，建设“离港空运服务中心”，在前海实现空运货物的集货、分拨、分流、打板、运输等服务，辐射香港、深圳、广州三大机场，促进大湾区国际空港集群效应的形成。

二、广东省跨境物流发展存在的主要问题

（一）跨境物流运输时效低

一是跨境通关环节繁多、通关时间长。由于跨境物流不仅仅包括国内物流、国际物流等环节，还涉及跨境过关的清关和商检等环节，使得跨境电商物流比国内交易需要的时间更长。二是跨境物流配送时效性慢。对于物流企业来说，由于跨境电商的货量比较大且买家分布在世界各地，其下单时间各异、频率又高，各个环节比较分散，协调难度大导致物流配送时效性差。以阿里巴巴旗下“速卖通”为例，一件发往欧洲国家的货物运达时间为90天左右，这意味着客户从下单到收到货物要等待3个月的时间。使用中邮小包发往欧洲国家需要40～90天；使用专线物流需要15～25天；商业快递的时间为7天左右，但是商业快递费用高昂，一般商家难以承担，国内的中小电商企业90%会选择中邮小包。三是跨境物流尚未满足特色农产品、冷冻农产品运输时效性要求。随着国家“一带一路”倡议的推进和《粤港澳大湾区发展规划纲要》的落地实施，各类食品进出口贸易在广东省呈现出愈发火热的迹象，在对外食品贸易往来中，生鲜、果蔬、冷冻类食品占据了半壁江山。由于生鲜、果蔬、冷冻类食品的储藏条件和时间的特殊性，对运输提出了更高的要求。

（二）跨境物流成本偏高

物流成本较高一直是影响广东省物流行业发展的重要因素。与一般物流活动相比，由于跨境物流涉及跨境贸易，产业链和环节更长，包括国际物流、国内物流、国内外海关，尤其是国际物流段，长期以来，跨境电商国际物流运输段的国际快递运费一直都高居不下，甚至运输费用比货值价格高。此外，一旦跨境货物因被海关扣押、滞留等而长时间停留，在此期间产生额外的仓租费用，亦将增加跨境物流的成本。

（三）跨境物流信息化程度低

信息化是现代物流业发展的重要基础，当前广东跨境物流的信息化程度还相对较

低，尤其在当下跨境物流企业的信息化处理能力较低、信息不对称。在跨境电子商务中，对物流信息的资源整合能力还不够强，信息沟通的渠道还不够通畅，信息的完整性并没有完全得到保证，而这些都在很大程度上直接或者间接地影响跨境电商物流的发展。

（四）缺乏跨国物流龙头企业

国际、国内市场竞争日益加剧，国际产业转移步伐不断加快，全球采购、全球生产和全球销售的“全球买、全球卖”发展模式正在形成。然而，目前广东省缺乏一批参与国际分工、具有国际竞争力的跨国物流龙头企业，来积极布局国际物流市场网络，推动粤港澳大湾区融合发展，构建与国家“一带一路”等贸易国家互联互通的国际物流大通道，形成具有全球影响力的国际物流中心，以应对日益激烈的全球物流企业竞争和快速发展的跨国贸易需求。

三、促进广东省跨境物流发展的措施建议

（一）加大对跨境物流的政策扶持

广东省跨境电商物流处于飞速发展阶段，政府应加大政策扶持力度，建设跨境电商物流法律机制，为广东省跨境电商物流的发展提供强有力的支持。广东省政府可以通过简化商品出口的流程、给予资金支撑、税收优惠等方面扶持跨境电商物流快速发展，提高企业竞争能力。在跨境电商物流配送方面，优化调整跨境电商物流配送方案，制定规范的跨境物流管理制度，促进贸易便利化水平提高和国内物流快递企业实现国际化发展。在跨境电商物流标准化方面，制定完善跨境电商物流标准化体系机制，创造良好的跨境电子商务发展环境，推动跨境电商物流的成长和蜕变。

（二）增强跨境物流综合服务能力

一是完善跨境电商进出境货物、物品管理模式，鼓励外贸综合服务企业为跨境电商企业提供通关、物流、仓储、融资等全方位服务。二是精简检验检疫监管流程，对跨境电商进出口商品实施集中申报、集中查验、集中放行等措施，在试点城市率先探索跨境电商经营主体及商品备案管理制度，实现跨境物流运输快速通关。三是加强跨境支付安全管理，提升跨境支付结算的服务能力。加强政府对跨境支付的管理力度，鼓励境内银行、支付机构依法合规开展跨境电子支付业务，在加强大额在线交易监测、防范跨境支付风险的基础上，尽量满足境内外企业及个人跨境电子支付需要。四是为跨境电商提供金融支持，鼓励商业银行探索适宜跨境电商发展的贷款模式，为跨境电商外贸综合服务企业提供融资、保险等综合金融支持。

（三）进一步降低跨境物流成本

一是鼓励企业加大海外建仓力度。海外建仓是突破跨境物流瓶颈的重要方式，以大宗运输替代零散小包的运输降低物流成本，缩短配送时间，实现供应链效率的提升和本地化。二是提高跨境物流信息化、智能化水平，鼓励跨境电商企业提高信息处理能力，采用现代信息技术处理物流信息并完善供应链。三是推动跨境物流标准化发展，推动跨境物流服务的运输工具、包装、装卸、仓储等方面采用统一标准，以标准化提高物流速度和效率。

（四）提高跨境物流专业服务水平

一是采取校企合作的模式。高校是培养人才的最主要环境，培养专业人才首先应从学校抓起，大学或职业院校可以调整方向、专业课程，创造良好的电商物流学习环境，将高校的教育内容和企业的发展需求结合起来。由企业针对性地投资，并且提出自己的培养需求，然后高校增加相应的课程和专业，培养既有专业理论知识又懂得物流配送和电子商务等实际操作的复合型人才。当教育课程完成之后，就可以直接输送学员到实践中去积累经验，实现理论知识和实践相结合。二是提高跨境电商物流管理人才的待遇。广东省有很多高素质的人才因为自身的待遇较低而选择了跳槽到外企，这就造成了高端人才流失，在一定程度上导致了当前的人才缺乏困境。企业应提高跨境电商物流人才的待遇，提高薪酬标准和奖励标准；为员工提供一些培训福利，让员工自我增值，通过内部的业务培训，提升从业人员的整体素质。

（五）努力培育跨国物流龙头企业

一是积极参与国家战略与倡议发展，鼓励广东物流企业积极参与国家战略与倡议，如“走出去、引进来”“一带一路”“粤港澳大湾区”等，加快布局和建设国际物流枢纽中心和海外仓等，提高物流企业国际竞争力。二是鼓励跨国物流龙头企业做大做强，加大政府对本土物流企业扶持力度，提高企业国际物流服务水平，重点支持广铁集团、广州港集团、嘉诚国际等企业建成世界级物流强企。三是壮大跨境物流企业规模。鼓励多元化投资主体进入国际物流市场，加大企业资源整合力度，通过参股控股、兼并、联合、合资、合作等多种形式进行资产重组，壮大企业规模与实力。四是引导第四方物流企业发展。引导传统物流龙头企业向第四方物流企业发展，建立融合了现代物流、信息技术、检验检疫、金融服务及跨境电商的4PL（第四方物流）模式，构建新型跨行业跨区域的合作共赢模式。

2018 年广东省绿色物流发展回顾与展望*

一、2018 年广东省绿色物流发展总体情况

（一）绿色物流政策持续出台

国家持续出台政策引导企业发展绿色物流。2018 年 5 月实施的《快递暂行条例》提出要高度重视行业绿色发展，鼓励经营快递业务的企业和寄件人使用可降解、可重复利用的环保包装材料，鼓励经营快递业务的企业采取措施回收快件包装材料，实现包装材料的减量化利用和再利用。2018 年 8 月修订的《中华人民共和国电子商务法》中明确提出，快递物流服务提供者应当按照规定使用环保包装材料，实现包装材料的减量化和再利用，而且支持绿色包装、仓储、运输，促进电子商务绿色发展。2018 年 9 月新修订的《快递封装用品》系列国家标准也正式施行，减量化、绿色化、可循环成为快递包装新趋势。各项绿色物流相关法律政策和行业标准的出台，为绿色、节能、高效的现代物流提出了更高要求，有利于实现物流产业绿色、高效、可持续发展。

（二）政府对行业监管逐渐加强

除颁布相关绿色物流等政策外，政府各部门逐渐加大对物流发展的监管力度。如《广东省打赢蓝天保卫战实施方案（2018—2020 年）》要求，珠三角地区在城市中心区逐步试点设立“绿色物流片区”，全天禁止柴油货车行驶。广东省加强优化城市公路货运站场布局，逐步清退城市中心区内的公路货运站场和商品批发市场，引导货运站场向城市外围地区发展。深圳在福田中心片区、罗湖人民南片区、南山科技园片区、盐田中心片区等十个行政区域内（新区）试点设置“绿色物流区”，禁止轻型柴油货车通行，仅允许电动货车进入。“绿色物流区”采取“结合重点、多点开花”模式，控制区域逐渐递推，控制标准逐步提高。

（三）新零售普及加速绿色物流进化

随着盒马鲜生、百果园、钱大妈等新零售模式的逐渐普及，绿色物流也在不断进

* 供稿人：李泽华，广东省现代物流研究院。

化。原箱发货、就近配送、门店发货比例不断提升。商品的配送距离与时间缩短之后，更多商品实现轻量化包装。循环箱加原箱包装是目前简约包装的创新模式。在全国零售通小店的配送中，原箱发货占比近 4 成，直接回收再利用的旧纸箱达到 30%。盒马鲜生最快 30 分钟送达、天猫超市 1 小时达、天猫旗舰店门店发货 2 小时达等新体验如雨后春笋，分钟级配送与减量包装进入常态。通过智能分仓、前置备货等模式创新，城市物流网络效率提升明显。在试点城市，单个包裹配送距离可从 700 公里缩短至约 400 公里。而通过城市仓发出的包裹，配送距离可减少至 100 公里，配送时效和车辆装载率得到优化，减少超过 8 成的运输距离。

（四）巨头企业成为绿色物流推进主力

电商物流巨头企业依托自身的资金、技术、人才等力量，不断推进绿色物流发展。如菜鸟发布“绿园”计划，2018 年 1 月 4 日，菜鸟广州增城物流园区的屋顶太阳能光伏电站正式落成调试完成了并网，菜鸟增城物流园用上了来自仓库屋顶上的清洁“能源”。未来，菜鸟网络将通过技术、人才等优势以各地物流园为基础打造一批绿色物流园区，建成覆盖上海、浙江、江苏、湖北、河南、福建、广东等主要省市的国内最大绿色物流园群。京东物流携手 DHL、法国邮政、雅玛多、顺丰、普洛斯、雀巢、达能、达达、绿色消费与绿色供应链联盟等全球物流巨头、商业巨头及绿色环保公益机构，共同启动“青流计划——全球供应链绿色环保”行动。苏宁物流则持续投放共享快递盒以及建设共享快递盒回收站，2018 年 2 月已在北京、上海、广州、南京、杭州、济南、西安、深圳等全国 13 个城市同步上线，推动快递包装的循环利用。

二、广东省绿色物流发展存在的主要问题

（一）绿色物流法律法规尚不完善

法律法规的不够完善，是制约绿色物流发展的一大痛点。明确分拣运输的具体要求、规范包装材料的使用标准，才能让快递企业有所依循，让监管水平再上台阶。但除全国法律及相关主管部门的规章制度外，广东省缺乏适合本身发展要求的绿色物流监管具体政策，缺乏详尽的绿色化标准，对运输、装卸、管理过程引导不足。此外，倡导绿色环保的新版快递封装用品国标仍属于推荐性标准，距离全面推行尚有一段距离。

（二）物流循环共用体系仍然不强

绿色物流循环体系需要一个统一、高效、协同的物流系统支撑，需要在硬件和软件两个方面加强合作，这涉及物流产业链的整个过程，整合难度较大，循环体系建设仍然不强。一方面，部分物流企业物流设备陈旧，物流设备设施标准化、信息化和智

能化水平低，难以满足物流设施设备共享、循环应用的要求。另一方面，大部分企业有自己的数据信息系统，信息平台之间缺乏统一的标准，整合信息资源的能力较差。企业和地方政府纷纷根据自身发展需要建设物流标准化信息平台，但各大平台的建设缺少顶层设计和统一规划，各大平台数据接口不一，平台间统计指标、统计口径也不统一，信息平台之间难以实现跨区域、高效率的物流公共信息共享。

（三）绿色物流社会化融资能力不强

物流业属于资本密集型的服务业，绿色物流体系的建设涉及仓储中转等基础设施的优化布局和改造、交通运输与分拣设备升级和替换、包装材料的替换以及信息系统建设等。作为一个具有高度综合性的产业部门，绿色物流所涉及的很多领域都符合绿色金融支持的标准。但由于绿色物流发展仍然处于一个相对较初级的发展地位，各类针对绿色物流的支持政策还不够丰富，尤其是缺乏相应的绿色物流金融产品，导致绿色物流社会化融资能力不强，资金支持不足，制约了绿色物流的深入发展。

（四）绿色物流复合型人才缺乏

一是绿色物流人才培养体系不完善。目前，绿色物流专业发展缓慢，物流教材老旧，与绿色物流相配套的物流人才教育、人才培训资源与实际需求仍然存在较大的脱节，绿色物流理念也没有完全融入专业的物流教育当中。二是信息技术人才不足。物流设施设备的循环共用高度依赖智能化和信息化的系统平台，系统的开发、运营和维护都需要一系列的信息技术人才参与，当前，物流企业信息技术人员紧缺，物流企业推进信息化建设面临人才不足的短板。

三、促进广东省绿色物流发展的措施建议

（一）推动科技在绿色物流各环节应用

加快绿色科技在运输、仓储、流通加工、包装等主要物流环节的应用。要通过绿色能源技术逐步优化能源结构，为物流行业走低碳、绿色发展之路打下坚实基础。具体可以借助改良技术增加能效来提高能源利用率，或者提升新型清洁能源在能源消耗中的比例，例如运输环节增加新能源汽车。加速“互联网＋”、物联网技术、大数据、云计算、无人配送服务等科技与物流业的融合，有效减少冗余物流活动，提升绿色物流效率。进一步鼓励新材料技术、生物技术、垃圾处理及废物利用技术等在物流领域的应用，更好地促进循环经济的可持续发展。

（二）不断推进绿色物流发展模式创新

物流运作模式的创新可以通过物流活动的减量化、循环化和绿色化三种模式来实

现。物流活动减量化模式，通过减少物流活动来减少物流废弃物和污染，具体可以通过产业集群、企业联盟运作模式、共同配送、多式联运、甩挂运输等方式来实现。物流活动循环化模式，基于可回收资源的再利用，提升绿色物流资源利用效率，降低成本和节能减排，主要可以通过逆向物流、生态园区等方式来实现。绿色化模式是在整个物流活动中建立绿色指标和绿色标准，从供应链全局实现所有物流环节的绿色化，政府作为监督者负责制定和统一绿色标准，企业遵从绿色标准且建立绿色评价指标体系，消费者提倡绿色消费。

（三）加快推进绿色物流金融发展

支持金融机构开发绿色物流金融产品，吸引社会资金投入。鼓励绿色信贷融资发展，在新能源运输工具、工业节能或建筑节能改造、包装材料循环利用等方面，加强对绿色物流行业的信贷支持。不断创新推广绿色融资租赁，对于资金投入大、回收期限长的物流设施设备，鼓励金融机构采用融资租赁办法，减轻绿色物流企业负担。大力支持发行绿色债券，创新绿色物流标准化债券融资工具，吸收社会资金进入行业，一定程度上带动全民贯彻绿色发展的潮流。

（四）大力培养绿色物流复合型人才

一是支持高等院校、大中专院校和职业院校大力引进绿色物流师资和研发人才，在物流专业中开设绿色物流技术和绿色物流管理等领域的专业课程，为绿色物流技术研发项目提供资金支持。二是利用学会、协会和研究院等社会力量，充分利用现有的培训资源和体系，开展绿色物流知识、技能培训，培养理论与实践兼备，熟悉一线绿色物流操作的专业型复合型人才。三是设立专项资金，鼓励企业根据自身发展对一线操作人员进行技术水平、操作能力和理论素养的内部培训。

第二部分 区域发展

珠三角地区

2018 年广州市物流业发展回顾与展望*

一、2018 年广州市物流业发展总体情况

（一）物流业整体运行状况良好

广州市经济呈现出质量提升、结构优化的积极趋势，据广东统计年鉴数据，2018年广州市 GDP 达 22859.35 亿元，同比增长 6.2%。物流业整体运行情况继续保持稳步增长的态势，行业发展迈入量质齐升阶段。根据广州物流与供应链协会数据，2018 年广州市社会物流总额为 53976.42 亿元（见表 2－1），同比增长 9.11%；物流业增加值为 2011.05 亿元，同比增长 9.50%，占 GDP 的 8.80%；社会物流总产出为 4711.33 亿元，同比增长 8.08%；社会物流总费用为 3264.81 亿元，同比增长 6.75%，与 GDP 的比率为 14.28%，较 2017 年的 14.40%、2016 年的 14.70%，持续降低。根据广州市邮政管理局数据，2018 年广州市快递服务企业业务量完成 5.12 亿件，同比增长 33.41%；快递服务企业业务收入完成 48.93 亿元，同比增长 29.30%。其中，异地快递业务量上升较快，较上年增长 33.15%。

表 2－1　　2018 年广州市物流业相关数据及其增长速度　　单位：亿元

指标	绝对数	同比增长速度（%）
社会物流总额	53976.42	9.11
物流业增加值	2011.05	9.50
社会物流总产出	4711.33	8.08
社会物流总费用	3264.81	6.75
邮电业务收入	877.90	16.10

* 供稿单位：广州市交通运输局。

（二）货物运输量保持持续增长

2018 年，广州市货物运输量、港口货物吞吐量、机场货邮吞吐量持续稳定增长，货物运输周转量相比上年同期小幅提升。全年货物运输总量为 127752. 06 万吨，同比增长 8. 8%，货物运输周转量为 21487. 17 亿吨公里，同比增长 1. 1%（见表 2 –2）。全年港口货物吞吐量 61313. 0 万吨，同比增长 3. 9%；其中外贸货物吞吐量 13941. 05 万吨，同比增长 7. 5%。港口集装箱吞吐量 2192. 21 万国际标准箱，同比增长 7. 6%。广州白云国际机场全年货邮吞吐量 189. 06 万吨，同比增长 6. 2%。

表 2 –2　　2018 年广州市各种运输方式完成货物运输量及其增长速度

指标	单位	绝对数	同比增长速度（%）
货物运输总量	万吨	127752. 06	8. 8
铁路	万吨	1989. 37	9. 2
公路	万吨	82032. 44	6. 4
水路	万吨	42608. 16	13. 6
民航	万吨	137. 08	3. 7
管道	万吨	985. 01	12. 0
货物运输总周转量	亿吨公里	21487. 17	1. 1
铁路	亿吨公里	20. 86	–6. 5
公路	亿吨公里	952. 16	7. 4
水路	亿吨公里	20446. 30	0. 8
民航	亿吨公里	67. 33	6. 6
管道	亿吨公里	0. 52	9. 5

资料来源：2018 年广州市国民经济和社会发展统计公报。

（三）基础设施建设成效凸显

2018 年，广州不断强化国际综合交通枢纽功能，加强交通物流基础设施建设，加快城乡路网体系畅达高效协调发展。推动 100 个市政路桥工程建设，北三环二期、凤凰山隧道、从化大桥建成通车，南沙大桥主线贯通。加快推进花莞高速、机场第二高速、虎门二桥等 10 个在建高速公路项目，全年全市在建高速公路累计完成年度投资 90. 1 亿元。组织从化区等涉农七区推进 169 个农村公路项目建设，累计完成建设里程约 94 公里、投资额约 2. 14 亿元，分别完成省分解下达年度任务目标“建设 35 公里，完成投资 6440 万元”的 269% 和 332%。加速推进南沙港铁路、广州铁路集装箱中心站（大田）等 5 个国铁项目建设。审议并通过《白云站及广州铁路集装箱中心站周边道路网络建设实施方案》，广州铁路集装箱中心站基础设施建设进一步加快。推进18项国际航运枢纽工程建设，广州港深水航道拓宽工程一期投入使用，新增国际集装箱班轮航线12条。推进11项国际航空枢纽工程建设，广州白云国际机场二号航站楼、商务航空服务基地等项目投入使用，空客、波音飞机客改货项目落户。

（四）现代物流项目加快建设

围绕国家“一带一路”建设，落实国家运输结构调整决策部署，广州立足空港经济区、南沙自贸区建设，采取多种措施加快推进现代物流业创新发展，提升物流服务水平，大力推动物流园区布局优化调整和物流产业转型升级。近年，广州市充分利用财政资金支持鼓励现代物流项目建设发展，解决企业在物流项目建设中的资金困难，引导全市物流项目向“高精尖”方向发展，以提高物流效率，降低物流成本，促进物流企业做大做强，促进我市物流业转型升级。2018年，广州市安排现代物流发展专项资金1800万元，共支持7个物流基础设施项目和物流技术项目建设。截至2018年6月，广州拥有国家A级以上物流企业102家，其中5A级物流企业14家，数量均居全国前列。

（五）城乡高效配送试点进展顺利

广州市以模式创新为引领，以技术应用为支撑，以资源整合为重点，以降本增效为目的，大力推进城乡配送网络化、集约化、标准化、生态化发展，促进城乡双向流通。2018年6月，广州市成功入选全国第一批绿色货运配送示范工程创建城市，坚持“客货并举、便民高效、综合施策”的原则，整合各方物流资源，实现城际干线运输和城市末端配送的有机衔接。广州市邮政管理局与广州市公安局联合印发《广州市邮政快递行业末端配送车辆试点管理工作实施方案》，规范快递企业末端配送车辆的使用及管理，解决城市末端配送交通工具上路通行难题。广州市公安局为配合城乡高效配送试点工作制定了科学合理的城市配送车辆通行管理政策，采用“分类管理、归口申报、并联审批、网上办理”的模式；对持有城市配送通行证的车辆建立诚信体系，实行退出机制，为推进城乡配送发展营造良好环境。广州市交通运输局在2018年开发了城市物流配送监管信息平台，且率先引入蓝牙设备，对车辆的实时动态进行有效捕捉，在广州市重点城市物流配送企业中推广应用车辆配载技术，实现对车辆车载情况的实时监测。

（六）交通行业共建共治共享新格局加速构建

广州市持续深化道路货运行业改革，加速构建交通物流行业共建共治共享新格局。积极推进道路货运行业转型升级，提升危运车辆智能化和安全水平，强化重点营运货车动态监控，广州市已有170余台危运车辆安装使用了智能视频监控及防碰撞系统；制定了重型货车动态监控实施方案，对全市4.6万余台重型货车开展动态监控，并加强动态监控数据应用，对违规企业进行约谈、抄告、安全生产执法，不断增强重型货车动态监控工作的震慑力和约束力。政策方面，广州市出台有关文件，用以确保打好污染防治攻坚战、促进绿色交通发展。制定《广州市柴油货车污染防治作战方案（2018—2020年）》，印发《广州市重型柴油车排气治理工作实施方案》，加大对重型柴油车排气治理力度；为强化公路建设工地扬尘控制，制定了《广州市2018年公路建设工程扬尘污染控制行动方案》，每季度开展扬尘防治专项检查，累计组织检查247次，督促项目整改扬尘污染问题87个，并落实整改闭环管理。

二、广州市物流业发展存在的主要问题

（一）机场、港口国际竞争力有待提升

粤港澳大湾区是世界上最繁忙的空域，汇集了香港国际机场、广州白云国际机场、深圳宝安国际机场三个大型机场，另外还有澳门国际机场、珠海金湾机场、佛山沙堤机场，在众多机场积极扩建、提高运力的同时，空域资源相对紧张的问题也日渐突出。此外，湾区内各大港口的航线趋同、货源地重叠的情况也屡见不鲜，广州港要在与其他港口良性互动、加强合作的前提下实现突破性发展，港口国际综合服务能力、服务便利性均需进一步提升。

（二）高速公路建设需进一步强化

作为广东省省会城市，广州通往粤西方向高速公路通道能力明显不足，道路拥堵现象严重。作为粤港澳大湾区的中心城市，广州与大湾区其他城市之间的快速通道不足，高速公路通达港澳的时间一般需要2小时以上。广州与佛山、中山、东莞等周边城市连接通道压力大，拥堵通道占比分别为83%、50%、33%，现有交通设施难以满足通行需求。

（三）智慧交通体系建设仍需深化

科技创新已经成为提高综合国力的综合支撑，是社会生产方式和生活方式变革进步的强大引领。习近平总书记要求“加强人工智能在交通等领域深度应用，创新智能服务体系”，智慧交通建设是未来发展的主要方向。广州一直积极推进交通运输与互联网、大数据、人工智能等现代新技术融合发展，但大多数成果仍停留在研究、试行、小规模应用阶段，大规模推广应用程度有待进一步加深。

三、促进广州市物流业发展的措施建议

（一）积极推动粤港澳大湾区建设

《粤港澳大湾区发展规划纲要》将广州定位为综合性门户城市、国际综合交通枢

纽。广州要进一步发挥粤港澳大湾区核心推动作用，重点优化高速公路网络布局，积极推进广州境内高速公路项目规划建设，加强广州与大湾区其他城市之间、珠江口东西两岸的互联互通。与大湾区内各大港口围绕共同打造世界级枢纽港区，共建大湾区出海大通道，提升珠三角港口群国际竞争力。围绕提升国际空港能级，推动大湾区世界级机场群建设。重点完善构建广州白云国际机场、广州南站等重要综合枢纽周边的高速公路网络体系，助推大湾区经济发展。围绕打造大湾区一小时交通圈、以南沙为副中心形成半小时交通圈的目标，推进交通基础设施互联互通，为大湾区建设提供有力支撑。

（二）推进交通重点项目规划与建设

重点开展粤港澳大湾区发展规划交通专项实施方案等专题研究工作，推动大湾区高速公路网进一步互联互通，强化交通引领带动作用，积极参与城市规划涉及的交通规划研究。推动广州港深水航道拓宽工程二期、南沙港区四期、国际邮轮码头等航运枢纽工程建设。启动白云机场三期扩建工程建设，规划建设白云机场枢纽一体化集疏运体系。推进 3 个国铁、7 个城际轨道、6 个综合交通枢纽、9 个高速公路、6 个城市快速路项目和一批市政工程建设。开工建设深茂铁路、广湛高铁、空港大道三期、如意坊放射线二期等项目，完成广清城际清远至广州北段、南大干线广汽段等项目。加强道路交通微循环，打通断头路。完善慢行系统，加快综合管廊、停车场、充电桩等市政配套设施规划和建设。推动广州铁路集装箱中心站、广州增城现代化货场枢纽项目建设，构建完善城市物流配送体系，推动专业批发市场转型升级。积极推动广州和清远两市物流产业链对接承接。继续开展“四好农村路”建设工作，积极推进农村公路建设，继续推动农村公路“路长制”，提升农村客运、农村物流服务水平。

（三）持续推进城乡配送试点建设内容

不断完善和优化城乡配送网络，尤其是城乡网络衔接方面，通过跨行跨部门资源共享与跨行业之间协作联营提升农村配送能力，完善市、县（区）、乡镇、村四级物流配送体系建设，加快城乡流通一体化进程，实现城乡配送网络的顺畅衔接。进一步完善城乡配送体系中相应基础设施、设备的标准化建设，推进标准化技术的发展，加强冷链物流配送中心、中转站等节点的标准作业管理，确保产品质量与安全，继续通过政策支持，鼓励相关试点企业参与制定和实施标准化，提升城乡配送标准化水平。加快实现城乡配送公共信息平台的建设与完善，汇聚配送需求与资源信息，并充分利用大数据促进城乡配送网络协同、高效发展。同时借助公共信息平台互联互通，深化末端配送资源的共享，从而实现城乡配送设施共建共用，在 2019 年年底基本完成广州市城乡配送公共信息平台的搭建，先通过小范围试用再进行逐步推广。

（四）推动智慧交通体系建设

聚焦“数字化管理”“智能化建设”“智慧化出行”，着力打造智慧交通服务体系。深入推进“互联网+便捷交通”，深入应用交通信息化手段，实施数字化监管，提升交通服务管理的大数据分析应用水平，加强智慧化公共交通体系建设，推动车路协同、水运监测和客运场站智能化等应用试点建设，构建与社会进步相适应的智慧交通运输体系。加大交通科技创新力度，强化交通运输行业科技创新，加大建筑废弃物、废旧轮胎等科技成果推广应用力度，引导其他优秀科研成果的推广应用。加快绿色交通发展，推进绿色交通试点示范建设，重点推进绿色交通城市、绿色公路、绿色物流园区等试点示范工程建设；推进节能降碳技术创新，大力推广应用新能源车辆等，着力推进智慧交通快速发展。

（五）深化物流业改革创新

深化“放管服”改革，进一步改善现代物流业营商环境，做好服务物流企业工作。继续推进实施行政审批改革措施落实工作，做好公路工程建设项目审批改革工作。继续推进交通系统节能减排体系建设，制定实施《2019 年广州市交通运输行业节能减排低碳发展工作方案》。稳步实施《广州市促进道路货运行业健康稳定发展实施方案》，促进广州市道路货运行业健康稳定发展，深化道路运输领域危化品安全综合治理工作。加强交通综合执法，持续维护良好运输市场秩序。推动专业批发市场转型升级，优化物流体系规划建设，开展物流园区整治提升行动。

2018 年深圳市物流业发展回顾与展望*

2018 年，在国民经济发展稳中有进、国家创新驱动发展战略全面实施、鼓励行业发展政策持续出台、行业运作模式持续创新的背景下，深圳市现代物流行业发展质量整体竞争力继续领先全国，运营效率接近中等发达国家水平，并呈现出智慧技术设备应用广泛、上下游共享协同趋势明显、经济模式创新能力增强、经营服务网络布局加快等重要特征。现代物流业已成为推动深圳国民经济发展的重要动力和体现深圳经济发展质量与效果的重要载体，其支柱产业地位进一步巩固，对经济推动作用逐渐增强。

一、2018 年深圳市物流业发展总体情况

（一）物流行业运行效率持续提升

从行业规模看，2018 年深圳市实现物流业增加值 2541. 58 亿元，同比增长 9. 35%，增速虽较上年同期回落 0. 41%，但仍保持平稳上升态势。物流业增加值占同期全市 GDP 的比重为 10. 49%，同比增长 0. 34%，已连续五年保持在 10% 以上。从行业效率看，2018 年全市社会物流总费用为 3059. 91 亿元，同比增长 7. 81%，增速持续下降，社会物流总费用与全市 GDP 的比率为 12. 63%，优于全国 14. 4% 的水平，物流降本增效取得一定成果，物流行业运行效率仍保持全国领先。从行业需求看，2018 年全市社会物流总额为 4. 88 万亿元，同比增长 15. 2%，其中，工业物流总额、进口物流总额和邮政快递物流总额分别同比增长 12. 7%、19. 4% 和 24. 9%，深圳物流需求结构持续优化，新旧动能转换加速，电子商务日趋繁荣。

（二）货物运输总量保持稳定增长

2018 年，深圳市货物运输总量 32763. 63 万吨，比上年增长 1. 5%（见表 2 - 3）。货物运输总周转量 2173. 97 亿吨公里，同比下降 5. 6%。全年港口完成货物吞吐量 25126. 71 万吨，同比增长 4. 10%；其中外贸货物吞吐量 1. 87 亿吨，同比下降 0. 26%；完成集装箱吞吐量 2573. 59 万标准箱，同比增长 2. 09%。深圳港在连续 5 年保持全球集装箱港口第三位的情况下被宁波舟山港超越，位列第四。全市年末拥有港口泊位数

---

* 供稿单位：深圳市交通运输局。

156 个，其中万吨级泊位 75 个。深圳港与世界上 100 多个国家和地区的 300 多个港口共开通 223 条集装箱航线，开通海铁联运班列 14 条，沿海内支线及外贸驳船航线 60 条。机场货邮吞吐量 121.8 万吨，同比增长 5.1%，连续 16 年位居全国第 4 位，居全球第 25 位；全货机通航城市 34 个（国内 19 个、国际 14 个、地区 1 个），覆盖亚洲、欧洲、北美洲、大洋洲等全球主要的航空货运枢纽，国际航线货邮吞吐量占比约 1/4，深圳国际航空枢纽的聚集辐射能力显著。

表 2－3　　2018 年深圳市各种运输方式完成货物运输量及其增长速度

指标	单位	绝对数	同比增长速度（%）
货物运输总量	万吨	32763.63	1.5
铁路	万吨	69.58	－1.5
水路	万吨	24609.70	2.7
公路	万吨	7975.98	－2.1
民航	万吨	108.37	9.9
货物运输总周转量	亿吨公里	2173.97	－5.6
铁路	亿吨公里	0.82	10.8
水路	亿吨公里	391.89	2.3
公路	亿吨公里	1764.35	－7.3
民航	亿吨公里	16.91	13.0

资料来源：2018 年深圳市国民经济和社会发展统计公报。

（三）交通基础设施建设步伐全面加快

一是高快速通道和城市干线网络加速形成。深中通道西人工岛成岛，整体进入实质性建设阶段，外环高速、沿江高速二期等 5 个高速项目顺利推进。石岩外环路、沙河西侧接线、深莞惠边界恒心路等 9 个项目完工，妈湾通道、滨海大道（总部基地段）交通综合改造等 11 个项目开工，35 个政府投资道路项目加快推进，其中坪盐通道马峦山 7.9 公里特长隧道贯通，春风隧道盾构机下线，坂银南坪立交段完工，南坪三期主线具备通车条件。二是深水泊位和深水航道加速规划建设。推进南山港区妈湾作业区海星码头 20 万吨级半自动化集装箱泊位改造，目前已完成工程投资占投资总额 20.76%。深圳港铜鼓航道拓宽浚深工程已完成主体工程，航道水深达到 17.5 米，宽度达到 270 米，能满足 15 万吨级集装箱船舶单向和日间通行要求。三是深圳港集装箱近距离内陆港体系开始规划建设。2018 年，深圳港近距离内陆港体系规划以及体系建设运营实施方案研究完成，未来深圳将形成“2＋2＋4”的近距离铁路疏港体系。

（四）绿色物流配送项目进展顺利

一是城市绿色货运配送示范项目建设顺利。2018 年 6 月深圳市成为国家首批 22 个绿色货运配送示范工程创建城市之一，以建设“集约、高效、绿色、智能”的城市货运配送服务体系为导向，修订《现代物流业发展专项资金管理办法》，发放专项资金 8.17 亿元，同比增长 120%，推进现代物流业示范项目建设。按照“有序外迁区域性、生产性物流，加强市内生活物流设施配建，提升综合物流枢纽功能，实现东、中、西均衡化布局”的总体布局思路，支持深国际康淮现代城市物流港升级改造项目和泛亚国际生鲜冷链物流中心等项目建设，推进深国际黎光物流园、盐田港拖车综合服务中心、深圳南方海吉星水产品国际物流园等项目建设，鼓励丰巢、速递易等企业加快设置智能快件箱，目前全市有智能快件箱超 1.5 万组，总计近 120 万个快件格口。二是物流配送车辆新能源化持续推动。深圳市政府印发《关于“深圳蓝”可持续行动计划有关工作安排的通知》（深港货字〔2018〕35 号），规定自 2018 年 5 月 1 日起，新增营运类轻型货车全部为纯电动车，并停止燃油轻型货车的道路运输证办理。建立全方位的财政支持政策体系，有效促进新能源车辆的推广，2018 年，新增取得道路运输证新能源物流车 2.1 万辆，保有量达 6.2 万辆，连续 3 年成为全球新能源物流车保有量最大的城市。在物流园区和大型商场新建充电桩 13736 个，形成了基本覆盖全市的充电设备网络。

（五）新业态新模式应用速度加快

一是供应链融合创新不断发展。供应链管理企业采用大数据技术分析生产、流通、仓储等数据，对原材料、零部件、产成品等运输仓储提供系统化解决方案，例如越海全球用互联网建立 C2B + DIY 生态体系；怡亚通等供应链管理企业积极发展“互联网 +”，建设网络分销平台；此外，部分供应链管理企业通过资本运作、上市，实现跨越和跨界发展，2018 年全市供应链企业有 4 家完成上市。二是城市配送领域业态模式不断创新。涌现了“货拉拉”“曹朝货的”等同城货运平台、普拉托“物联网 + 托盘”托盘循环共用平台、共速达社区共享冰箱、顺丰“丰 e 足食”无人货架等新模式，招商局物流、好多车联等 11 家企业获得全国第一批道路货运无车承运人试点资格。

（六）物流技术水平持续提升

一是物流技术创新应用能力持续提升。2018 年企业科技研发投入 27 亿元，同比增长近 70%。顺丰科技、今天国际、鲸仓科技等一批智能物流装备研发制造企业发展迅猛，顺丰通过基于人工智能、物联网、机器学习、智能设备等技术的综合应用，引领物流进入智能化、可视化、精细化、数字化的新时代；今天国际为生产制造和流通配送企业提供生产自动化及物流系统的规划设计、系统集成、软件开发、设备定制、电控系统开发、客户培训和售后服务等智能物流系统综合解决方案；鲸仓科技推出柔性无人仓系统，通过结合计算机视觉技术、机械臂等技术，将仓储无人化比例从30%提高到70%，实现了仓库运作从“以人为主”到“以机为主”，仓储运营流水线化，未来可复制程度进一步提高。二是物流信息技术服务水平持续提升。物流企业以及其他社会组织采用大数据、云计算等先进技术，探索云仓储、云配送等新模式，投资建设物流配送信息服务平台，推动行业信息化建设。在一批龙头企业的引领下，行业信息技术服务水平持续提升，如易流科技基于物流透明3.0理论，打造“易流云平台”，为物流企业提供了软硬一体物流透明协同服务；鹏海运立足“互联网+”，打造“多式联运集装箱信息综合服务平台”，对集装箱实施高效管理。

二、深圳市物流业发展存在的主要问题

（一）多式联运标准及规范有待完善

深圳机场附近广深、沿江、机荷三条高速汇聚，随着深茂高铁、穗莞深城际、深中通道、城市轨道、深圳外环高速等交通设施的汇聚，具备开展空、陆、铁多种运输方式相结合的天然优势。但是由于多式联运标准及规范的不完善，如现有航空集装器无法与公路、铁路运输工具形成良好的契合，多式联运过程中的信息传导不够顺畅，目前深圳机场尚未有效推广空、陆、铁等多种联运方式。

（二）全球经济增速趋缓增加物流业压力

受全球贸易的不确定性、发达经济体增速放缓和金融波动等因素影响，世界贸易组织将2019年的全球贸易增长预期由此前的3.7%大幅下调至2.6%。渐缓的贸易流通速度和较疲软的全球经济背景持续打击全球制造企业，加之贸易关税的不确定性，外贸形势复杂，压力增大。截至2018年年底，深圳市75家重点物流与供应链服务企业出口总额440.96亿美元，同比下降9.59%。

（三）高端人才缺失限制企业发展

物流及供应链配套服务行业是重资本行业，需要兼顾业务、运营且具备供应链资源整合思维的复合型专业人才。深圳各项综合成本的攀升导致人才外流，企业招聘难度加大，部分企业人才储备不足，员工知识、技能、综合素质难以满足公司发展的需求，影响企业重大战略的实施，发展速度和空间均受制约。

三、深圳市促进物流业发展的建议措施

（一）坚持连通融合，构建大湾区交通枢纽

一是强化规划统筹和战略布局。以建设大湾区国际性综合交通枢纽为目标，制定

深圳推进粤港澳大湾区建设的综合交通实施方案。出台建设交通强国先锋城市行动纲要，明确本市创建路径。开展跨珠江通道体系规划研究，完成深珠跨江通道、宝坪通道、外环快速等重大通道规划研究。高标准编制深汕特别合作区综合交通规划，前瞻性谋划合作区港口、航空、轨道、路网布局。推进深莞惠交通一体化，完成深莞惠路网衔接规划。加强深港合作，完成深圳市跨境货运“东进东出、西进西出”交通组织方案，不断完善深港跨界交通设施衔接。

二是强化国际集装箱枢纽港地位。用足用好促进港口发展有关政策，研究设立深圳航运基金，推行港口自动化装卸技术，做大做强深圳港，提高港口集装箱吞吐量。加快深圳港口资源整合，增强与珠三角港口的紧密合作，推动深港引航员资质互认、信息互通，加强深港航运服务业深度合作，促进深港港航一体化融合发展，共建粤港澳大湾区超级港口群。加快港航基础设施建设，推进盐田港区东作业区、南山港区妈湾作业区、铜鼓航道二期工程建设，提升码头航道服务能力。建设港城分离的低碳化集疏运体系，加快推进深圳港集装箱内陆港体系规划建设。完善水路客运网络，积极探索开行深惠汕三地海上旅游航线，促进邮轮游艇经济发展。

三是强化国际航空枢纽建设。协同粤港澳大湾区世界级机场群发展，争取更多航权资源，继续大力拓展国际航线，力争新开国际客运通航城市 5 个以上，重点推进直飞旧金山、温哥华等全球重要国际航空枢纽城市建设。协调推进机场卫星厅、三跑道建设，研究谋划深圳第二机场，加快实施通用航空分类管理改革试点。完善国际中转流程服务，力争 144 小时过境免签和 24 小时过境免检政策落地。加快观澜导航台异址迁建，协调推进南头直升机场迁建，有效释放城市发展空间。

四是强化国家公铁枢纽辐射。协调稳定粤港澳大湾区城际铁路建设规划方案，深化深汕、深永、深肇、深南等高铁规划，开展超高速广深第二高铁研究，力争启动深茂铁路深圳到江门段、穗莞深城际机场至前海段建设，大力推动赣深客专建设，建成穗莞深城际机场以北段。高标准推进西丽、机场东、平湖枢纽规划建设，优化枢纽总体布局及综合开发方案，促进站城一体、高度融合。加快机荷高速改扩建、深汕第二高速前期工作，开工建设深汕高速深圳段改扩建工程，推进深中通道、外环高速、沿江高速二期、东部过境高速等工程建设。

（二）坚持高质高效，加快交通设施建设

一是加大轨道交通建设力度。大力推进轨道交通三期、四期建设，力争全年完成轨道建设投资 300 亿元，年底开通轨道交通三期 5 号、9 号线延长线，地铁运营里程达到 304 公里。强化公共交通对城市发展的导向作用，加快轨道交通五期规划，启动东部地区至机场轨道快线前期工作，推进站城一体化和地下空间开发，组织开展黄木岗、大运等城市综合交通枢纽工程可行性研究，以轨道交通规划建设优化城市空间结构，促进土地开发利用。加大轨道交通投融资改革创新，完成轨道 12 号、13 号线 PPP（政

府和社会资本合作）项目招标，吸引优质社会资本参与深圳市轨道交通建设。

二是加大城市道路建设力度。完善路网布局，优化路网结构，打通扩容重要通道，建成坂银通道、深华快速路、沙江西路延伸段等 7 个项目，力争沿江高速前海段与南坪快速衔接工程、皇岗路快速化改造等 4 个项目开工，大力推进滨海大道（总部基地段）交通综合改造、坪盐通道、梅观高速市政化改造等 37 个项目建设。加快推进一批重点项目，如南光、龙大高速市政化改造、侨城东路北延、坪西路快速化改造等开展方案设计，绿梓大道北段、盐坝高速市政化改造等开展可研和初步设计编制。

三是加大质量把控力度。创新招标模式，尝试从工可至竣工验收全过程 EPC 总承包模式，选择国内一流承包商，倡导优质优价，从源头上把好质量关。创新技术服务模式，推广设计、造价、施工监理、监测检测等全过程咨询，确保设计意图在施工中得到落实，加强艺术景观设计审查，努力做到内实外美。创新建造方式，推广“四新”（新材料、新工艺、新技术、新设备）应用，坚持标准化设计、工厂化生产、装配化施工、信息化管理，提高春风隧道、新城立交、盐港东立交等项目装配率，持续提升工程品质。创新管理模式，强力推行以 BIM（建筑信息模型）为核心的协同管理平台，大力推广实测实量、首件审查、样板上墙等成功做法，促进高质量发展。

（三）坚持绿色高端，大力推动物流产业发展

一是扎实推进运输结构调整。加快深圳市运输结构调整和多式联运发展，编制深圳市运输结构调整三年行动实施方案，推进盐田港国际集装箱多式联运、顺丰铁联多式联运平台等国家示范工程建设。推动深圳市中欧班列健康稳定发展，出台中欧班列扶持政策，加强深圳市与“一带一路”沿线国家交通运输的互联互通。

二是扎实推动供应链创新发展。研究供应链创新发展策略，推动供应链核心企业与银行机构深化供应链金融合作模式，促进供应链行业健康发展。推动怡亚通、顺丰供应链总部建设，巩固供应链总部企业集聚优势。鼓励企业自建智能物流实验室，加大物流产业资助力度，支持物流智能设备、标准化托盘、智能快件箱推广应用，促进物流业提质增效。2019 年全年深圳市物流业增加值预计超过 2800 亿元，社会物流总费用与 GDP 的比率将控制在 12.5% 以内。

三是扎实服务行业企业。深入推进“放管服”改革，继续精简优化审批事项，大力实施“互联网 +”政务服务，推广无人工干预自动审批，降低制度性成本，激发市场活力，不断优化营商环境。开展挂点服务企业工作，协调解决一批制约企业发展的难点问题。鼓励民营企业发展，修订现代物流业发展专项资金管理办法，一般性违规行为不与财政资金资助申请挂钩。

四是扎实构建绿色交通物流发展体系。研究出台老旧营运车辆提前淘汰奖励补贴办法，稳步淘汰老旧营运车辆。推广新型智能全封闭式泥头车6000辆，2019年6月1日起全市全面禁止传统泥头车使用及通行，在全国形成示范效应。修订出台网约车经营服务管理办法，新增网约车全部使用纯电动车辆，研究加快推进路内充电设施建设。深化船舶排放控制区工作，推进深圳港岸电建设，力争岸电泊位覆盖率达到80%，争取远洋船舶岸电使用率达到5%。

2018 年珠海市物流业发展回顾与展望*

2018 年，珠海市交通运输经济情况总体稳中有进，稳中向好。大力发展多式联运，“互联网 +”、共享交通运输等新业态凸显，运输服务质量明显提高。综合运输体系充分发挥效能，各类经济指标稳步提升，行业持续健康稳定发展。

一、2018 年珠海市物流业发展总体情况

（一）物流业保持平稳发展趋势

2018 年，随着粤港澳大湾区加快建设、港珠澳大桥正式通车，珠海物流业发展迎来了前所未有的发展机遇，全市物流业平稳发展。根据珠海市统计公报数据，2018 年珠海市交通运输、仓储和邮政业实现增加值 62.37 亿元，同比增长 13.4%；货运总量 13447.5 万吨，同比增长 11%。其中，公路货运量 9760.34 万吨、货运周转量 53.62 亿吨公里，同比分别增长 1.68%、1.99%；水运货运量 2816.99 万吨、货运周转量 152.86 亿吨公里，同比分别增长 50.54%、48.41%；铁路货运量 868.7 万吨，同比增长 36.2%；航空货邮吞吐量 4.6 万吨，同比增长 24.1%。

（二）港口生产总体稳定增长

2018 年，珠海港全港共完成货物吞吐量 13799 万吨，比上年同期增长 1.6%。其中：外贸货物吞吐量 2922 万吨，同比下降 1.9%；港口集装箱吞吐量 231 万标准箱，同比增长 1.6%，其中，外贸集装箱吞吐量完成 56 万标准箱，同比下降 7.8%，内贸集装箱吞吐量 175 万标准箱，同比增长 5.1%。主要港区——高栏港区完成货物吞吐量 12802 万吨，占全港货物吞吐量的 92.8%，同比增长 4.8%；完成外贸货物吞吐量 2513 万吨，占全港外贸货物吞吐量的 86%，同比下降 1.8%。高栏港区完成集装箱吞吐量 185 万标准箱，占珠海港全港的 80%，同比增长 4.6%；完成外贸集装箱吞吐量 16.8 万标准箱，占珠海港全港外贸集装箱货物吞吐量的 30%，同比下降 7.2%。西江流域驳船支线共完成吞吐量 4159 万吨，同比增长 3.7%。港口铁路专用线累计发送货物 826 万吨，同比增长 29.8%。

---

* 供稿单位：珠海市商务局，珠海市交通运输局。

（三）港口基础设施持续完善

截至2018年年底，珠海港新增2个非生产性泊位、1个3000吨级通用件杂货泊位，新增通过能力40万吨。目前全港共有泊位165个，其中生产性泊位157个、非生产性泊位8个，万吨级以上生产性泊位28个。设计年通过能力1.60亿吨，集装箱吞吐能力198万标准箱。其中，高栏港区生产性泊位72个，万吨级以上生产性泊位27个。设计年通过能力1.44亿吨，占全港通过能力的90%。全港共有干散货泊位22个，年吞吐能力8009万吨；油、气、化工品液体散货泊位44个，年吞吐能力4901万吨；多用途泊位26个，年吞吐能力货物917万吨、集装箱112万标准箱；集装箱专用泊位4个，年吞吐能力86万标准箱；件杂货泊位22个，年吞吐能力503万吨。

（四）重点物流园区建设加快

一是粤港澳物流园建设加快。为充分发挥港珠澳大桥作用，有效承接港澳产业辐射，珠海在港珠澳大桥延长线洪湾片区规划建设了粤港澳物流园，并被列为粤港澳大湾区建设的重点工作内容。目前，正在大力推动拆迁等工作，已取得27万多平方米的项目综合配套工程用地使用权，并已进行相关市政基础配套设施建设，抓紧推进首期项目——洪湾综合通关中心的建设，将建成集港口、口岸报关报检、船代货代、虚拟口岸、陆路口岸、甩挂运输等功能为一体，覆盖跨境电商、快递冷链、展示交易、采购结算、分拨配送、农副产品加工等增值服务的综合性物流基地。二是空港国际智慧物流园建设不断推进。珠海在珠海机场规划建设空港国际智慧物流园，目前已取得了7.17万平方米的建设用地，完成空港国际智慧物流园设计方案招标工作，将建设由国际进出港操作区、海关监管库、保税仓储库等组成的国际物流园区以及包含国内进出港操作区、全货机分拣中心、快件分拨中心、特运库、熏蒸库的国内物流园区。三是高栏港综合保税区建设加快。2018年2月5日，高栏港综合保税区获国务院批准设立，规划面积2.514平方公里，以保税业务为核心，为企业提供包括保税物流、保税仓储、保税加工以及贸易展示在内的综合物流服务，计划建设保税综合服务区，经营口岸、金融、保险、电子商务等现代服务业。目前，该项目正在推进相关用地的吹填、平整工作。

（五）珠港澳物流合作继续深化

近年来，珠海与香港、澳门物流业界的交流互动愈发频繁和紧密。一是成立港珠澳物流联盟。2018年11月21日，“港珠澳物流联盟”战略合作框架协议在香港签订。联盟由珠海物流与采购商会牵头，珠海市交通运输业协会、珠海市港口协会、香港付货人委员会、香港物流商会、香港货运物流业协会、香港航运物流协会、澳门物流货运联合商会、澳门空运暨物流业协会等三地物流商协会共同参与，以“互利共享、合作共赢”为共同愿景，把握港珠澳大桥通车的重要机遇，促进三地物流业协同发展。二是各类交流活动顺利举办。珠海市连续在珠港澳三地分别主办以“港珠澳大桥通车后——珠港两地物流发展新路径”为主题的高规格、高水平推介活动，极大提升了珠海物流发展关注度；珠海市物流企业借助亚洲物流及航运会议、中拉国际博览会等重要展会活动，与港澳物流企业深入交流；珠海市、区有关部门和物流企业代表团考察香港机场超级一号货站、敦豪中亚枢纽中心、深圳招商物流等物流项目，学习先进经验。三是首个与香港互联互通的口岸项目启动。2018 年 10 月，香港物流和供应链多元技术研发中心有限公司（LSCM）与珠海电子口岸就启动“香港—珠海贸易便利电子平台”签署合作备忘录，这是首创的一站式贸易服务支援平台，结合创新科技及创新贸易业务模式连接 LSCM、珠海电子口岸、贸易和物流企业，协助粤港澳大湾区的中小企业“走出去”。

（六）跨境电子商务蓬勃发展

当前，珠海正大力推进跨境电商综合试验区建设，打造珠港澳跨境电商生态圈，主动承接珠港澳跨境电商物流业务，以跨境物流带动跨境电子商务发展。珠海先后在珠澳跨境工业区、斗门广丰物流园和横琴新区二线口岸建成三个跨境电子商务通关查验场所，打造“一区多园”、联动发展的线下综合支撑平台。同时，珠海拥有上冲邮政快件监管中心、昆仑物流快件监管中心等跨境电商业务场所。目前，占国内跨境电商交易额 65% 以上的三大跨境电商平台已进驻珠海，其中京东与珠海广丰物流合作、阿里巴巴菜鸟与珠海邮政公司和珠澳跨境工业区易跨境供应链合作、网易考拉服务供应商海仓科技与珠海大横琴口岸公司和南光物流合作，重点开展跨境电商直购进口、一般出口和网购保税业务。

（七）物流业规划与政策扶持完善加强

在规划方面，珠海市启动《珠海市现代物流业发展规划 2015—2020》修编工作，同步加强对全市各区物流发展布局的研究，对土地资源进行深入摸底、调研，认真开展全市物流业发展空间规划的编制工作。在政策方面，制定实施《2018—2021 年高栏港区集装箱业务发展扶持及奖励办法》，大力推动高栏港区集装箱业务的发展；制定实施《珠海市民用航空运输发展专项资金暂行管理办法》，大力支持航空客运和货运的发展，对企业在珠海机场发展航空货运给予资金支持；制定出台《中国（珠海）跨境电子商务综合试验区实施方案》《关于促进中国（珠海）跨境电子商务综合试验区发展的政策措施》《中国（珠海）跨境电子商务综合试验区发展规划》和《中国（珠海）跨境电子商务综合试验区实施方案重点任务分解表》等系列政策措施，加大对珠海跨境电商发展的引导和扶持力度，推动跨境电商做大做强，以跨境电商促进跨境物流发展。同时，珠海市正在研究制定支持现代物流业发展的相关政策措施，拟重点支持珠港澳物流合作、物流园区和企业发展、多式联运、冷链物流、物流信息化和标准化等方面工作，持续优化物流发展环境，促进珠海物流业全面加快发展。

二、珠海市物流业发展存在的主要问题

（一）物流业发展相对滞后

珠海长期处于交通末梢，物流业发展缓慢。当前，珠海物流业仍以传统运输业务为主，缺乏区域分拨配送、供应链服务等模式。例如，珠海万家商超配送由中山仓供给，阿里巴巴零售通（天猫小店）由佛山仓供给，网购商品由江门、东莞等地分拨过来。另外，由于受规模和效益的限制，物流行业也缺乏创新发展的动力，对自动化仓储管理系统、RFID 技术、物联网、智能化等现代物流技术的应用较少。

（二）企业规模较小、缺乏竞争力

珠海市公路货运缺少主导市场发展的大型企业，运输组织效率低下，运输系统很难满足现代物流业高效、快捷、准时的要求。航运企业以小微民营企业为主，运力分散且吨位小，在国际、国内运力相对过剩、航运市场持续低迷、货源严重不足的客观环境下，船舶运力的增长受到消极影响。对个别大型企业依赖性较强，行业持续发展能力不足。

（三）物流项目发展载体不足

珠海市物流仓储用地缺乏，直接影响优质龙头项目落户。此外珠海市重点物流园区建设进度不理想，物流园区、港口、机场、铁路等主要交通节点之间尚未实现紧密衔接与配套，物流基础设施有待进一步完善。

（四）公路货运就业人员短缺

货运企业开展的各项运输业务均需要非常有经验的司机，且持有驾驶证 A 证驾驶资格。由于货运司机工作任务繁重，工作时间长，年轻人大多不愿意从事此项工作，也很少会去考取 A 证驾驶资格。目前珠海货车司机平均年龄已超过 45 岁，预计多年后持有 A 证的司机将进一步减少，大型货车司机稀缺的严峻形势将会影响珠海货运行业的发展。

三、促进珠海市物流业发展的措施建议

（一）加强统筹谋划与政策引导

发挥珠海市现代物流业发展联席会议机制作用，加强对全市现代物流业发展的统

筹指导。根据珠海市委、市政府对现代物流业发展新的战略定位和目标，修订完善产业发展规划，进一步加强对全市现代物流业发展的科学谋划。重新编制全市现代物流业发展空间规划，优化产业发展布局。整合和完善现代物流业发展的相关政策措施，加强资金使用的监督管理，提升财政资金使用绩效。鼓励各区出台相关的配套政策，共同推动物流业发展。

（二）推动交通物流设施建设

一是充分保障物流发展用地。提高现代物流业对现代产业体系建设的基础支撑和引领拉动作用的认识，对物流用地的投资强度、产出效益等进行科学合理分析，充分保障物流项目用地；支持利用工业企业旧厂房和存量土地资源建设物流设施，提供物流服务。二是推进交通基础设施建设。加快推进香海大桥、洪鹤大桥、鹤洲至高栏港高速公路、香海大桥支线、金海公路大桥等东西部通道和兴业快线（北段）、金琴快线等南北向通道路网建设。加快推进高栏港区 10 万吨级集装箱码头、15 万吨级粮食码头和黄茅海 5 万吨航道一期工程等港口项目建设，启动高栏港区 20 万吨级进港航道建设前期工作。

（三）建设高质量项目载体

加快推进粤港澳物流园、高栏港综合保税区、空港国际智慧物流园等重点项目建设，打造物流发展高质量载体。进一步完善广珠铁路西站物流园、港珠澳大桥出入境查验及装卸服务区、白蕉冷链物流园等重点园区的基础设施及服务配套，积极推动珠海机场开通国际口岸，不断提升物流配套服务水平。鼓励全市已运营重点物流园区积极发展物流业务，完善服务配套，壮大发展规模。完善市内交通路网，推动对外通道畅通便捷，加快构建港珠澳大桥直通粤西快速通道。

（四）推动智慧物流发展

加快珠海市物流公共信息平台建设，实现港口、空港、铁路、公路、口岸等物流信息共享，加快与国家、省物流信息网络对接，为物流企业提供全面、实时的信息服务。出台相关政策，鼓励具有平台基础和信息化优势的物流企业加快延伸服务链条，提供运输、仓储、配送、金融、进出口等全过程服务。推动无车承运物流发展，支持第四方物流市场发展。

（五）拓宽珠港澳物流合作渠道

发挥港珠澳物流联盟作用，深化三地物流业界的交流与合作，推动实现“资源共享、合作共赢”。开展会展、培训合作。利用香港亚洲物流与航运会议、澳门国际贸易投资博览会等会展活动促进三地物流业交流，利用珠港澳三地大专院校资源开展职业培训。加强政府间交流合作，与香港贸发局、机场管理局以及澳门经济局、贸促局等建立联络机制，共同采取积极措施，推动珠港澳三地物流业合作发展。

（六）加强物流人才队伍建设

目前，北京师范大学珠海分校、吉林大学珠海学院、北京理工大学珠海学院和广东科学技术职业学院均设有物流相关专业，珠海将充分发挥丰富的物流人才资源优势，加强与周边地市相关院校的联动，通过学历教育、人才引进、职业培训等多种形式和途径，培养一批高素质的懂科技、善管理、会营销的中高层物流管理人才，组织物流从业人员参加各类培训，提升从业人员的素质，提高物流企业管理水平。

2018 年佛山市物流业发展回顾与展望*

一、2018 年佛山市物流业发展总体情况

（一）佛山市物流业发展基本情况

2018 年，佛山市物流业保持平稳较快增长，交通运输、仓储和邮政业同比增长 5.1%。受居民消费上升和各类大型专业商品批发市场的商品集散功能充分发挥的影响，与社会消费品相关的商贸物流需求呈现平稳增长态势。2018 年全年货运量 32165 万吨，同比增长 3.8%，其中公路运输 27487 万吨，增长 3.9%，水路运输 4678 万吨，增长 3.0%。货运周转量 323.76 亿吨公里，同比增长 8.2%。其中公路运输 222.71 亿吨公里，增长 6.6%；水路运输 101.06 亿吨公里，增长 11.8%。港口货物吞吐量 8973 万吨，同比增长 12.6%；全年主要港口完成货物吞吐量 8973.08 万吨，比上年增长 12.6%。其中港口集装箱吞吐量 399.49 万 TEU（国际标准箱），增长 2.4%。

（二）交通路网设施建设加快

近年来，佛山市加大了公路、桥梁等公共交通服务体系建设力度，现代化综合交通体系逐步完善，初步形成了“两环四纵五横”高速公路网。一是公路架构基本完成。截至 2018 年年底，佛山基本形成了以高速公路和一级公路为主体的“四纵、九横、两环”主骨架，全市高速公路总里程达 497.89 公里，高速公路密度达 13.11 公里/百平方公里，有力保证了县市中心区 15 分钟进入高速公路愿景的实现。二是路桥升级改造稳步推进。2018 年，佛山一环主线高速化改造顺利完成，市内 20 条“断头路”全部打通并实现通车，“季华二桥”、海五西路（佛山大道至佛山水道）工程、季华北路北延（王借岗大桥）工程和魁奇路快速化岭南大道节点工程建设稳步推进，进一步推动全市物流运输便捷、高效发展。

（三）物流信息化水平逐步提高

佛山市物流信息系统、物联网技术等信息化手段不断普及，有力推动了物流链的

---

* 供稿单位：佛山市商务局，佛山市交通运输局。

信息化、标准化建设。南储仓储集团的大宗商品商务平台已上线运营，正倾力打造一个集商流、物流、信息流和资金流“四流合一”的综合性服务平台。广东何氏水产有限公司利用“互联网+”推出活鱼供应链管理平台，在活鱼供应链上建立质量安全可追溯系统，实现冷链物流的信息可追溯，配送网络遍及北京、上海、南京、郑州、西安等全国30多个大中小城市及港澳地区。广东小冰火人网络科技股份有限公司以软件技术、数据库技术为手段，为平台开发“物流服务上下游智能对账系统”，解决物流服务上下游之间复杂的、动态的结算对账需求，保障行业资金流稳定健康。

（四）新业态新模式蓬勃发展

2018年，佛山市涌现出一批开展电子商务物流、跨境物流、物流金融、冷链物流、现代仓储、物流信息平台交易管理等新业态的现代第三方物流企业，其中以冷链物流和电商物流的发展最为迅猛。一方面，在水产品冷链供应链上，佛山市针对水产品养殖、质检、收购、加工、运输及分销等一系列过程，通过对水产品的物流、信息流、资金流的监控，与广东冷链公共服务管理平台进行对接，在运输、仓储配送、安全体系追溯等方面实现信息共享、合理分配资源、相互协作，形成高效配送的上下游供应链体系。另一方面，佛山市在电子商务物流上取得了新的突破，逐步形成了以商品代理和配送为主要特征的电子商务与物流业融合发展体系。如创意产业园通过引进综合信兴物流公司在禅城区设立电商物流园管理模式，采用独特的VMI系统（供应商管理库存），为创意产业园及周边地区的中小电商企业提供货物贴标、质量控制、订单挑拣、订单检索等全面的库存管理。

（五）物流标准化建设成效显著

截至2018年12月底，佛山市三批共31个物流标准化试点项目通过验收，试点项目中建立社会化的托盘共用体系项目17个，推动物流设施设备标准化建设和应用项目9个，加强物流标准化信息服务平台建设项目3个，完善相关标准和服务规范项目2个。围绕物流标准化建设，试点项目共新增投资总额接近4亿元，约为财政扶持资金的7.6倍，投资资金主要用于物流标准化建设，开展技术改造和提升标准化、信息化管理水平等领域。依托佛山市雄厚的制造业基础，通过物流标准化试点经验的推广，佛山物流标准化建设呈现出鲜明的特点，形成以快消品企业为领军企业推动的供应链物流标准化模式，促进全市乃至周边地区物流标准化工作的联动发展。

二、佛山市物流业发展存在的主要问题

（一）物流配送建设有待完善

佛山市物流配送发展相对滞后，可进入性不强，支撑大物流业发展的中小物流节

点不足、功能不全，使许多企业无法将其产品直接分拨到分销点，“基地—园区—配送中心”的物流节点层级结构未能从整体上、区域上、功能上形成合力。一是限行区域多。目前，佛山大道、魁奇路、桂澜路、海八路、广佛路滘口至桂和路段以及佛山一环主线执行限货政策。随着近年来限行区域的不断增多，货车的路权大大降低，车辆只能通过绕行、夜间作业等方式开展运输业务，导致企业运输成本增加了10% ~20%。二是缺少综合服务型和多式联运型公共物流园区，例如佛山市汽车货运站功能主要停留在装卸、配载等单纯运输环节，缺少为企业提供公路货运交易、集拼、中转和信息服务等功能的公路货运枢纽型物流园区和多式联运型综合物流园区。三是目前佛山尚无统一的物流公共信息平台对物流信息进行搜集整理，发布货源和运力信息，撮合供需双方实现高效交易。

（二）水运设施建设相对滞后

在《全国流通节点城市布局规划（2015—2020年）》中，佛山被列为全国区域级流通节点城市，但佛山市基础设施普遍规模小、配套设施不足，没有形成规模化的集散功能，配货能力不足。一是部分桥梁通航等级低，佛山等级以上航道共有148座桥梁，桥梁数量多、密度大，但部分桥梁净高不足、防撞设施缺失，对大型船舶及回程空箱运载船舶的通行造成阻碍，极易发生碰撞或剐蹭，以勒流港三洪奇大桥为例，桥梁净高仅8米，集装箱船舶只能配装三层，致使经过此航道的水路运输企业人工成本、燃料成本、通行成本等上升。二是港区路域狭窄，由于佛山市大部分港区与居民区、工厂、城区交通主干道相邻，港区面临着路域纵深小、堆场狭窄、出入港区道路通行环境差等问题。三是水运码头建设发展滞后。截至2018年年底，佛山拥有泊位285个，大大高于同期深圳的156个，但佛山平均每个泊位的吞吐量约只有深圳的18%；除三山、北滘、澜石港等较大港口外，其他多为一些小码头和企业的散、杂货及油库码头，全市大部分港点完成货物吞吐量不足25万吨。此外，小码头由于环保、安全、经营效益等不达标，无力更新设备、改善场地、扩大经营，陷入发展的恶性循环，极大地浪费了码头资源。

（三）综合协调机制尚待建立

现代物流产业涉及发改、商务、交通运输、航运、邮政、海关、市场监督等多个部门，横跨运输、仓储、装卸等不同的行业和地区，必然要求通过建立政府部门间的综合协调机制，构建统一、高效的现代物流体系。然而佛山市物流产业实际上处于条块分割的管理体制下，物流产业的管理权限被分割在若干个部门和地区，各部门和地区自成体系、自我管理，使得部门之间、地区之间的权力和责任相互重叠，物流资源无法得到科学、有效的统一配置，阻碍物流产业的进一步发展。

（四）物流企业发展有待提高

虽然佛山近年物流业不断发展，培育了一些相对较大型的物流企业，但总体来说仍未从根本上改变物流企业散、小、弱现象。绝大多数民营物流企业仍停留在传统物流经营阶段，导致低端物流市场竞争激烈，集约化程度不高，整合资源的能力弱。目前除了极小部分运输企业主营业务收入超过亿元，大部分企业的主营业务收入在1000万元以下，据了解企业平均利润率为4.36%，大幅低于全国平均水平。能够提供物流金融、供应链物流、电子商务物流、物流解决方案设计、多式联运、甩挂运输和冷链物流等现代物流服务的能力相对较低，制约了全市物流企业的业态创新发展。

（五）物流相关专业人才匮乏

据统计，截至目前全市的物流专业人才缺口已达8万人，并且还有进一步扩大的趋势。从公路运输的情况看，由于物流企业多为传统的运输型、仓储型企业，物流企业从业人员主要从事运输、仓储等传统的物流作业，现代物流观念滞后，缺乏专业的物流技术和知识。从水路运输的情况看，目前中国航海院校的毕业生就业供需比为1∶4，其中真正能将船员作为终生职业的不足20%；再加上航运对上岗的高要求，培养一名合格的高级船员至少需要10年，而目前现有高级船员队伍老龄化严重；船员招工难、高级船员不足迫使企业提高人员工资水平，加重企业人工成本负担。同时全市物流行业从业人员流动性大，文化水平不高，企业的管理难以突破，对物流企业的发展壮大存在较大影响。

三、促进佛山市物流业发展的措施建议

（一）培育湾区枢纽经济

利用粤港澳大湾区枢纽周边产业集聚区发展原本累积的人流、货流、资金流等便利条件，通过提升物流服务品质，延伸供应组织链条，提供各类政策支持，并融入大数据、云计算、互联网等先进技术，进行平台化、网络化、数字化、智能化等新型产业组织形态开发，从而营造良好的竞争和发展氛围，使枢纽成为资源要素高效配置的平台，形成吸引产业集聚发展的黏附力，以汽车制造、泛家居、现代装备制造等产业为基础，按照产业链、价值链的运行特征，不断延伸和拓展服务链条，逐步向具有较强扩张能力和竞争力的产业集群演变。

（二）推进物流基础设施建设

一是加强市内路网建设。完善物流硬件配套。佛山一环高速化改造工程有望在2019年年底全面完成，届时一环将融入广东高速路网的开放性外环。广佛路网方面，

将推进广佛衔接道路网络建设，包括珠江大桥放射线接广佛新干线、番海大桥等广佛同城化交通基础设施项目对接，同时按照“两高两快五主干”方案加快广佛两市核心区快速通道建设，推进龙溪大道（五丫口至广州环城西线段）快速化改造、广佛新干线快速化改造工程。佛肇高速、肇高高速、新台高速等项目前期研究也将开展。二是升级水运系统设施。加强佛山港建设，体现佛山港作为粤港澳大湾区主要集装箱喂给港的功能定位，提升佛山港对佛山市乃至珠江西江经济带的产业发展的基础性作用。持续完善内河航运基础设施，打造干支联动、高效畅通的内河水运体系，配合落实《西江北江等航道扩能升级建设方案》，重视规划对水路货运发展的引导作用，优化重要港区周边物流园区和工业区物流功能区布局，加快临港物流园区和工业园建设，促进货运枢纽站场集约化发展，加大财政资金对港口基础设施支持力度，每年改造提升1条疏港公路，改善主要港口与干线公路的连接。鼓励大宗货物集疏港向水路和铁路转移，充分发挥水运在中长途运输中“运量大、成本低、节能环保”的优势，引导大宗适水货物“陆转水”运输，优化港口收费制度，鼓励各港口实施降低煤炭、矿石等大宗货物港口装卸费。

（三）支持多式联运发展

一是创新铁水联运合作模式，在港头码头建立“无轨铁路货场”，并在“无轨铁路货场”设立集装箱堆场，实现铁路集装箱运输业务需求受理前移、空箱资源共享、安全检查前置，提高联运效率。二是积极推动建立一张铁路集装箱无轨港场网，在佛山市域内主要集装箱作业港口码头设立铁路集装箱无轨港场。三是初步建立一条完整的内河航班与铁路班列的联运物流通道，后续建立一张铁水联运物流通道网。四是推动江海联运发展。制定《佛山市港口资源整合方案》，建立市级港口资产整合平台。在整合佛山港口资源的基础上，加强与广州南沙港合作，充分发挥佛山港黄金水道上重要货物集散地和广州南沙港国际海港的资源优势。进一步优化运力结构，提高船舶运输效率，加快珠江水系驳船运输网络建设。五是按照省的统一部署，推广应用多式联运公共信息平台，提供“一单到底”的全程物流信息服务。

（四）推动智慧物流发展

根据《佛山市智慧物流腾飞计划工作方案（2016—2020年）》，进一步扩大试点企业的范围，开展试点企业认定工作，就推动试点企业物流信息化、应用先进物流设备、物流网发展、新能源车辆应用、培育物流企业品牌、提升物流企业管理水平、物流标准化、人才培养等方面出台相关扶持措施。随着试点工作的铺开，试点企业进入良性发展阶段，加快改造物流设备技术，提高了物流业信息化水平。全市2019年加大资金扶持力度，总额增加至1000万元，将继续培育发展一批技术先进、功能强大、管理领先的物流园区（物流中心）和第三方物流企业，基本形成社会化、标准化、信息化、专业化、智能化的现代物流服务网络体系。

（五）完善城市配送体系

根据中心城区和便利的高速道路网络，大力发展“物流集散中心、公共配送中心、货物终端集散点”的三级网络城市配送体系，从建设对接全国的物流平台，到依托中心城区外围、高速公路交通网络的货物中转配送中心，最后到达利用现有的邮局、快递和物流网点形成的货物终端集散点和配送收发点，最终实现完整物流链全覆盖，确保城市日常生产、生活的基本物流需求。主动适应中心城区交通特性，大力推行城市配送车辆标准化。引导企业推广使用统一标准的标准托盘和配送车辆，推广货运车辆向小型化、厢式化、标准化转变，以符合“安全、畅通、高效、绿色”的城市配送要求。扶持和鼓励有条件的企业组建“城市货的”配送体系，以有效提高城市货运配送服务质量，形成统一的服务标 准和服务承诺。

2018 年东莞市物流业发展回顾与展望*

一、2018 年东莞市物流业发展总体情况

（一）物流业规模平稳增长

作为全国制造业名城，东莞市商贸流通发达，物流需求总量较大。2018 年，东莞市货运量 17272 万吨，货物周转量 527.26 亿吨公里，同比分别增长 3.3%，9.0%。其中，全年公路货运量 10975 万吨，货物周转量 78.31 亿吨公里，同比分别增长 4.3%、5.4%；水路货运量 6298 万吨，货物周转量 448.95 亿吨公里，同比分别增长 1.5%、9.7%。全年完成邮电业务（含快递）收入 335.19 亿元，比上年增长 13.6%。邮政发送信函 9429 万件，邮政快递包裹 2161 万件，东莞邮政发出国际小包 7651 万件，日均 24.6 万件。全市口岸实现进出境货物 3916 万吨，同比增长 4.8%。东莞港集中箱吞吐量达 314 万标准箱，同比增长 1.6%。

（二）重大交通物流项目稳步推进

2018 年，广东（石龙）国际多式联运枢纽正式启用，中欧班列常态化运营，码头升级改造顺利实施，取得较好的经济效益。一是广东（石龙）国际多式联运枢纽业务迅猛增长。截至 2018 年年底，广东（石龙）国际多式联运枢纽始发的国际班列达 122 班次；集装箱吞吐量完成 11450 标准箱，同比增长 12.2%；货运量 8.5 万吨，同比增长 42.9%。二是中欧班列实现常态化运营。截至 2019 年 7 月底，中外运公司发行中欧班列 46 列，同比增长 70.37%，发送量为 4122 标准箱，同比增长 73.92%。三是水铁联运区码头升级改造工作顺利推进。2018 年，项目的安全预评价评审和项目的初步设计审查顺利通过，多式联运装卸设备 157 米龙门吊轨道梁工程顺利落实，有效提高了码头场站装卸效率。同时，码头改扩建工程的审批工作已全部完成，码头岸线上 3 个泊位建设及护岸工程等配套设施已完成一阶段工程的施工招标、监理招标和施工协议签约工作，目前施工方正抓紧落实开工准备。扩建后，中外运石龙码头的停泊能力将明显提升，将建设 8 个 1000 吨级多用途泊位。

---

* 供稿单位：东莞市交通运输局。

（三）多式联运助力企业高质量发展

公铁联运、水铁联运等在内的物流运输新模式不断涌现，并与互联网技术加快融合，共同推动东莞物流业效率持续提升，助力本土企业加速向多元化和标准化方向转型。以东莞本土的广东铧为现代物流股份有限公司为例，通过积极布局公铁联运等多式联运业务，推出公铁联运新模式，开通了东莞直达北京、东莞直达上海等线路的货运专列。目前铧为物流已经成为广铁集团的指定物流合作伙伴，通过多式联运与互联网结合，实现了业务的多元化发展，并凭借其公铁联运模式的迅速发展，成功挂牌新三板。铧为物流依托公铁联运业务的广泛拓展，在线下形成一个实体的运输网络，在线上建成O2O物流信息平台，通过全网的信息化指挥系统实现互联互通，形成物流大数据，助推企业保持稳定高水平的发展。

（四）立体化物流网络初现雏形

2018年，东莞立体化的物流网络体系已经初步形成。海运上“水铁联运”过境大通道的开通，陆运上中欧双向班列的开通，空运上对接香港机场的“超级中国干线”的开通，共同为“东莞制造”打造海陆空联动的“桥头堡”，让企业的进出口贸易更加畅通无阻。经过过去一年多的发展，“超级中国干线”业务已日臻成熟，2018年“超级中国干线”业务快速增长，货运总量突破1000吨，达到1436吨，同比增长达50%。“超级中国干线”运作成熟后，对东莞开放型经济发展的带动作用将进一步凸显，和传统的物流相比，“超级中国干线”物流时间可节省2～3天，成本可节省40%，将显著提高东莞物流发展质量。

（五）保税物流发展取得新突破

东莞市积极推动保税物流产业的做大做强。一是扩大本土物流企业的海外影响力。在推动保税物流发展过程中，东莞通过支持东莞保税物流企业在境外设立海外拓展中心，与境内保税仓库、海外仓库开展无缝对接，大力推动保税物流企业“走出去”，为东莞加工贸易产品“全球行”提供境内外仓储服务。二是支持特殊监管场所改善创新，打造保税物流平台。以清溪保税物流中心（B型）为例，通过全面打造快速通关系统，助力保税物流飞速发展。保税物流中心利用高科技打造“无人值守”卡口，简化了业务办理手续，大幅压缩了卡口通关时间。在无异常情况、无选中查验等情况下，即进即出业务平均仅需8分钟。通过改革发展，保税物流中心发展水平明显提升，截至2018年5月，仅运行约一年的东莞清溪保税物流中心（B型），进出货运量达到119179吨，进出货值为279.12亿元人民币。

（六）城市货运绿色发展加速

2018 年，为推进城市货运绿色发展，东莞市鼓励邮政快递企业、城市配送企业探索统一配送、集中配送、共同配送、夜间配送等集约化运输组织模式开展城市配送工作，解决货运“最后一公里”问题。东莞市发展改革委积极配合开展城市绿色配送工作，印发《东莞市物流快递领域车辆纯电动化发展实施方案》，全面促进东莞市物流车、快递车、邮政车等物流快递领域车辆加快实现纯电动化，支持纯电动车辆在物流快递领域的加快推广。目前，全市累计共有 4 家企业，641 辆货运车辆参加组建城市配送车队，车辆基本为纯电动车。服务范围涵盖快递、连锁超市配送和商贸流通等领域，为城市居民生活和城市中心区商业经营提供货物配送。为建立城市配送车辆管理的长效机制，解决城市配送“最后一公里”问题助力。

二、东莞市物流业发展存在的主要问题

（一）物流行业运营困难

一是车辆通行费相对过高，车辆通行费大概占物流成本的 20%，物流企业经营利润微薄。二是由于劳动力总量的减少及物流行业综合人才的结构性短缺，导致物流人工成本逐年升高，物流行业招工难形势越来越严重。三是物流园区土地使用受到限制，制约物流行业发展。由于物流园区占地面积大、效益不高等原因，政府部门不愿意将中心区域土地用于物流园区建设，伴随着土地出让政策的收紧，更不愿意划拨较大地块用于物流园区建设，2019 年全市工矿仓储用地为 540.2 公顷，较 2018 年减少了 374 公顷，同比下降 40.9%。

（二）规模化、集约化程度低

改革开放以来，东莞市加工制造业高速发展，公路货运市场需求日益增大，东莞市货运车辆和业户数量相应高速增长，为经济社会发展提供了有力运输保障。但是货运企业规模化、集约化程度有待提高。全市有货运经营者 19040 户，名下只有 1 台车的业户有 15000 多户，约占货运经营业户总数的 80%，业户数量多，规模小，市场竞争力弱，不利于先进理念技术的推广应用，也使行业安全监管面临较大压力。此外，现有货运业户中大部分仍以落后的传统粗放式经营方式为主，如不加快转型，服务水平将难以适应多元化的市场需求。

（三）货运行业创新发展不足

一是货运管理法规政策有待完善。“互联网 +”“无车承运”“绿色货运”等新业态发展的配套法规标准出台滞后，货运管理涉及部门之间的规章不衔接的矛盾较为突

出，货运市场信用体系、行业运行监测体系仍未完善。二是货运企业创新发展能力不足。运输车辆装备标准化程度低，专业化、清洁能源和新能源运输装备比例低；货运企业尤其是中小型企业的信息化建设进度缓慢，缺乏有力的信息化、智能化技术支撑，货运企业管理人员、从业人员的文化程度总体偏低。

（四）多式联运、无车承运人试点推进缓慢

东莞市先后推荐东莞市展达货运有限公司、广东铧为现代物流股份有限公司等企业积极参加多式联运、无车承运人试点工作，但东莞市物流企业与广州、深圳等城市的物流企业相比，在企业规模、管理水平等方面存在一定差距，最终都未能入选。

三、促进东莞市物流业发展的措施建议

（一）构建对外开放新枢纽

一是加快广东（石龙）铁路国际物流基地建设推进。积极推动广东省第一批国家多式联运示范工程顺利进行，推动石龙国际物流基地多式联运业务发展，推动进口回程班列常态化运营。二是深化国际贸易“单一窗口”建设，进一步拓展东莞港国际航线，与东南亚及沿海国家建立港口联盟。加快推动车检场功能优化，优化车检场的口岸功能，重点开展分拨、仓储、保税展示、保税维修及跨境电商等业务。三是加快推进东莞国际邮件互换局建设，全面提升关邮一站式服务水平，争取尽快开通跨境电商和个人物品进口业务。

（二）抓好两岸冷链物流产业合作试点城市建设

以两岸冷链物流产业合作试点城市为契机，进一步加强两岸区域交流合作，积极吸引台企落户东莞，积极筹建两岸商品展示交易中心和两岸冷链食品合作中心，推动产学研结合；积极开展两岸冷链产业交流活动，建立两岸冷链食品合作平台，助推两岸跨区域经济发展，促进东莞市优势冷链物流企业参与国际竞争。

（三）抓好全国供应链创新与应用试点城市建设

搭建供应链协同、交易和服务平台，促进供应链资源整合优化。一是重点发展装备制造业供应链体系、电子信息制造业供应链体系、纺织服装鞋帽制造业供应链服务体系、食品饮料加工制造业供应链体系、跨境贸易供应链体系。二是探索供应链模式创新发展的新方法、新路径、新模式。构建大数据支撑、网络化共享、智能化协作的智慧供应链体系，打造服务先进制造、生活消费和农业发展的供应链智能协同平台、供应链综合服务平台、专业化供应链平台、供应链金融平台，促进资源要素高效配置、供给需求精确匹配，推动优势产业转型升级、推动从传统粗放式的仓储式物流向现代

高效式的供应链物流转变。

（四）优化物流业发展环境

一是认真落实国家关于物流业降本增效的用地和税费减免政策，保障各项政策落实到位，贯彻落实省出台的扶持物流业发展的政策。二是结合东莞市实际情况，完善“互联网 +”“无车承运”“绿色货运”等新业态发展的配套法规标准，着力解决货运管理部门之间的衔接问题，同时完善货运市场信用体系、行业运行监测体系。三是加大资金扶持力度，建立物流发展专项资金，尤其是要设立物流人才专项奖励资金，鼓励企业积极引进物流行业创新人才，推动物流行业创新发展。

2018 年中山市物流业发展回顾与展望*

一、2018 年中山市物流业发展总体情况

（一）货物运输规模相对稳定

中山市近年货物运输总量和交通运力相对稳定，2018 年交通运输、仓储和邮政业增加值 79.09 亿元，同比下降 1.7%。全年货物周转量 139.98 亿吨公里，同比下降 11.3%，港口货物吞吐量 11965 万吨，同比增长 48.7%。重点物流领域不断向纵深发展，服务水平和能力逐步提升：商超连锁配送发展迅速，网点已覆盖全部镇级区域；国内外商业巨头及大型企业相继在中山设立区域性采购、配送中心；医药物流与冷链物流等专业物流获得长足发展，电子商务物流尤其是快递行业爆发式增长。

（二）交通基础设施持续改善

2018 年，中山市交通体系得到进一步完善。公路方面，“四纵五横”高速公路系统和“三环十二射”干线公路网的公路格局逐步推进；铁路方面，南沙港铁路在中山段设黄圃站；港口方面，已初步形成“一港五区”格局，中山港、小榄、神湾和黄圃港四个港区作为香港、澳门、深圳和广州南沙等国际深水港喂给港，继续发挥江海联运和近海航运支撑作用。此外，中山市公路货物集散枢纽（物流园区）建设也取得了长足发展，在已建成的 40 多个货运物流市场、物流中心（园区）基础上，继续完善物流节点、建设形成完善的物流网络。随着港珠澳大桥、深中通道、深茂铁路建设并开通，中山市与周边城市、港澳地区的联系更加紧密、便捷，区位优势也将得到大幅提升，为中山融入珠三角世界级城市群，打造珠江口湾区交通枢纽中心城市奠定坚实基础。

（三）道路运输规模有所下降

截至 2018 年年底，中山市取得《道路运输经营许可证》的道路货物运输业户共 12263 家，较上年度减少 4933 家，同比下降 28.7%，其中，货运个体户 11268 家，较

* 供稿单位：中山市商务局，中山市交通运输局。

上年度减少4903家，同比下降30.3%，普通货运企业803家，危险货物运输企业75家，货物专用运输企业117家，货运企业数量有所上升；取得经营许可的公路货运站场11家，相比2017年数量保持稳定；载货汽车共21547辆，比2017年年底减少19.87%，其中普通货运车辆17296辆，比2017年年底减少26.26%，专用运输车辆3090辆，比2017年年底减少21.41%，危运车辆1161辆，比2017年年底增加30.6%。

（四）标准化试点工作成效显著

按照商务部、广东省商务厅等物流标准化建设要求，中山市商务局、财政局、质监局紧密配合，积极开展试点创建工作，取得了显著成效。全市20个试点项目基本按照申报计划进行资金投入和项目建设，合计投入物流标准化建设资金11500万元，其中设施设备投入5600万元，信息化建设投入2600万元，标准化托盘投入3000万元，其他相关投入300万元；经第三方机构验收合格后，20个试点项目共拨付扶持资金3405万元；各试点项目使用标准托盘20.39万个，其中购买托盘为12.55万个，租赁托盘7.84万个。同时，物流标准化试点工作开展以来，快消品生产企业和大型商贸连锁企业等试点企业，加快推进与标准托盘配套的设施设备升级改造，全面提升物流效率，降低社会物流成本。带板运输率达56.97%，货损率下降至0.33%，企业物流成本占主营业务收入比重下降6.81%。

（五）产业平台项目进展顺利

中山市现代物流业平台（黄圃园）作为全市九大产业平台之一，项目进展顺利、成果显著。一是运营管理不断完善。黄圃园建立了“园区管理中心+开发公司”管理架构，目前园区管理中心和开发公司配备的专职工作人员已入驻园区现场办公，监督建设推进、对重大项目的推进进行节点管理。二是招商引资成果丰硕。黄圃园包含投产、在建、在谈的项目共19个，总投资约250亿元。其中，忠旺珠三角铝合金精深加工项目属于市重点项目，该项目首期投资40亿元，预计产值50亿元；此外，万科物流、丰树物流两个亿元以上项目已落地，正开展前期施工报建工作。三是园区外验点工作持续推进。中山市参照中欧班列始发站广州大朗货运站的外验监管模式，在黄圃物流园设立外验点，依托黄圃港区内海关现有的查验机构，对黄圃物流园内跨境货物实施查验监管。

二、中山市物流业发展存在的主要问题

（一）物流仓储用地受限

物流仓储用地受限不利于物流企业规模的发展壮大。各镇区用地均有投资规模、税收、营业额等条件的限制，作为物流企业难以达到用地条件。各专业镇根据自身定

位而形成的众多物流园区（中心）难以进行顶层设计和统筹规划，管理分散，导致物流资源碎片化，不利于资源的统筹共享和土地的集约利用。另外，中山市国有建设用地供应不断减少，也在一定程度上导致了物流用地的不足。2019 年全市工矿仓储用地 257.9 公顷，较上年度（674.6 公顷）减少了 416.7 公顷，同比减少了 61.8%。

（二）物流基础设施配套水平待提升

部分物流设施建设缺乏统筹，公共服务和多式联运功能发挥不足，物流园区和工业区内的相关物流功能有待优化。当前，中山市高速公路与干线公路体系仍不完善，缺乏与珠江东岸的直接对接，难以支撑粤港澳大湾区一体化运输要求；现有城际轨道辐射纵深不足，难以满足区域及市域客运交通需求，对外轨道交通联系不便；中山港功能定位有待进一步明确，区域港口之间的衔接有待加强；中山与周边各枢纽机场的衔接有待进一步加强。

（三）水运投资建设不足

中山市水运企业以内河运输为主，活跃在内河航运市场的中小船东占大多数，水运企业平均运力仅约 1500 吨，而且由于船型杂乱、技术水平低、平均吨位小、经营结构单一、运价持续低迷、燃油及人力成本持续上涨等因素，导致内河运输企业的盈利能力比较差。同时为了节约成本，内河运输企业大多会购入船龄较高的船舶，雇用低工资的船员。船龄太高、设备老化使得船舶的安全性能大大下降，容易发生危险，给航运企业带来了严重的安全隐患；而保险公司往往不肯为高风险的船舶进行承保；低工资往往和低水平、低质量相关联，雇用低工资船员后续会给船舶的管理带来很多问题，阻碍水运企业发展。

（四）物流企业发展水平较低

中山市绝大多数物流企业目前仍集中在公路运输等传统物流行业，多数只能简单地提供仓储、运输等基础物流服务，在流通加工、物流信息服务、库存管理、物流成本控制、物流方案设计、全程物流服务、供应链管理等物流增值服务方面比较薄弱。大多数物流企业信息化水平低，经营管理理念落后，精细化组织管理能力不足，难以满足现代物流多元化需求。缺乏能够提供全程供应链服务的骨干企业和龙头企业，难以带动整个行业的转型升级。中小物流企业数量众多，受人才、信息、技术、品牌、网络等资源短缺的制约，组织化程度低、经营行为不规范的物流企业竞争能力和抗风险能力较弱，由于地理位置、服务区域的一致性使得物流企业提供的服务趋于同质化，从而导致价格竞争激烈，行业利润率低，企业经营困难。

三、促进中山市物流业发展的措施建议

（一）进一步改善交通基础设施

继续实行积极交通发展政策，不断扩大交通网络规模、增加运输供给，以不断满足日益增长的交通运输需求，满足经济社会可持续发展需要。切实转变交通增长方式，调整和优化交通结构，强化各种交通运输方式、城乡交通的衔接配合，各种交通方式发展从粗放型向集约、环保型转变，从自主发展为主向综合、协调发展转变。促进交通资源的节约和环境保护，正确处理交通建设和土地等紧缺资源的矛盾，完善交通使用土地、岸线等资源和节能减排机制，加大环境保护和治理的力度。

（二）推进港航运输设备升级改造

继续推动交通发展从粗放型向集约、环保型转变，从自主发展为主向综合、协调发展转变，正确处理交通建设和土地等紧缺资源的矛盾，完善交通用地、岸线等资源和节能减排机制，加大环境保护和治理的力度。制定有关财政资金补助政策，优先安排新能源客（渡）船新建及新能源动力系统改造项目，支持水路客（渡）船更新改造，鼓励新能源船舶优先进入航运市场。引导内河 LNG（液化天然气）船舶、电动船舶使用。推动内河船舶改造，严格执行《老旧运输船舶管理规定》，禁止达到报废年限的内河船舶进入航运市场。严格执行超龄船舶市场准入制度，引导淘汰高耗能、高排放老旧运输船舶推进绿色交通发展，促进行业转型升级。

（三）提升物流业智能化水平

一是鼓励企业建立功能完善的智能仓储管理系统，在仓储管理的出入库管理、货物分拣、盘点、库存控制等各个环节运用物流信息技术和仓储管理系统，使用无线射频识别技术、条码技术、扫描技术和数据采集技术等。推动企业与合作伙伴之间的管理系统互联互通，实现信息共享。二是继续大力推广使用珠江航运综合信息服务系统。该系统整合现有港航、港口、航道、海事等水路基础数据及部分动态运行信息，实现航运整体情况的动态掌握，有助于提供更丰富的惠民便民航运信息服务，提升行业整体服务水平，面向航运企业、船舶、船员提供丰富、实用、准确的航运服务信息。

（四）推进现代物流体系建设

一是积极发展第三方物流企业。通过政策引导，加强生产制造企业和商贸流通企业与物流企业的联系机制，鼓励生产企业集中精力增强自身的核心竞争力，把非核心的物流业务外包给专业的第三方物流公司经营。促进物流企业积极向供应链物流方向迈进，加强对供应链配送信息的管理和控制，减少供应链配送体系不增值部分，削减

不必要的成本，帮助客户实现零库存，降低物流成本，提高经济运行效率和社会效益。二是完善交通物流枢纽集疏运系统，实施铁路引入港口、公路货站和物流园区工程。加快智能立体交通运输体系、智慧物流园区与现代物流公共服务平台发展，打造智慧物流产业链。加快高端家电物流基地建设，大力发展家电配送，打造珠三角地区高端家电物流基地。完善快递服务设施，建设邮政速递物流中心、顺丰速运物流中心，强化中山市快递服务重要集聚节点作用，建立适应电子商务发展的快递配送体系，打造华南地区速递邮件处理中心。

（五）积极引进培育物流人才

对企业引进高层次物流人才给予资金补贴或税费优惠；支持鼓励物流行业协会和物流企业联合高校、职业教育机构，推进物流学科专业和产学研基地建设；采取岗前培训、在职培训和学历教育等多种方式，不断完善产学研合作培养物流人才的机制，构建多层次、多元化的物流人才培养培训体系，培养适应现代物流业发展需求的各类人才和具有一定技能素质的物流劳动力队伍。

2018年江门市物流业发展回顾与展望*

一、2018年江门市物流业发展总体情况

（一）物流业总体平稳运行

2018年，江门市物流业发展总体运行良好。2018年江门市交通运输、仓储和邮政业等产业实现增加值97.95亿元，占地区生产总值（GDP）的比重约3.38%；全市公路水路完成货运量1.59亿吨，货运周转量168.36亿吨公里，同比分别增长6%和减少9.78%；港口货物吞吐量9368.83万吨、集装箱吞吐量151.37万标准箱，同比分别增长13.32%和11.96%；全年邮政业务总量累计完成22.44亿元，同比增长14.34%。

（二）交通基础设施建设加快

江门市交通基础设施建设力度进一步加大，2018年全市交通大会战完成投资170亿元。一是铁路建设取得重大突破，江湛铁路建成通车，江门融入了全国高铁网，可以直达北京、上海；珠西综合交通枢纽江门站站房和配套工程全面动工，南沙港铁路加快建设，完成江门北站货场一期扩建。二是高快速路网建设全面铺开，佛开高速南段昆东至共和立交段完成扩建，高恩高速、中开高速、开春高速、开阳高速扩建等项目加快推进，对接港珠澳大桥的黄茅海通道规划建设工作取得重大进展；江门大道茶坑隧道至三江段、银鹭大桥建成通车，江门大道南东线全面开工建设，改造国、省道97.07公里。

（三）物流园区建设稳步推进

物流园区加快规划建设，全市物流业集聚化程度不断提高。“十三五”以来，江门市以打造“珠西物流中心”为目标，积极推进银洲湖、高新区、鹤山三大物流园区建设，着力完善工业园区配套物流设施，生产制造企业与物流企业“两业”联动意识逐步增强，融合发展加快，全市综合物流服务能力和层次有所提升。珠西物流中心被认定为“广东省现代服务业集聚区”，列入了《广东省物流业调整和振兴规划》重点工

* 供稿单位：江门市商务局、江门市交通运输局。

程、广东省现代物流产业500强项目。2018年，江门市重点推进鹤山珠西物流中心（鹤山现代物流中心）建设，园区基础设施建设和重点项目建设取得新成效。一是在园区规划和功能布局方面，珠西物流产业新城PPP项目完成立项；二是在物流园区配套设施建设方面，完成江门北站综合货运枢纽一期工程并投入使用，运量由过去的70万吨/年提升到300万吨/年，疏港路主干道（省道S272至广珠铁路鹤山站连接线）基本完工；三是在园区项目运营管理方面，“无水港”（鹤山—盐田港海铁联运）试运行，普洛斯物流园二期动工建设，维龙物流项目完成规划报建。

（四）物流企业不断发展壮大

通过规模化、现代化的物流企业积极发挥龙头带动效应，江门市物流企业正从提供传统物流服务，加速向提供第三方物流和供应链管理服务转变，并涌现出一批能够提供一体化物流服务的企业，全市综合物流服务能力和层次有所提升。江门市现代物流企业竞争力持续增强。全市登记注册的物流企业及物流关联企业约3000家，拥有广东安捷、江门江顺达、江门骏安3家国家A级以上物流资质企业，其中广东安捷于2016年成功在新三板上市，成为江门市首家上市物流企业。

二、促进江门市物流业发展的措施建议

（一）推动物流企业降本增效

一是开展物流行业调研和政企交流，引导大型物流企业加大标准化托盘采购和应用，推进资源节约和循环利用，协助高宝隆、安捷、骏安、大昌行等物流企业完善和更新信息系统等设施设备，实现生产系统和管理系统循环链接。二是推动生产制造企业与物流企业对接，鼓励和促成大长江集团、嘉宝莉集团、滨崎食品、维达集团等企业将物流外包，进一步降低物流和经营成本。三是继续推进江门市辖区高速公路货车通行费八五折的优惠政策试行，切实降低物流成本。

（二）提升物流企业规模化、集约化水平

重点培育和发展以仓储配送、特定客户服务、综合物流服务和提供物流解决方案为主的物流企业。发挥省级供应链管理示范、试点企业的带动作用，指导大型制造企业运用智能化手段和创新强化供应链管理。一是加大物流企业培育力度，开展物流企业试点示范，以示范带动提升工业和物流企业供应链管理水平。二是着力提升面向制造业企业的供应链管理服务水平。通过组织开展物流行业调研和政企交流，推广RFID等物联网技术应用，发展供应链金融，优化供应链生产要素资源配置，实现资金流、信息流、商流、物流畅通，推动实体经济发展。

（三）加强物流基础设施建设

推进港口、航道、码头、公路和铁路及其配套设施的建设和改造工作，完善物流运输基础设施。重点推动深茂铁路、南沙港铁路、中开高速、开春高速、佛开及开阳高速扩建以及高新区公共码头、广海湾深水港区起步工程、新会崖门出海航道二期工程等基础设施建设。

（四）加大区域物流合作力度

积极融入粤港澳大湾区建设，对接粤港澳大湾区优质生活圈建设内容，对接中国（广东）自贸试验区建设，积极承接自贸试验区重大产业项目，成为自贸试验区配套物流基地，深化与珠三角区域城市之间的合作。

（五）推进运输结构调整

一是完善内河航运基础设施网络，提升内河水运系统航运能力，加快推进新会崖门出海航道二期工程。二是鼓励和引导大宗货物向水路和铁路等绿色高效运输方式转移，推动开平三埠港铁水联运新模式。三是配合加快推进江门北站综合货运枢纽建设，配合推动珠西物流中心成型。四是深入开展企业调研，持续引导有意向的企业开展公铁联运转型，融入多式联运发展大局。五是协助广东安捷供应链管理股份有限公司开展“无车承运人”试点工作，进一步完善无车承运人平台建设。

（六）加强物流企业信息化建设

一是推动互联网与现代物流融合发展。贯彻落实《广东省“互联网＋现代物流”专项实施方案（2016—2020年）》，围绕制造业转型升级和“江门智造”，推动“互联网＋物流平台”、物流服务、供应链管理的创新发展，提高现代物流竞争力和服务水平。二是提高物流信息化水平。推动华讯方舟、安捷等进一步完善和更新物流信息系统等设施设备，提升企业物流信息技术水平，实现生产系统和管理系统循环有效链接。三是支持物流公共信息平台建设。成功引进的江门华迅达物流公共信息平台，已与海信电子、广东中集、大昌行等企业建立了紧密的战略合作关系，该平台为企业提供了一套先进而又完备的智慧化城市配送解决方案，对促进江门市物流信息化水平，加快智慧城市的发展具有积极的推动作用；成立江门市物流标准化推广应用中心，以开平雅琪、广东安捷等大型企业为依托，大力推动标准化托盘应用及循环公用系统的建设。

2018年惠州市物流业发展回顾与展望*

一、2018年惠州市物流业发展总体情况

（一）基础设施建设日趋完善

一是公路建设稳步推进。高速公路通车里程633公里，国省道通车里程932公里，完成通自然村道路路面硬化2052公里，危桥改造48座。2018年完成公路运输总周转量141.6亿吨公里，同比增长8.8%。二是空港建设起步腾飞。机场路二期工程、供油工程已全面完工，新航油库投入使用。截至2018年年底共开通26条航线，旅客吞吐量达到188万人次，同比增长96.4%，航班起降达15110架次，同比增长74.3%，完成货邮吞吐量5501吨，同比增长38%。三是海港建设有序推动。沿海港口拥有生产性码头泊位46个，其中万吨级以上深水泊位23个（含2个30万吨级泊位和2个15万吨级泊位），总吞吐能力1.03亿吨，集装箱年通过能力94万标准箱。内河港口发证企业2家，泊位9个。2018年，惠州辖区船舶货物吞吐量达9686万吨，同比增长18.2%，其中，沿海船舶货物吞吐量8241万吨；集装箱吞吐量38.81万标准箱，同比增长12.5%；全年进出港船舶达45956艘次，其中15万吨及以上超大型油轮进出港达280艘次。

（二）货物运输能力稳步提升

惠州市道路运输运营载货汽车16318辆，共300070.5445吨位，其中重型货车5678辆，挂车1360辆；危运企业85家（非经营性1家），危运车辆1574辆（有动力车1146辆，挂车428辆），其中厢式（栏板）货车617辆、罐式货车147辆、牵引车382辆、罐式半挂车314辆、集装箱（平板）半挂车114辆。目前惠州市水路运输行业有船舶650艘，单船运力2000吨。全市总运力142万总载重吨（其中内河运力达到105万总载重吨），水路运力规模在全省排第5位。内河水路货运量达1.05亿吨，内河货运周转量234.9亿吨公里。

---

* 供稿单位：惠州市商务局，惠州市交通运输局。

（三）物流产业集群效应日趋显现

一是惠城中心城区商贸物流业集群。依托惠城交通、商贸、文化等快速发展优势，以江北百万平方米商业物流园区为中心，加快建设现代商贸物流中心。全国知名的中国物流、中信物流、中外运物流、邮政物流以及周边城市及本土的汽运集团、速必达物流、顺丰物流、城市之星物流、东风车城物流等第三方专业物流企业纷纷进驻，为惠州商贸物流业发展壮大了实体，增添了活力。

二是大亚湾－惠阳石化物流和大宗物品流转等为主的集群。大力发展“铁水联运”，加快发展临海工业、海洋交通运输业等海洋支柱产业，建设港口物流园区和国家重点战略物资储备基地。大亚湾区目前有危险品仓库720平方米，放射源库面积878.3平方米；成品油、原油库区总量为90万吨；年吞吐能力超过2800万吨。建成与各个化工反应装置连成一体的专用输送管网及仓库、码头、铁路和道路等一体化的物流运输系统。石化区已建成2×10000吨级（即2个万吨级）液体化工品码头、30万吨级原油码头、7.9万立方米石化仓储、23万立方米燃料油储罐、120万立方米原油储罐等。亚洲最大的燃料油调和中转基地——华瀛燃料油调和配送中心项目已运营，粤东最大的煤炭集散基地——深能港务煤炭集散基地投入使用。

三是仲恺工业物流、电子商务物流集群。全市电子商务交易额突破1900亿元，同比增长12.8%。培育了真维斯、酷友、金易科技等一批国家级和省级电子商务示范企业，实现惠州产品在淘宝、天猫、腾讯拍拍等主流电商网站的全网营销。依托仲恺国家级高新技术开发区和国家电子信息产业基地，规划建设集企业推广、融资担保、招聘培训、物流仓储、孵化培育、诚信经营等公共服务功能于一体的电子商务产业园区，以平板显示、移动通信、汽车电子等优势产业为重点，引进“阿里巴巴一达通”外贸综合服务平台落户仲恺，推进以制造业传统企业转型跨境电商的发展，形成以工业物流、电子商务物流等为主的物流企业集群。

四是冷链物流发展快速。广东燕岭定点肉类及农产品储备冷库项目目前已逐步为华南、粤东粤北片区的企业提供冷链物流服务；惠东县伦信农业有限公司冷链物流配送中心建成，实现了原产地农产品冷链物流配送，提高了惠东县的农产品流通效率。

五是农村物流网络节点全面覆盖。建成县（区）级物流网络节点共7个、乡镇物流网络节点共59个、村级物流网络节点共657个。全市53个乡镇均有快递网点，乡镇覆盖率达100%，全市建制村直接通邮率达100%。全市整合农村服务平台资源，利用现有供销社、超市、便利店等构建信息化多动能邮乐购站点，推动“一市一品”农特产品进城示范项目建设，建成邮乐购站点1189个，邮乐小店累计总数27819个。

（四）重点物流园区快速成长

目前，惠州市正常运营的大型物流园区有6家，在建项目2家，规划项目1家，物流园区总占地面积463.85万平方米，总投资约50亿元。广东铁路国家物流基地项目子项目石龙铁路集装箱办理站和中俄贸易产业园建设加快，石龙集装箱办理站已动工，中俄贸易产业园已完成园区发展总体规划编制，正在协助项目主体单位办理用地报批相关手续。

（五）邮政行业快速发展

快递业务量和快递业务收入稳居全国重点城市前50名之列，吸纳就业人口超9000人。“快递下乡”工作成效明显，快递网点乡镇覆盖率达100%。全市建制村直接通邮率达100%。推进“快递入社区、进校园”工程，全市共设智能快件箱（包裹柜）900组，格口1.8万个。

（六）物流供应链创新发展

大力扶持惠州北领供应链管理有限公司、惠州朗华供应链服务有限公司等服务型供应链企业为工业企业提供交易、结算、交收、检验、仓储、物流、融资等一系列一站式供应链解决方案。支持TCL王牌电器（惠州）有限公司、德赛西威汽车电子股份有限公司等制造企业设立供应链管理部门，提高企业运行效率。成功推荐TCL通力电子有限公司等15家企业成为广东省首批供应链试点示范企业。

（七）“互联网+”交通物流新业态初显成效

一是智慧交通全面推进。已顺利完成“TOCC信息系统”建设的前期工作。惠州港智慧应急综合管理平台完成主体建设，全市渡口渡船视频监控系统顺利通过验收。优化完善交通监管指挥中心，共接入高速公路、市县区交通路口、港口码头、海事局桥梁码头、公交车等共2299路视频资源，有效提升监管监控能力。强化重点车辆监管，市级基准平台系统共接入重点营运车辆20711辆，北斗覆盖率达62.60%。二是鼓励物流企业建设物流信息平台。惠州市金泽物流公司打造“够快物流网”，引导交通运输行业走向互联网时代发展，完成“最后一公里”到家的便民利民服务，有力地支撑和带动了惠州物流信息化发展。三是推进物流技术装备现代化。鼓励引导行业、企业对新能源车船、设备、设施等各类新装备更新。开展货运车型标准化专项行动，引导运输企业更新使用集装箱运输、厢式货车等先进车型；开展重点营运车辆特别是危运车辆首先推广使用安全驾驶视频监控设备，建立智能视频监控系统，进行实时监控、警告、统计分析，降低货运物流企业安全风险和成本。

（八）物流业发展环境不断改善

一是加强物流政策扶持引导。认真落实《惠州市现代物流业发展规划（2011—2020年）》《惠州市现代服务业发展“十三五”规划》《惠州市现代服务业集聚区规划》《加快内贸流通创新推动供给侧结构性改革工作实施方案》等文件，对认定的物流龙头企业给予支持，加强物流配送体系及标准化建设，大力支持电商物流和冷链物流等发展。

二是物流业降本增效有序推进。全面落实“多证合一”“工商登记全程电子化”、电子营业执照发放、企业简易注销登记改革等各项商事制度改革措施。对申请从事普通货运业务的申请人，申请材料符合法定要求的，1 ~2 日内予以办理，缩减办事时限，提高行政审批效能。全面治理涉企收费，大力清费减负，降低企业用电用气价格，清理普通公路车辆通行费，2018 年降低企业物流成本约 2 亿元。

三是大力推广通关一体化改革。做好区域通关一体化改革，实现企业自主选择任意现场办理申报、纳税等手续，自主选择任意口岸、场站办理货物通关、提货及装运等业务，冷链物流企业可以直接选择在口岸申报并进行验放，无须再通过惠州海关转关运输，有效提高产品的进出口报关速度；完善惠州特色“单一窗口”模式，实现全部行政审批业务由统一窗口集中接单和出单；深化“两简”案件办理模式改革，货运渠道一般性违规案件实现快速办理。

四是推进物流标准化建设。编制了“智慧惠州”物流领域的标准体系及框架图，制定了《交通运输企业安全生产标准化建设评价管理办法》《物流园区公共信息平台通用规范》等 27 项管理和技术企业标准。编制并完成了 2018 年度广东省地方标准《低温食品冷链物流履历追溯管理规范》《水产品类冷链物流操作规范》等 8 个冷链物流系列标准的申报工作。以运输、仓储、搬运及交换标准为切入点，指导罗浮山林场振基木器制品有限公司参与国家标准委、商务部制定的“国家木质平托盘、标准托盘认证规范要求”等 16 项国家行业标准。支持惠州市德邦物流有限公司建立完善的物流服务体系，获得 AAAA 级标准化良好行为企业认证。

二、惠州市物流业发展存在的主要问题

（一）统筹协调不够到位

物流管理体制尚未完全理顺，缺乏专职机构管理推进，全市物流业发展处于多头管理、条块分割状况，商务、发改、经信、交通、统计等相关部门间缺乏统筹协调，部门职责不够明晰，导致政策措施制定、监督管理等工作成效不显著。

（二）现代物流龙头企业缺乏

物流企业总体仍然处于小、散、弱的状况，大型企业数量少，更缺少辐射带动能力强的龙头企业。大多数物流企业经营规模小，信息化、智能化程度低，装备技术水平和管理手段落后，现代物流的立体仓储、条码扫频识别、自动分拣及货物自动跟踪系统的应用很少，提供一体化解决方案和物流增值服务能力不足，只能提供传统的运

输、配货和仓储服务。另外，惠州市物流业高级物流管理专业人才以及物流技术人员紧缺，高校物流专业教育和社会物流职业教育无法满足物流快速发展的需求。

（三）物流园区功能还不完善

虽然有6个物流园区，却缺乏诸如功能定位、投资规模、占地面积等方面的具体规范措施，导致物流园区的市场定位、功能定位存在交叉现象，缺乏多式联运物流园区和国家级物流示范园区。同时，惠州市物流园区缺乏跨省物流专线，专线覆盖范围不广，许多业务都需要通过转运外包配载，既增加了物流成本，也因转运外包业务限制无法确保发货时间，一定程度上限制了本地物流的发展。此外，电子商务的迅猛发展加快了货物运输的分流，大量货物不经周转直接从货源地运达客户，减少了物流园区、批发市场的货物周转量，给实体物流运输企业发展带来较大冲击。

（四）物流信息化水平较低

目前尚未建立市级物流公共信息平台，物流企业和工业企业、物流企业相互之间不能实现信息资源共享，信息化程度较低。同时，由于缺乏市级物流公共信息平台，物流统计工作严重滞后，没有物流统计系统及专业人员。物流企业的信息化建设发展较慢，与建立现代物流体系不匹配。在细分领域上，如冷链物流、工业物流、商贸物流、农产品物流等行业无法掌握行业发展现状和运行情况，也无法为决策提供可靠依据。

（五）物流外包不够充分

从惠州市对全市65家大型骨干工业企业及“三高”工业企业开展的“生产性服务需求”调查问卷情况看，仅有19家企业将物流完全外包出去，占调查总数的29%。许多工业企业没有实现主业与物流服务剥离，工业品在产销过程中自营物流比重大，第三方物流企业数量较少，物流社会化程度不高，导致企业物流成本居高不下，物流配送也难以形成集聚效应。

三、促进惠州市物流业发展的措施建议

（一）加强组织协调

深化行政体制管理改革，建立统一、协调、精简、高效的物流管理体制。建立和健全与物流业行业主管部门、各县（区）的统筹决策、沟通协调、规划管理和项目推进机制，激励各地、各部门发展物流业的主动性。加强舆论宣传，积极营造全社会关心物流业发展的良好社会氛围。

（二）优化发展环境

加快推进“双港”和综合枢纽体系建设，打造便捷完善的综合交通枢纽体系，加快发展物流信息公共服务平台。大力发展物流行业协会等社会中介组织，支持物流业行业协会在行业自律、品牌创建、标准制定、执业资格、教育培训等方面发挥更大作用。

（三）大力发展港口物流业

完善港口基础设施，优化港口通关环境，实施差异化发展战略，建成以石油化工产品、集装箱、大宗散杂货运输为主的现代化枢纽港和大宗商品集散中心。推进惠州港扩能提升建设，扩大荃湾、东马、碧甲三大港区规模，完善通关配套设施。发挥惠州港口物流水铁联运功能，推动惠州港对接深圳，加强与盐田港的战略合作，推动实施“惠盐港口一体化”战略，主动承接盐田港集装箱货运市场的分流，建成以石油化工产品、集装箱为主，兼顾大宗散货仓储、运输的现代化枢纽港口。

（四）加快发展航空物流业

大力推进惠州机场航空城建设，加快发展空港经济，推进惠州机场二期改扩建。加强惠州机场与高铁站点、城轨、高速路网等路网联通，实现空港与轨道交通、高速公路等的无缝对接。加快发展航空物流产业，为大亚湾新区的石化产品、仲恺高新区的电子产品和惠州本地特色农产品提供包括运输、仓储、装卸、搬运、包装、流通加工、配送等服务。

（五）培育物流骨干企业

依托物流园区和重点项目，加快培育第三方和第四方物流、保税物流、内河水运物流、粮食物流和冷链物流龙头企业，形成以第三方、第四方物流企业及供应链服务骨干企业为主体的物流产业群。大力发展农产品冷链物流、粮食物流，不断完善农产品物流体系。加快推进华立物流园项目等一批现代化物流园区建设，鼓励发展综合物流、专业物流和供应链管理等物流业务，完善提升物流园区功能。鼓励物流服务外包，支持连锁经营、专业化配送、大型批发采购分销网络等现代商业组织。积极培育物流高新技术企业，支持物流企业加强自主创新，加强物流新技术的开发和应用。大力推广自动识别、标识技术及电子数据交换技术等现代物流管理技术。鼓励企业运用仓储运输、装卸搬运、分拣包装、条码印刷等专用物流技术装备。

（六）积极发展供应链管理服务

逐步完善物流园区公共信息平台建设，提高物流信息的收集、处理和服务能力，构筑现代化全程物流网络。加快发展“物联网”和智能物流，推动物流业和金融业融合发展。加快整合电子口岸大通关服务平台，建立一体化的货物出入境处理网络系统。提升信息资源及时性和精准性，积极构建由上游供应商、制造企业、仓储配送企业、渠道企业等组成的供应链网络，积极发展供应链管理服务。

2018 年肇庆市物流业发展回顾与展望*

一、2018 年肇庆市物流业发展总体情况

（一）货物运输生产能力稳步提升

目前，肇庆市从事道路货运经营的业户约 13623 户（含个体运输户 12418 户），大部分货运企业为小型的货运代理、运输配载、仓储经营等经营业户。全市水运船舶共有干散杂货船舶 423 艘，占船舶总数 94.6%，集装箱及多用途船 10 艘，危化品船舶 10 艘。2018 年，全市部分水运企业继续淘汰吨位小、能耗高、船龄长的老旧船舶，积极建造大吨位、专业化、标准化船舶，不断优化全市水路运力结构，不断提升运输服务能力，货运船舶数量虽较 2017 年减少了 31 艘，但实际运力保持不变，平均载重吨稳定增长。截至 2018 年 12 月，全市拥有运输船舶 447 艘，运力 52.3 万载重吨，平均载重吨 1173 吨，净增 70 吨，同比增长 6.3%。

（二）物流业总体规模增长有所放缓

2018 年，肇庆市交通运输业有升有降。肇庆全年完成客运量 2893 万人次，同比下降 4.9%；完成旅客周转量 13.41 亿人公里，同比下降 3.4%。完成货运量 7848 万吨，同比增长 9.4%，货物周转量 81.2 亿吨公里，同比增长 6.7%。港口完成货物吞吐量同比下降 1.2%；港口完成集装箱吞吐量同比下降 6.7%。

（三）物流基础设施不断完善

交通大会战提高外联内通水平，全面加快区域交通互联互通。2018 年，肇庆市交通基础设施建设力度进一步加大，全年完成投资 132 亿元。一是高快速路网建设全面铺开，汕昆、汕湛、怀阳高速肇庆段以及广佛肇高速广州石井至肇庆大旺段按计划推进，肇明、佛肇高速纳入省高速公路网规划。二是港口航道方面加快推进，西江（界首至肇庆）航道扩能升级工程基本完成。三是交通民生工程加快建设，阅江大桥建成通车，肇庆大桥扩建工程加快推进。

---

* 供稿单位：肇庆市商务局，肇庆市交通运输局。

（四）港口物流平稳运行

一是水路运输平稳增长。2018 年，肇庆市所属船舶完成水路货物运输量 1833 万吨，同比增长 6.38%，水路货运量占全市综合运输货物总量 23.3%，完成水路货物周转量 28 亿吨公里，同比增长 4.3%，水路货运周转量占全市综合运输货物周转总量 34.5%。水路货运平均运距 152 公里。二是港口货物吞吐量略有下降。2018 年肇庆市港口完成货物吞吐量 3923 万吨（不含未发证码头），同比下降 1.2%，西江干线完成 2697.5 万吨、占比 69%，北江段完成 1223.7 万吨、占比 31%。集装箱吞吐量 75 万标准箱，同比下降 6.7%。外贸方面，完成货物吞吐量 280 万吨，同比下降 10%，其中外贸集装箱 22.1 万标准箱，同比下降 19%。

（五）邮政快递业快速发展

目前肇庆市邮政普遍服务的营业场所数量为 135 处，快递独立许可企业 48 家，快递分公司 170 家，末端网点 150 家，遍布各县市区及乡镇。2018 年，肇庆市邮政行业业务收入（不包括邮政储蓄银行直接营业收入）完成 12.41 亿元，同比增长 37.31%；业务总量累计完成 13.31 亿元，同比增长 48.53%。其中，快递业务增幅较大。全年快递业务量完成 5622.8 万件，同比上升 76.08%；快递业务收入完成 8.26 亿元，同比上升 55.53%。快递投递量为 1.2 亿件，同比增长 46%，全市人均年使用快件（寄件与收件）44 件（以 400 万人口计算）。

二、肇庆市物流业发展存在的主要问题

（一）物流发展层次比较低

肇庆市物流产业整体处于较低水平，社会化、专业化程度不高，传统的仓储、运输方式仍然是肇庆物流业的主要业态，大型专业市场、物流园区发展缓慢，现代物流企业发育迟缓。目前肇庆市暂没有成规模的货运站场或物流园区，货运站均规模较小、业务单一、站场利用率低，仍未达到现代物流园区的规模条件。物流企业呈“小、散、弱”的状况，物流各环节相互脱节，布局不合理，物流方式过于单一，小生产特征明显。物流企业经营模式落后，仍停留在传统的运输、装卸方式，缺乏综合服务、产业延伸和信息化的支撑。另外，物流企业从业者水平偏低，高端人才缺乏。

（二）物流业竞争激烈

目前，肇庆市物流业总体处于供大于求的状态，在运输价格难以提高的情况下，燃油、路桥、人工费用高企，造成物流企业利润微薄，行业间竞争十分激烈。在国

家经济结构调整和转型升级时期，“高投入、高消耗、低效益、低科技含量”的传统物流运作模式难以为继，一些服务质量差、竞争力不强的企业或将会面临市场的淘汰。

（三）运输增长方式粗放

肇庆市物流企业在应用联网信息化、智能化仓储、标签技术、甩挂运输和多式联运等先进的智能化管理和运输方式方面均比较落后，目前仅有少数具备规模的物流企业出于安全考虑和相关部门要求才应用GPS卫星定位技术和无线通信技术，用于车辆跟踪及调度，其他物流科技均出于成本方面考虑极少应用。因肇庆市缺乏有效的物流综合信息共享平台，信息孤岛现象严重，企业更多呈现分散、独自发展的态势；各种运输方式之间信息不共享，物流资源综合利用效率不高。

（四）物流建设用地不足

肇庆市快递企业的业务量逐年上升，原生产场地因为业务量、安全等方面要求需要扩建或搬迁。但是肇庆市没有用于快递行业集中分拨的园区，快递企业在城区也很难找到适合的分拨场所，“用地难”问题成为企业做大做强的瓶颈。目前肇庆市城区，自西向东，均有不同品牌的快递企业各自设立分拨场地，很难实现集约化管理。

（五）快递物流“最后一公里”配送受阻

随着互联网的普及，电子商务发展迅猛，快递服务成为与百姓生活密不可分的重要行业。快递业务量、服务质量“双升”的背后是各方的共同努力，同时也受益于末端服务的提升。肇庆市快递“最后一公里”至今问题严重，运载工具受限、末端投递难以成为制约全市快递业高速发展的关键。肇庆市交通管理部门一直禁止邮政快递企业使用电动三轮车派送快递，电动三轮车“通行难”的问题也导致目前快递业普遍面临招工难、人员流失大的难题。

三、促进肇庆市物流业发展的措施建议

（一）大力推广先进运输组织方式

积极鼓励先进运输组织模式创新，引导先进运输组织推广应用，提高物流效率，实现交通物流业降本增效。积极引导鼓励肇庆市交通运输物流企业参加国家交通运输部、发展改革委开展的多式联运示范工程试点工作，争取更多的国家、省政策资金扶持。建议市政府对多式联运工作加大政策和资金扶持力度，大力扶持多式联运、甩挂运输发展，加快多式联运基础设施建设，完善全市物流综合服务网络，促进公路、铁路、水路、航空等运输方式有效衔接。

（二）继续完善港口物流体系建设

一是研究出台肇庆港货物港务费减免政策。为了进一步优化肇庆市营商环境、降低物流成本，提升肇庆市港口竞争力，吸引周边省市货源到肇庆港口中转，加快粤港澳连接大西南枢纽港形成，建议市政府研究出台肇庆港货物港务费减免政策，促进肇庆市港口快速发展。二是推进落实《交通运输部等九部门贯彻落实国务院办公厅〈推进运输结构调整三年行动计划（2018—2020年）的通知〉》（交运发〔2018〕142号），研究肇庆市综合运输货种货类结构，推动中长距离大宗货物和集装箱由公路运输转向水路运输，提高货物水路运输比重，积极发展以港口为枢纽的多式联运业务。三是深化港口服务供给侧结构性改革。贯彻落实《广东省人民政府关于印发广东省优化口岸营商环境促进跨境贸易便利化措施的通知》，进一步规范港口经营服务性收费，优化码头作业及物流服务流程，提升综合服务能力，增强港口竞争力。四是推进船舶大型化发展。继续推动老旧船舶更新改造，淘汰不适应船舶，鼓励企业建造符合市场经济需求的大吨位船只，进一步增强水路运输企业的市场竞争力。五是推动水运企业由传统的运输方式向现代物流转变，进一步延伸和拓展服务领域，实行包括代理、仓储、水运、报关等全流程门到门的一站式服务。

（三）完善“最后一公里”配送服务

一是结合实际，积极推动相关政策落地实施，制定并实施城市配送用汽车、电动三轮车等车辆管理办法，鼓励采用清洁能源车辆开展物流（快递）配送业务，力争在快递电动三轮车推广实施上取得新突破。二是与交警积极沟通，借鉴广州、清远、韶关、汕尾等地的先行先试的经验，为快递电动三轮车统一登记编码、统一颜色标识、统一进行投保的管理手段，使其成为末端车辆管理的“样本”和“标配”，争取解决电动三轮车的上路难问题。

（四）支持物流行业技术创新

一是加快物流平台建设。引进先进的物流信息设备，加快物流与信息技术、电子商务的融合，推动物流信息网络化、平台化，加快构建共享的物流公共信息平台，提高物流运行的信息化、智能化水平。二是大力推进物流标准化建设。建设托盘共用系统，实现配送商品一贯化运输和托盘循环使用，加快物流设施设备、信息平台和服务规范标准化体系建设。支持龙头物流企业、商贸流通企业、制造企业共同开展标准化托盘循环共用，鼓励企业设立物流标准化建设项目，以项目为抓手推动全市物流标准化建设。

粤东地区

2018 年汕头市物流业发展回顾与展望*

一、2018 年汕头市物流业发展总体情况

（一）汕头市物流业保持平稳增长

2018 年汕头市物流业整体保持平稳增长。一是货运量保持增长。根据《2018 年汕头国民经济和社会发展统计公报》数据显示，2018 年汕头市交通运输、仓储和邮政业实现增加值 82.09 亿元，同比增长 11.1%。货物运输总量 6929.46 万吨，同比增长 8.2%，其中公路货运量 6087.04 万吨，同比增长 8.2%；水路货运量 840.5 万吨，同比增长 8.31%。货物运输周转量 162.11 亿吨公里，同比增长 9.5%，其中公路货物运输周转量 73.08 亿吨公里，同比增长 10%；水路货物运输周转量 88.77 亿吨公里，同比增长 9%。二是邮政业务量平稳增长。2018 年，汕头市完成邮政业务总量（含快递）114.97 亿元（按 2010 年不变价格计算），同比增长 42.3%；完成邮政业务收入 40.99 亿元，同比增长 22.6%。三是港口集装箱吞吐量小幅增长。2018 年，汕头市港口完成货物吞吐量 3963.4 万吨，其中港口集装箱吞吐量 130.7 万标准箱，同比增长 0.6%。截至 2018 年年底，汕头市普通货物运输车辆 17575 辆，总吨位 19.2 万吨；危运企业 12 家，危运专用车辆 185 台，其中挂车 49 台；汕头港现有港区 7 个，万吨级深水泊位 19 个。

（二）铁路建设项目取得新进展

汕头市铁路货运发展加速。广梅汕铁路增建二线及厦深联络线工程全线开通，顺利实现厦门和深圳方向的大联通。铁路汕头火车站综合枢纽首期工程建成运营，实现动车进城。汕（头）汕（尾）高铁开工建设。根据汕头市交通局数据显示，汕头北站

* 供稿单位：汕头市交通运输局。

（货运火车站）结合广梅汕铁路增建二线改造完成、投入使用，改造后共设到发线5条、正线2条、调车线5条，保持1个主货场与5个专用线规模不变，2018年汕头北站货运到发量约118.9万吨，其中发送约58.4万吨，到达60.5万吨，发送以电煤、日用百货、集装箱等为主。重点推进广梅汕铁路汕头站至广澳港区疏港铁路项目建设，线路全长17.82公里，估算总投资约34.6亿元，项目工可上报文于2018年8月上报中国铁总审批，项目初步设计工作按计划同步推进。

（三）中欧国际物流货运班列首次开通

2018年年底，汕头市开通汕头—明斯克国际货运班列，翻开汕头市与中欧国际物流新通道的新篇章。汕头—明斯克国际货运班列承运来自汕头、潮州、揭阳及福建等地的服装、玩具、文具、陶瓷制品等商品出口，经乌鲁木齐西站、阿拉山口站出境，途经哈萨克斯坦、俄罗斯到达白俄罗斯首都明斯克。全程约10200公里，运时约16～18天，运费是空运的1/7，时间是海运的1/2。汕头市还计划陆续开行汕头至哈萨克斯坦阿拉木图、乌兹别克斯坦塔什干、俄罗斯莫斯科、德国汉堡、伊朗以及阿富汗六条国际货运班列线路。

（四）港口物流业发展持续优化

一是汕头市“头号工程”港口建设取得重大进展。2018年年底，广澳港区西防波堤主体工程完工，10万吨级航道基本建成，二期工程两个10万吨级集装箱码头主体工程基本完成。广澳港区10万吨级集装箱码头的投入运营，将结束汕头港没有10万吨级码头的历史，极大提升汕头港口通过能力和综合竞争力。汕头港2018年港口吞吐量3963.4万吨，集装箱130.7万标准箱；其中，广澳港区货物吞吐量287.1万吨，集装箱26.8万标准箱。二是汕头保税物流中心（B型）正式封关运营。作为粤东地区唯一入中心即可退税的海关特殊监管场所，汕头保税物流中心（B型）实现了“保税区+保税物流中心”的政策功能叠加。

（五）物流业信息化水平不断提升

一是汕头泰山物流中心公共信息平台通过国家交通运输物流公共信息平台管理中心组织验收合格，取得互联技术确认书，正式实现与国家平台的互联互通。泰山物流中心公共信息平台为物流企业及市民免费提供全国交通运输法律法规、物流企业及货运车辆、全国物流园区等物流公共信息查询服务，有利于企业了解全国物流市场相关情况，破除物流行业长期存在的“信息孤岛”和“信息隐患”，实现运力与货源的有效对接，提高物流运营效能，降低物流经营成本。二是“数字港口”的信息化水平不断提升。汕头市作为广东省提升跨境贸易便利化水平试点地区，率先开展口岸业务改革，上线国际贸易“单一窗口”应用功能达20项，实现口岸业务流程无纸化，口岸通关效率居全国前列。汕头港依托“单一窗口”建立交互平台，支持汕头外代公司、招商局港口集团、汕头火龙货运公司提升信息化管理水平，实现设备交接单及港口提箱作业信息无纸化流转，提前完成“国际航行船舶进出境通关无纸化”工作任务，实现数据多跑路企业少跑腿。

（六）汕头市粤东物流产业区建设稳步推进

汕头市正在实施“北优、南拓、东扩、西联”战略，其中“北优”就是实现北部主城区“腾笼换鸟”，重点建设粤东物流新城。2018 年 8 月底，《汕头市粤东物流总部新城物流产业区控制性详细规划》正式获批，编制控规的用地范围为：梅溪河以东，泰山北路以西，汕昆高速公路以北以及梅溪河现状堤围以内的区域，用地面积 88.55 公顷。功能定位为建设集商业商务、物流运营、工业生产、展示交易、居住配套等多功能于一体的综合片区。

二、促进汕头市物流业发展的措施建议

（一）大力推进多式联运建设

抓住作为粤东重要城市与粤港澳大湾区互联互通共发展的契机，推动汕头港广澳港区发展、厦深联络线发展的同时，大力推进多式联运的建设，提供更为方便快捷的物流方案。一是加快疏港铁路建设，重点推进广梅汕铁路汕头站至广澳港区铁路、汕头广澳国际集装箱物流中心项目，发展海铁联运。二是加强内河航道开发、公路货运站建设，积极发展公 - 铁 - 水联运、江海联运、水 - 水中转等多式联运。三是推进多式联运信息化建设，鼓励铁路站场、公路货运、港口码头和航运企业互通信息，实现信息对接，提高联运效率。

（二）支持中小型物流企业做大做强

按照整合存量与优化增量相结合的思路，加快物流产业园区建设，引导中小型物流企业向物流园区集聚发展。鼓励物流企业间通过参股控股、兼并重组、联盟协作等方式做大做强。鼓励高校从企业的实际需求和产业发展趋势出发，为企业提供物流人才培训服务。通过信息化建设与新技术、新装备应用，促进物流企业功能整合与业务创新，提升核心竞争力。

（三）加快推动冷链物流发展

积极申报国家、省有关扶持发展资金，支持企业加快冷链物流基础设施建设，实现标准化生产、仓储、运输和销售，实施远程监控、智能温控、产品安全溯源、产品检验检测等信息化建设，全面提升冷链物流业务的信息化管理水平。以广澳深水港为

依托，加快建设濠江粮食产业园基地，大力发展物流产业和临港经济服务业，深耕牛田洋农副业基地联合生产项目，打造成为江湾新区高值潜力腹地和现代生态农业产业基地，配套带动农业种植生产，渔业捕捞养殖、绿色食品深加工和冷链物流配送服务等产业链条的发展。

（四）积极构筑立体交通网络

积极落实广东省《关于构建“一核一带一区”区域发展新格局促进全省区域协调发展的意见》，围绕现代化沿海经济带“串珠成链”空间布局，抓住粤港澳大湾区的发展机遇，着力提升汕头市与粤港澳大湾区互联互通水平。以现代化深水大港为依托，以高速公路、高速铁路、疏港铁路、干线路网、交通枢纽中心为支撑，形成快速化、智能型立体交通网络，实现交通物流一体化发展。以厦深联络线通车为契机，增强以汕头火车站综合客运枢纽、广澳港区综合货运枢纽为核心的铁路、港口枢纽功能集成，推进汕潮揭区域综合交通共享互通。加快推进城乡交通一体化，升级改造一批国省道和市政道路。深入实施区港联动、港城融合，推进广澳物流园项目建设。深化汕头市与海上丝绸之路沿线国家和地区的港口国际合作，增加国际集装箱班轮航线，与重要港口缔结友好合作关系，组建港口联盟，推动海上物流大通道建设。

2018 年潮州市物流业发展回顾与展望*

一、2018 年潮州市物流业发展总体情况

（一）物流业整体实现快速发展

2018 年潮州市交通物流、邮政快递呈现高速增长的态势。据潮州市统计公报数据显示，2018 年全市交通运输、仓储和邮政业实现增加值 30.84 亿元，增长 13.2%，增速比 2017 年加快 4.7 个百分点；货运量 5976 万吨，同比增长 9%；货物周转量 307 亿吨公里，同比增长 11.1%，增速比 2017 年加快 2.5 个百分点。据潮州市邮政行业发展统计公报显示，潮州市邮政快递行业保持较快增长，2018 年邮政行业业务收入（不包括邮政储蓄银行直接营业收入）完成 13.0 亿元，同比增长 56.7%。全市快递业务增速较 2017 年大幅提高，全年快递业务收入完成 10.6 亿元，同比增长 65.8%。物流服务能力有所增强，全市乡镇快递覆盖率达 100%，全市邮政行业平均每一营业网点服务面积为 11.8 平方公里，平均每一营业网点服务人口为 0.9 万人，较 2017 年增加 0.02 万人，年人均快递使用量为 56.8 件，较 2017 年增加 26.8 件。全市已建成粤东快递分拨中心 1 个，县级快递分拨中心 21 个。

（二）粤港澳大湾区综合交通枢纽加快建设

潮州市努力打造与粤港澳大湾区的快速通道，同时发挥广东“东大门”综合交通枢纽作用，建立粤港澳大湾区与海峡西岸城市群的“连通桥梁”。一是以出省高速公路建设为重点，大力推进大潮高速、潮汕环线高速潮州段、宁莞与沈海高速连接线等高速公路项目建设，高起点建设广东滨海旅游公路潮州段。目前，大潮高速、潮汕环线高速潮州段累计完成投资 40.93 亿元。二是加快推进码头和航道建设。充分利用潮州港地处海西经济区与粤港澳大湾区交汇点、东临台湾海峡、为华南地区深水良港的独特优势，加快推进码头和航道建设，切实提升港口向粤港澳大湾区西侧的综合运输服务能力。2018 年，潮州港加快集装箱、煤炭、矿石、油品等专业化码头建设，现有 5 万吨级以上码头 3 座，年设计吞吐能力 1788 万吨，2018 年以来完成货物吞吐量 1112.5

---

* 供稿单位：潮州市商务局。

万吨，同比增长 20.9%。

（三）饶平县电商物流服务网络不断完善

潮州市积极培育电商发展示范基地，饶平县被第四届中国县城电商大会授予“2017—2018 年中国电商示范百佳县”称号，是广东省唯一一个入选县。2018 年 1—10 月，饶平县电子商务交易额达 3.39 亿元，同比增长 12.5%。饶平县将地方分散经营的农产品、日用品、农业生产资料与全国各地的农产品交易经销商连接起来，创建县、镇、村三级电子商务服务中心站（点）209 个，以邮政及物流公司为依托，健全县乡村三级物流配送服务网络，打通“最后一公里”瓶颈。

（四）快递与农特产品行业加速协同发展

一是各快递企业在潮州市茶叶产区（潮安区凤凰镇、饶平县浮滨镇）纷纷设立网点，为茶农和茶叶销售商提供寄递服务，帮助茶叶产区拓宽销售渠道，助力农民增收致富。2018 年，潮州市快递企业累计寄递茶叶快件 24.11 万件，寄递茶叶 161 万公斤。二是邮政企业“邮政在乡”工程落地，截至 2018 年，共推动建设了 978 个信息化多功能邮乐购站点，助推地方农副产品、特色农产品销售。2018 年，邮政公司联合邮政速递公司、邮储银行在饶平县大埕镇红花村共同启动潮州邮政“电商 + 寄递 + 金融”助力精准扶贫项目，红花村番薯在邮政的邮乐网、极速鲜两大全国性电商平台销售 1412 件，共计 7060 斤，邮政服务农村电商能力逐步提升。

二、促进潮州市物流业发展的措施建议

（一）落实助农综合平台和服务中心建设

广东省人民政府办公厅印发《供销合作社新型乡村助农服务示范体系建设实施方案》（以下简称《方案》），提出到 2020 年，全省建成 100 个县域助农服务综合平台和 1000 个镇村助农服务中心；到 2022 年，助农服务综合平台和服务中心经营服务覆盖全省涉农村庄，基本建立起覆盖全程、形式多样、综合配套、便捷高效的助农服务示范体系，成为广东省新型乡村助农服务体系的重要支撑力量。按照“两年完成建设，四年完善功能”的总体安排，潮州市供销合作联合社全市供销系统计划在 2018—2020 年完成 3 个县域助农服务综合平台和 41 个镇村助农服务中心的建设目标，进一步加强农资农技推广应用服务、冷链物流配送服务、农产品日用品双向流通服务、农业机械服务和农村产业融合服务示范。

（二）办好“四好农村路”先行建设

潮州市作为全省“四好农村路”先行建设实施区域之一，2019 年着力建设“四好

农村路”，为提升农村公路硬底化、改善农村出行、打通物流“最后一公里”打好基础。2018 年，广东省对“四好农村路”建设做了一系列部署安排，潮州市被列为全省“四好农村路”先行建设实施区域之一，为了实现乡村振兴，将高质量推进“四好农村路”建设，潮州市各县区落实主体责任，加大协调促进督促力度，以县道县管，村道乡镇管的分级管理为原则，完善建设体制，全面推进“四好农村路”建设，做好“美好生活路”“平安放心路”“脱贫致富路”“特色资源路”“美丽乡村路”。

（三）建设现代农业产业园，推动物流建设

2018 年全省启动建设 50 个省级现代农业产业园，每个粤东西北地区现代农业产业园省级财政补助资金 5000 万元，到 2020 年，全省计划创建 100 个现代农业产业园。2018 年饶平县茶叶产业园成功入选第一批名单，获得财政扶持资金 5000 万元。潮州市将依托丰富的茶业资源和悠久的茶文化历史，按照企业集中、要素聚集、产业集群、经营集约的要求，通过“生产 + 加工 + 科技 + 营销”优化要素配置，全面实施以茶叶为特色主导产业的现代农业产业园建设工作，同时开展“六通一平”基础设施配套建设工作，大力推进交通、环保等重要基础设施的规划建设，特别是抢抓“四好农村路”政策契机，集中力量打造具有茶园风光的景观公路网。

（四）推动潮州港沿海经济开发区

潮州港经济开发区总体规划陆域面积 220 平方公里，水域面积 230 平方公里，其中核心建设的潮州临港产业转移工业园是省示范性产业转移园区。目前，潮州港经济开发区一期已引进由世界 500 强企业新加坡丰益国际投资的益海嘉里粮油基地，以及华瀛、华丰、大唐国际等百亿级重大产业项目。接下来，将依托潮州港的港口、码头、岸线、腹地等独特禀赋，加上高铁站、机场、高速公路等叠加形成的交通枢纽优势，重点抓好二期三期综合开发，着力引进一批高投资、高技术、高效益的实体经济项目，全力构筑起潮州沿海经济带的产业新支柱和发展新引擎。

（五）推动农村电商快递物流服务体系建设

2018 年，潮州市出台《广东省农村电商精准扶贫工作方案（2018—2020 年）》，将建立完善农村电商公共服务体系列为主要任务，加快完善快递物流服务体系建设。一是深度整合现有快递物流资源，对快递物流末端配送点分散、成本较高的贫困地区通过建立区域性公共仓等方式，降低物流企业成本，提升配送效率。二是推动邮政与各主要快递企业、各乡村电子商务服务站点等进行业务对接，或以政府购买服务等形式，实现农村与县城快递物流的无缝对接，有效化解农村电商“最初一公里”和“最后一公里”的难题。三是加大对冷链物流的投入建设力度，为鲜活农产品进城提供品质保证。

2018 年揭阳市物流业发展回顾与展望*

2018 年，揭阳市物流业深入贯彻习近平总书记对广东重要讲话和重要指示批示精神，紧抓“一带一路”发展机遇，主动融入粤港澳大湾区，充分发挥空港、海港、河港、高速和高铁“五位一体”交通枢纽优势，全市物流业发展水平显著提高。

一、2018 年揭阳市物流业发展总体情况

（一）物流产业规模不断扩大

2018 年，揭阳市交通运输、仓储和邮政业实现增加值 34.13 亿元，同比增长 15.5%。货物运输总量 4448 万吨，同比增长 8.7%。货物运输周转量 819103 亿吨公里，同比增长 9.0%。港口货物吞吐量完成 3079.62 万吨，同比增长 3.7%。年末公路通车里程 7333.48 公里，其中，高速公路里程 322.96 公里，同比增长 3.9%。2018 年年末，揭阳潮汕国际机场航空航线 101 条，机场客运量 649.4 万人次，同比增长 33.9%，货物吞吐量 2.52 万吨，同比下降 4.2%。完成邮电业务总量 376.81 亿元，同比增长 85.9%。其中，邮政业务总量（按 2010 年不变价计算）184.38 亿元，同比增长 61.87%；快递业务量 9.60 亿件，同比增长 64.5%；快递业务收入 69.79 亿元，同比增长 62.6%。货物进出口总额 341.43 亿元，同比下降 19.7%。其中，出口 320.26 亿元，同比下降 20.3%；进口 21.17 亿元，同比下降 9.8%。进出口差额（出口额减进口额）299.09 亿元，同比减少 79.41 亿元。

（二）物流基础设施不断完善

揭阳市位于中国东南沿海，东临汕头、潮州，西接汕尾，南濒南海，北靠梅州，地处珠三角和海峡西岸两大经济板块交会处，是参与国际产业分工、承接珠三角产业转移的理想地区，同时还是珠三角通往江西、福建的门户，得利于此，发展物流业的区位优势得天独厚。从物流基础设施条件分析，揭阳市已初步具备进一步建设规模化、组织化程度更高的物流服务设施，加快发展现代物流的基本条件。公路运输方面，2018 年年末公路通车里程 7333.48 公里，其中，高速公路里程 322.96 公里，比上年年

* 供稿单位：揭阳市商务局。

末增长3.9%。在全市范围内形成了四通八达的公路网，并通过高等级道路向外辐射。铁路运输方面，2018年年末铁路总里程达105公里，广梅汕铁路经揭阳境内长42公里，设置5个站；穿越揭阳市境内的厦深高速铁路于2013年年底投入使用。水上运输方面，榕江素有“黄金水道”之称，从榕华大桥至汕头出海口通航里程58公里，同时拥有136.9公里海岸线，揭阳港神泉港区跻身全国一类口岸。航空运输方面，揭阳潮汕机场2011年年底正式通航，飞行区按4E级标准规划，占地5.4平方公里。2018年年末揭阳潮汕国际机场开通航空航线101条。

（三）物流结点不断健全

根据《揭阳市城市总体规划（2011—2035年）》和《揭阳市大型专业市场和现代物流发展规划（2008—2030年）》，揭阳市的物流产业园区主要发展电子商务和现代物流业，规划面积350公顷，重点建设5个物流园区、24个物流中心和4个配送中心。每个物流节点按实际的发展情况和地理位置，都有其发展重点与侧重点，从而形成一个协调、有序的物流节点体系。

（四）物流市场主体不断壮大

揭阳市作为粤东乃至周边地区的主要商品集散地，城乡市场繁荣，商业网点众多，素有“商埠”之称，基本形成了以市区为中心、普宁市区为次中心，县城市场为骨干，乡镇市场为补充，高、中、低档相配套，大、中、小型相结合的市场网络。2018年年末，全市共有批发网点3800多个，零售网点64000多个，住宿业网点380多个，餐饮业网点8300多个。连锁企业280家，连锁分店1620个，连锁经营已经涉及66个行业。物流企业主体方面，2018年年末揭阳市注册物流企业共有500多家，未注册零散运输车队1000多家；快递企业115家，其中省级分拨中心10家（中通、圆通、韵达、申通、国通、天天、安能、京东、顺丰、速尔）。

（五）快递物流业蓬勃发展

在电子商务等新业态迅猛发展的带动下，揭阳市快递物流取得高速发展。2018年，全市快递业务量继续保持快速增长势头，快递业务量9.60亿件，同比增长64.5%；快递业务收入69.79亿元，同比增长62.6%；快递业务量及业务收入在广东省均排名第4位。

二、揭阳市物流业发展存在的主要问题

（一）物流成本较高

揭阳市与珠三角地区的发达城市相比，经济总量小、货量小，物流的流通量不大，现代大型的物流企业投资揭阳物流业的信心不足，经济总量小成为制约揭阳市物流发

展的重要因素之一。据调查，揭阳市物流企业成本比温州物流企业成本高 12.59% ~ 30.72%。2018 年年末，揭阳市营运货车共 13350 辆，规模最大的企业最多不超过 100 辆，绝大多数为 1 ~ 2 辆车的个体经营户。企业规模小，经营成本偏高。

（二）物流企业小散乱

揭阳货运物流企业在业务范围内以传统的运输业务为主，综合性物流企业数量很少；在经营和组织形式上，以传统局部、单一的点到点运输服务为主，在信息网络、库存管理、成本控制、物流方案设计、全程物流服务等增值服务方面较欠缺，物流专业人才短缺，经营上存在一定的盲目性，导致企业物流成本居高不下，发展缓慢。揭阳市货运企业散、弱、小、差状况明显，由于没有固定的运营场所，很多公司都设在市区中心内，形成小而散的格局，而且存在交通管理难、增加道路拥堵、安全事故频现、扰民等问题。

（三）缺乏系统规划和支持政策

货运物流业是一个高度市场化的行业，准入门槛低，由于市场过度竞争，造成行业利润过低、企业经营困难、发展空间小等。相对珠三角等发达地区，揭阳市在物流园区规划建设、土地资源出让、税费减免、信息服务及政策引导等方面，仍缺乏系统的政策体系。

（四）物流基础设施建设滞后

物流业作为国民经济基础性产业，是城市产业生态的重要组成部分，一定规模的物流用地供给保障是城市经济运行的重要前提。由于揭阳市土地空间资源紧缺，仓储等基础物流、城市配送、快递分拨中心及末端服务场所等民生物流土地发展空间存在较大供给缺口，虽然有一些物流园区，但其位置、数量、规模、运作方式等还不能满足揭阳市物流运作与管理以及对接“一带一路”的需要，也与揭阳市作为粤东交通枢纽中心城市的地位不相适应。物流基础设施比较单一，与现代物流形成相配套的园区、仓库、堆场等基础设施短缺。

（五）物流信息化和标准化程度不高

揭阳市物流相关信息资源未充分整合，货运车站、物流企业等独立运营的信息系统尚未实现信息共享，不同地区间物流数据交换困难，无法实现互联互通。以托盘标准化及循环共用为切入点的物流标准化进展缓慢，物流一体化、信息化、标准化、集约化程度不高。

三、促进揭阳市物流业发展的措施建议

揭阳市发展物流业，打造粤东地区物流枢纽中心的任务十分繁重，必须结合揭阳

市物流业发展的阶段性特征、物流需求特点以及主客观环境的发展变化趋势，围绕揭阳市发展的战略布局，坚持打造特色、突出重点、以点带面的策略，抢抓时机，扎实推进物流业快速健康发展。

（一）加强组织领导，理顺管理机制

成立由发改、自然资源、交通运输、商务、邮政等部门组成的协调机构，统筹编制物流规划，优化发展布局。负责谋划、推动政策落实等工作，确保各项重大项目如期实施。同时，加快研究制定相关的政策和规章制度，为各类物流企业进入物流市场、公平竞争和发展创造良好的外部条件与宽松的营商环境。

（二）加快配套建设，提升竞争实力

（1）逐步提升港口国际竞争力。积极打造国际物流大通道，主动对接参与“一带一路”建设，按照揭阳市“一轴一带一区”区域发展新战略，进一步加快揭阳港的开发和对外开放步伐，增强揭阳港的国际地位。以石油化工运输为主攻方向，优化港口布局，增强港口的揽货体系，强化港口的服务功能，不断提高港口的吞吐能力。

（2）构筑完善的空港物流配套。加快空港经济区建设，形成完善多式联运配套运输网络；充分发挥机场优势，加快揭阳潮汕国际机场跑道延长和站坪扩建工程，满足大型飞机运行，开辟更多的国际国内航线，全面拉近揭阳市与世界距离。加快建设公路主枢纽和货运场站。

（3）提高水运集疏能力。加快完善内河港口建设，建设与之相配套的内河港口群，增加内河港口群的泊位数与通过能力。

（4）推进现代物流园区建设。结合揭阳市交通网络和产业特征，加快建设以石化、纺织服装、中药材、粮食、农副产品、金属制品、建筑材料等为主的现代物流园区。重点构建物流集散系统，加快铁路、公路、配载场站等基础建设及功能配套，加快完善铁、公、水等衔接配套的立体交通网络，把物流园区建成为多种物流设施、不同类型的物流企业在空间上集中布局的场所。要以空港经济区、海港经济区、揭阳产业园等为重点区域，建设以集装箱、液体化工产品、原油为特色的货运枢纽型物流园区，加大对现有轻纺、塑料、金属制品、建材、食品、水产等大型专业市场的重组和改造，构造各具特色的配送中心型物流园区，为物流资源整合提供有效载体。

（5）建立市域配送道路体系。立足涵盖整个揭阳市域的城市配送体系，服务于城市工业生产、商业贸易及居民的生活消费，建立起满足快速、准时、多样化的市域配送道路体系，实现揭阳市区一个小时配送、粤东地区当天配送目标。

（三）培育物流企业，拓展新型业态

积极培育揭阳市现代物流企业，坚持引进和培育并举，积极推动物流企业向现代

化物流企业的转变，培育有国际竞争力及区域辐射能力的龙头和品牌物流企业，力争形成2～3家具有较强竞争力的大型物流企业集团。加大物流组织形式的创新力度，整合现有的物流资源，加快传统物流向现代物流转变，实现物流的社会化、专业化、规模化、信息化，不断增强产业和环境的竞争力。

（四）搭建信息平台，高效整合资源

一是进一步整合物流信息资源，建立开放的物流公共信息查询系统、物流电子政务信息系统和物流电子商务信息系统，打造揭阳市“物联网”，积极融入全省、全国“物联网”，实现信息资源共享和物流在线跟踪与过程控制，提高和优化政府监管服务水平、货物通关效率和物流效率。二是不断提高物流业的信息化水平和技术装备水平，按照物流信息化和标准化的要求，增强物流服务能力。三是鼓励物流企业自主开发现代物流公共信息平台，并通过服务外包等形式，带动全市物流信息化普及运用。

（五）加强人才培养，提升行业水平

高技能、高素质的物流相关从业人员是现代物流业发展的人才保障。一是要加强物流人才培养。拓展物流教育体系，加快物流人才培养，鼓励揭阳学院开展物流专业多层次学历教育，培养现代物流管理人才和专业技术人才。二是要加强职业培训。注重现有物流从业人员的培训和教育，一方面，积极开展在职培训，重点开展商贸企业、运输仓储企业、为改造传统物流企业提供科技信息服务的实务培训，突出抓好物流企业负责人的培训；另一方面，采取“送出去”的方式，选派人员到物流业发达的国家和地区学习、深造。三是加强物流人才引进。每年面向全国招录一批物流专业大学生，统一组织实习培训后推荐到物流企业，以扩大就业、扶持创业。四是要完善人才引进政策。完善用人、留人机制，创造“人尽其才，才尽其用”的用人机制，对引进的物流中高级技术人员与管理人员，给予享受市人才引进政策规定的相关待遇。

2018 年汕尾市物流业发展回顾与展望*

汕尾市处于珠三角东缘，衔接着珠三角经济板块、潮汕经济板块和粤东北经济板块三大经济板块，是广东省东部地区的重要交通走廊。厦深铁路、深汕高速公路横贯全境，陆上交通便利，同时，汕尾港距“海上高速公路”的国际航线 11 海里，距香港 81 海里，海上运输安全便捷，是粤东与粤西、港澳与内陆地区之间经济联系的重要枢纽。这些优越的区域地理环境为汕尾市现代物流业的发展提供了基础条件。

一、2018 年汕尾市物流业发展总体情况

（一）物流业发展总体平稳增长

2018 年，汕尾市交通运输、仓储和邮政业实现增加值 31.57 亿元，比上年增长 9.2%。货物运输总量 2880 万吨，同比增长 5.8%；货物运输周转量 34.26 亿吨公里，同比增长 7.3%。旅客运输总量 1348 万人，同比下降 1.7%；旅客运输周转量 15.71 亿人公里，同比增长 0.2%。规模以上港口货物吞吐量 1245 万吨，同比增长 7.8%。完成邮电业务总量 90.17 亿元，比上年增长 90.0%。其中，邮政业务总量（按 2010 年不变价计算）10.29 亿元，同比增长 33.8%。

（二）交通基础设施建设进程加快

汕尾市公路、铁路、港口等交通基础设施建设进一步改善，2018 年投入资金 24.2 亿元，推动铁公机港等交通基础设施建设。一是深汕高铁、龙汕铁路前期工作进展顺利。二是高速路网建设进程加快。兴汕高速主体线形基本成型，新改建普通公路 135.4 公里，广东滨海旅游公路汕尾段、珠东快速前期工作有序推进。三是市政路网进一步完善。拓宽优化香洲路、红海中路、文明路等一批市政道路，滨海大道西及沿线景观规划设计完成国际招标。四是港口建设不断强化。启动汕尾至香港海上客运航线复航规划研究，陆丰甲湖湾电厂 10 万吨级配套码头建成使用，小漠港 2 个 10 万吨、1 个 5 万吨码头泊位启动沉箱作业。

---

* 供稿单位：汕尾市商务局。

（三）重大物流中心项目稳步推进

加快推进汕尾市火车站片区的国际商贸物流城项目、陆河县新河工业区物流园、粤东水产商贸中心等大型物流中心、汕尾（全球）生态食品交易中心等物流中心项目建设步伐，加大大型商贸物流项目引进，做强做大物流产业。

（四）冷链物流体系建设逐步完善

为推动冷链物流发展，加强商贸物流企业扶持力度，鼓励引导相关物流企业建立健全冷链物流体系。一是南储汕尾海洋食品冷链物流中心项目建设取得新进展。该项目占地约 10 万平方米，项目总投资 6135.41 万元，截至 2018 年年底，已建成 3500 吨冷库 1 个以及海产品加工生产线，2019 年下半年将完成建设万吨冷库，建成后将拥有完善的海洋食品冷链配送网络系统，将成为汕尾市最大的冷链物流基地。二是汕尾市利群农业食品有限公司进行冷链物流的扩建。2018 年该公司投入 400 万元兴建 1 栋 1200 平方米新厂房、7 间冷冻冷藏库（0～8℃）共计 2700 立方米，新增购置了 4 辆冷藏配送车，全部用于农副产品加工、储藏及配送。三是汕尾市高瞻实业有限公司完成冷链物流农产品加工冷冻厂项目。该项目投资 2.46 亿元，占地面积 19800 平方米，总建筑面积 43448.49 平方米，其中，2000 吨冷库 9 个，共 18000 吨。10 吨急冻库 6 个，共 60 吨。同时设有 3 吨/小时、2.5 吨/小时急冻生产线各两条。项目主体建设于 2018 年 11 月 23 日验收合格，2019 年 9 月运营。

（五）物流发展规划编制取得进展

一是完善商业网点规划。着手开展《汕尾市商业网点规划（2016—2030）》的编制。该网点规划对物流产业园区、物流网点进行科学布局，对推动汕尾物流产业的发展、壮大将起重要作用。该网点规划已经通过专家评审，并完成网站、现场公示，下一步将报规委会办公室审批。二是制定印发了《关于印发汕尾市农村物流建设发展规划（2018—2022）的通知》给各县（市、区）商务主管部门及市直有关单位，推动打通农产品进城（上行）、农资及日用消费品下乡（下行）通道，助推乡村经济发展，提升乡村居民生活水平，促进城乡协调发展。

二、汕尾市物流业发展存在的主要问题

（一）物流基础设施薄弱

汕尾市现有的物流设施主要由公路、铁路、水运、仓储等组成，暂无航空及管道设施。其中铁路网络仅提供客运服务，尚未具备货运功能。公路运输区域性交通通道以东西向交通为主，暂未形成网络，港口发展条件好但是尚未充分发挥水路优势条件。

（二）港口吞吐能力有待加强

汕尾市岸线资源丰富，沿海岸线总长度455.2千米，占全省岸线的11%，港口数量较多，但规模偏小，船舶的通行能力较差，同时与陆上交通衔接不足，在广东众多港口中的发展相对落后。汕尾市拥有300吨以上各类生产泊位仅19个。最大的泊位是7万吨级，港口货物吞吐量还不到1000万吨，相比于临近的汕头港500吨级以上泊位86个（其中万吨级深水泊位18个）的情况，汕尾港港口的实际承载能力明显不足。

（三）物流企业专业化水平低

现有的物流企业信息化水平相对较低，除外来知名物流企业外，物流的电子查询系统覆盖面较窄，货物跟踪困难。此外，汕尾市尚无无车承运、多式联运、城市共同配送企业，物流新业态发展情况不佳，整体服务能力不足。

三、促进汕尾市物流业发展的措施建议

（一）加快物流基础设施建设

完善各类交通基础设施建设，为运输方式多元化提供基础条件，重点推进广汕高铁、汕汕高铁汕尾段建设，积极开展深汕高铁、龙汕铁路前期工作。推进小漠国际物流港、陆丰核电一期重件码头建设，优化整合汕尾新港区、海丰港区和陆丰港区。规划海上旅游航线。加快汕尾机场建设前期工作。加强与珠三角的统合，加快与深圳盐田港合作共建国际物流港口，大力推进红海湾新港区货运码头、陆丰核电厂中间码头、陆丰甲湖湾电厂配套码头工程建设，推进口岸设施建设和通关便利化。

（二）组合港口拓展区域物流

结合汕尾市实际情况，利用现代信息技术全力构筑配套的生产体系，加强与珠三角地区统合，汕尾港可以利用自身的有利区位条件及资源优势，依托深圳港在国际的影响力，通过组合深圳港，将汕尾港和深圳港之间进行相互联动，拓展区域物流，进一步扩大港口市场的腹地范围，推动区域物流产业的发展。

（三）加快重点物流园区规划建设

依托汕尾新港和小漠港区的独特地理优势，整合汕尾市物流网点，通过功能整合、技术创新、规模运作，培育区域性陆港联运中心、区域性大宗物资集散平台以及以服务汕尾市为主的地方性物流配送中心，推进汕尾市火车站片区的国际商贸物流城项目建设，加快汕尾市海丰县中宝珠宝交易物流中心、陆河县新河工业区物流园等物流中心、南储汕尾海洋食品冷链物流中心等项目建设步伐，推进粤东水产商贸中心等大型

物流中心、汕尾（全球）生态食品交易中心的建设，提升物流的集约化，降低流通成本，提高供应链整体效率，努力建成与珠三角充分对接的现代物流基地，打造辐射粤东地区的商贸物流节点城市。

（四）推动物流信息化建设

推动建设先进、高效的信息化体系，借助物联网、传感网等网络技术，加快现代化物流业的公共平台建设，加强信息互通，资源共享，构建高效安全的信息网络平台和管理平台。

（五）整合物流资源

通过完善物流网点布局，整合物流资源发展第三方物流。推进传统仓储企业向物流配送基地、第三方物流企业转化，对当前参差不齐的物流行业进行资源整合，促进物流产业优化升级，培育具有竞争力的物流企业，发展第三方物流。引进各类现代化物流理念和物流技术，进一步提升物流企业的运作水平。

粤西地区

2018 年湛江市物流业发展回顾与展望*

一、2018 年湛江市物流业发展总体情况

（一）物流业规模持续扩大

2018 年，全市营业性货运量平稳增长，港口货物吞吐量和集装箱吞吐量双双实现历史性突破，物流行业发展总体规模持续扩大。综合货运量总体规模持续增长。2018 年，全市完成营业性货运量 22310.59 万吨，同比增长 7.11%，其中公路运输完成 14712 万吨，同比增长 10.18%；水路运输完成 4297 万吨，同比增长 2.14%；铁路运输完成 3301 万吨，同比增长 0.95%；民航运输完成 5945 吨，同比增长 13.5%。港口生产实现历史性突破。2018 年，全市港口完成货物吞吐量 30185 万吨，历史性突破 3 亿吨，位居全国沿海主要港口第 11 位、广东省沿海港口第 2 位、北部湾沿海港口第 1 位，同比增长 7.01%，增长幅度位居全国沿海主要港口前列。其中：外贸货物吞吐量完成 8791 万吨，同比增长 1.04%；内贸货物吞吐量完成 21394 万吨，同比增长 9.67%。全市港口完成集装箱吞吐量 101.1 万标准箱（TEU），历史性突破 100 万标准箱，同比增长 11.89%。

（二）港口物流设施建设提速

2018 年，全市完成港口建设投资 24.9 亿元，同比增长 19.5%，增速比 2017 年提高 3.8 个百分点。大塘雷州电厂配套码头基本完工，东海岛港区杂货码头、中科炼化一体化项目配套码头基本完成主体工程建设，霞山港区通用码头、东海岛港区日光集团杂货码头开工建设，湛江港拆装箱一期工程、宝满港区集装箱码头一期扩建工程基

* 供稿单位：湛江市交通运输局。

本完成前期工作。集装箱航线覆盖面持续扩大。2018年，新增集装箱航线5条，航线总数达40条，其中，外贸航线15条，覆盖新加坡、越南、泰国、马来西亚、缅甸、印度尼西亚、孟加拉国、日本、中国台湾等国家和地区，内贸航线25条，覆盖东北、华北、华东、华南等地区。

（三）物流枢纽体系加快建设

货运物流枢纽前期工作加快。湛江（吴川）空港物流园区、徐闻临港国际物流园区基本完成规划方案研究，湛江商贸物流城完成一期B、C区建设，吴川国际仓储物流项目基本完成土地平整工作。湛江铁路西站客运功能全部转移至高铁西客站，正在稳步改造为专业铁路货运枢纽。物流枢纽集疏运体系逐步完善。东海岛铁路全线建成通车，东海岛临港重化产业物流基地对外集疏运体系加快完善。东海岛铁路东海岛港区支线、宝满港区支线和粤海铁路乌石支线完成可行性研究报告征求意见稿编制。连接徐闻临港国际物流园区的徐闻港进港公路建成通车、湛徐高速徐闻港支线通过交工验收。湛江临港工业园铁路调车场及连接线工程除用海外，其他前期工作已全部完成。

（四）海铁联运网络不断拓展

2018年，湛江港新开通集装箱海铁联运专列8条，在营运的海铁联运专列总数达15条，初步形成辐射云南、贵州、重庆等国际陆海新通道沿线及湖南等中部地区内陆腹地的海铁联运通道格局。开通“湛江—海口”内外贸同船运输，打造湛江港对接海南自贸区快捷通道。2018年湛江港海铁联运量3071万吨，同比增长14.7%，海铁联运量占湛江港货物吞吐量的10.18%。内陆无水港布局逐步完善。2018年贵州东部陆港和黔东南州无水港完成业务量97万吨，其中集装箱1.2万标准箱，积极推进中西南无水港“珍珠链”式布局。

（五）冷链物流发展取得新成效

加快打造中国冷链生态园，湛江港（集团）有限公司成为266家供应链创新与应用试点企业之一，是全国唯一试点港口企业。农产品冷链物流企业初具规模，形成一批如霞山水产品批发市场、南方国际水产交易中心、广东北部湾农产品流通统合示范园区、湛江市农副产品冷链物流中心等冷链物流中心。其中霞山水产品批发市场被列入“广东省重点培育进口商品交易中心”、广东北部湾农产品流通统合示范园区，取得了大宗商品交易中心牌照、中央食糖储备库、绿色食品A级认证等国家及省级审批认定的相关专业资质，为搭建大流通平台提供保障。2018年年底，全市共有冷藏库116个，冷库容积182949立方米、总容量约61.75万吨，机械冷藏汽车约500辆。

二、湛江市物流业发展存在的主要问题

（一）物流基础设施相对落后

目前，湛江公路货运站场普遍规模较小，功能单一，综合型、基地型公路港仍属空白，物流综合服务能力不高。铁路货场设备陈旧、能力不足，难以满足市区及周边地区的物流服务需求。港口铁路集疏运体系亟须完善，湛江港至今无疏港铁路支线，现有航道无法满足 30 万吨级以上大型船舶通航。海运航线仍然偏少，航运时间无优势，且国际航班少。从湛江发货到华东等地区，比从广西或其他地区发货的时间长，而进口货物需到广州或香港转关，运输成本较高。

（二）大型物流枢纽建设滞后

空港、临港物流园区建设缓慢，前期工作有待加快推进。铁路西站物流枢纽功能不够完善，配套设施建设有待加快推进。赤坎云头桥货运站等中心城区货运枢纽外迁前期工作有待加快启动。列入“十三五”规划的遂溪县城物流园区、吴川火车站货运站等县域物流园区和货运站前期工作尚未启动。此外，2018 年国家出台史上最严的用海政策，严控围填海，全面停止除国家重大战略项目外的新增围填海项目审批，给港口码头建设带来较大影响。受此影响，宝满港区集装箱码头一期扩建工程、湛江临港工业园铁路调车场及连接线工程等项目无法报批用海，严重影响了项目的推进。

（三）货物运输结构不够合理

铁路货运量占全市综合货运量的比重只有 14.8%，特别是中长距离的港口大宗货物公路运输承担比重仍然较高，与国家对港口大宗货物主要依靠铁路、水路运输的要求仍有较大差距，货物运输结构有待加快调整优化。民航货物运输发展规模较小，发展潜力有待进一步释放。

（四）港口发展面临的周边竞争加剧

经多次争取，湛江仍未获准加入国际陆海新通道，而广西壮族自治区举全区之力支持广西北部湾港建设，并与重庆等西部七省市签署合作共建“陆海新通道”框架协议，享受铁路运价下浮等优惠政策，严重挤压了湛江港中西南地区传统腹地，给湛江港带来了严峻挑战和巨大竞争压力。

（五）农村物流网络节点体系建设不完善

茂名市农村县乡村物流业发展尚处于起步阶段，物流基础设施和网络体系建设不完善。县以下物流业市场化程度高，多而不强，运输站场功能、业务单一，行政村级

物流节点业务量少，企业没有经营意愿。县以下运输站场物流配送功能弱化，行政村级物流配送节点建立困难。

（六）邮政快递业面临诸多困难

一是融资难，快递业一般为小型民营企业，融资难度大；二是用地难，快递分拣中心一般需要2000~3000平方米，在市区用地成本高，货车因道路管控进不来；三是送货难，快递需进千家万户，“最后一公里”投递配送工具成瓶颈问题；四是快递企业的产品结构仍比较单一，无法充分满足多元化的服务需求，亟待从劳动密集型转向科技密集型、创新密集型。

三、促进湛江市物流业发展的措施建议

（一）全面启动国家物流枢纽城市建设

以打造高水平的国家物流枢纽城市为总体目标，紧紧围绕“一通道、一港区、一示范”“三个一”建设新战略，以参与国际陆海新通道建设为抓手，加快海港、内陆无水港、公路港、铁路港“四港”建设，加快港口物流发展，推动传统公路货运转型升级，扎实优化货物运输结构，促进交通物流高质量发展，进一步提升交通物流发展质量和水平。落实《国家物流枢纽布局和建设规划》和《国家物流枢纽网络建设实施方案（2019—2020年）》，会同发改部门、湛江港集团编制《湛江市港口型国家物流枢纽城市建设方案》，全面启动国家物流枢纽城市建设。

（二）加快推进交通物流设施建设

建成投入运营大塘雷州电厂配套码头，完成东海岛港区杂货码头、中科炼化一体化项目配套码头主体工程建设，加快建设霞山港区通用码头、东海岛港区日光集团杂货码头，开工建设湛江港30万吨级航道改扩建工程、湛江港拆装箱一期工程，进一步提升港口物流能力。力争年内解决宝满港区集装箱码头一期扩建工程用海问题，加快推进玉湛高速、东雷高速、湛徐高速雷州乌石支线、东海岛铁路东海岛港区支线、东海岛铁路宝满港区支线、粤海铁路乌石支线等港口集疏运体系建设。加快推进湛江（吴川）空港物流园区、徐闻临港国际物流园区、湛江西物流园区和东海岛货场等货运枢纽建设，加大对货场、仓储业、配送中心、物流中心、批发中心以及集装箱中转站等物流设施的投入，完善物流园区设施配套。

（三）优化完善港口物流网络

争取省政府和国家有关部委支持湛江加入国际陆海新通道，加强与海南港口全方位合作，以参与国际陆海新通道建设提升港口物流发展水平。依托湛江港华南铁矿石分销

中心、区域集装箱运输中心、中西南粮食化肥中心和中国冷链生态园等区域服务平台，海上与东盟、东南亚、招商局海外港口及工业园联结，陆上与区域各铁路局合作联结中西南地区，形成“一带一路”海陆全程物流大通道。优化航线布局，增加水水中转和支线的运力及班期密度，完善内贸直航航线布局；进一步开拓班期稳定、服务配套的东南亚水果快线，优化近洋航线网络；力争开通至中东等国际远洋班轮航线。支持湛江港加强宝满保税物流中心营运，加快创建申报综合保税区，提升港口保税物流发展水平。

（四）优化交通物流发展政策环境

配合发改部门加快完成《湛江市物流产业综合发展规划（2018—2035）》编制工作，完善交通物流发展规划基础。研究出台《关于促进我市航运业发展的实施意见》等政策，加大财政、土地、金融等政策支持力度，促进交通物流业高质量发展。积极落实交通物流业降本增效政策，加快完成营运货车 ETC 推广安装工作，争取湛江港通过加入国际陆海新通道，降低海铁联运货物铁路运费，推动降低交通物流业总体运输成本。

（五）加快构建冷链供应链体系

目前除宝钢钢铁、中科炼化、晨鸣造纸等大型龙头企业外，其他能够通过供应链手段辅助产生物流量的企业屈指可数，供应链服务处于空白状态。建议规划好湛江现代物流业产业发展定位，积极引进竞争力强的大型企业和引领行业发展的核心企业，探索物流供应链发展模式，以核心产业、港口物流与保税物流为支撑，大力发展跨境电商、冷链物流和供应链。争取国家和省支持湛江构建冷链供应链体系，并配套资金扶持政策，营造良好的冷链物流及供应链发展政策环境，加快发展冷链物流，打造中国冷链生态园。

（六）促进航空物流加快发展

利用湛江机场迁建契机，高标准、高起点制定航空物流产业规划，规划建设航空物流园区或物流中心，整合空中物流与地面物流服务资源，建立立体化的综合物流体系。出台相关政策支持和鼓励航空物流进一步发展，对具备一定高新科技的航空物流企业给予政策倾斜，鼓励航空物流企业向国内领先、国际先进的方向发展。

（七）加大快递业发展支持力度

在城乡规划和土地利用总体规划中统筹考虑快件大型集散、分拣等基础设施用地的需要，鼓励快递企业在农村、偏远地区发展快递服务网络。研究解决快递行业“最后一公里”投递交通工具瓶颈问题，研究制定电动三轮车等非机动车从事快件收投业务的管理办法，参考茂名、广州、河源、汕尾等地做法，允许经过审核登记的快递专用电动三轮车用于快件收投服务。

2018年茂名市物流业发展回顾与展望*

一、2018年茂名市物流业发展总体情况

（一）物流业整体保持持续快速增长

据茂名市2018年统计公报数据，2018年，茂名市完成公路货物运输总量10658万吨，同比增长8.1%；公路货物运输周转量186.62亿吨公里，同比增长11.0%。完成水路货运量682万吨，同比增长2.8%；水路货物周转量80.54亿吨公里，同比增长13.6%。港口货物吞吐量2540万吨，同比增长2.0%。全市快递服务企业业务量累计完成3370.28万件，同比增长36.57%，其中，同城业务量累计完成686.31万件，同比增长46.41%；异地业务量累计完成2656.69万件，同比增长33.94%；国际/港澳台业务量累计完成27.28万件，同比增长74.26%。业务收入累计完成5.14亿元，同比增长37.69%。截至2018年年底，茂名市共有道路货物运输经营企业458家，其中危运企业65家、普通货运企业393家，普通货运个体经营户15326户。共有营运车辆25027辆，其中普通货车19377辆，危运车5650辆。

（二）交通基础设施加快建设

茂名市位于南中国海之滨，地处广东省西南部，东连珠三角，西接北部湾，面朝东南亚，背靠大西南，市域综合交通较发达。公路方面，沈海高速、包茂高速、汕湛高速公路横穿境内，国道G207、国道G325以及省道S113、S280、S372等多条高等级公路在境内交会；铁路方面，三茂铁路、河茂铁路、洛湛铁路以及2018年6月开通的深茂铁路等贯通境内；水路方面，茂名港是国家一类对外开放口岸，包括水东、博贺、博贺新港区三个港区；管道方面，已有至西南地区、珠三角地区的成品油管道及储备系统，以及湛江至茂名、茂名港博贺新港区至炼厂的原油输送管道。近年茂名市综合交通取得了突破性进展，各类交通网络进一步完善，通行能力进一步提高，为茂名经济和社会快速发展提供了有力的支撑，也为茂名市交通物流行业的发展奠定了较好的基础。

---

* 供稿单位：茂名市交通运输局。

（三）水路运输规模不断增长

目前，茂名市注册开业的航运企业有10家，拥有运输船舶60艘，其中客船14艘，客位733个，普货船、危货船共46艘，总运力34.5万载重吨。万吨级以上船舶13艘，最大船舶吨位32763载重吨。年均货运量约680万吨，年均完成货运周转量约80亿吨公里。2018年，全市水路运输累计完成水上货物总周转量80.54亿吨公里，同比增长13.57%（货运量0.06亿吨，同比增长3.12%，货物周转量80.54亿吨公里，同比增长13.57%）；全市新增运输船舶3艘，新增运力4.87万载重吨，总运力达35.55万载重吨，同比增长12.25%；新增油船运力1.2万吨，同比增长240%。

（四）港口经营业务规模略有下降

茂名市港口企业共23家，其中货运码头企业8家，仓储企业10家，港口服务企业5家。全港共有危险货物仓储储罐331个，已建成危险化学品储罐罐容361.4万立方米。2018年，茂名港港口货物吞吐量2540.49万吨，比上年同期增长1.97%，其中外贸货物吞吐量为1502.95万吨，同比增长10.21%，内贸货物吞吐量为1037.54万吨，同比下降8%，集装箱货物吞吐量为9.03万标准箱，同比下降7.27%，货重132.85万吨，同比下降2.2%。

二、茂名市物流业发展存在的主要问题

（一）交通基础设施网络仍需完善

交通运输组织较为松散，货物运输过度依赖公路。茂名市交通基础设施近年来有了较大发展，但茂名市与省内外的快速交通连接还没有完全打通，对外快速通道、联系珠三角及省外的高等级铁路等交通通道不足仍然制约着茂名市的发展。随着茂名市工业化进程的加快及生产方式、经济增长方式的转变，技术及资金密集型产业的发展，区域经济互补和产业协作的加强，城市化的快速推进，汽车保有量的高速增长，广大人民群众出行需求量将快速增加，现有交通网络通道难以满足交通物流的运输需求。

（二）集疏运体系不完善

目前水东港区的集疏运主要依赖于管道和公路两种运输方式，这也符合茂名港当前以油气产品和其他散杂货为主要货类的结构特点。由于目前的水东港区还没有疏港铁路，大大增加了水铁联运的中间环节，不利于货主运输成本的降低与转运效率的提高，是制约港口吞吐量提升的重要因素。

（三）港口冷链物流产业发展滞后

茂名市是一个农业大市，境内生产的罗非鱼、龙眼、荔枝等农副产品远销国内外，

但由于境内流通环节没有跟上，特别是在港口冷链物流体系建设方面，缺乏统一的规划和主导措施，冷藏设备不足、第三方冷链物流企业较少，通过公路运输的物流成本偏高且货损率较大，直接导致了产品综合成本的上升，产品的市场竞争力大打折扣，不利于本地农副产品走出去和龙头品牌的打造，影响冷柜货源的培育。

（四）航运支持性政策缺乏

地方政府对从事集装箱运输的港口码头企业、船货代企业、集装箱班轮公司或船运公司采取财政补贴是众多港口城市较为普遍的做法，例如湛江港对集装箱港口企业超过上一年度的集装箱增量给予每标准箱 30 元的补贴，对新开通的外、内贸班轮航线给予一次性 150 万元和 100 万元的财政奖励。通过政府财政补助的形式，最终让利于货主，降低生产企业的物流成本，提高投资吸引力，进而推动区域产业的发展壮大。目前，茂名市在对港航企业实行财政补贴方面还很欠缺，这也是本地货主企业宁愿选择从陆路运输到距离更远的湛江港、深圳港，也不愿从茂名港进出货的重要原因之一。

三、促进茂名市物流业发展的措施建议

（一）推动道路货物运输发展

全力加快交通建设，进一步完善交通基础设施。交通运输是物流业的重要环节之一，承担着生产生活资料、产成品、商品的运输任务，交通基础设施的合理规划和建设完善，是为物流业的发展提供的基础支撑。在交通基础设施规划、建设方面继续发力，规划建设更具辐射能力的港口、码头、公路、站场交通网络。减轻道路货运经营负担，简化车辆检验与检测。按照国家道路货运车辆检验改革有关要求，推动实现道路货运车辆安全技术检验和综合性能检测依法合并。全面取消营运车辆二级维护强制性检测政策，由经营者根据车辆使用实际情况，自主确定合理的二级维护周期，自行组织车辆维护，减轻货运经营者负担。

（二）全力加快港口基础设施建设

围绕“一主二辅”港口布局，重点建设博贺新港区，优化建设水东港区，完善疏港交通体系。做好博贺新港区开港前系列准备工作，确保 2019 年 3 月底博贺新港区内贸开港。建成博贺新港区 10 万吨级航道、粤电煤炭码头、通用码头、港政码头等项目。争取博贺新港区东区油品及化工码头、昌利油品码头、利丰码头和长晟码头扩建工程等项目开工建设。抓紧推进 30 万吨级原油码头、30 万吨级航道等项目前期工作。

（三）不断完善外贸集装箱作业标准

外贸集装箱码头公开作业时限标准工作已列入省政府“广东省优化口岸营商环境促进跨境贸易便利化措施”。由于目前茂名市没有专业的集装箱码头，仅有中国石化集团茂名石油化工有限公司和茂名长晟集装箱有限公司两家码头兼营集装箱装卸业务，作业效率与发达地区相比存在较大差距，需要积极向广州港学习优化场内转运、吊箱移位、掏箱和货方提箱作业流程的好经验好做法。

2018年阳江市物流业发展回顾与展望*

一、2018年阳江市物流业发展总体情况

（一）相关经济指标持续增长

2018年阳江市统计公报数据显示，阳江市实现地区生产总值1350.31亿元，同比增长4.1%，其中第一产业、第二产业和第三产业总值分别增长3.2%、2.9%和5.7%；完成公路货物周转量94.68亿吨公里，同比增长3.0%，水路货物周转量3.58亿吨公里，同比减少61.1%，铁路货物周转量4.63亿吨公里，同比增长0.4%，港口货物吞吐量0.26亿吨，同比减少0.39%。

（二）商贸流通业稳定发展

2018年，全市社会消费品零售总额749.01亿元，同比增长9.3%。从行业看，全市餐饮收入零售额73.88亿元，同比增长5%；商品零售额675.13亿元，同比 增长9.7%。从城乡看，全市城镇消费品零售额578.74亿元，同比增长9.2%；乡村消费品零售额170.27亿元，同比增长9.5%。从结构看，全市限额以上零售额110.84亿元，同比增长3.3%；限额以下零售额638.17亿元，同比增长10.4%。全市共有批、零、住、餐企业数5644家，其中批发1830家，零售3248家，住宿137家，餐饮业429家。限额以上企业216家，其中批发64家，零售59家，住宿21家，餐饮业72家。租赁和商务服务业760家，居民服务和其他服务业294家。全市共有商业网点约1.98万个，其中商业街、连锁超市、百货商场、酒店、综合和专业批发市场、集贸市场、农贸市场等主要商业网点536个。在主要商业网点中，各类商品交易市场206个。面积5000平方米以上的购物中心、进货店、超市、商场35家，营业面积达155.2万平方米。单体超1000平方米的商场达310个，全市共有成规模商圈31个。

（三）物流基础设施日臻完善

一是推进公路物流基础设施建设。目前，云阳高速公路全线贯通，汕湛高速公路

* 供稿单位：阳江市商务局、阳江市交通运输局。

阳春段和海陵岛大桥建设如期推进。主要交通公路的沿线出入口分别布点了物流园区，为陆路货物集散地提供物流服务。二是推进港口物流基础设施建设。阳江市现有一类口岸1个（即阳江港）、二类口岸3个（闸坡装卸点、溪头装卸点、东平装卸点）、进出境货运车辆检查场2个（阳江市进出境货运车辆检查场和阳春进出境货运车辆检查场）。阳江港在建及规划建设码头泊位工程20个，多用途码头进程加快，已正式建成投入运营，续建码头工程推进顺利，完成年度投资约2.8亿元。阳江港进港航道改造工程已列入省计划。阳西军民两用港，现紧锣密鼓推进前期准备工作。三是推进铁路物流基础设施建设。已建成阳阳铁路63.21公里，从三茂铁路阳春站接轨往南至阳江港，使阳江港码头通过三茂铁路连通全国铁路网，形成一个较为完整的海陆交通运输体系。公铁集装箱运力持续往良好方向发展。阳江市海、路、铁物流设施已经日臻完备，公路转铁路或公路+铁路+水路立体式交通全方位发展提上议事日程，具备了构建粤西南区域物流中心的基础条件。

（四）物流业政策助力行业稳定发展

自从《关于促进商贸物流发展的实施意见》（商流通函〔2014〕790号）、国务院《物流业发展中长期规划（2014—2020年）》、商务部办公厅印发《关于智慧物流配送体系建设的实施意见》（2015）等文件出台后，阳江市配套制定了一系列推动物流业发展的政策措施，有力推动了商贸物流业的飞速发展，截至2018年12月底，阳江市共有物流企业139家，从业人员约2.83万人，共拥有仓储设施60多万平方米，其中一般货运场地共26万多平方米，冷链仓储17.25万平方米，拥有冷冻库容量超过30万吨，冷藏库容量近20万吨。本地较大的物流企业有20多家，主要有港务公司、源强物流、捷邦物流、联城物流、华南诚通物流、华章物流等。物流企业主要为客户提供传统的交通运输、仓储、货运代理、装卸、配送、快递及海外仓等服务。

（五）物流园区建设如火如荼

自《阳江市人民政府关于加快现代服务业发展的若干意见》（阳府〔2015〕53号）出台后，商贸物流业作为现代服务业发展的突破口，阳江市规划建设了若干个集交通运输、仓储物流、信息交流、金融服务等功能于一体的现代化专业物流园区，提高物流专业化服务水平。2018年陆续投入运营的有广东三七物流仓储有限公司阳江保税物流仓储基地、华南诚通B型保税仓、粤西农海产品批发市场物流园区。2018年，规划或在建的物流园区项目8个，年度完成投资11亿元。在建或续建的物流园有阳东区万兴物流园、健辉·京东冷链云仓、百顺物流园、阳江城北物流园、海陵科格林冷链物流园、阳春物流中心、阳江市（中远）农海产品冷链物流园、农海产品仓储物流园。

（六）物流业试点项目顺利推进

2018年，阳江市获准成为广东省商贸流通标准化试点城市，是全省仅有的四个试点城市之一，获得支持资金875万元。同年，阳江市还获批广东省城乡高效配送试点城市，获得广东省物流行业协会授予的“区域商贸物流中心”称号，进一步支持阳江市物流企业发展，加快各类标准化仓库、智能系统和保鲜、冷藏、冷冻、预冷、运输、查验等物流基础设施建设。

（七）物流供给侧结构性改革降成本成效显著

一是从托盘标准化推广入手，推进城市物流标准化体系建设，2018年全市物流企业标准托盘使用率平均达25%以上，比上年增长5%，1.2米×1.0米标准托盘使用率达60%以上的企业有3家，标准托盘推广取得成效；二是培育2家标准化托盘运营服务商，初步建立托盘公共运营服务体系，联城物流和风顺物流公司开展了标准化托盘租赁业务，并提供托盘维修、保养等专业化服务，初步形成标准化托盘循环共用体系；三是美团网、UU快跑等快消品配送企业异军突起，资源整合，圆通快递也在阳江抓紧布点。2018年通过供给侧结构性改革降低物流成本6.5%，减少物流费用接近1亿元。

（八）物流方式多样化发展

从物流业态分，阳江市共有同城配送、跨城物流、产地销、落地配送、公路运输、铁路运输、海路运输、海铁联运、海陆联运、陆铁联运、快递、速送、跨城物流、仓储、冷藏、冷链运输、寄存、小城快件、同城搬运、货运中介、产业分仓、装卸、货运代理、保税物流、物流资讯、专业智能仓储、分拣、生鲜配送、物流技术研发、物流工具生产、海外仓储、离岸分拨等。阳江市物流业态中除了航空运输外，基本具备了区域性物流中心的基础条件；全市共有专业物流法人企业139家，外地物流企业在全市注册分支机构856个，设置物流网点1512个；物流网点布局方面，全市56个建制镇以上行政街区实现了物流网点全覆盖，物流下乡基本要素已经完备。

（九）物流成为畅通商品流通渠道突破口

2018年，持续支持在城市规划中合理配置菜市场、生鲜超市、农贸市场、便民菜店、农产品连锁销售网点，打通农业流通渠道。在有条件的特色农产品主产区乡镇建设集散地交易场所；建设可移动的集装箱式田头冷库，完善农产品收购点，将同城配送和跨城物流点延伸到收购点；推动建设共享型周转箱、集货、分拨和配送功能于一体的对外开放、共享共用物流设施；依托便利店建设集快递、邮政、商超、便利店、物业管理等于一体的商贸驿站；鼓励各大果贩、菜贩、肉贩规范经营，吸引大中型商业超市农产品产地直供工程；对口帮扶上马落地配送工程，在特色农产品集聚区设定一定的公共性初加工和包装设施，连接第三方物流，在省内城市建设阳江农产品落地配送中心，打通产地收储加工—长途运输—落地配送中心—消费者的四级流通渠道，加速城乡商贸一体化；推动农产品出口，鼓励按照国际规范种养，建设农产品加工出口检验检疫备案场所，疏通农产品出口渠道。2018 年，全市共投入农产品冷链配送车辆 22 台，进驻 28 个社区，与社区便利店融合发展农产品营销网点 82 个，“食指点”公司等 6 家企业开通社区农产品直供网点 36 个。部分农村电商物流园以 B2C 电子商务平台为核心，构建农产品流通平台，形成从农产品种植与采摘、分拣和加工、仓储至配送的科学、高效生产流程，有效减少了中间环节，用物联网和电子商务实现了“产销直达”，全市设立电商物流点 100 多家，建成农产品集散地储运网点 185 个，成为农产品主要流通渠道的有效补充。

二、阳江市物流业发展存在的主要问题

（一）物流业发展总体水平仍然较低

一是大部分企业的采购订货、运输、包装、仓储、加工配送等环节都是相对独立的经济活动，经营管理粗放，物流整体效率比较低，营运成本高，尚未形成一体化物流，缺少规模大、带动引领作用强的物流龙头企业。二是物流费用较高。据国家发展改革委经济运行局测算，社会物流总费用与 GDP 的比率合理值在 13.5% 左右，而根据行业内估算，阳江市的比例远高于该数值，达到 17%；三是专业化物流尚未很好成长，虽然阳江市已具备了公路、铁路、港口等物流基础设施，为物流发展奠定了一定基础，但基础设施功能单一，未能满足制造企业、商贸企业物流供应链一体化的服务需求，特别在大宗专业物流方面，如汽车载运、风机运输、矿土运输、危化产品、原材料等专业运输服务能力不足，服务水平低下。

（二）物流市场有待进一步规范

目前，物流行业分部门管理现象明显，管理职能区分不清，导致行业发展不平衡不协调、政策法规体系不够完善、市场秩序不够规范。当前电子商务呈现井喷式增长，阳江市生活物流业相比电子商务的发展相对滞后，应运而生的网购快递小件物流服务也无力满足居民对基本生活物流服务的需求。同时，由市场不规范造成的物流企业分布散乱、配送车辆与交通冲突等问题层出不穷，一定程度上影响了居民的正常生活。

（三）港务铁路物流亟待加快发展

阳江港公共码头配套设施滞后，铁路建设进展缓慢，阳阳铁路单线运行，资金投入不足，线路基础较差，仓储设备现代化水平和利用效率低，疏港能力有待提高。由于阳江港站只与港务公司码头相连接，尚未延伸至其他港口码头，原港务公司的办理

集装箱时船期较少，其他联检手续不能集中在到发港办齐，导致异地货物通关不流畅、铁水联运不协调等，严重影响铁路物流运输的承运能力。随着中国“一带一路”倡议、大湾区等国家战略实施，保税物流、国际物流发展缓慢，未能适应阳江市开放经济建设的需求。

（四）物流标准有待规范和完善

一是物流主体标准不规范。物流市场主体庞杂，物流企业集中度不高，竞争秩序不规范等问题比较严重，诚信体系建设有待加强。二是物流技术标准不规范，各种运输方式之间不能有效衔接，物流信息尚未实现共享共用，造成物流企业间以及物流企业与制造企业间的信息不对称。

三、促进阳江市物流业发展的措施建议

（一）狠抓交通基础设施建设

落实《2014—2020 年交通基础设施建设发展规划》，以“一港两桥三路”为重点，着力抓好阳江港、海陵岛大桥、阳江港大桥、深茂铁路阳江段、汕湛高速公路阳春段和云阳高速公路阳春段的建设，尽快改善阳江市外部交通环境，形成四通八达的立体交通网络。加快推进国道 325 线北惯至白沙段新建工程，新墟至沙扒、三甲至双洛、岗美至海陵等市内一批经济线路的改造升级，促进沿线经济的繁荣发展。

（二）推动物流重点项目建设

一是阳江港港口集装箱码头建设。阳江规划建设 62 个码头泊位，争取成为中国西南地区重要的出海门户。阳江高新区引进集装箱码头建设项目，推进港口及其配套设施的开发、建设、管理和经营，以满足全市以及周边地区对外海上物流运输的需求。二是保税物流仓储建设。阳江高新区引进的现代仓储物流项目，主要包括仓储物流、保税仓储物流等物流项目。该项目拟建在阳江高新区港口工业园内，与阳江港码头作业区紧密相连，是阳江市发展临港工业、打造西南物流基地的主要项目之一。该项目具有保税仓储、国际中转、国际配送、国际采购、国际转口贸易、口岸功能和出口退税、物流信息等全方位的保税物流功能。三是加快国际物流建设。促成世联供应链公司国际物流尽快落地，建设适应阳江五金刀剪产品进出口业务的仓储物流贸易基地。四是发挥华南诚通现代仓储物流基地运营带动作用，该基地用地面积约 1000 亩，总投资 57216 万元，首期安排 300 亩，建设了现代物流仓储、配送主要设施及相关配套设施。五是促使城北物流园建设加快。该物流城占地面积约 16 万平方米，总投资 10 亿元，主要建设仓库、包装车间及综合服务区等，计划招商引进国际国内快递、邮件寄递、普通货运、无船承运、航空货运销售代理、海陆空运输、物流软件开发、国际货

运代理、装卸仓储等物流企业。整合城市中北部物流资源，实行集约化经营、信息化管理，实现物流业集聚式发展。

（三）盘活现存物流园

利用现存的物流园区差异化发展，一是扩展万兴现代物流园功能。增加农特产物流，与电商共同发展，利用物流园内已经入驻德邦等平台型企业的优势，挖掘潜力，争取在商贸物流基础上开通阳江的地域冷链，带动本土物流企业开展农产品上行、工业品下乡，实现同城配送精细化发展。二是盘活阳江跨境贸易电商物流园（位于江城银岭工业园），以盘活目前粤西地区唯一的公用型保税仓的优势，完善中国邮政速递物流（汇达）跨境电商分拣清关中心的下游物流配送体系，招商引进 UPS、DHL、FedEx、TNT 等国际快递巨头入园驻点，带动本土物流企业到园区发展 BC 跨境业务。三是阳江市华科国际家居建材电商物流园（在阳东区华科国际家居建材交易广场），招商引进居然之家、蒙娜丽莎、东鹏陶瓷、威尔斯、卡米亚等家居建材企业在园区设立粤西南区域仓储中心。四是配套完善联城物流城（在江城区康泰路）跨城物流体系，引进小城快件、同城搬运、货运中介、产业分仓、物流资讯等配套服务企业，扩展公路运输物流。五是阳江市耀坤电商物流园（在阳东工业园），招商引进工业消费品电商企业和快递企业，发展专业电商物流。六是继续招引国际著名的合力纵横、德迅、丹莎、泛亚班拿、均辉、华运、定展等国际货运代理企业在阳江市区物流园区设点，吸引深圳拖车协会、香港一辉等拖车公司入园。

2018 年云浮市物流业发展回顾与展望*

一、2018 年云浮市物流业发展总体情况

（一）全市经济基础稳中有进

2018 年云浮市经济发展稳中有进，全市实现地区生产总值 849.13 亿元（见图 2－1），较上年增长 3.9%，其中第三产业增加值 373.57 亿元，较上年增长 3.9%，对地区生产总值增长的贡献率为 70.6%；固定资产投资总额增长 10.8%，其中第三产业投资比上年增长 32.3%；全年社会消费品零售总额 385.07 亿元，较上年增长 7.8%；全年货物进出口总额 107.9 亿元，其中进口 45.2 亿元，较上年增长 6.5%。云浮市全体居民人均可支配收入为 19239 元，比上年增长 7.6%，其中农村常住居民人均可支配收入为 15240 元，比上年增长 7.9%。经济结构继续优化，三次产业比重调整为18.2∶37.8∶44.0。

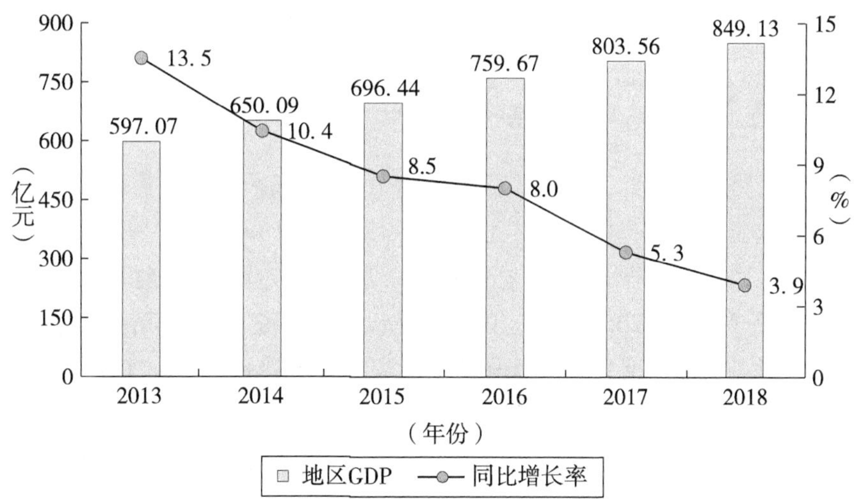

图 2－1　2013—2018 年云浮市地区生产总值及增长速度

注：地区生产总值绝对数按现价计算，增长速度按可比价计算。

* 供稿单位：云浮市商务局、云浮市交通运输局。

（二）物流业规模持续增长

云浮市物流业规模持续增长，2018 年全年交通运输、仓储和邮政业实现增加值 40.60 亿元，比上年增长 3.8%。全市货物运输总量达到 6738 万吨，同比增长 8.1%（见图 2-2）；其中，公路货运运输总量 5389 万吨，较上年增长 8.2%。货物运输周转量 78.42 亿吨公里，同比增长 8.0%；其中，公路货运周转量 474855 万吨公里，较去年增长 7.7%。云浮市全年邮电业务总量 86.67 亿元，增长 102.9%；其中，邮政行业业务总量完成 5.05 亿元（按 2010 年不变价计算），同比增长 11.5%。

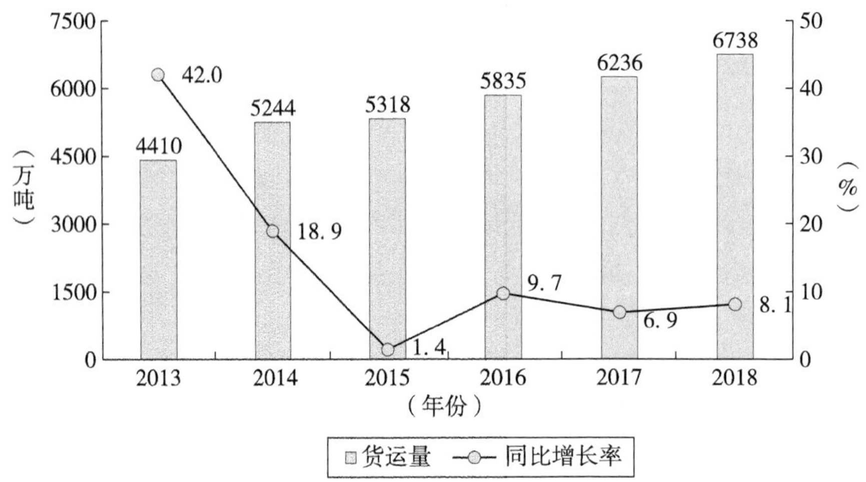

图 2-2　2013—2018 年云浮市货运量及增长速度

（三）交通基础设施日臻完善

一是全市公路通车总量不断增长，截至 2018 年年底云浮市公路总里程为 7731 公里，其中，高速公路里程 330 公里，比上年年末增长 10.0%。二是政府不断加大对交通基础设施投入力度，截至 2018 年全市交通基础设施固定资产计划投资 51.8 亿元，其中高速公路建设计划投资 26.5 亿元；国省道建设计划投资 17.2 亿元；地方公路建设计划投资 8.1 亿元。三是一批交通基础改扩建工程取得阶段性成果。2018 年 9 月，汕湛高速云湛段（云浮段）建成通车，全市高速公路通车总里程达 330 公里。汕湛高速清云段、高恩高速、怀阳高速二期、罗信高速等项目加快建设。完成国省道路面改造 77 公里。

（四）货运市场主体规模不断壮大

云浮市货运市场主要是以服务本地制造业、商贸流通业为主，运输企业数量稳步增长，整体运输能力逐步提高。目前云浮市共有普通货运业户 3287 家，其中，货运企业139家，个体户3148家，如表2－4所示。

表2－4　　2018年云浮市及各县区货运市场主体数量　　单位：个

区域	云城区	云安区	罗定市	郁南县	新兴县	全市
企业	51	19	39	6	24	139
个体户	687	550	848	538	525	3148
合计	738	569	887	544	549	3287

云浮市运输车辆不断增加，大大提高了货运运输效率。2018年，全市货运车辆总量为6680辆，总吨位数132236吨，如表2－5所示。

表2－5　　2018年云浮市及各县区货运车辆及吨位总数

区域	云城区	云安区	罗定市	郁南县	新兴县	全市
车辆（辆）	1754	1140	1312	692	1782	6680
吨位（吨）	35801	22048	20801	7631	45955	132236

（五）农村物流快速发展

一是农村物流经营网点不断完善。云浮全市邮政营业网点共有81家，其中农村地区邮政经营网点共有65家，占全市邮政网点总数80.2%；全市建设有村邮站共765家，建制村直接通邮率达到100%，更大程度上提高了农村地区的物流水平。云浮全市共有快递物流服务网点293家，其中乡镇（街道）营业网点67家，全市各快递企业共设立居委会（村）级快递服务网点226个，乡镇及街道级网点覆盖率达100%。二是全市邮路通行里程不断增加，截至2018年，全市邮路总里程达3601公里，布局全市邮路共31条，其中通往农村地区邮路共21条，即县城支线（市－县）邮路9条（含3条物流班车带运）、农村支线（县－镇）邮路12条（含2条委办邮路）。三是快递业务量不断扩大，2018年云浮市快递服务企业业务量累计完成1052.94万件，同比增长21.95%；业务收入累计完成2.06亿元，同比增长22.09%。

二、云浮市物流业发展存在的主要问题

（一）交通设施建设有待进一步完善

一是交通系统不完善，运输基础设施有待改善。公路网连通度仍然较低，公路路网分布不平衡，干线公路技术等级偏低，云浮市向东南和向北等方向还没有方便快捷的铁路线路相通，铁路未能形成网络；水运航道大部分等级偏低，基础设施严重老化，航标器材量不足，航道发展相对滞后。二是物流基础设施建设仍处于起步阶段。重点

物流园区建设资金投入不足，云浮市物流园区、仓储中心、配送中心等基础设施大部分还处在起步阶段，总体的物流运作基础设施比较落后，需要大力发展。三是公路货运站设施简陋、功能单一。多数货运站属于企业自营，并未向社会开放，设备设施落后，无法提供高效率、高质量的站场作业服务。

（二）物流业发展基础薄弱

云浮市物流、快递行业虽然取得一定成绩，但行业整体发展水平仍然滞后，存在问题与不足，主要表现为：一是物流企业整体规模较小，云浮市从事快递、运输、物流服务的企业规模和实力都还比较小，服务方式和手段比较传统和单一，难以形成规模化、集约化物流市场。二是物流企业运作管理水平有待提升，物流经营管理理念较为传统，智能化、网络化的经营组织和物流技术装备有待提升。目前，云浮市多数企业只是提供简单的运输、仓储服务，在流通加工、物流信息化智能化库存管理、物流成本控制、物流方案设计、全程物流服务、供应链管理等方面比较薄弱。三是创新物流发展模式不足。由于企业自身创新意识观念不强，现代物流经营理念落后，导致企业缺乏先进物流管理技术与模式，如无车承运人、多式联运等。

（三）农村电商物流发展较缓慢

云浮市农村电商发展起步晚，基础设施薄弱，全市农村电商业务未形成规模，快递收派业务量较少，导致多数乡镇快递服务网点日均收件量不足 20 件、派件量不足 100 件，网点利润微薄，出现“能设立难维系”问题。据资料显示，2017 年全市原有乡镇及街道一级快递服务网点 330 个，目前仅剩 226 个，减少 104 个，减少了近 32%。乡镇及农村电商发展乏力，限制了快递企业向农村地区拓展。农村物流经营网点需要进一步完善，目前全市仅有中国邮政及顺丰两家开通了行政村快件投递服务，初步实现“村村通快递”，其他品牌快递企业尚未开通行政村快件收投服务，需村民自行到镇一级服务网点收寄快件。

（四）物流企业信息化水平不高

物流企业整体信息化基础设施和总体运作水平较低，不能利用先进科技手段来实现有效调度、优化配置，例如不能为客户提供查询、跟踪、追溯等服务。网络化、智能化技术没有得到广泛使用，在仓储、运输、配送等多个环节中仍然以人工操作为主，如存在服务单一，没有统一的信息化调度平台，货物储存杂乱、保管不当，在物流设施设备上投入不足，不注重技术改造和物流设备升级等问题，较难提供规范化的物流服务。

三、促进云浮市物流业发展的措施建议

（一）加强组织工作协调机制

由于物流业发展涉及国民经济众多领域，横跨不同的部门、行业和地区，需加强各行业、各部门和各地区工作协调，形成合力。重点加强各部门之间以及与周边地区的工作协作，建立跨政府、跨部门之间的综合协调工作机制，实现各分港区、国土、财税、工商、海关等管理工作环节的有机结合和有效衔接。同时，加快研究和制定现代物流发展的相关政策措施和激励机制，在提供宽松政策的同时实现“规划引导、政策推动、搭建平台、规范运作”的作用，推动由“管理型政府”向“服务型政府”的转变。

（二）强化物流业整体规划布局

一是加快推动制定云浮市现代物流建设发展规划，统筹布局规划云浮市交通运输道路网络，加大对现有道路改造升级工程，依托云浮市交通道路网络规划，完善公路、铁路、港口、航道、站场等物流基础设施建设，形成综合物流运输网络。二是规范货运站场经营，提升服务质量。加强对货运站场提出规范经营、治理三乱的要求，实行源头监管，对不符合规定的货运站场进行全面整改，必须购买符合标准的设备设施，严禁使用不符合技术规范的设备设施作业，提升货运行业服务质量。三是加强货运车辆动态监管，积极探索有效监管手段。辖区主管部门要进一步加强货运车辆动态监管工作，设置专人负责，建立车辆动态监管制度，落实车辆动态监管台账。积极探索更有效的监管手段，利用信息化、网络化手段开展监管工作。

（三）加快推动物流信息化建设

依托本地服务的区域性或者企业物流服务信息平台，参照广州、深圳等城市物流信息化建设经验，根据“谁出资谁受益”的原则，采用“政府先导理论”的协同模式，由政府以股份制的形式首先注入部分启动资金，同时积极争取国家和省的相关经费支持，引导吸引各类资金和龙头企业参与云浮市物流信息系统的建设，建设面向区域及公共的信息服务物流平台。加快电子商务平台建设，促进快递产业集聚发展，规划建设电子商务产业区，加快建设云浮市快递产业园，建设物流公共信息平台。

（四）加快培育物流龙头企业

积极引进大型骨干物流企业，使全国、全省 A 级物流公司以参股、并购、承包经营、项目合作等多种方式参与到本地企业的改制、转型、扩张等的建设中来，加强在主导产业和地方特色产业中的源头作用和引领作用。积极争取省内 3A 级以上物流企业

在云浮市设立总部机构、地区总部机构或职能型总部机构，并引导在云浮市新设独立法人资格的子公司，逐步形成云浮市总部基地经济效应，努力建设成为区域的产业组织中心。大力培育5~8家服务水平高、竞争力强、规模较大的物流企业，提高物流市场集中度。加大对企业扶持资金支持力度，培育一批竞争力较强的快递物流、电商物流、货运企业，实现货物运输、仓储配送、货运代理等物流环节的快速发展。

（五）充分发挥行业组织作用

充分发挥云浮市物流行业组织的桥梁纽带作用，扩大物流企业入会数量，加强政府与企业、企业与企业之间的联系，有效组织企业开展交流、协作、互惠、培训、公益等各种活动，不断提高物流企业业务素质和社会责任感，提高其遵守行业规范的自觉性，促进物流业公平竞争和健康有序发展。发挥行业协会组织协调作用，加强物流行业协会与工商、质监等部门的协调合作，逐步建立健全云浮市物流行业规范化、标准化监督机制，促进全市物流业不断向规范化、标准化发展。

（六）加强人才引进与培养

鼓励企业与高等院校、中职学校（含技工院校）等合作建立产学研基地、实习实训基地，探索现代学徒制、订单培养等校企联合人才培养模式。强化专业知识培训，结合当前物流业发展实际，加强对一线员工的培训，提高物流从业人员业务水平。拓宽物流人才引进渠道，积极引进具有国际视野、懂经营、懂管理的专业物流人才。加强与“北上广深”物流人才交流，完善物流人才引进政策，全方位引进高端物流人才。

粤北地区

2018 年韶关市物流业发展回顾与展望*

一、2018 年韶关市物流业发展总体情况

（一）物流业总体平稳发展

韶关市物流业发展总体良好，各项指标保持平稳增长态势。据韶关市国民经济和社会发展统计公报，2018 年全市交通运输、仓储和邮政业增加值达 101.8 亿元，同比增长 4.4%；公路货运周转量 275.2 亿吨公里，同比增长 8.0%，水路货运周转量 116.5 亿吨公里，同比增长 10.1%；全年完成邮政业务（含快递）总量 7.4 亿元，同比增长 27.5%。全社会消费品零售额 751.6 亿元，同比增长 9.4%。全年进出口总额 156 亿元，同比下降 6.5%。其中：进口 84 亿元，同比下降 7.8%；出口 72 亿元，同比下降 5%。

（二）物流基础设施建设加快推进

截至 2018 年年底，全市公路通车里程 16917.5 公里，其中高速公路 688.6 公里，公路密度 92 公里/百平方公里，通车里程比上年增加 289.5 公里。交通基础设施建设共完成投资 103.35 亿元。武深高速公路韶关段、汕昆高速韶关段等项目建成，旅游公路等项目开工建设，启动港乌石综合交通枢纽，韶柳铁路、赣韶铁路扩能等项目的前期工作。韶新高速公路开展代建工程东三枢纽、莲塘枢纽施工和先行工程的路基、桥涵、隧道工程施工；北江（韶关至乌石）航道扩能升级工程项目拆迁工作已全部完成，濛浬枢纽主体工程已完工；曲江大道项目进行回龙山土石方开挖和江湾大桥、府前大桥施工。

* 供稿单位：韶关市商务局。

（三）商贸物流项目建设不断加快

2018 年，韶关市推进商贸物流建设，多个项目建设有序进行中。一是广东华凯商贸物流中心项目动工，总规划建筑面积约 8 万平方米，总投资 3.7 亿元，打造以家居建材、汽贸汽配、现代仓储物流、商务办公、创业孵化于一体的现代专业市场。以“互联网 + 现代商贸 + 仓储物流”的新型商业模式，开拓新型现代专业商贸市场的格局，将促进翁源区域现代仓储物流、商贸服务业发展。二是南雄市与广州至信药业股份有限公司成功签约“南药大健康产业园”项目。该项目计划三年内投资 5 亿元以上，创建一个规模种植面积 2 万亩以上、年生产中药饮片超过 5000 吨，集“规模种植、加工研发、品牌流通、示范带动、产业展示、养生体验、休闲服务”于一体的现代农业产业园。三是新丰县优质农产品营销平台项目开工。该项目总投资 4.1 亿元，占地面积约 200 亩。项目分为南北两个片区，南片区将建设规模较大、信息化水平高、服务功能齐全的一级农产品交易市场；北片区将建设集农产品展示服务中心、网络交易中心、游客服务中心、旅游接待综合服务中心等多种功能于一体的服务区。

（四）快递业务快速增长

2018 年，全年快递服务企业业务量完成 1993.54 万件，同比增长 31.8%；快递业务收入完成 2.92 亿元，同比增长 19.36%。快递业务收入在行业中占比有所提升。快递业务收入占行业总收入的比重为 43.5%，比上年提高 5.1 个百分点。其中，全年同城快递业务量完成 718.21 万件，同比增长 15.83%；实现业务收入 7394.37 万元，同比增长 16.42%。全年异地快递业务量完成 1264.61 万件，同比增长 42.15%；实现业务收入 12718.3 万元，同比增长 25.02%。全年国际及港澳台快递业务量完成 10.72 万件，同比增长 272.51%；实现业务收入 425.53 万元，同比增长 75.19%。同城、异地、国际及港澳台快递业务量占全部的比例分别为 36.03%、63.44% 和 0.53%，2018 年，快递与包裹服务品牌集中度指数 CR8 为 90.25。

二、韶关市物流业发展存在的主要问题

（一）物流基础设施有待完善

近年来，随着新建高速陆续通车及北江航道“五改三”工程持续推进，韶关交通区位优势进一步凸显，但物流基础设施仍然不足，融合公、铁、水等多种运输方式的综合运输枢纽建设滞后，韶关港、粤北国际物流中心等具有规模效应的重点物流园区尚未取得实质性突破，不利于物流产业规模化发展。

（二）冷链物流设施设备不足

韶关市农产品缺乏冷链物流，与珠三角城市相比，运输设备和基础设施严重不足，

生鲜农产品缺乏田头预冷基础设施，冷藏车严重不足，冷库分布不均，无法为冷链运输鲜活农产品提供足够的保障。目前，全市生鲜农产品大多在露天装车，而非在冷库和保温场所，90%以上的水果、蔬菜、禽肉、水产品是用普通卡车运输，造成生鲜农产品大量损耗的同时也给食品安全带来了巨大隐患。

（三）农产品物流成本仍然较高

农产品具有标准化程度低、保鲜期短、运输要求高、价值低、重量大等特点，物流快递运输成本较大，若采用冷链物流运输方式，则进一步推高农产品物流成本。据了解，韶关市通过企业车辆或物流公司运往珠三角的农产品平均物流费用为每公斤1~2元，运费价格甚至高于一些农产品的收购价；生鲜类农产品订单的物流成本高达25%~40%，而服装、电子类的物流成本只有5%左右。较高的物流成本严重制约了农产品上行，并成为制约韶关市农产品电商发展的瓶颈因素。

三、促进韶关市物流业发展的措施建议

（一）加快推进物流基础设施建设

要以解决制约项目推进问题为导向，以突破项目瓶颈为着力点，推动广东华凯商贸物流中心、“南药大健康产业园”、新丰县优质农产品营销平台、粤北国际物流中心、韶关港等重点物流平台项目加快实施，为发展商贸物流产业提供基础设施保障。继续加强与广铁集团对接力度，要进一步提高土地收储速度，推动黄岗铁路货运站场建设项目；进一步推进韶关港乌石综合交通枢纽建设，加大部门间协调力度，推动项目建设进度。

（二）加快推动冷链物流发展

依托蔬菜、畜产品与水产品等资源建设覆盖产地预冷、冷链运输、销地冷储、冷链配送、冷鲜销售等环节全程可追溯的农产品冷链物流体系。鼓励果蔬种植、水产养殖、畜禽屠宰等龙头企业，建设移动式预冷库、移动式集装箱冷柜、便携式冷藏箱、产地型公用型冷库等，解决源头预冷设施建设投入资金大、数量缺失的问题。推动企业尤其是第三方物流企业配置冷链运输车辆，加强物联网技术在冷链运输过程中的应用，实现最优运输路线的智能化匹配及温度动态监控。支持改造提升老旧冷库功能，提高老旧冷库可用性、安全性以及节能、环保水平，扶持农产品生产基地、龙头物流企业等建设智能高端冷库、共享型冷库、第三方公共服务冷库等。鼓励使用“多温共配”冷链物流模式，推广使用多温层配送车辆，实现生鲜、特色农产品的城乡一体化、集约化、规模化配送。

（三）进一步加大招商引资

发挥韶关市交通区位优势，积极融入珠三角，主动参与粤港澳大湾区建设，进一步加强面向珠三角地区开展商贸物流产业招商，积极承接珠三角地区部分物流功能转移，带动韶关市商贸物流产业发展。坚持把招商引资与韶关特色产业发展紧密结合，以园区重点企业、重大项目的引进为突破，实现产业承接的链条化、集群化、集约化。充分做好招商引资需求对接，各县（市、区）要加快明确特色产业发展和布局需求，建立和完善多层次、全方位的招商引资项目库、乡贤信息库等信息平台，掌握目标企业对物流项目建设的市场要素、产业配套等方面的需求，创造良好的招商引资氛围。

（四）推进物流标准化信息化建设

鼓励龙头企业、行业协会、研究机构等参与全省物流业标准体系建设，加快推动物流技术、装备、流程、服务、安全等标准制修订工作，推进物流标准化进程。加强物流标准与电商、农业、商贸流通业等相关行业标准的衔接，促进物流技术标准和服务规范标准协调一致。利用韶关市商贸流通标准化建设试点城市为契机，推动物流设施设备标准化，以托盘、周转箱标准化、规范化运营为突破口，推动全市运输车辆、叉车、货架、月台、集装箱等设施设备标准化。加强物流信息化建设，大力推进信息技术、物联网技术等高新技术在物流领域的研发应用，提高全市物流的智能化水平。推进全市物流企业接入广东省交通运输物流公共信息平台，争取平台向本市开发信息端口，发挥信息平台在物流产业发展中的积极作用，降低本市物流成本。

（五）推进农村物流现代化建设

结合韶关市农业“一镇一业、一村一品”建设，统筹农村物流发展，协调发改、交通运输、农业、邮政快递、供销等农村物流基础设施建设规划衔接，构建县乡村三级农村物流网络体系。建设县级物流中转中心，完善乡镇农村物流服务站，健全村级农村物流服务网点，推进实现农村物流物资“最初一公里”和“最后一公里”有序集散和高效配送。另外，以电子商务进农村为抓手，积极发展农村电子商务，完善县镇村电商服务体系，深化与苏宁、阿里巴巴、京东、乐村淘、邮政等平台的合作，鼓励电商服务向农村基层延伸。引导物流企业，特别是快递运输企业完善农村电商配套，实现农村服务网点覆盖，有力推动农产品上行及工业品下行，促进农村物流发展。

2018 年清远市物流业发展回顾与展望*

一、2018 年清远市物流业发展总体情况

（一）交通基础设施建设加快

铁路方面，清远市区范围现有京广铁路和武广客运专线过境，及即将完工的广清城际轻轨。公路交通方面，已建成使用的京珠高速、广清—清连高速、清佛一级公路、广乐高速，以及建设中的广清高速扩建、佛清从高速，2018 年年末境内公路通车里程 23077.9 公里，其中高速公路里程 745.8 公里。空运方面，至广州新白云国际机场仅需半个小时车程。水运方面，通过北江、连江水运沟通整个珠江水系，清远港码头设备完善，水陆货运可直通港澳。总的来说，清远已基本形成水、陆、空立体交通网络。

（二）物流业保持快速发展

根据清远市统计局数据，2018 年全市 GDP 达到 1565.2 亿元，比上年增长 4.0%；第三产业增加值 791.0 亿元，同比增长 1.9%。其中，交通运输、仓储和邮政业增加值为 97.8 亿元，同比增长 4.0%。全年公路货运量 13525 万吨，同比增长 5.3%，货物周转量 234.8 亿吨公里，同比增长 7.2%；水路货运量 3793 万吨，同比增长 25.6%，货物周转量 52.8 亿吨公里，同比增长 23.0%；全年港口集装箱吞吐量 107945 标准箱，同比增长 14.2%。2018 年，全社会固定资产投资额 747.0 亿元，同比增长 13.2%，其中交通运输、仓储和邮政业完成投资 110.4 亿元，同比增长 10.0%，主要为公路建设投资。

（三）港口物流基础良好

根据清远港总体规划（2015—2030 年），清远市港口基本形成了按行政区划分的总体布局，共分四大港区，为清远港区、英德港区、阳山港区、连州港区。全市现有生产性泊位主要集中在清远大桥下游新港作业区、英德市海螺作业区、台泥作业区、英城作业区等区域。截至 2018 年，全市主要港口共有生产性泊位 61 个，年综合通过能力

---

* 供稿单位：清远市商务局。

货物1419万吨，集装箱10万标准箱，客运吞吐能力达353万人次。清远新港（清远珠江货运码头有限公司）为本市目前规模最大的港口，现有500吨级泊位6个，集装箱堆场面积1319.8平方米，物资堆场面积2万平方米，设计年吞吐能力为60万吨。目前，英德港区的建设规模位于全市前列，主要有建材码头、明珠码头、台泥码头、龙山水泥厂码头等，全区主要码头泊位共48个，最大靠泊能力为1000吨级，综合通过能力为807万吨，集装箱8.5万标准箱。

（四）农村电商与物流协同发展

2018年，清远市的农村电子商务与农村物流发展快速，涌现了像“英德即送网”“阳山县农村电商综合平台”“清新农村电商综合平台”“佛冈农村电商综合平台”“连州农村电商综合平台”等一大批电子商务服务平台。各县（市、区）供销合作社都积极与中华全国供销合作总社“供销e家”、京东、苏宁、淘宝、“云图电商”“厂家网”“乐村淘”“摇钱树”等电商对接，为广大农民群众提供日用消费品、农资商品网购等服务，带动乡村经济发展。截至2018年，全市建成县级电商服务中心7个，农村电商村级服务点450个，市级电商物流配送中心1个，县级物流配送中心7个，全市50亩以上的种植基地（合作社）电商销售手段普及率达100%，全市涌现微店自产自销、网店合约包销等多种电商销售模式，“触网农民”（贫困户）种植收入稳步提高。

（五）物流资源整合完善物流网络

清远市扎实推进基层社经营网点的改造升级，促进了城乡现代物流业的发展。市供销合作社系统积极推进“一县一社”的发展模式，加强对基层社人、财、物的管理，充分利用原有的土地、房屋、旧仓库等资源，通过资产置换、合作开发、招商引资等方式推进基层经营网点的建设，通过网点的改造升级，推动网上交易、仓储物流和终端配送一体化的现代物流业发展，推进农超、农企、农校等业务对接，建立更广泛的农产品营销网络，进一步拓展农产品销售渠道。如城区供销合作社现有农产品配送中心一个，占地面积4000平方米，配送车4辆，农产品配送辐射整个市区中心的政府机关、事业单位、学校、企业等。

（六）冷链物流快速发展

2018年，全市冷库企业达136家，保鲜恒温冷库库容合计达60500立方米，冷库主要储存产品以果蔬类和食用菌为主。全市有一家农业农村部定点市场连州市南北农产品批发市场有限公司，其冷库占地3500平方米。目前从事冷冻食品运输供应主要以外地冷链物流公司承担为主，而且都是属外购型，如肉食类等。本地企业自用型冷链相关企业有双汇、天农等大型农业龙头企业，提供第三方冷链物流服务的企业有顺丰、瑞源快运等冷链物流企业。另外，清远市正探索建立鲜活农产品储藏保鲜体系，依托规模化生产基地，建设田头预冷保鲜设施，提高采后商品化处理和预冷保鲜能力；针对鲜肉、鲜蛋、鲜奶的运销特点和保鲜要求，研究建设一批冷冻冷藏中心，提高吞吐调节供求的能力。

（七）资源再生与物流协同推进

2018 年，清远市高度重视再生资源回收利用工作。一是成立了整治联合行动小组。从公安、经信、工商、环保、城管和供销社等单位抽调人员，成立再生资源回收整治联合行动小组，加强对再生资源回收利用行业的整治。二是建立和健全回收利用网络，构筑现代回收利用物流平台。清远市供销社以属下企业清远市合诚再生资源回收利用有限公司为龙头，加强全市供销合作社系统回收利用网点的建设，在工业园区、城镇居民较集中的地方，都设有回收站（点），形成了集搬运、收集、仓储、分拣、包装、销售等功能于一体的再生资源回收利用体系。全市供销合作社系统再生资源网点 98 个，促进了回收利用行业和物流业的发展。

二、清远市物流业发展存在的主要问题

（一）本地物流企业缺乏竞争力

清远市本土物流企业近半数是一户一车或几车，同质化竞争比较激烈，从而造成单纯的价格竞争，导致服务质量下降、保障性措施缺失与不足等现象。此外，企业的物流业务办理点布局混乱，大多沿街而设，管理水平不高，车辆、货物的乱停、乱放，给交通和城市管理带来较大的压力。

清远市生产制造的产品（陶瓷、水泥、钢材等）主要以公路运输为主体，基本是由珠三角地区的物流企业负责运输；药品物流也是由药品厂家委托外地的药品批发公司配送。物流运输和服务项目由外地物流公司承接，使清远市税收严重流失。此外，部分外地物流企业在清远设立的办理处形同虚设，只办了营业执照而没有运作。

（二）物流园区建设方面政府扶持政策不足

省级扶持政策对项目建设单位的经济指标要求过高，清远市的物流企业基本很难达到资格申报要求。清远市政府仅出台了《清远市源潭物流园区优惠政策》，没有其他园区或企业的扶持政策，物流企业发展缓慢。另外，由于土地问题，源潭物流园用地指标紧张，难以满足市场对物流的需求，一定程度上制约了清远市物流业的发展。

（三）物流信息化水平不高

清远市目前尚没有科研机构从事物流信息系统的开发工作，物流信息系统开发和应用非常薄弱。物流信息化系统应用成熟的邮政公司、烟草公司及各大快递公司，均

采用其集团公司的信息系统，而小规模物流公司则较少采用物流信息管理系统。大部分企业信息化应用管理仍处于初级阶段，各个行业和物流企业间的物流信息缺乏系统有效整合，传统低端的物流管理方式仍然是清远市物流业的主流。

三、促进清远市物流业发展的措施建议

（一）引导企业物流业务外包

将物流外包给专业的第三方物流供应商，可以有效降低物流成本，提高企业的核心竞争力。一是出台鼓励企业实行物流外包的优惠措施，进一步通过在税收、车辆处置等方面出台优惠措施，扩大物流需求，推动物流服务市场化、社会化，拓宽第三方物流发展的市场空间。二是积极培育第三方物流龙头企业，积极引入第三方物流企业或引导有条件的传统物流企业向第三方物流企业转变，建立第三方物流重点企业认定制度，对于经认定的重点第三方物流企业给予相应的营业税计征和货物运输发票抵扣增值税等优惠。

（二）设立市级现代物流业发展专项扶持资金

清远市物流业处在由传统物流向现代物流转型阶段，物流业起步较晚、发展较快，正是发展需要政府给予扶持的关键时期。设立清远市现代物流业发展专项资金，以补助、奖励、贴息等方式，支持重点物流企业认定、物流园区建设、物流公共信息平台建设、工业企业物流外包、第三方物流企业做大做强、国内外知名物流企业引进、物流技术改造升级、物流人才教育培训等。专项资金由物流牵头部门与财政部门共同管理，同时建立科学、合理的专项资金绩效评价管理体系，提高资金使用效率。

（三）加大物流业招商引资

把招商引资与清远市产业发展紧密结合，以物流、商贸重大项目的引进为突破口，在项目建设中注重引进物流信息化标准化、农产品冷链物流等物流技术及设备，完善物流设施及布局，实现产业承接的链条化、集群化、集约化。充分做好招商引资需求对接，建立和完善多层次、全方位的招商引资项目库信息平台，掌握目标企业对物流项目建设的市场要素、产业配套等方面的需求，创造良好的招商引资氛围。

（四）推进物流业与第一、第二产业融合发展

利用清远市优良的地理区位和立体交通网络，抓住融入粤港澳大湾区以及广清一体化机遇，大力发展现代物流业及配套产业，完善物流基础设施建设，推进物流业信息化标准化建设，使清远市物流产业为第一、第二产业服务，进而提升第一、第二产业的竞争力。

2018 年梅州市物流业发展回顾与展望*

一、2018 年梅州市物流业发展总体情况

（一）产业规模不断壮大

据梅州国民经济和社会发展统计公报，2018 年全市实现地区生产总值 1110.21 亿元，比上年增长 2.4%，其中第一产业增加值 196.17 亿元，同比增长 4.9%；第二产业增加值 356.72 亿元，同比增长 1.5%；第三产业增加值 557.32 亿元，同比增长 2.1%。现代服务业增加值 278.43 亿元，同比增长 1.8%；生产性服务业增加值 190.73 亿元，同比增长 9.3%；民营经济增加值 691.68 亿元，同比增长 3.5%。全市人均地区生产总值 25367 元，同比增长 2.1%。全市社会消费品零售总额 726.49 亿元，比上年增长 8.7%。全市货物进出口总额 135.2 亿元，比上年增长 1.9%。出口总额 117.9 亿元，同比增长 2.6%，其中，一般贸易出口 89.1 亿元，同比增长 0.8%，占出口总额的 75.6%。全市交通运输、仓储和邮政业实现增加值 30.22 亿元，比上年增长 4.1%。公路、水路交通运输方式完成货物周转量 190.77 亿吨公里，同比增长 4.6%，其中公路货物周转量 190.61 亿吨公里，同比增长 4.6%。完成旅客周转量 41.74 亿人公里，同比增长 5.8%，其中公路旅客周转量 41.73 亿人公里，同比增长 5.8%。全市邮政业务总量 12.90 亿元，同比增长 28.0%。

（二）基础设施日趋完善

至 2018 年，全市公路通车里程达 18826 公里，公路密度达 118.6 公里/百平方公里，其中高速公路 567 公里、国道 833 公里、省道 2251 公里、县道 772 公里、乡道 10768 公里、村道 3633 公里。全面实现“县县通高速”“镇镇通三级路”“村村通硬化路”，公路客运量和货运量分别达到 3016 万人次和 8812 万吨；建制村通邮率达 100%、通班车率达 95.4%。同时，以铁路、民航、航运等为重点的内外一体化交通基础设施体系建设逐步完善。铁路建设不断推进，已通普通铁路 2 条共 246 公里，普铁客货运输可达广州等 7 个省会城市和 40 多个市、县（区），在建高速铁路 1 条，里程 72 公里。

* 供稿单位：梅州市商务局、梅州市交通运输局。

梅州梅县机场已开通12条航线，通达18个国内外城市，旅客吞吐量突破50万人次。梅州境内有韩江、梅江、汀江、石窟河等大小河流19条，辖区航道里程达830公里，其中Ⅴ～Ⅶ级以上等级航道204公里，年货运量约500万吨。物流基础信息设施日趋完善，全市拥有移动电话用户441.7万户，其中4G电话用户292.6万户，互联网宽带（固定）用户105.45万户。

（三）快递服务能力逐步提升

梅州市引导物流企业整合优化服务功能，初步形成了梅州EMS、鹏安、金三和等一批所有制多元化、服务网络化和管理现代化，集装卸、运输、仓储、分拨、信息处理、货运代理于一体的物流龙头企业。电商进农村综合示范创建深入开展，平远、五华、大埔和梅县4个县（区）积极开展国家、省级电子商务进农村综合示范工作，不断加快电商服务站点、物流服务中心等建设，补齐农村电商物流公共服务短板，有效推动了农村物流及社会综合发展。邮政快递服务水平不断提高，“快递入区”“快递下乡”工程有序推进，快递末端服务网点设置实现乡镇全覆盖，智能快件箱、智能手机投递客户端等便民设备和App得到推广使用。至2018年，全市共有货运物流企业246家，货运车辆11749辆，冷链运输汽车36辆，冷藏冻库152个。建有7个县级电商公共服务中心，示范县还建成43个镇级农村电商服务站，560个村级电商服务点。邮政系统共有7个县级邮件快件处理中心，邮政服务营业网点159处，乡镇投递部107个，村邮站430个。民营快递企业54家，快递末端服务网点431个，快递投递汽车469辆，三轮车406辆。云柜、丰巢在全市160个小区建成200组智能快件箱，格口数19587个。商贸物流服务范围和功能不断拓展，便民利民服务水平逐步提升。

（四）发展环境持续优化

梅州市贯彻落实国家《商贸物流发展“十三五”规划》《广东省农村物流建设发展规划（2018—2022年）》《广东省推进电子商务与快递物流协同发展实施方案》，先后制定了《梅州市流通业发展规划》（2008—2020年）、《梅州市农村物流建设发展规划（2018—2022年）》，出台了《梅州市推进线上线下互动加快商贸流通创新发展转型升级实施方案》等政策措施，强化规划引领，细化工作措施，扶持物流业、快递业发展。物流业基础性工作扎实推进，标准化和信息化建设稳步实施，人才培育培训工作进一步加强，物流发展环境持续优化。

二、梅州市物流业发展存在的主要问题

（一）物流基础设施有待完善

目前，梅州市缺乏货运物流资源集聚基地，货运站场发展布局、规模比较小，功

能定位不突出，铁路、公路、港口设施能力不足，不利于整合物流资源，联运机制和物流网络发展模式还处于初级阶段。受资金等瓶颈限制，全市农村交通基础设施建设还不够完善，镇、村客运站（亭）等级较低，缺少相应的信息化应用建设和硬件条件，县、镇、村三级货运发展水平低。

（二）物流信息化应用水平不高

目前，梅州市物流运输企业依然存在“小、散、弱”等问题，缺乏具备现代物流要求的综合性服务平台，物流信息渠道不通畅，资源不能共享，信息化运输水平低，车辆实载率低，物流往返成本大、利润少，物流企业负担较重。

（三）物流企业竞争力不强

与珠三角经济发达地区的物流企业相比较，梅州市物流企业的发展规模和服务能力还存在较大差距，未能完全满足梅州市社会经济发展需要。从企业发展规模来看。本地物流企业缺乏龙头企业，小、散、弱等现象仍然存在。同时，由于企业间压价竞争，拼成本、拼价格，盈利模式同质化现象严重，也制约了梅州市物流企业进一步做强做大。从企业服务水平来看，梅州市物流业发展处于起步阶段，行业准入门槛低，大多数物流企业只能简单地提供运输和仓储等单项或分段服务，在提供适合用户需求的高水准、系列化、全流程的增值服务方面能力不够。

（四）物流成本重效率低

一方面，由于梅州市综合交通运输网络、物流园区、仓储冻库等基础设施建设相对滞后，冷链物流覆盖面不广，产品损耗情况突出，加上地处粤北地区，远离商贸物流中心城市，运距长、环节多等因素影响，导致综合物流成本重。以目前梅州市主要农业产业金柚为例，总体上，金柚的物流成本占比达10%～20%，甚至更高。另一方面，大部分中小型物流企业仍采取传统劳动密集型的作业方式进行线下操作，加之物流设施设备更新不及时、多式联运应用程度不高、物流标准化和信息化管理应用水平低等原因，造成物流效率低下。

（五）物流从业人员短缺

一是缺乏高端专业人才。大多数物流企业对员工素质要求参差不齐，企业又不愿在员工培养和专业技能培训上加大资金投入力度，导致行业内多数从业人员对物流新兴技术和高端设备的应用接受程度低，不利于充分应用现代信息技术改造提升传统商贸物流行业，提高设备设施的自动化、现代化水平，推动传统物流企业加快转型升级，实现创新发展。二是缺乏一线操作员工。受工作环境、劳动强度、个人发展机遇等因素影响，部分物流企业从业人员大量流失，离职率高。行业一线操作员工紧缺且不稳定，容易造成大宗商品集中上市期“爆仓”现象，也制约了物流企业进一步壮大经营规模。另外，物流行业从业人员流动性大，且物流企业和车主、从业人员重效益、轻管理、重利益、轻安全的思想不同程度存在，落实安全生产主体责任不够到位。

三、促进梅州市物流业发展的措施建议

（一）推进城乡物流网络建设

通过招商引资、本地培育和资源整合等形式，支持有实力的物流企业建设改造一批综合型和专业型的物流分拨配送中心，构建有序集散和高效配送的物流分拨配送中心网络。重点推动梅州·国家级现代农业产业园、梅州市现代农资物流配送中心、五华县特色农产品加工冷链分拣配送中心、兴宁市毅德商贸物流城、村之翼现代农业物联网产业园、喜多多电子商务科技园等项目建设落地。推进与中石化、顺丰速运等的深度合作，搭建大宗供销、基地直采、超市专柜、社区直供等销售网络。推动农商互联完善农产品供应链，促进农产品流通企业与新型农业经营主体进行全面、深入、精准对接，实现联产品、联设施、联标准、联数据、联市场，重点以与 SPAR 中国等企业的合作为契机，积极推动优质名牌产品拓展全国性营销网点和全球供应链市场。完善城市配送网络，以梅州成为广州首批设立的 4 个粤港澳大湾区“菜篮子”产品配送中心之一为契机，加强与广州市合作共建，依托中国供销·粤东农批、“梅州自家人”蔬菜基地、“乐得鲜”蔬菜基地、汉光超顺农旅园（黄龙基地）等大宗商品集散中心和蔬菜供应基地，建设改造成为集公共仓储、加工分拣、区域配送、信息管理等服务功能于一体的社会化配送中心。完善末端配送网络，推动邮政、供销社、市县两级物流企业等加强合作，整合村邮站、村供销社、快递物流网点、电商服务站、乡村“幸福驿站”等网点资源，发展“多站合一、多点合一、服务一体化”运营模式，畅通配送末端“毛细血管”。推进物流配送渠道下沉，加快建设商业设施、社区服务机构、机关事业单位、大学校园配送场地，完善配送自助提货柜等设施布局。

（二）推进物流园区建设

发挥政府引导、市场主导作用，各县（市、区）、各有关部门要统筹规划物流发展，对符合土地利用总规划和国家产业政策的物流园区建设项目予以倾斜支持。在城市中心、交通枢纽、经济开发区和工业园区有序规划建设大宗生产资料物流基地和物流园区，为本地物流企业集聚提供载体支撑，促进产业适度集聚。加快广铁物流园、市级快递中转分拨物流园、梅江区城北物流园、大埔县物流园区、五华县农产品加工冷链仓储物流园区、梅州海吉星农产品商贸物流园等项目建设进展。加强物流园区公共基础设施建设，完善多式联运和集疏运体系，提高仓储、中转及配送能力。加强物流园区经营管理，建立以市场化运作为主，规划引导、依法监管、协调服务相结合的

园区开发建设模式。支持物流园区拓展服务功能，提供供应链设计、设备租赁、法律咨询、信用评价等商务服务。加强物流园区与外部交通网络的有效连接，鼓励物流园区之间，物流园区与产业园区、商品市场、公共平台之间加强合作，发展“电子商务+快递物流+仓储”一体化产业园区运营模式，实现联动发展。

（三）推进电子商务物流建设

针对电子商务全渠道、多平台、线上线下融合等特点，依托铁路、公路、航空、邮政等合作网络，完善电子商务物流布局，构建连接城乡、覆盖全国的电子商务物流体系。加快推进电子商务与快递物流协同发展，主动适应电子商务与快递业务发展需求。以推进国家、省电子商务综合示范项目为抓手，争取更多的县（市、区）成功申报，重点推动平远、五华等国家、省级综合示范县建设和改造升级县域电商运营中心，配套建设集约化快递物流集散中心，延深展示交易、仓储配送、加工包装、快递分拣等综合性服务功能，充分发挥示范带动作用。推动落实国家邮政局、商务部、供销总社等七部委联合出台的《关于推进邮政业服务乡村振兴的意见》，支持邮政、快递物流企业和龙头农电商企业深度合作，整合网点资源和拓展服务功能，提高快递物流网点覆盖率。鼓励和支持“十记果业”“客天下”等龙头农电商企业重点在推动农产品上行、工业品下行以及打通农村物流配送“最后一公里”方面加强与大型供应链企业的合作，融合优势资源，让梅州的优质农产品搭上“供应链+”快车，促进惠农富农，助推乡村振兴发展。支持电子商务企业与社区便利店合作开展“网订店取（送）”。支持物流企业拓展服务功能，提升服务能力，在配送中心建设、网点开发、车辆保障、物流服务等方面加大投资和改造力度，开发专业化、个性化服务，满足差异化需求，提升用户体验。

（四）推进冷链物流建设

加大对农产品主产区冷链物流建设项目的扶持力度，以中央、省冷链物流发展和商贸流通项目为抓手，鼓励“广东顺兴种养”“广东李金柚”“向丽鲜客”等一批大型农产品生产加工、冷链物流、商贸服务企业，改造、新建一批公用型果蔬菜预冷库、肉类冷链物流中心、储存保鲜库等适应现代流通和消费需求的冷链物流基础设施。引导物流企业使用各种新型冷链物流装备与技术，推广仓库屋顶光伏发电、冻库节能技术的集成运用、全程温度监控设备，完善产地预冷、销地冷藏和保鲜运输、保鲜加工的流程管理和标准对接，逐步实现产地到销地市场冷链物流的无缝衔接，降低损耗，保障商品质量安全，解决梅州市外销生鲜农产品的仓储和运输问题。

（五）推进物流标准化

通过“典型引领、示范带动、由点到面、全面推进”的方式逐步推动物流标准化建设，充分发挥梅州市商贸物流标准化试点城市建设项目的辐射带动作用，引导全行业提高标准应用水平、经营管理水平、产品质量水平和从业人员资质水平，整体提高梅州市物流业标准化水平。以标准托盘（1200 毫米×1000 毫米）及其循环共用为切入点，重点支持和鼓励深华药业、旺兴达、卡莱等行业龙头企业使用符合国家标准《联运通用平托盘主要尺寸及公差》（GB/T 2934—2007）、《联运通用平托盘性能要求和试验选择》（GB/T 4995—2014）的托盘，示范带动提高各行业标准托盘普及率。鼓励和支持有条件的物流企业购置托盘、运输车辆、叉车、集装箱等标准化设备，在包装、装卸、搬运、运输作业等环节推进物流作业标准化，提高供应链效率。

（六）推进物流信息平台建设

以“广梅共建省级大数据产业园”“广东 115 科技”为先行者，充分利用穗梅共建等契机，大力招引互联网企业在梅州设立数据存储中心，将大数据存储环节向梅州转移，推动梅州成为粤港澳大湾区商贸、物流等大数据信息平台的数据备用存储后台。支持物流企业与生产企业、批发零售等企业通过共用信息系统，实现数据共享、资源共享和信息互通，构建多层次物流信息平台。推动整合本地重点助农服务综合平台、共享物流系统、同城配送服务平台、ERP 信息管理系统等资源，建设统一的城乡物流配送公共服务信息平台，拓展交易撮合、信息发布、跟踪追溯、信用评价等综合性服务功能，提升采购、交易、运作、管理、结算等全流程服务能力，为物流企业特别是中小企业提升组织化和信息化水平，降低交易成本提供有利条件，实现规模化运输，减少车辆空载率，提高物流效率。

（七）培育龙头企业和品牌

支持传统物流企业转型升级，通过技术创新、服务创新和模式创新，不断提升物流服务的专业化水平，打造核心竞争力，重点培育 10 家本地物流龙头企业。鼓励物流企业采用参股、兼并、联合等多种形式，整合资源和利益共享，实现企业的规模化、集约化发展，提升服务能力和市场竞争力。支持龙头企业通过整合物流供应链资源，发展仓储、配送、分销、信息等多功能复合新型的物流业态。重点培育和打造一批创新活力强、发展潜力大、示范和带动作用明显的物流企业品牌、服务品牌、园区品牌，提升整体品牌影响力，辐射带动物流相关行业发展。

2018年河源市物流业发展回顾与展望*

一、2018年河源市物流业发展总体情况

（一）物流业规模持续扩大

2018年，河源市交通运输、仓储和邮政业实现增加值30.41亿元，比上年增长2.9%。全市全年完成货运量6861万吨，同比增长2.4%（见图2－3），其中公路货运量6842万吨，同比增长2.3%；水运货运量19万吨，同比增长20.8%。全市邮政寄递服务业务量累计完成4020.06万件，同比增长1.91%；邮政寄递服务业务收入累计完成1871.52万元，同比增长2.72%。快递业务量实现2123.93万件，同比增长32.02%；业务收入完成3.85亿元，同比增长27.37%。

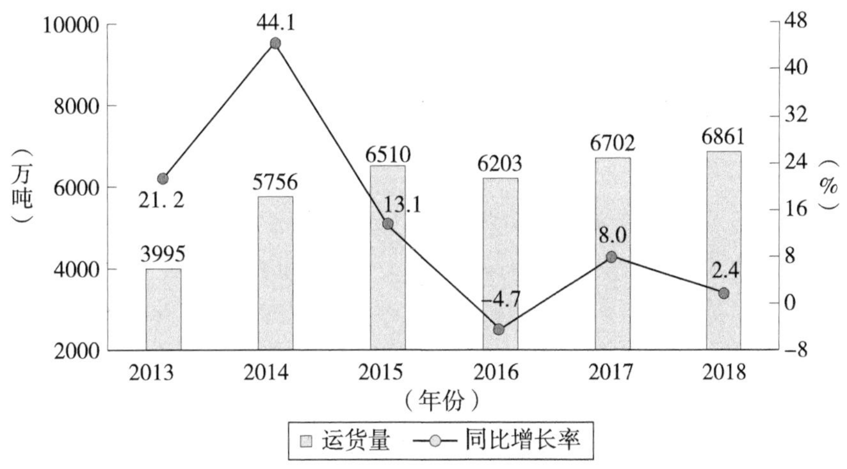

图2－3　2013—2018年河源市货运量及增速

2018年，全市完成货物运输周转量946328万吨公里，同比增长5.1%，其中，公路货物运输周转量941025万吨公里，同比增长5.0%；水运货物运输周转量5303万吨公里，同比增长29.0%（见图2－4）。

* 供稿单位：河源市商务局。

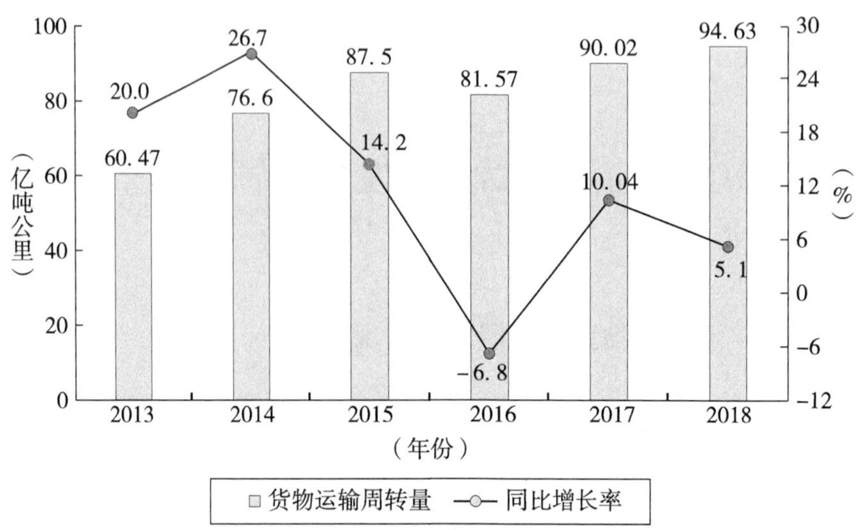

图2-4　2013—2018年河源市货物运输周转量及增速

（二）交通运输网络逐步完善

河源是粤东、粤北地区的交通枢纽，初步建成集公路、铁路、水路为一体的南承珠三角、北通赣南、东联梅州、西接韶关的综合交通运输网络。据2019年河源市统计年鉴显示，2018年，全市公路通车总里程达16236公里，公路网密度为104公里/百平方公里，其中，等级公路15868公里，包括高等级公路728公里（高速公路505公里、一级公路223公里），普通公路15140公里（二级公路969公里、三级公路1652公里、四级公路12519公里）；等外公路368公里。全市铁路营业里程227公里，其中，京九铁路183公里、广梅汕铁路龙川至梅州段44公里，是省内铁路覆盖率最高的地级市，拥有华南地区最大的铁路编组站和国家一类口岸；全市内河通航里程515公里，可通行300吨级船舶，东江航道可达广州黄埔港，主要港口有河源港和古竹港。

（三）重大物流项目建设提速增效

近年河源市大力发展现代物流业，吸引和集中大量资金投资建设物流项目，促使物流项目建设提速增效。一是具有一定规模的物流园区逐步建成，市高新区综合物流园、仙塘物流园、龙川海铁联运综合物流园等重大物流园区建设加快推进，各县（区）的城市商贸物流配送中心正在规划建设中，为全市物流业发展提供了重要平台。市商业中心、河源市农产品流通中心、农副产品批发中心等商贸物流项目稳步推进，大大提升了全市商贸物流业的综合实力。二是全市重点项目取得一定建设成果。绿然灯塔农产品物流园区是河源市首个农产品物流园区，是全市最大的在建物流项目。该项目规划面积15.5万平方米，总投资4.06亿元，分两期建设完成。第一期建设主要是农产品现货交易区、农业互联网大楼和生活配套；第二期建设主要是3000吨冷库和5000吨干货库，目前第一期主体工程已完工封顶。

（四）龙川铁路综合物流产业园建设取得阶段性成果

2018年2月8日，龙川县人民政府与中铁第五勘察设计院集团有限公司签订了《龙川县铁路综合物流产业园区产城一体化建设合作协议》，表明双方进一步细化投资事项，认真做好项目建设前期工作，扎实有效推进项目逐步落地。该项目计划建设总投资估算为156.56亿元，规划建设总占地面积11.33平方公里，园区分为铁路枢纽物流区、智慧物流园区、东江国际商贸区、城市产业合作区和东江国际生活区五大功能板块。项目规划分近期、中期、远期三阶段建设，其中一期工程建设项目为保税物流中心（B型）、共享仓储、东贸粮食物流中心、服务中心以及铁路物流园。项目建成后，将积极推动以龙川为起点的中欧（龙新欧）班列，旨在将综合物流产业园建设成为对接“一带一路”、中国（广东）自由贸易区、粤港澳大湾区等国家战略的重要铁路物流基地，以及我国“粤东北国际商贸物流枢纽”和“粤港澳大湾区现代服务业国际智慧城”。

二、河源市物流业发展存在的主要问题

（一）社会物流需求不足

河源市作为广东省一个经济加快发展的起步地区，经济基础相对薄弱，结构不合理，人均水平较低，与发达地区差距相对较大，农业增产、农民进一步增收难度加大；工业园区提质增效效果不明显，园区接纳能力不足，部分企业生产经营困难；消费需求增长动力偏弱，出口形势仍然偏紧；绿色资源转化还不够快，生态保护和节能减排任务艰巨；中心城区扩容提质力度有待加大；自主创新能力偏弱、区域发展不平衡等深层次矛盾仍然突出，社会物流需求明显不足。

（二）物流基础设施有待完善

一是物流基础设施有待完善。河源市处于粤北地区偏远地带，距离粤港澳大湾区中心城市较远，全省对河源市物流基础建设重视不够，全市物流基础设施不完善，尤其是农村物流基础设施缺乏，如部分农村公路较窄，无法满足双向物流车辆自由通行，农村物流网点末端建设不足等。二是物流网络节点不畅。目前，大多数物流公司未在河源市设立区域分拨中心，快递公司收寄的快递件仍需要集中运输到珠三角的分拨中心进行分拣再发往各地，即使在河源市本地收寄部分快递件也需要运输到珠三角地区进行统一分拣后重返河源市，导致物流运输成本增加，不利于河源市物流业发展。

（三）物流业整体发展水平偏低

一是物流企业规模较小。目前河源市从事物流服务的企业规模和实力还比较小，

缺乏物流龙头企业，仍然是以传统物流服务方式为主，经营模式单一，从事第三方物流服务企业不多，难以形成现代化、规模化、集约化现代物流产业市场。二是物流企业运作管理水平较低，经营管理较为粗放，物流经营管理理念落后，网络化的经营组织和物流技术装备有待加强，缺乏现代物流管理人才。多数企业只能简单地提供运输、仓储服务，在流通加工、物流信息服务、库存管理、物流成本控制、物流方案设计、全程物流服务、供应链管理等物流增值服务方面很少涉及。三是新兴物流业态发展势头不足。由于缺乏龙头物流企业引领，物流企业自身积极性不强，物流经营市场需求不足等因素，导致新型物流业态发展动力不足，尤其是无车承运人、多式联运、冷链物流、跨境物流以及保税仓等新兴物流发展较为落后。

（四）物流成本居高不下

河源市仓储运输业、物流服务业成本逐年增加，物流企业生产要素成本大幅上涨，使得物流业发展趋缓、经营面临困难。一是物流车辆燃料动力价格持续上涨，企业生产经营支出成本不断增加，物流车辆运行费用难以降低。二是物流综合用工成本大幅上涨30%～40%，随着人口老龄化趋势逐渐增强，愿意从事物流运输、装卸搬运、加工包装等作业的劳动力大幅减少，年轻劳动力对工作环境、工资、工作时间等要求标准逐年提高，致使劳动用工成本不断增加。三是管理费用逐年上升，土地使用税大幅增加，物流企业负担加重。

（五）物流高层次人才缺乏

目前，河源市物流人才培养的层次不高，多数是由本专科类院校负责物流人才输出，人才输出渠道较为单一，缺乏高端物流专业人才的培训机构。河源市高校针对物流专业学生开设的物流专业课程较少，缺乏与龙头物流企业合作办学经验，较少组织学生到物流企业实践学习，导致物流人才理论知识强，实操能力差，影响着河源市现代物流业快速发展。

三、促进河源市物流业发展的措施建议

（一）持续扩大物流市场

一是大力发展第三方物流，逐步发展第四方物流，提高全市物流业的社会化和专业化水平。二是依托河源市物流业“一核、七园、十中心”空间布局和重点产业集群优势，引导全市制造企业分离物流业务，吸引物流企业主动为制造企业提供原料采购、运输、仓储和配送等一体化物流服务，有效解决物流供需结构性矛盾，重点支持大型资源型企业分离外包物流业务。三是推动商贸业和物流业融合发展，引导商贸企业与物流企业联动发展，支持大型商贸市场、超市和专业市场与第三方物流业融合发展，

重点为企业提供统一配送、城市共同配送、冷链配送等业务，实现由销售物流向供应链一体化延伸，形成大市场、大流通发展格局。

（二）推进物流标准化信息化建设

一是推进物流标准化，加快物流信息化建设，推广物联网技术应用。引导企业采用国际通用规范和国家标准，实行标准化的物流计量、货物分类、物品标识、技术装备、仓储、作业流程以及统一的信息采集交换标准，提升物流企业标准化水平。二是以河源市物流综合信息中心建设为重点，整合建设河源电子政务平台、综合运输信息平台、物流资源交易平台、物联网应用中心、大宗商品交易平台和物流行业门户网站，构建河源市统一的物流综合信息平台。三是支持物流企业开展物流信息化升级改造，加强与广东省南方物联网信息中心合作，鼓励物流企业运用大数据、智能化、物联网技术、北斗定位、RFID（无线射频识别技术）、货物自动分拣系统等物流信息技术。

（三）大力引导发展跨境电商物流

进一步扩大招商推介和宣传，加强与广州、深圳等地大型商协会的对接，引进一批跨境电子商务、跨境物流企业，将企业总部或区域总部、结算中心落地河源。支持跨境电子商务企业围绕技术、物流、服务创新商业模式，加强与境外企业合作，通过规范的海外仓、体验店等模式融入国外零售体系，逐步实现经营规范化、管理专业化、物流标准化和监管科学化的经营模式。大力推进建设综合保税区、保税物流中心（B型），探索建设跨境电子商务产业园，在现有跨境电子商务监管中心的基础上，完善保税货栈、仓库、办公区域等设施，形成产业的聚集效应。

（四）发展壮大物流市场主体

加快提升河源市本地物流企业综合实力，培育引进大型物流企业。鼓励河源市域内物流企业在技术、设备、管理、运营、信息化、物流网络等方面加快发展，不断提升物流服务水平。鼓励从事传统物流业务的企业以参股控股、兼并联合、合资合作等形式重组改造，通过扩大经营、延伸服务等方式向专业化现代物流企业转型。放宽物流企业经营范围，引导和鼓励物流企业向综合化、一体化方向发展。鼓励物流企业参与国家A级物流企业评估，提升企业品牌价值。鼓励河源物流企业走出去开展业务，并积极引进国内外知名大型物流企业落户河源，建设采购中心、分拨配送中心。

（五）引进培养高层次物流人才

高层次物流人才的严重缺失，是制约河源市物流企业发展的瓶颈，应积极加强引导企业和高校进行合作，在输送和引进高层次物流人才方面加强沟通和联系。加强对高端专业物流人才的定期培训，为人才成长营造一个良性的环境，引导物流企业深化与高等院校的合作，充分利用当地高等院校的高科技人才和先进设备，开展横向合作，为企业的发展提供理论支持，同时培养企业科研人才，提高企业自身的研发水平。

（六）积极发挥行业协会作用

大力支持物流行业协会发展，规范行业行为和强化行业自律。河源市物流运输行业协会属于民间行业组织，可以由大型物流龙头企业牵头、企业自由加入。积极发挥行业带头作用，定期举办论坛、讲座，与国际国内知名企业和物流产业发达的省、市进行交流，实现河源市物流企业“走出去、请进来”。积极引导企业管理者不断学习和使用供应链管理理念，为迁入现代物流园区的企业提供“一站式”服务，协助政府制定优惠政策。

第三部分 理论探讨

推进物流业高质量发展面临的若干问题*

党的十九大明确提出，我国经济已经由高速增长阶段转向高质量发展阶段，这是对新时代我国经济发展阶段的重要论断。物流业作为支撑国民经济发展的基础性、战略性、先导性产业，正处在向高质量发展转型的关口。新的形势下，我国物流业基本面出现了一些新的变化，推进物流业高质量发展还面临若干问题，需要我们加以重视并积极应对。

一、稳中有变：我国物流业发展的基本态势

当前，我国物流业运行总体平稳，已经成为世界“物流大国”。面对国内外经济形势的变化，我国物流业正在发生一系列深刻变化。

（一）物流规模增速持续放缓

2017 年，我国社会物流总费用 12.1 万亿元，已经成为全球最大的物流市场（2017 年美国为 9.4 万亿元）。全国货运量 479 亿吨，其中铁路货运量、公路货运量及周转量、港口货物吞吐量和集装箱吞吐量、快递业务量均位居世界第一位。物流业从业人员超过 5000 万人，是吸纳就业的重要服务行业之一。

2018 年上半年，社会物流总费用 6.1 万亿元，同比增长 9%；完成货运量 232.1 亿吨，同比增长 6.9%，与 2017 年相比分别回落 1.2 个和 3.1 个百分点。2018 年 8 月，中国物流与采购联合会重点监测的系列指数与 2017 年相比全面回落。物流业景气指数为 50.7%，较 2017 年同期回落 2.8 个百分点；仓储指数为 50.1%，回落 1.5 个百分点；公路物流运价指数为 95.7，回落 8.3 个点；电商物流运行指数为 112.2，回落 8.2 个点；快递物流指数为 101.1，回落 1.1 个点。排除季节因素，以上指数“全线回落”，预示着物流规模增速放缓的趋势。

（二）供需结构调整升级

2017 年，我国社会物流总额为 252.8 万亿元，同比增长 6.7%，近五年年均增速为 6.3%。2018 年上半年，社会物流总额 131.1 万亿元，同比增长 6.9%。社会物流需求

* 供稿人：何黎明，中国物流与采购联合会会长，发表于《中国流通经济》2018 年第 10 期。

逐渐企稳回升，进入换挡平台期。

1. 需求结构调整升级

随着居民消费水平的提高，消费品物流需求保持较快增长。2018 年上半年，单位与居民物品物流总额 3.1 万亿元，同比增长 29.3%，五年来年均增长 38.7%，保持较高增长速度。食品、家电、化妆品、日用品等与民生相关的物流需求持续增加，网上零售带动快递快运等行业延续高速增长态势。工业品物流保持稳定增长，2018 年上半年工业品物流总额 119 万亿元，同比增长 6.7%，五年来年均增长 6.6%。其中，高技术产业和装备制造业物流需求 2018 年上半年分别增长 11.6% 和 9.2%，中高端物流需求增势良好。

2. 企业结构更加集中

目前，我国物流相关法人单位约 40 万家，是重要的服务产业之一。近年来，国有企业推进混合所有制改革，民营企业加快兼并重组，外资准入进一步放宽，社会资本加速进入物流领域，物流市场主体集中化趋势加快。“中国物流企业 50 强”主营业务收入达 8300 亿元，进入门槛提高到 28.5 亿元。快递、冷链物流、电商物流、汽车物流、国际航运、零担快运等细分市场集中度显著提升，八大快递企业市场集中度近 80%。目前，全国 A 级物流企业达到 5355 家，其中 5A 级企业 293 家，一批综合实力强、能够引领行业发展的物流标杆企业加快涌现。当然，这也对我国大量中小微物流企业的生存和发展提出了严峻挑战。

（三）新旧动能转换释放活力

1. 智慧物流创新引领变革

“十三五”以来，国务院积极推进“互联网＋”行动。经国务院同意，国家发展和改革委员会会同有关部门制定了《“互联网＋”高效物流实施意见》，交通运输部、商务部、工业和信息化部等有关部门部署推进互联网＋物流相关工作，为智慧物流发展营造了良好的政策环境。物联网、云计算、大数据、人工智能等新一代信息技术加快在物流领域应用，全面连接的物流互联网加快形成，推动物流数字化发展。依托阿里云公司建设的“智慧城市大脑”成为国家四大新一代人工智能开放创新平台之一，下一步有望在雄安新区落地，与物联网、云计算、大数据等先进技术和无人车、无人仓、配送机器人等先进设施相结合，打造智慧化的未来之城。互联网＋高效运输、智能仓储、便捷配送等新兴物流模式改变传统产业模式，互联网与传统物流产业深化融合。继消费互联网之后，产业互联网以再造“价值”为特征，改变了整个产业的生态体系，推动传统物流产业平台化变革。运营数字化、企业平台化、产业生态化成为智慧物流的重要特征。

2. 供应链物流创新释放新动能

党的十九大提出，要培育现代供应链新增长点，形成新动能。国务院办公厅围绕

“供应链创新与应用”专题发文，商务部、工业和信息化部与中国物流与采购联合会等八部门开展试点工作，试点城市和试点企业申报已经进入评审阶段。现代供应链既是衡量一国经济竞争力的重要指标，也是物流业迈向价值链中高端的重要选择。随着客户需求和服务能力的提升，物流业与上下游制造企业、商贸企业深度融合，加快延伸产业链，优化供应链，提升价值链。通过聚焦整合资源、优化流程、协同创新，创造供应链新价值，迎来了向供应链转型的热潮。随着互联网与供应链的深度融合，供应链服务模式正在由链主主导型向平台服务型、生态协同型转变，供应链数字化、可视化、智能化加快发展，有望形成一批上下游协同、智能化连接、面向全球的智慧供应链示范企业和服务平台。

（四）物流基础设施初具规模

党的十九大报告提出，要加强物流等基础设施网络建设，并将物流基础设施提高到与公路、铁路一样高的地位。国家发展和改革委员会制定了《全国物流园区发展规划（2013—2020）》，开展示范物流园区工作，交通运输部开展货运枢纽补助工作，商务部鼓励城乡配送设施建设，国家邮政局鼓励快递货运枢纽建设。中国物流与采购联合会《第五次全国物流园区（基地）调查报告（2018）》显示，我国物流园区总数已经超过 1600 家。为推进基础设施网络化发展，国家发展和改革委员会正在研究制定国家物流枢纽布局建设规划。物流基础设施之间的联系日益紧密，逐渐由单点发展向网络协同转变。物流设施网络与区域产业集群联动发展日益明显，释放区域经济发展潜力。此外，数字物流基础设施受到关注，推动线下资源全面数字化、智能化、网络化。阿里巴巴与菜鸟网络计划建设国家智能物流骨干网，打造国内 24 小时、全球 72 小时物流必达网络体系。数字基础设施与实体基础设施相辅相成，集聚优势与网络效应相互叠加，加速物流资源集中集聚，引导社会资源协同共享，物流基础设施网络化、数字化、平台化趋势初步显现。

（五）产业政策聚焦物流降成本

2017 年，我国社会物流总费用与 GDP 的比率为 14.6%，较 2012 年的 18% 下降了 3.4 个百分点，实现了“五连降”。2018 年上半年，社会物流总费用 6.1 万亿元，同比增长 9%，较 2017 年回落 1.2 个百分点，社会物流总费用与 GDP 的比率进一步降为 14.5%，物流降成本效果持续显现。

近年来，降低物流成本成为供给侧结构性改革的重要组成部分，国务院和有关部门连续两年出台推进物流降本增效的政策措施，2018 年上半年国务院常务会议对推进物流降本增效做出部署。各有关部门积极推动落实，一批行业关心的税收、交通、土地、监管等问题逐步得到解决。最近国务院大督查也将降低物流成本作为 2018 年督查工作的重点，确保降成本工作落到实处。中国物流与采购联合会作为行业社团组织，充分发挥桥梁和纽带作用，积极反映行业诉求，参与政府决策，促进物流政策环境持续优化。

二、变中求进：我国物流业高质量发展面临的若干问题及对策

总体来看，我国已经成为世界“物流大国”。但是，我们也要清醒地认识到，我国物流运行质量和效率与人民日益增长的对美好生活的需要还存在不小的差距，依靠传统的要素投入发展方式将难以为继。下一阶段，面对稳中有变的基本态势，关键是要走高质量发展之路，通过进一步深化改革，加快结构调整、动能转换和转型升级，全面提升国家物流竞争力，建设新时代“物流强国”，支撑现代化经济体系高质量发展。

接下来，对当前制约我国物流业高质量发展的主要问题进行分析并提供相关建议。

（一）物流能力存在结构性过剩

当前，我国物流领域能力过剩问题较为突出。在公路货运市场，“车多货少”成为常态。截至2017年年底，我国营运货车达到1368.6万辆。2017年新增货车363.3万辆，同比增长16.9%，而公路货运量仅增长10.1%。随着经济结构的调整，货运量增速放缓是大概率事件。

2016年，交通运输部、公安部等多部门联合开展治理公路货车超限超载专项行动，基本遏制了车辆超载问题，但超长超宽的超限问题依然严重。过剩运力无法出清，导致“劣币驱逐良币”，出现了全行业违规风险。近年来，国家调整运输结构，通过多种手段推进“公转铁”，提高铁路货运比重，公路“车多货少”的情况将更加严重。公路货运市场上的绝大多数车辆为个体所有，一辆车就是一个家庭的生计来源。如何在不引起社会震荡的前提下妥善解决退出问题，对政府治理能力提出了严峻考验。

下一步要稳步推进运输结构调整，一是要按照“宜水则水，宜铁则铁，宜公则公”的原则，借助市场化手段调节不同运输方式的比较优势，提高铁路运输在大宗货物、长途运输、集装箱运输中的比重；二是要深化公路超限超载治理，尽快公布下一步车辆超限治理方案，通过规范治理调整公路运输的比较价格；三是要深入推进铁路货运改革，引入社会资本和市场竞争机制，进一步放开铁路货运市场；四是要推进发展多式联运，研究制定“一次托运、一次收费、一单到底”的运作机制和保障措施。

（二）制度性交易成本依然偏高

物流领域供给侧结构性改革的重要内容就是降低制度性交易成本。目前，行业企业反映的主要问题仍然集中于“两高三难”。“两高”：一是税负高。物流各环节税率不统一，不利于物流一体化运作，也提高了税收征管成本。相当一部分个体司机无法为上游企业提供增值税发票，企业进项抵扣不足，导致税负“不降反升”。二是收费高。目前，公路通行费占物流企业运输成本的1/3左右。部分高速公路开展分时段差

异化收费试点，但覆盖面不广，力度不大，一些高速公路存在超期收费问题。“三难”：一是通行难。各地货车限行范围越来越广，限行时间越来越长，大大增加了城市内部配送成本，难以有效保障城市生活消费需要。二是用地难。各地普遍限制物流用地，存量用地减少与新增用地不足同时存在，导致市场“一库难求”，物流企业被迫向城市周边甚至更远的地区扩散，不仅导致物流成本增加，而且影响物流服务质量。三是审批难。大部分个体司机难以登记注册为个体工商户和个体运输业户，行业管理出现“真空地带”。物流企业普遍存在网络化经营特点，各地非法人分支机构设立存在诸多困难。

下一步要深化物流领域简政减税降费改革，一是重点推进收费公路改革，扩大分时段差异化收费政策覆盖面；二是统一物流各环节增值税税率，推广电子货运发票；三是制定城市配送车辆通行管理办法，便利城市货车通行停靠和装卸；四是针对物流行业主体分散的特点，重点推广互联网 + 政务服务模式，推行网上注册、网上审批、网上注销等便民服务，实现“不跑腿”“零上门”。

（三）创新驱动面临制度性障碍

近年来，国家支持互联网 + 高效物流发展。交通运输部推进无车承运试点工作，积累了大量试点经验。试点中暴露出来的问题主要是大量存在的个体车辆挂靠经营问题，挂靠经营人难以取得合理税票，导致物流企业进项税额抵扣不足。目前，一些地方通过互联网平台进行税收改革试点，但这个本质问题仍然没有得到真正解决。一些平台企业没有按照“三流合一”的要求代开发票，存在虚开发票风险。经过几年的快速发展，物流互联网平台越发显现出“赢者通吃”的局面。平台做大之后如何发挥自身数字化优势，主动承担社会责任，参与行业治理和规范自律，需要引起足够重视。近年来，无人化成为行业应用热点，无人驾驶飞机、无人配送小车、无人驾驶货车正处于商业化应用阶段。但是，现行管理制度难以有效覆盖这些新业态，制约了物流领域新一轮的创新驱动和赶超发展。

下一步要把智慧物流作为创新驱动的关键，一是要开展平台数字化治理，加强事中事后管理和行业规范自律，探索政府监管平台、平台监管企业等监管方式创新；二是要推动物流平台信息互联与政务信息开放，研究制定物流数字资产使用与监管规则；三是要制定智慧物流专项规划，编制智能物流技术装备路线图，开展重大智能技术装备科技攻关；四是要出台财税引导政策，设立专项研发基金，引导企业加大投入；五是要推动智慧物流模式创新，研究解决无人飞机、配送机器人等无人驾驶装备的制空权和路权通行问题。

（四）物流基础设施亟待补短板

目前，我国物流基础设施网络建设任务远未完成。其主要原因，一是物流基础设施空间布局不均衡，东部地区物流设施初具规模，中西部地区依然较为分散，特别是铁路运能和内河航道受限严重；二是大中型城市周边缺乏公共型的物流园区配套保障，城市物流末端网络缺位，没有配套建设装卸作业场地，马路分拣、暴力分拣现象较为普遍；三是基础设施连接不充分，物流园区与铁路、港口、机场、产业园区无法有效连接，存在“最后一公里”问题，多式联运存在衔接困难；四是物流基础设施与产业融合度不够，物流集聚区与产业集群缺乏有机联系，对区域经济的支撑作用有待加强。此外，数字物流基础设施尚未纳入规划范围，线上线下设施资源有待深化融合与协同共享。

下一步要加强物流基础设施网络规划建设，一是要科学规划国家物流枢纽建设布局，加大中西部内陆地区、大中型消费城市、重点制造产业集群设施配套；二是要合理规划城市物流设施和末端网点布局，建设公共型城市配送中心，将末端网点纳入城市公共服务设施；三是要促进物流园区互联互通，推动铁路入港入园入企，引导物流集聚区与产业集群联动融合；四是要加强数字物流基础设施建设，促进物流基础设施线上线下融合发展。

（五）环保压力倒逼绿色化转型

党的十九大报告将污染防治作为决胜小康社会的三大攻坚战之一。日益严峻的环保要求倒逼物流绿色化转型。一些地方出台政策鼓励新能源电动物流车替代燃油车，放宽新能源物流车城市通行限制。随着煤炭集疏港禁止柴油车运输，柴油货车污染治理行动启动，柴油货车退出亟待财税等政策保障。托盘循环共用、集装箱、挂车共享租赁等绿色装备共享共用机制有待建立。此外，绿色包装正在形成一个产业，亟待加强研究、应用和推广。

下一步要加快物流绿色化发展，一是要鼓励清洁车辆在物流领域的应用，放开符合标准的新能源物流车和符合“国六”排放标准的配送车进城通行；二是要科学制定柴油货车污染治理方案，分阶段分步骤引导不达标车辆退出市场，切忌“一刀切”；三是要进一步研究绿色物流技术，开展重大技术联合攻关，鼓励托盘循环共用、集装箱多式联运、挂车共享租赁等装备设施共享，协调解决行业绿色化面临的政策障碍。

总体来看，推进行业高质量发展离不开基础工作的支撑保障。要研究制定物流高质量发展的指标体系、政策体系、标准体系、统计体系、绩效评价体系。要加强调查研究，发挥行业智库作用，吸引社会企业参与，加强重大课题特别是新业态规制研究，探索新时代物流业新课题。要丰富行业指数，科学评价行业发展水平，为政府决策、企业经营提供参考和指导。要强化标准治理，推进国家标准、行业标准实施，做好车辆外廓尺寸、物流基础模数等重要标准，规范约束行业企业行为。由行业协会牵头，协调相关市场主体，协商制定团体标准，形成规范自律新机制。要推进诚信建设，实施诚信结果互联互认，制定守信激励与失信惩戒措施。要做好教育培训，开发符合行业需要的课程体系和培训方案，提高物流人才素质。

当前，我国物流业正处在向高质量发展转型的关键期，顺利跨越关口仍然需要依靠全面深化改革。要通过进一步深化机构改革和职能调整，理顺行政管理职能，优化行业管理规制，引导行业企业、社会团体、研究机构等利益相关方参与行业管理，促进社会协同治理，充分发挥市场配置资源的作用和政府宏观管理的作用，统筹推进现代物流治理能力与治理体系现代化，共同谋划物流业高质量发展新方略，全面建设新时代现代化物流强国。

我国铁路集装箱多式联运现状与发展*

多式联运是指货物由一种且不变的运载单元装载，相继以两种及以上运输方式运输，并且在转换运输方式的过程中不对货物本身进行操作的运输形式[1]。多式联运具有组织严密、资源利用效率高、综合效益好等特点，相比单一公路运输，多式联运可降低20%的运输成本[2]和57%的 CO_2 排放[3]，对推动物流业降本增效和节能减排具有积极意义。

国家发展改革委在《铁路“十三五”发展规划》中提出了拓展铁路货运市场，发展铁路物流的要求[4]。随着各种运输方式基础设施的不断完善及大部制改革的推进，发展多式联运的基础设施、技术装备、运输组织和政策保障等条件均已具备[5]。同时，我国经济发展进入新常态，产业结构和消费加快升级，货运需求结构呈现新变化，传统货运需求增速放缓，新兴货运形态崛起；随着产业向中西部转移，沿海港口积极发展内陆“无水港”，加快建设港口铁路集疏运系统，进一步提升了港口辐射能力和衔接转换水平[6]；以“一带一路”为统领的全方位对外开放策略推动了我国与沿线国家的经贸往来，中外间铁路互联互通、跨境跨区域联运走廊不断完善，中欧铁路班列蓬勃发展。铁路集装箱多式联运迎来了良好的战略机遇期，研究提升铁路集装箱多式联运的水平具有重要的现实与战略意义。

一、铁路集装箱多式联运现状

表3－1反映了1995—2017年我国铁路、公路和水路3种运输方式的货运量、货运周转量占全国综合运输市场比例的变化。不难看出，铁路货运量、货运周转量占比总体呈下降趋势。研究表明，铁路成本约为公路的1/3，能耗约为公路的1/7，排放为公路的1/13。2017年我国铁路货运周转量在综合运输市场中只占13.75%，公路运输达到34.00%，水路运输更是达到了49.69%。这与美国铁路货运周转量在综合运输市场33.23%的份额（公路运输为39.01%，水路运输仅为9.34%）形成了鲜明对比。可以认为，铁路在我国综合运输体系中的作用未得到充分发挥。

2003—2016年我国铁路集装箱运量占铁路货运总量比重的变化情况如表3－2所示。可以看出，2003—2013年，我国铁路集装箱运量占铁路货运总量的比例为

* 供稿人：许奇、何天健、毛保华，北京交通大学，发表于《交通运输系统工程与信息》2018年第6期。

2.41%～2.97%，平均为2.74%，与美国和欧洲集装箱货运量占比20%～40%的水平相比[7,8]，我国铁路集装箱仍具有很大的市场发展空间。2015年以来，铁路集装箱发展加快，2016年集装箱运量比重已升至7.89%。

表3－1　　1995—2017年我国各运输方式货运量、货运周转量占比

年份	货运量占比（%）			货运周转量占比（%）			平均运距（千米）		
	铁路	公路	水路	铁路	公路	水路	铁路	公路	水路
1995	13.44	77.10	8.03	54.44	19.59	23.42	786.20	49.93	573.21
2000	13.14	77.77	7.44	50.54	22.50	24.45	771.11	59.00	669.86
2005	14.46	73.99	9.43	49.70	20.84	26.66	769.64	64.79	649.93
2010	11.24	76.89	10.08	28.84	45.27	23.40	758.89	177.24	698.94
2015	8.05	75.52	14.72	13.41	32.67	51.49	707.39	183.98	1487.70
2017	7.70	76.75	13.89	13.75	34.00	49.69	730.68	181.28	1463.20

表3－2　　2003—2016年我国铁路集装箱运量占铁路货运总量比重的变化情况

年份	货运总量（万吨）	集装箱运量（万吨）	比例（%）
2003	199076	5907	2.97
2004	216961	5952	2.74
2005	230920	5565	2.41
2006	244395	6891	2.82
2007	264238	7608	2.88
2008	273932	6863	2.51
2009	276276	7172	2.60
2010	308209	8612	2.79
2011	328136	9351	2.85
2012	322346	9265	2.87
2013	322207	8844	2.74
2015	335801	18675	5.56
2016	333383	26295	7.89

根据对我国铁路货运结构的分析，适箱货物占总运量的20%左右，但是，实际集装箱运量仅占2.7%左右，大量适箱货物并没有使用集装箱运输，仍以铁路整车或零担的方式运输，特别是在国际集装箱港口吞吐量中，绝大多数适箱货物都是在港口地区拆装箱，然后以散货的形式在港口和内陆之间进行运输[9]。

当前我国铁路集装箱运输呈现以下特点[10]：

（1）集装箱铁水联运处于较低水平，运输市场及其组织存在较大潜力。

（2）集装箱货流呈现不均衡性，回空量维持较高水平，铁路集装箱运量主要集中在十几个大站上。广州、成都、天津、上海、北京、乌鲁木齐、昆明、重庆、哈尔滨、兰州十大集装箱作业点的发送量和到达量占铁路集装箱运输总量的1/3。

（3）集装箱平均运距保持在1000千米以上，是全国铁路货物平均运距的2倍左右，这表明铁路集装箱市场面过窄，没有发挥应有优势。

（4）铁路集装箱运输效率亟待提高，集装箱在车站平均停留时间总体较长，集装箱运输周转时间总体较长。

总的来看，铁路集装箱联运发展势头良好，但与经济社会发展要求相比仍存在明显差距。这些差距体现在以下4个方面：

（1）总量偏低。

2016年铁路集装箱运量仅占铁路货运总量的7.89%，远低于发达国家铁路20%～40%水平；铁路集装箱疏运量占沿海港口集疏运比例长期在3%左右，比较优势没有得到充分发挥。

（2）设施设备不足。

铁路集装箱数量少，专用场站、专用载运机具及衔接转运设施规模小；协同衔接效应差，20%的港口没有集疏铁路连接，铁水衔接不顺畅[7,11]。

（3）对新兴货运生态认识不够。

市场供需对接不充分，运输组织方式较为传统，“门到门”全程物流服务刚起步，运输时效性和便捷性亟待提高。

（4）多式联运市场主体多元化不足。

多式联运经营人、承运人等经营主体欠缺；运输装备标准和作业规则不统一，信息开放共享不足，市场化改革仍需深化。

我国铁路既有线路货运能力的释放和集装箱中心站的建设，为铁路集装箱运量的快速增长提供了良好条件。因此，研究我国铁路集装箱多式联运发展策略，将有助于促进我国产业结构的战略调整和经济发展的转型升级。

综上，在大部制的交通运输体制下，我国将多式联运作为支撑现代化经济体系、加快现代综合交通运输体系建设、促进物流降本增效的重要突破口，统筹谋划、综合施策，加快推进多式联运发展，已经取得初步成效。

二、铁路集装箱多式联运网络建设

我国铁路2017年年底营业里程达12.7万千米，其中高铁2.5万千米。高铁建设使铁路货运能力得到一定程度释放。铁路部门规划了集装箱中心站—专门办理站—办理站三级网络，正形成以18个集装箱中心站为节点，约50个专门办理站为支撑，约200

个办理站为网络的现代化程度高、处理能力强的集装箱场站布局。截至2017年，12个集装箱中心站已建成，33个专门办理站已批复建设，铁路集装箱多式联运网络日趋完善。

在物流通道建设方面，按照国家战略和产业布局调整要求，依托铁路、公路、水路等各种运输方式，围绕“十纵十横”综合运输大通道，重点完善境内通道，研究构建双层集装箱运输通道。贯彻落实“一带一路”倡议，推进我国与周边国家铁路互联互通，有序推动境外通道建设，积极推动与中欧班列沿线国家共同制定欧亚铁路规划，稳步推进境外铁路建设。

在多式联运枢纽建设方面，交通运输部加大政策支持力度，在原有约2800个铁路货场基础上，规划建设208个现代化物流基地，基本覆盖《全国流通节点城市布局规划（2015—2020）》中国家级、区域级城市和《全国物流园区发展规划（2013—2020）》中一、二级物流园区布局城市。目前，已对50多个具有多式联运服务功能的物流园区给予资金扶持，建成106个一、二级铁路物流基地，全国70多个城市正在规划建设具有多式联运功能、口岸服务功能的内陆无水港。

在集疏运体系建设方面，加快打通铁路进港“最后一公里”。统筹港口与铁路规划对接，加快推进疏港铁路建设，实现铁路与港口高效衔接，形成干支布局合理、衔接有效的铁水联运体系，加快港区铁路装卸场站建设。目前，全国43个规模以上港口建成了集疏运铁路，沿海和内河主要港口铁路进港率不断提高，约1/2的重要港区接入了高等级公路。青岛港、连云港、宁波港等已经实现港区与铁路无缝衔接；上海外高桥港、北部湾铁山港等正在加快推进港区专用线建设。通过加快疏港铁路建设，力争实现全国80%左右的主要港口引入铁路，2020年实现铁水联运占港口集疏运比例由1%提高到3%。

近年来，铁路在国际合作机制领域取得了突破。中欧班列运行线路目前已达57条，国内开行城市34个，到达欧洲12个国家34个城市。2017年，中欧班列开行2399列，去程班列与回程班列的增长速率分别达到了112%和122%，已成为国际知名的物流品牌。

多式联运“软环境”建设成绩显著。以班列产品为重点，加强运输时效性管理，强化运输全过程的调度指挥和跨局联动，在港口、口岸等货源充足地区采用班列“客车化”运行方案。加强多式联运公共信息交换共享，建设多式联运公共信息平台，解决不同方式、不同行业的物流信息共享问题。目前，国家交通运输物流公共信息平台已投入使用，实现45万用户的互联，实现了铁水、铁公、水水、公空，政府与政府、政府与企业等24类业务协同互联场景。推进多式联运相关的立法研究，积极构建多式联运技术标准体系，推动建立多式联运服务规则，进一步建立健全多式联运的法规制度。《货物多式联运术语》等多项多式联运行业标准颁布实施，为后续多式联运相关标准的制修订奠定了基础，标志着我国多式联运标准体系建设翻开了新的篇章。

三、铁路集装箱多式联运发展存在的问题及其成因

我国铁路集装箱多式联运发展势头良好，但与高效便捷的货运发展要求相比，仍然存在较大差距。在分析我国多式联运物流发展现状的基础上，从进一步加快多式联运发展，构建高效顺畅的多式联运系统的角度出发，我国铁路集装箱多式联运发展存在以下不足。

1. 铁路集装箱运输价格上不具备优势

与公路和水路比较，我国铁路集装箱运价普遍偏高。以郑州—佛山东为例，采用铁路集装箱和自备箱的运输价格比公路运价分别高 19.8% 和 15.4%，比公水联运价格分别高 23.5% 和 19.1%。国外铁路集装箱多式联运发展经验表明，灵活的价格机制是铁路争取集装箱货源的重要手段。目前，我国铁路也开始尝试运价下浮策略，有效改变了货源从铁路向公路和公水联运流失的局面。例如，中国铁路广州局集团有限公司最多已下调管内铁路运输价格 50%，郑州局集团有限公司已实施运价下浮政策，其中管内下浮 50%，跨局最多下浮 30%。

我国铁路集装箱价格明显高于其他运输方式，其主要原因包括：一是我国的铁路运价结构使集装箱运输比整车运输费用高，货主基于利润最大化的原则更倾向于选择整车运输；二是“单向货流”可能产生集装箱排空的情况，以及空箱回程造成的成本问题将导致铁路集装箱运价缺乏优势。另外，我国铁路运价由国家发展改革委管理，铁路集装箱班列运价由铁路总公司确定。相比运价机制灵活的公路和水路运输，铁路运价调整无法根据市场情况及时调整，铁水联运的价格优势也难以得到充分发挥。

2. 铁路集装箱运输时效较差，集装箱班列效率较低

铁路集装箱运输时效性较差，运到时间较其他运输方式长。与水路运输相比，铁路运输集装箱如不按班列组织，站到站运到期限约为 14 天。中远集团广州—沈阳集装箱班轮全程约需 10 天，与公路运输相比，铁路集装箱运输时间较长。以郑州—佛山东为例，采用公路运输只需要 2 天，而采用铁路则需要 5 天。

我国铁路集装箱运到时间较其他运输方式长，其主要原因包括：一是在集装箱班列实际运行中，铁路运输能力受限的情况经常发生，列车运行晚点使铁路运输丧失了时效性优势；二是铁路集装箱作业流程较公路烦琐，与公路集装箱运输相比，铁路集装箱运输多了铁路计划受理、取送车、开箱检查等环节的时间，明显较公路集装箱运输效率低；三是政策性运输影响，例如，在春运期间，铁路运输以客压货，难以保证春运期间集装箱运输的时效性。

3. 与其他运输方式的联运机制不完善

我国集装箱多式联运运行规则不统一，相互之间的协调较差，而且各部门、各地区之间难以协调，多式联运经营主体欠缺，标准规则不统一，信息开放共享不足，市场开放水平亟待提高。例如，铁路部门与港航企业之间、集装箱联运各环节之间信息

难以实现共享。由于单证标准不统一，集装箱运输时使用联运单据 44 张，过境箱单证 22 张，严重影响了多式联运的效率[5]。

我国集装箱多式联运缺乏协作，其主要原因包括：一是货物分类标准不一，导致多式联运作业难以进行，例如货物运输品类划分不一致、货物运输品类认定标准不一致和适箱货物品类认定标准不同；二是集装箱铁路、公路与水路运输采用不同的单证系统，导致国际集装箱联运单证不统一；三是铁路部门与港航企业之间信息衔接不畅，作为集装箱铁水联运枢纽的操作实体，集装箱码头与船公司、铁路在集装箱作业信息交换方式上的不协调，严重阻碍集装箱铁水换装实现一体化运作，对国际集装箱铁水联运换装效率造成很大影响。

4. 铁路集装箱衔接转运设施不完善，与其他方式的联运设施不配套

与港口衔接的缺乏是制约铁水集装箱联运发展的关键，这使得铁水联运间存在较高的公路短驳成本。有区域干线铁路连接的大型港口可使列车直接进入港区；在交通运输部划定的 70 个重要港区中，铁路进港率仅为 37%，铁路集疏运设施已成为整个水陆联运体系中的明显短板。

四、铁路集装箱多式联运的发展策略与对策

1. 推进铁路集装箱多式联运的机制建设

从 1995—2017 年我国货物运输结构变化可以看出，铁路货运市场空间正在被其他运输方式压缩，铁路货运量及货运周转量占比近年分别稳定在 8% ~14%。总体上看，面向多式联运的铁路运输业需要重塑以下机制。

第一，更新多式联运的理念。联运的关键在于“联”，而“联”的基石是“双赢”。我国铁路长期处于运力供不应求的状态，形成了“以我为主”的独立运营工作风格。经过几十年的建设，公路等其他方式都有了极大的发展，铁路的运力也有了显著提高，运输市场已经从改革开放初期的铁路行业独大走到了多方式竞争的格局，对这一格局变化的深刻认识是理念转变的基础。

第二，完善铁路运输的市场化运作机制。铁路运输的市场与机制改革不仅要瞄准更宽广的市场，还应占领运输附加值更高的市场，从而提高铁路运输的效益。美国铁路承担货运任务按周转量占比尽管达30%左右，但按价值仅占5%左右；这与其卡车运输周转量占比不到 30%、价值占近 70% 的结构形成了鲜明对比。2013 年以来，我国已成为第一货物出口大国，铁路本身有良好的经营环境条件，瞄准附加值更高的集装箱运输、多式联运是提高经营效率的重要方向。

第三，改革铁路运输产品的定价机制。价格是影响联运发展的重要因素。我国铁路长期在计划经济模式下运行，铁路运输价格需要由国家铁路之外的主管部门核定，这不仅使铁路运输价格的调整经常滞后于市场的变化，也影响了铁路各级经营部门适应市场、改善效率的积极性。2013 年以来，国家已启动铁路政企分开改革，定价机制

作为市场化经营的核心机制之一，需尽快进行配套性改革，以便铁路企业在政府宏观政策指引下进一步发挥主观能动性，提供更好的联运服务产品。

第四，简政放权，完善铁路多级经营机制。责权利一体化机制是提升各级铁路部门经营能力的基础。我国铁路长期以来政企一体的管理模式，形成了“一杆到底”式的高度集中管理模式，这在计划经济时代发挥了重要作用，对于集中力量办大事也具有积极意义。目前，铁路总公司由18个铁路集团公司组成，经营范围涉及东、中、西等经济发展水平不同的地区。在我国综合运输进入多元化、市场化的新时期，不同地区的经济发展水平、市场环境有较大差异。过于集中的管理体制不利于各级铁路部门因地制宜地开展改革，研究适应其本地市场的经营策略势在必行。

2. 发展铁路集装箱多式联运的具体对策

针对铁路运输难以“门到门”的特点，发展铁路集装箱运输需要以联运为出发点，与其他运输方式共同开发跨区域、多样化的集装箱联运产品。具体来说，重点应采取如下措施：

第一，明确发展铁水联运、集装箱联运两大重点领域。我国进出口贸易在过去十多年中有了突飞猛进的发展，铁水联运具有良好的市场规模与潜力。由于历史体制问题，水运与公路较早归属交通部管理，而铁路长期独成体系，这使得公水联运规模发展远远超过铁水、铁公联运。铁路企业需要以铁水联运、集装箱联运为重点，积极开拓联运市场，优化集装箱快运和五定班列组织方案，细化班列运输组织工作，不断提高班列始发正点率，促进集装箱增运增收。

第二，实行双赢与多赢的多元化合作策略。合作的成功取决于双方对共同利益点的认识与协调，市场垄断情况下容易形成某一市场巨擘独大的局面。随着市场供需平衡及多元化局面的出现，协作成为发展的主流。过去二十年来，我国港口与公路运输业发展迅速，占据了多式联运市场的主要部分；发展铁水联运、铁公联运需要更新合作理念，制订适应市场形势的合作策略。

第三，研究完善集装箱多式联运的技术与组织方法。集装箱具有便于装卸、降低货损货差、改善运输过程安全性等一系列优点。总的来看，铁路集装箱联运的开展主要需要解决3个方面的技术问题：①运输速度问题，传统的非直达运输组织模式送达时间长、效率低，难以与公路“门到门”运输竞争；②回空货源组织问题，铁路企业基本上没有建立回空货源组织体系，使得集装箱运输成本增大，甚至超过了其他运输形式；③集装箱与铁路车辆的匹配，我国铁路自身体系中有铁路集装箱系列，铁路的车辆及其线路限界标准等也是以铁路集装箱为基础的，这与联运的国际集装箱标准不兼容，影响了集装箱运输的效率与成本。因此，研究适合国际集装箱联运的车辆与运输通道是扩大铁路国际集装箱联运需要解决的重要问题。

第四，协调整车与集装箱运价问题。集装箱联运收费的重点问题在于铁路集装箱与整车的价格关系，应坚持市场导向，推动铁路部门建立合理的货物运价管理体系，在国家政策规定范围内用好定价权，尽快形成多层次、灵活、方便的运价动态调节机制。

第五，推动铁路货运业的物流化改革。货运服务的物流化是一个发展趋势，传统货运与物流的根本区别是前者以“运”为主，而后者以“物”为主。最近，中国铁路总公司提出了《2018—2020年铁路货运增量行动方案》，将集装箱运输作为实现铁路货运增量目标的重要着力点，这一策略的具体推进是以海铁联运、江铁联运、国际联运为载体，推进全国多式联运主通道的建设，包括港站枢纽集疏运体系与联运枢纽场站建设，健全多式联运的法规制度等。此外，铁路运输企业与物流企业应建立广泛的协作机制，对降低物流成本、优化铁路联运产品供给也具有重要的现实意义。

参考文献

[1] JT/T 1092—2016. 货物多式联运术语［S］. 北京：中华人民共和国交通运输部，2016.

[2] AGAMEZ - ARIAS A，MOYANO - FUENTES J. Intermodal transport in freight distribution：a literature review［J］. Transport Reviews，2017，37（6）：782 - 807.

[3] CRAIG A，BLANCO E，SHEFFI Y. Estimating the CO_2，intensity of intermodal freight transportation［J］. Transportation Research Part D，22（2013）：49 - 53.

[4] 中华人民共和国国家发展和改革委员会. 铁路“十三五”发展规划［EB/OL］.（2017 - 11 - 20）［2018 - 11 - 02］. 国家发展和改革委官网.

[5] 林坦，张弛，张洋. 破解多式联运困局推动综合运输发展的对策［J］. 综合运输，2014（6）：36 - 39.

[6] MONIOS J，WILMSMEIER G. The role of intermodal transport in port regionalization［J］. Transport Policy，2013，30（4）：161 - 172.

[7] 汪鸣. 我国多式联运现状与发展趋势［J］. 中国物流与采购，2016（23）：92 - 94.

[8] 谭小平. 我国多式联运发展战略与行动［J］. 中国物流与采购，2018（14）：26 - 27.

[9] 刘秉镰，林坦. 国际多式联运发展趋势及我国的对策研究［J］. 中国流通经济，2009（12）：17 - 20.

[10] 毛保华. 一带一路与交通运输［M］. 北京：人民交通出版社，2018.

[11] ZHANG Z Y，FIGLIOZZI M A. A survey of China's logistics industry and the impacts of transport delays on importers and exporters［J］. Transport Reviews，2010，30（2）：179 - 194.

广东省多式联运发展现状及对策研究*

多式联运是依托两种及以上运输方式有效衔接，提供全程一体化组织的货物运输服务，具有产业链条长、资源利用率高、综合效益好等特点，对深化物流供给侧结构改革，推动物流业降本增效和交通运输绿色低碳发展具有积极意义[1,2]。2016 年年底，经国务院同意，交通运输部等十八个部门联合印发《关于进一步鼓励开展多式联运工作的通知》（交运发〔2016〕232 号，以下简称《通知》），使多式联运上升为国家战略，实现了多式联运由局部探索向全面推进的阶段性转变，成为新时期推动多式联运发展的行动纲领[3]。广东省区位条件优越，是国家“一带一路”重要的战略枢纽、经贸合作中心和重要引擎，也是深化粤港澳三地合作、构建粤港澳大湾区的重要窗口，是全国的贸易大省、物流大省。然而，广东省多式联运发展水平较低，据统计，全省集装箱海铁联运箱量占港口集装箱吞吐量比例不足 0.5%，与广东省物流大省名号极其不相符。摸清楚广东省多式联运发展的制约因素，制订广东省多式联运发展思路对策，指引广东省多式联运健康有序发展，成为行业关注的焦点。

一、广东省多式联运发展概况

广东省多式联运开展的形式主要有海铁联运、江海联运等，以港口为核心的集装箱铁水联运是未来发展的重点方向，广东省依托广州港、深圳港、珠海港、湛江港 4 大沿海水运联运节点；此外，珠海及佛山、肇庆、江门等西江若干内河港口是广东省江海联运枢纽节点，在广东省多式联运中发挥着重要作用。铁路联运枢纽节点主要有广东（石龙）铁路国际物流基地、广州大田集装箱中心站、大朗集装箱站等。近几年，铁路部门通过路港合作，积极推进内陆无水港设施建设，构建西南地区出海大通道，共同推进泛珠三角地区铁水联运发展。截至目前，珠三角港口已经在泛珠三角地区建立起 20 多个内陆无水港与办事处，港口腹地逐渐向内陆延伸，港口业务覆盖范围进一步拓展，广东省多式联运业务已辐射至云、贵、川、渝、湘、鄂、赣、皖等中南西南地区，通过江海联运、海铁联运等多式联运体系与泛珠三角主要省份形成常态化、稳定的货物流通往来，已形成 5 条典型的多式联运通道（见表 3 - 3）。近几年，广东省港口集装箱铁水联运规模基本维持在 20 万标准箱左右，保持着较低的增长幅度，占港口

* 供稿人：何霖，广东省交通运输规划研究中心，发表于《物流科技》2018 年第 10 期。

集装箱吞吐量比重不足 0.5%，集装箱多式联运箱量的比重与国内主要港口相去甚远（见图 3 –1），与欧美发达国家 20% ~40% 海铁联运比例差距更大[4]。

表 3 –3　　广东省多式联运通道

通道名称	途经线路	途经主要节点
粤桂滇海铁联运通道	广茂—黎湛—南昆	深圳、广州、湛江、南宁、昆明
粤贵川海铁联运通道	黎湛—黔桂—渝黔—成渝	深圳、广州、湛江、柳州、贵阳、重庆、成都
粤湘鄂海铁联运通道	京广	深圳、广州、清远、韶关、长沙、武汉
粤赣皖海铁联运通道	京九	深圳、河源、赣州、南昌
江海联运通道	珠江—西江	珠海、肇庆、云浮、梧州、贵港

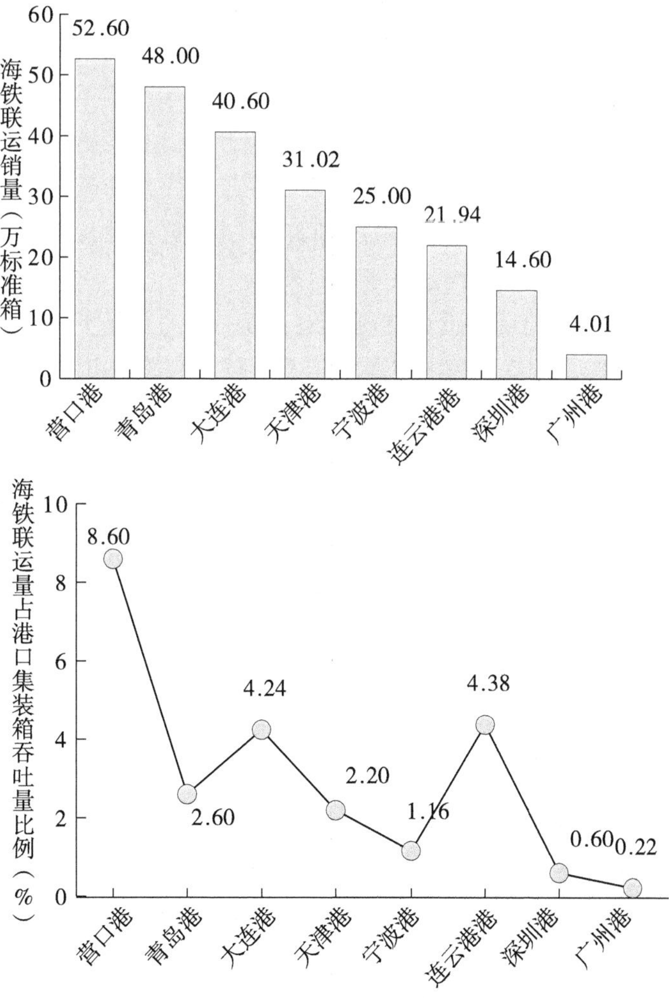

图 3 –1　国内主要港口集装箱海铁联运量情况

二、广东省多式联运发展制约因素分析

（一）个性因素分析

（1）珠三角自然及交通条件制约海铁联运业务发展，交通基础设施建设“公水强、铁路弱”。广东省作为物流大省，国家“一带一路”倡议重要的支点，近几年，大力发展综合交通运输体系，交通运输基础设施建设成效显著，尤其是在高速公路与沿海港口码头设施建设方面在全国领先，但是多式联运体系发展中，铁路建设起着至关重要的作用。广东省在铁路方面密度与辽宁、山东两省差距明显，综合分析广东省交通基础设施存在“公水强、铁路弱”的局面，铁路网建设的滞后不利于发展海铁、公铁联运。

广东省珠三角天然水系发达。珠江三角洲河道纵横，河海相连，天然成网，经西江航运干线及其主要支流，其上游腹地可深入滇、黔、桂等西南地区，经北江、东江，其运输腹地可达粤北及粤东山区，经虎门、虎跳门、横门、崖门等八大口门，可实现至港澳和沿海地区的江海直达运输，内河水运自然条件十分优越。因此，珠三角地区水水中转量较大，珠海港、广州港开通大量的驳船穿梭巴士线路，发达的水网为广东省江海联运提供了基础条件。广东省珠三角地区高速公路网四通八达，主要港口均有高速公路直达，主要港口群形成2小时经济圈，珠三角这种独特的水网条件和发达的高速公路网有利于江海联运，制约了铁水联运发展。

（2）珠三角产业分布集中与港口货源腹地有限。珠三角是世界闻名的制造业产业集群，以广州为中心方圆100公里内覆盖中国经济最活跃的城市群，包括广州、深圳、东莞、中山、珠海、佛山等14个大中城市，“广佛肇”“深莞惠”“珠中江”三大经济圈产业集群初步凸显，产业链条延伸、衔接和配套以及产业关联度都得到了一定程度的提高。根据广东省广州港、深圳港、珠海港珠三角3大港口调研获悉，广东省港口货源主要来源于珠三角，广州港货源主要集中在300公里内，深圳盐田港，500公里以内货源占95%，其中广东省及珠三角地区占据货物来源的90%，湛江港、珠海港货源主要集中在周边100公里以内。根据研究，500公里以上是铁路运输的优势距离，广东省珠三角产业布局与港口货源腹地有限是制约广东省海铁联运业务发展的关键因素。

（二）共性因素分析

（1）铁路货运改革的局限性制约多式联运发展。铁路运作缺乏市场化观念。我国铁路长期处在计划经济模式下，尽管自2013年铁道部撤销组建铁路总公司，体现了铁路改革的决心与转型的意愿，但是国有体制原有的顽疾仍然难以消除。主要表现在铁路观念没有转变，市场意识不强，没有深入市场争取货源和提高服务水平；铁路运输服务跟不上，铁路垄断经营的顽疾没有彻底消除，铁路近年来推行敞开受理，一站式

服务，但实际上运输服务满足不了市场的要求；缺乏快速反应机制，内部审批流程复杂；铁路价格持续上涨削弱了铁路运价比较优势。长期以来，铁路运输以其低成本优势在长距离大宗货物运输中发挥着重要作用，以其低成本、大运量较公路保持相对竞争优势，然而，我国铁路运价从2003年以来几乎每年调整，尤其是2009年以来，铁路运输价格逐年攀升，增幅逐年增长，至目前为止，铁路平均每吨公里货物价格累计增长接近50%，相比公路运输，铁路运价优势已严重削弱。

（2）公路运输超载超限乱象制约铁路运量增长。当前公路货运市场粗放式发展，据统计，我国现有货运车辆中个体户占90%，非标准化、改装车辆多，而对于广大散户卡车司机和小型物流企业来讲，希望通过重载甚至超载运输拉货揽货，实现利润的最大化，以超负荷服务扰乱市场。公路治理超载超限从2004年起虽然取得了一定效果，但根上的问题没有解决。2016年9月，公路治超新规出台，采取一系列举措治理超载超限，此次治超称为史上最严，但货运市场净化需要一段时间，短时间内公路运输超载超限乱象仍然是制约公路货物向铁路转移的一大因素。

（3）支撑多式联运发展的软硬环境不完善。多式联运枢纽场站设施建设滞后。我国集装箱铁路站均为早期建设，没有考虑多式联运功能化设计，站场规模小、能力不足，尤其是内陆无水港，车站条件简陋、功能单一，内陆集装箱堆场、取还箱点太少。多式联运设施装备标准化水平低。我国在多式联运基础标准化的运输单位、货运车型、载运机具和转运设备等方面与发达国家相比差距大，内陆货运市场集装箱应用程度低，导致集装箱化率低，据统计，全社会货运量中集装箱运输占比不足4%。多式联运服务协同性差，铁、水、公路信息共享程度不高，尚未搭建有效的多式联运信息交互平台，难以实现一站式服务；铁、水、公路运输相互分割，一次托运、一次收费、一票到底、一次保险全程负责的一体化联运服务尚未有效建立；单证票据管理规则不统一，公路、铁路和海运之间没有统一的联运票据，无法实现真正的“一单制”。

三、广东省多式联运发展对策

（一）夯实发展基础，提升枢纽节点保障能力

统筹多式联运枢纽节点布局。统筹规划、合理布局公铁、铁水等多种运输方式紧密衔接的集装箱多式联运枢纽，重点加快广州—深圳、佛山国家级骨干联运枢纽建设，同步推进珠海、湛江、汕头、东莞区域重点联运枢纽建设，重点推进广州大田、深圳平湖南、东莞石龙、佛山丹灶等国家铁路物流基地建设。加快站场功能改造与服务提升。一是指导企业进一步优化现有站场建设布局，提升服务功能，引导企业在内陆地区建设集装箱货站与堆场，完善集装箱堆存、转运等配套设施和功能，提高联运作业能力。二是加强站场快速转运体系建设，特别是重点做好大型港口、铁路集装箱中心站的集疏运体系建设工作，加强港口、铁路、公路货运枢纽的对外专用通道建设，以

专业化的集装箱和半挂车多式联运中转站建设改造为重点，提高不同运输方式间基础设施衔接水平。

（二）畅通物流通道，拓展港口腹地范围

畅通国家物流大通道。积极参与加快国家南北沿海通道、京港澳通道、西南至华南通道等全国骨干物流通道建设；继续完善省际综合运输通道，构建“泛珠三角”物流大通道，推动形成贯穿南北、衔接东西、辐射全国的重要流通大通道；打通经由大西南、中南各省区面向东南亚、南亚、中亚国家的物流大通道，积极构建“一带一路”国际物流大通道。拓展港口腹地范围，加快沿海港口内陆无水港建设，提升内陆无水港服务功能，延伸港口物流产业链，以泛珠三角区域为核心，重点推动昆明、重庆、长沙、衡阳、南昌、贵阳等地无水港枢纽节点建设，进一步打通内陆货物出海通道。畅通港口联运微循环系统，着力破解多式联运末端微循环瓶颈制约，进一步强化重要港口与铁路、公路的衔接，完善广州、深圳、汕头、珠海、湛江等港口集疏运铁路与高等级公路建设。完善铁路物流基地、航空货运枢纽以及邮政快递分拨中心等外联专用公路建设，支持大型综合物流园区引入铁路专用线。

（三）深化市场改革，创新合作方式

深化铁路货运市场改革。加快铁路市场化改革步伐，逐步推进路运分离、客货分离，激发释放铁路运输市场活力，逐步开放铁路基础设施经营权和铁路货运场，鼓励铁路货运站、港口和公路园区间市场开放融合和合作，进一步完善透明、灵活、公平的市场运价机制，做到货运定价、机制透明，收费标准公开。组建多式联运合作实体，以资本合作为纽带，加大多式联运各方参与力度，提高参与合作的积极性与深度，共同寻找铁水联运的盈利模式，确保铁水联运项目按市场化运作、可持续发展。创新铁路与港口合作模式，铁路部门与港口签订战略合作协议，在具体铁水联运项目上，提升铁路部门的参与度与主导权，坚持联合营销、联合竞争、共同让利的合作策略，同时深化扩能提效攻关，全面提升主要港口运输能力，保持铁水联运健康发展和铁路运量稳定增长。

（四）加强多式联运标准规则衔接

加强单证票据通用化、标准化建设，大力发展“一单制”运输服务，提高物品流通效率。推广使用货运“电子运单”，推动条码标签、智能标签、电子标签、信息编码、无线射频识别、自动识别技术等标识技术在货物运输、标准化托盘上的应用，实现电子标签码在物流全链条、全环节互通互认以及赋码信息实时更新和共享。加快探索不同运输方式在票据单证格式、运价计费规则、货类品名代码、危险货物划分、包装与装载要求、安全管理制度、货物交接服务规范、保价保险理赔标准、责任识别等

方面的衔接。在广州港、深圳港、中国外运等企业探索国际多式联运“一单制”经验的基础上，逐步完善多式联运规则和全程服务规范，进一步推动“一单制”运输在集装箱铁水联运、铁公联运两个关键领域的应用。

（五）创新运输服务形式

开展省级多式联运示范工程。重点推动以集装箱为标准运载单元的公铁、铁水联运，鼓励铁路运输企业在深圳港等主要港口与腹地物流园区之间开行小编组、快运行的钟摆式、循环式等铁路集装箱列车；重点发展以广州南沙、深圳盐田、珠海高栏等为主要枢纽，以驳船中转为载体的江海联运业务，鼓励以广州港、珠海港“穿梭巴士”为基础，建立内河驳船联盟，发展与港口相适应的大型干散货、集装箱运输船队。加快培育多式联运经营人。鼓励以多式联运产品开发为纽带的跨运输方式经营合作，组建多式联运经营人，在上下游企业之间开展深度合作，健全企业间联运机制，加强跨运输方式企业间在场站资源、运输组织、信息共享、责任划分和运价机制等方面的组织协调和协商运作，积极推进无车（船）承运人试点，引导企业建立“一次委托”“一单到底”“一次结算”的服务方式，积极培育具有跨运输方式货运组织能力并能承担全程运输服务与责任的多式联运经营人。

（六）推广标准化运载单元

鼓励发展集装箱、厢式半挂车、托盘等标准化运载单元，加强基于国际集装箱、厢式半挂车等标准运载单元的多式联运快速转运装备的研发，推进大型转运吊装设备、非吊装式换装设备等专用载运设备普及应用，支持发展铁路专用平车、半挂车专用滚装船、公铁两用挂车等专业化装备，实现装卸设备和转运设备的无缝对接。积极开展货运车型标准化专项行动，研究非标准货运装备的退出机制，逐步推进装备更新换代。加快制定江海联运规划及技术标准，按照标准化、专业化和环境保护的要求，研究适用珠江水系的水水中转船型标准，确定尺寸、能耗、排放等相关规定，推动淘汰老旧落后和小吨位船舶。

（七）加强公路超载超限治理

严格实施《汽车、挂车及汽车列车外廓尺寸、轴荷及质量限值》（GB 1589—2016）等标准，加强新增车辆的注册登记、技术检测和准入管理，依法严厉查处货车非法改装、拼装行为，有序引导不合规车辆逐步退出市场。严格贯彻落实广东省关于整治公路货车违法超限超载相关文件政策精神，强化超载超限货运车辆源头治理，全面禁止违法超限超载车辆出站（场）、上路，在超载超限检测站、高速公路入口等关键节点开展联合执法。通过对货运市场超载超限治理，促进长距离、大宗货物运输向铁路、水路转移。

参考文献

[1] GB/T 18354—2006. 物流术语 [S]. 北京：全国物流标准化技术委员会，等，2007.

[2] GB/T 24360—2009. 多式联运服务质量要求 [S]. 北京：国家质量监督检验检疫总局，国家标准化管理委员会，2009.

[3] 交通运输部，等. 关于进一步鼓励开展多式联运工作的通知 [Z]. 2016.

[4] 王旭. 美国集装箱多式联运发展的启示与思考 [J]. 铁道运输与经济，2016 (5)：91 -94.

新零售驱动下流通供应链商业模式转型升级研究*

一、引言

众所周知，我国的流通业一直存在流通环节过多、流通时间较长、流通成本居高不下等顽症，传统的流通供应链自身无法完成彻底的流通革命，只能借助外界力量来进行“价格破坏”和供应链重构[1]，以此来提高整个流通业的运营效率。在全世界范围内，流通业的变革往往都是以零售业为突破口的，并经历了三次世界零售业革命，而新零售将是第四次世界零售业革命[2]，将对整个流通供应链产生重要影响。

虽然线上零售一段时期以来替代了传统实体零售的功能，但近几年，随着宏观经济增速的逐步放缓、线上红利逐步退潮，线上零售的获客成本逐步攀升，但线下实体零售的边际获客成本几乎不变，且线下实体零售的体验价值和网点价值具有不可替代性；与此同时，随着智能移动终端的普及，由此带来的移动支付、虚拟现实、大数据等技术革新，进一步拓宽了线下消费场景，业界逐步认识到线上零售和线下零售各具优势。缺乏线上销售平台的线下实体终端前景堪忧，同样，没有线下实体店支撑的线上销售平台发展后劲不足，由此线上与线下相结合的新零售成为零售业新的发展方向。

新零售是以消费者体验为中心，以大数据和创新技术为依托，以数字化为核心驱动力，实现“线上 + 线下 + 物流”的深度融合，驱动零售业态与供应链重构[3]，其核心要义在于推动线上与线下的一体化[4]，从而满足消费者对多渠道、多场景、多时段的个性化体验性需求。Dhruv 等（2017）在《零售的未来》一文中指出未来的新零售将围绕可视化展示、大数据应用、智能决策、顾客体验与参与等方面深度融合[5]。与此同时，新零售将颠覆传统多级流通分销体系，引起整个流通供应链的重塑和供应链商业模式的转型升级。流通供应链商业模式的转型升级是对其自身价值链的重构[6]，目的是帮助供应链的合作伙伴实现生产、营销、物流、渠道构建等环节的一体化管理和优化，在满足消费者个性化需求的基础上促进流通供应链价值增值。

2017 年 10 月，国务院出台《关于积极推进供应链创新与应用的指导意见》，提出要加快供应链应用与商业模式创新，大力发展智慧商圈、智慧商店等智慧零售终端，提升流通供应链智能化水平，推动流通领域供应链模式创新。流通供应链商业模式创

---

* 供稿人：张建军、赵启兰，内蒙古农业大学、北京交通大学，发表于《商业经济与管理》2018 年第 11 期。

新是促进流通领域供给侧结构性改革的重要抓手，也是实现流通业降本增效的重要途径，已引起政府和行业的广泛关注和重视。系统研究流通供应链商业模式进而揭示适应新零售的流通供应链商业模式转型升级机理和路径是改善流通供应链绩效、提升我国流通业整体运营效率的重要举措，对于进一步促进中国流通业的发展等具有重要的研究价值，迫切需要学界对其进行深入研究。

二、文献综述

当前，商业模式已成为组织获取核心竞争优势的关键工具[7]，供应链已成为企业参与市场竞争的重要载体。学界围绕商业模式的研究正逐步由关注企业本身的商业模式向企业所处的整条供应链商业模式转变，同时，企业商业模式的研究也逐步基于供应链的环境下展开。在企业商业模式的研究方面：Magretta 和 Joan（2002）指出了企业商业模式研究的重要性[8]；Miles 等（2006）深入地研究了企业商业模式持续创新的动力源泉[9]；Johnson 等（2008）研究认为顾客价值创新是企业商业模式创新的切入点[10]；部分学者研究了供应链环境下企业商业模式的创新及演变，如解宝苗和元文国（2012）基于供应链背景下，研究了供应链的主导企业商业模式创新的原动力[11]；闫国庆等（2012）在此基础上研究了传统商贸企业向流通供应链服务商转变过程中其商业模式的演变[12]。在供应链商业模式研究方面：姚伟峰和鲁桐（2011）以怡亚通为例，研究了其供应链商业模式创新的路径，认为资源整合是商业模式创新的关键点[13]；焦聪（2015）研究了作为供应链服务商的利丰集团为适应国际贸易中客户的一站式服务需求，其供应链商业模式的迭代和演变过程[14]；Yang 等（2018）研究了闭环供应链的产品服务系统商业模式，指出其可通过价值创造实现供应链的循环[15]。

然而，随着新零售的兴起，我国流通业运行效率将持续优化，流通供应链商业模式将逐步升级，丁俊发（2017）研究认为新零售本质上是一种模式创新，是提高流通业活力的一把钥匙[2]；王坤等（2018）研究认为新零售将重构整条供应链，重塑供应链的商业模式[3]。由此可见，新零售将对流通供应链商业模式产生重要影响。在新零售以及“互联网+”和大数据等新技术的推动下，传统工业时代的流通供应链商业模式面临着大变革和大洗牌，流通供应链商业模式也将逐步从工业时代走向互联网时代。然而，目前学术界对新零售将如何驱动流通供应链商业模式转型升级，流通供应链商业模式转型升级路径的研究则相对缺乏。Panka 和 Maria（2017）站在服务运营管理视角研究了新零售企业如何通过战略、组织、流程变革等来适应消费者需求[16]；Mohua 等（2017）基于商业智能视角，立足零售商研究其对整个零售供应链运营管理的重要性[17]。以上文献均围绕零售商本身进行分析，没有深入研究其背后流通供应链如何转型升级从而更好地赋能和支撑零售企业的战略变革。Asif 等（2016）基于提高顾客服务水平视角研究了零售商主导的快消品流通供应链运营管理模式[18]；但斌等（2018）以生鲜农产品供应链为研究对象，采用扎根理论研究方法，总结和提炼了供应链 C2B

商业模式的实现路径[19]；张旭梅等（2018）基于消费者便利性视角研究了生鲜农产品供应链的O2O（Online to Offline）商业模式，并分析了其应用前景[20]。以上文献围绕不同类型产品供应链研究了其供应链商业模式及实现路径，为本文的研究奠定了理论基础。然而，大部分学者对供应链商业模式的研究并没有区分生产供应链与流通供应链，实际上两者之间存在较大差异，也很难融合形成一体化[1]40。与生产供应链相比，流通供应链具有链条长、时空跨度大、运营管控难度高、影响客户体验强等特点，尤其是在强调消费主权的新零售时代，供应链的价值分布向末端倾斜，消费者成为整个供应链的核心驱动者，供应链由“推式”变为“拉式”，导致包含消费者的流通供应链对生产供应链具有较强的拉动效应，在供应链中处于主导地位。因此，以流通供应链为切入点，研究其商业模式转型升级机理及路径可更好地契合新零售浪潮下满足消费者极致客户体验的需求。

本文在国内外相关学者关于新零售、商业模式等理论研究成果的基础上，构建了流通供应链商业模式理论分析框架，揭示出新零售驱动下流通供应链商业模式转型升级的机理；在此基础上，围绕流通供应链的内涵和特点系统地总结了我国流通供应链商业模式的五种类型，深入地研究了新零售驱动下流通供应链商业模式转型升级路径，提出了适应新零售的流通供应链平台生态系统商业模式，为流通供应链拥抱新零售，进而提高我国流通业整体效率提供思路与对策。本文的相关研究成果丰富了供应链商业模式理论，厘清了新零售驱动下流通供应链商业模式转型升级的机理和路径，为学术界深入研究流通供应链商业模式以及新零售对流通供应链商业模式的影响等提供了参考和借鉴，为产业界深入探索流通供应链商业模式转型升级提供了理论支撑和实践指导。

三、新零售及流通供应链商业模式的内涵

（一）新零售的内涵

自从马云在2016年杭州·云栖大会上首次提出“新零售”① 的概念以来，新零售就受到学界和业界的广泛关注，众多学者和业界管理者站在不同角度解读了新零售的内涵。阿里巴巴CEO张勇认为新零售即“线下+线上+智慧物流”，是基于云计算和大数据等技术重构“人、货、场”等商业要素而形成的全新商业业态；② 杜睿云和蒋侃（2017）研究认为新零售的内涵是推动线下与线上的一体化运营，并实现其与现代物流的深度融合[4]；王宝义（2017）研究认为新零售是以全渠道形态更好地满足消费者购

① 马云.2016阿里杭州云栖大会马云演讲全文：未来把握这五“新”则胜［EB/OL］. https：//www.ithome. com/html/it/264333. htm。

② 张勇.阿里巴巴CEO张勇：过去我们叫电商，未来我们叫新零售［EB/OL］. http：//www. sohu. com/a/122870205_ 463979。

物、社交、娱乐等多维一体需求的综合零售业态[21]。

在充分借鉴以上学者研究成果的基础上，本文提出新零售的内涵即基于互联网、云计算、人工智能、大数据等信息基础设施，以线上线下全渠道融合为手段，实现以消费者综合体验为中心的人、货、场的重构，从而提高零售效率，降低零售成本，其本质是以人为本、数据驱动、全渠道融合，重构人、货、场，从而实现降本增效。

（二）新零售与传统零售的区别

结合新零售的内涵及本质，围绕价值主张、渠道路径、客户服务模式等方面系统总结了新零售与传统零售的区别，如表 3 –4 所示。

表 3 –4　　新零售与传统零售的区别

属性	传统零售	新零售
价值主张	以企业为中心	以消费者体验为中心
渠道途径	单渠道、单场景	全渠道、多场景的融合
零售商与供应商的关系	竞争、博弈	长期的合作共赢关系
产出的内容	单一的商品	“商品 + 服务”的一站式解决方案
客户服务模式	单一的商品交易关系	基于信任的持续互动社群关系
盈利模式	通过价差盈利	通过提供个性化增值服务盈利
运营模式	上游推动下游	基于数据的下游逆向驱动上游
服务对象	下游的消费者	供应链的全部节点企业

首先，传统零售多以企业为中心，以实现企业价值最大化作为目标，产品生产决策、营销决策等均由企业凭经验决定，产品同质化严重，价格战成为主要的吸引顾客的手段；而新零售以消费者体验为中心，以实现消费者价值最大化为目标，通过智能决策与消费需求的高效协同，输出“商品 + 服务”的一站式解决方案，同时，新零售丰富了消费者购买商品和接受服务的渠道路径，由传统零售的单渠道、单场景转变为全渠道、多场景相融合的购买路径。

其次，传统零售中零售商与供应商通过商品销售的价差来盈利，两者之间存在利益冲突和持续的竞争与博弈，同时零售商与消费者之间形成的是简单商品交易关系，即商品—货币关系，整条供应链是由上游生产端层层推压至下游销售端的“推式”供应链[22]；而新零售下，零售商与供应商通过相互提供增值服务、相互赋能来盈利，两者之间形成长期合作共赢关系，同时零售商与消费者之间形成基于信任的人与人之间的持续互动的社群关系，即以消费者为主导的 C2B 商业形态，此时，零售商与消费者由单向价值传递过渡为双向价值协同[23]，整条供应链转变为基于数据驱动的以消费者需求为导向的“拉式”供应链。

最后，传统零售的产出仅针对下游消费者，而新零售的产出则是针对供应链上的全部参与者。在新零售下，通过零售终端与消费者的高效链接与互动，消费者的特征、行为数据被完整收集和分析，并实时共享于供应链上游的各节点企业，供应链的参与者可透过数据掌握消费者的真实需求，实现基于消费者需求的柔性定制、精准营销和个性化服务的提供[22]。

（三）流通供应链的内涵

流通供应链是指将品牌商、经销商、零售商、终端消费者以及物流服务商、信息技术服务商等连成的一个集物流、信息流、资金流、商流为一体的功能网链结构，如图3－2所示。流通供应链的起点为品牌商，终点为消费者，即以品牌商的产品生产为起点，通过经销商、零售商等分销渠道将产成品送达终端消费者从而满足消费需求。物流服务商与信息技术服务商通过提供物流、信息技术服务等，与相关节点企业形成稳定的合作伙伴关系。

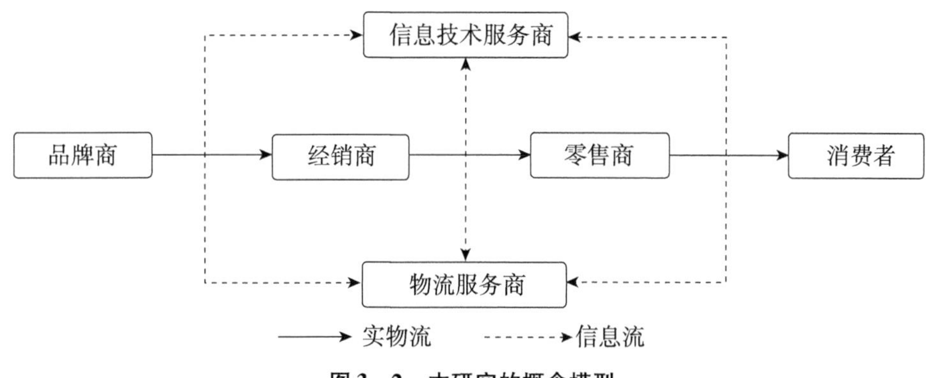

图3－2　本研究的概念模型

（四）流通供应链商业模式及理论分析框架

目前，关于商业模式的概念层出不穷，然而取得共识的概念并不多。Chesbrough和Rosenbloom（2002）基于创新视角提出了商业模式的构成，主要包括价值主张、价值链、价值网、成本结构、盈利能力以及竞争优势等[24]；Schweizer（2005）基于资源基础理论提出商业模式是价值链、收入模式和竞争优势的综合体[25]；Timmers（1998）研究认为商业模式应反映商业参与主体的价值创造及潜在收益[26]；Itami和Nishino（2010）研究认为运营系统与盈利模式是商业模式的核心要素[27]。

由于供应链不同于单个企业，不仅涉及组织的价值主张和盈利能力，而且涉及复杂的价值传递和价值获取。结合以上学者的研究成果及流通供应链的内涵，本文认为流通供应链商业模式应围绕供应链的价值主张、价值创造、价值传递以及价值获取四个组成部分，形成以核心竞争优势为中心，以运营管理模式、客户服务模式、盈利模式以及利益分配模式为支撑的流通供应链商业模式理论分析框架。

四、新零售驱动下流通供应链商业模式转型升级机理

在消费升级、技术升级及产业升级的三重驱动下，以消费者体验为中心的新零售应运而生。它通过重塑人、货、场，完成对流通供应链商业模式要素的调整，进而实现流通供应链商业模式的转型升级，如图 3-3 所示。

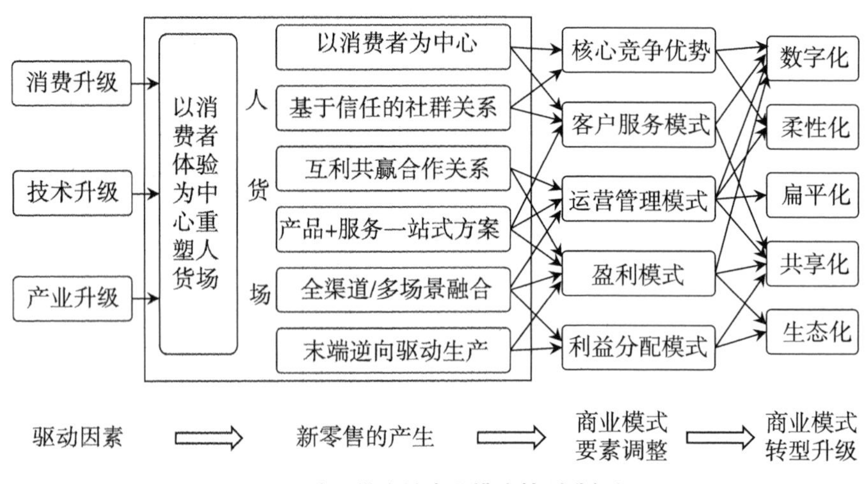

图 3-3　流通供应链商业模式转型升级机理

（一）新零售的产生

近年来，随着电商增速的放缓以及对线下实体商业价值的重新认识，线上与线下深度融合的新零售成为发展趋势，逐渐消除了传统零售存在的与消费者关系弱化、缺乏对 C 端感知、服务能力低下、技术水平不足、产出内容和渠道路径单一、消费者综合服务体验差等弊病。新零售是在消费升级、技术升级以及产业升级的三重驱动下产生的，消费升级、技术升级以及产业升级分别从需求端、供给端以及零售业本身三个维度驱动传统零售的迭代演进及新零售的产生。

消费升级是新零售产生的导火索，随着消费主权时代的到来，消费者不仅仅关注产品及价格本身，更关注产品的质量、品牌、个性化、多样化需求的满足以及综合购物体验等，迫切需要产生以消费者为中心满足消费者新一代价值主张的零售业态；技术升级是新零售产生的加速器，大数据、云计算、移动互联网、智慧物流等新技术在零售业中的应用，可实现零售终端的数字化，与消费者产生智能化的链接和互动，满足消费者的交互式体验需求，加速新零售产生的步伐；产业升级是新零售产生的助推器，由于线上零售发展遭遇“天花板”，线下实体零售潜力尚未被开发，零售业整体发展放缓，亟待寻求新的增长动力，迫切需要线上与线下相结合的多元零售业态的出现。

（二）流通供应链商业模式要素的调整

新零售通过人、货、场的重构，实现了流通供应链商业模式的核心竞争优势、运营管理模式、客户服务模式、盈利模式以及利益分配模式等构成要素的调整和变革。

新零售围绕“人”的因素，需构建以消费者为中心的、基于信任的社群关系，这将变革和调整传统零售下以企业为中心构建的核心竞争优势和客户服务模式。

新零售围绕“货”的因素，需要零售商与产品供应商及不同类型服务提供商之间形成产品与服务相契合的互利共赢的生态体系，在此基础上提供“产品+服务”的一站式解决方案，这将变革和调整传统零售下以竞争、博弈商业关系构建的客户服务模式、运营管理模式和盈利模式。

新零售围绕“场”的因素，需整合线上/线下的零售渠道和场景，形成全渠道、多场景相融合的零售业态。同时，基于大数据、云计算等信息技术充分赋能零售终端，精准获取消费者搜索、比对、购买、分享和反馈的全链路数据，完成对消费者的立体画像，形成消费需求逆向牵引生产的“拉式”供应链，实现基于真实消费需求的柔性生产与供给。这将变革和调整传统零售下以单渠道和“推式”供应链构建的运营管理模式、盈利模式和利益分配模式。

（三）流通供应链商业模式的转型升级

在新零售的驱动下，流通供应链商业模式要素产生了调整和变革，这将直接推动流通供应链商业模式的转型升级。

新零售驱动下流通供应链的核心竞争优势发生了变化，从以企业为中心的资源整合转变为以消费者需求为中心的全要素、多维度的资源整合与技术创新。核心竞争优势需围绕消费者价值主张、为消费者创造超预期价值的战略目标，通过整合各方面软硬件资源，实现技术和管理创新等来构建。这就需要通过流通供应链的数字化和柔性化来准确获取和快速响应消费者个性化和易变性的需求，满足消费者对极致客户体验的需要，以此来体现其核心竞争优势。

新零售驱动下流通供应链的客户服务模式发生了变化，从传统的单一商品产出、简单商品交易、单一渠道路径、单向信息传递的模式，转变为“产品+服务”综合产出、线上/线下全渠道融合以及持续互动的社群关系模式。客户服务模式需立足消费升级，深入挖掘客户需求，完善服务内容，增强客户黏性。这就需要通过流通供应链的数字化和共享化来实现不同节点企业之间产品与服务的整合、线上/线下全渠道的融合以及消费者与零售商跨越时空的持续互动，以此来形成精准传递价值并使客户高效感知价值的客户服务模式。

新零售驱动下流通供应链的运营管理模式发生了变化，从传统的单渠道、多流通环节、单一产品运营以及企业间竞争与博弈的运营模式转变为全渠道融合、少流通环节、产品与服务融合以及企业间合作共赢的管理模式；从各节点企业重资产布局的运营管理模式转变为资源共享、数据驱动的轻资产运营管理模式；从传统的“推式”供应链运营模式转变为“拉式”供应链运营模式。因此，运营管理模式需立足全渠道，整合全渠道客户需求、营销策略、数据资源、采购策略、零售终端以及物流资源，通过运营流程的整合、重组和优化，实现全渠道供应链的一体化运营。这就需要通过流通供应链的数字化和共享化来实现企业间资源的整合、全渠道库存等物流资源的共享；通过流通供应链的柔性化和扁平化实现末端消费方式逆向牵引流通方式和生产方式，从而缩短供应链，实现从 B2C 向 C2B 和 C2M 运营模式的转变。

新零售驱动下流通供应链的盈利模式发生了变化，从简单商品交易的价差盈利转变为通过为消费者提供增值服务来盈利，从提供单一商品、单一渠道的盈利模式转变为立足全渠道、为消费者提供产品与服务一致性体验的盈利模式。盈利模式的构建需立足消费者需求，围绕成本结构、服务种类、定制化程度以及价格形成机制等来构建。这就需要通过流通供应链的数字化、共享化来提高运营管理水平，在此基础上通过流通供应链构建由功能互补的服务主体形成的生态系统，在满足消费者多样化需求的基础上提高其持续盈利能力。

新零售驱动下流通供应链的利益分配模式发生了变化，从传统的渠道利益割裂到全渠道利益共享，从“推式”供应链的单向卖库存利益分配模式到末端逆向驱动生产的“拉式”供应链双向价值共享的利益分配模式，从传统的沿供应链下游利益分配逐级递减的模式到向供应链末端利益分配倾斜的模式转型。这就需要通过流通供应链的生态化和共享化构建科学、合理、可持续的利益分配模式，根据各参与方投入及对消费者价值贡献大小来分配收益，同时需充分考虑零售终端与消费者建立持续互动关系、零售终端全渠道融合提高消费体验以及零售终端充分赋能流通供应链上游节点企业的实际，将流通供应链价值适当向末端倾斜。

五、新零售驱动下流通供应链商业模式转型升级路径

（一）流通供应链商业模式的种类

通过系统梳理我国现有的流通供应链，同时结合流通供应链商业模式理论框架，本文总结出五种流通供应链商业模式，即零售商主导的流通供应链商业模式、经销商主导的流通供应链商业模式、品牌商主导的流通供应链商业模式、物流服务商主导的流通供应链商业模式以及信息技术服务商主导的流通供应链商业模式等。

（1）零售商主导的流通供应链商业模式。即在流通供应链当中，以零售商的视角切入流通供应链，抓住用户需求的前端，围绕商流、物流、信息流、资金流四个维度全方位整合数据资源，进而主导整个流通供应链的运营管理。零售商主导的流通供应链包括线上零售商主导和线下零售商主导两种类型。

（2）经销商主导的流通供应链商业模式。即在流通供应链当中，以经销商的视角切入流通供应链，由于经销商处于流通供应链的中间环节，其可便捷地与上游的品牌商以及下游的零售终端建立良好的协作关系，整合供应链各环节的优势资源，从而促进整个流通供应链的发展。

（3）品牌商主导的流通供应链商业模式。即在流通供应链当中，以品牌商的视角切入流通供应链，即传统的工业化渠道流通组织商业模式。品牌商通过产品研发及品牌培育，将产品通过分销渠道面向顾客进行销售，由于品牌商具有较强的品牌效应和资源整合能力，且其控制了商品的生产和供应，通过整合下游多层级的经销、批发、零售等环节来构建强大的销售网络，从而有效地管理整个流通供应链。

（4）物流服务商主导的流通供应链商业模式。即在流通供应链当中，以物流服务商的视角切入流通供应链，进而联动上下游节点企业，形成以物流服务商为主导的供应链商业模式。由于物流服务商贯穿供应链上下游，且其与供应链的上下游之间具有频繁的业务往来和密切的合作关系，因此，站在业务联动的角度来讲，由物流服务商来主导整个流通供应链的运营具有一定的优势；但是，物流服务商本身不具备引流及整合控制商流的能力，也即物流服务商仅仅作为一个综合服务提供商，其不是流通供应链的核心主体，无法把控、创造和支配物流需求，因此，站在服务整个流通供应链的第三方服务商角度来讲，由物流服务商来主导整个流通供应链的运营存在较大的管理、协调和整合难度。所以，此种模式需要物流服务商具备强大的物流基础设施、物流软硬件资源、技术创新及企业内外部资源整合能力，这样才能通过构建强大的服务生态体系来协同整个流通供应链的运营。

（5）信息技术服务商主导的流通供应链商业模式。即在流通供应链当中，以信息技术服务商或C端用户的视角切入流通供应链，从而围绕C端客户多维度数据及信息技术来驱动整个流通供应链的运营管理。如腾讯主导的流通供应链商业模式是以社交数据为依托，从信息技术服务商和C端用户进行切入，通过对末端用户社交数据、支付数据、出行数据等的分析来驱动上游品牌商与经销商的生产与分销计划，从而有效地满足C端客户的需求。

（二）新零售驱动的流通供应链商业模式转型升级路径

新零售将以信息技术为核心驱动力，在流通供应链商业模式转型升级机理的作用下，围绕不同类型流通供应链商业模式的特点，通过以下路径实现转型升级，如图3-4所示。

（1）从线上走向线下实现O2O，进而优化流通供应链。目前，大型电商企业在线上流量增速放缓，线上红利接近“天花板”的情况下，需将运营重心逐步转向线下渠道网络。基于其自身长期积累的技术优势、资本优势以及流量优势，通过加盟、入股、兼并、自建等方式布局线下，依托线上电商平台注入科技元素来扩大线下竞争优势，

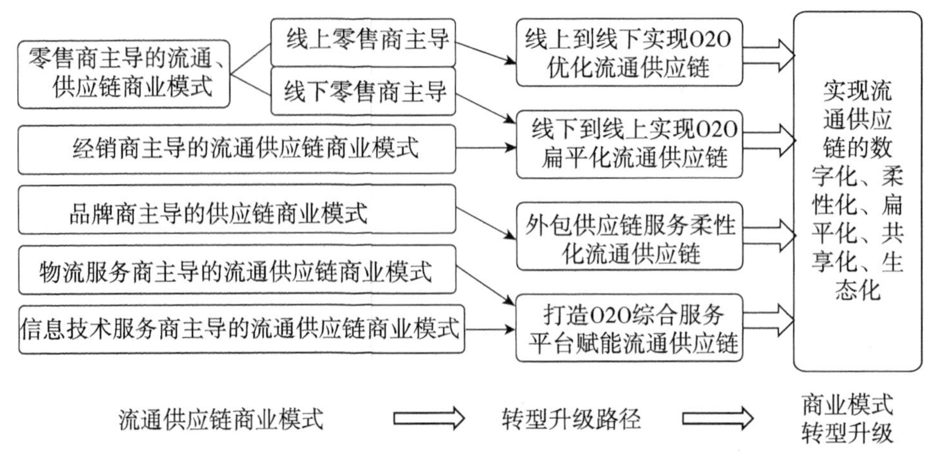

图3-4 流通供应链商业模式转型升级路径

从而形成线上零售与线下零售的有机结合，进而丰富零售场景，扩大整个零售网络；与此同时，通过互联网、信息技术、大数据等的输出来赋能前端零售场景，实现整个流通供应链的数字化和消费者体验升级，进而带动线下零售终端基于用户需求来优化供应链。即在流通供应链商业模式转型升级机理的作用下，线上零售商会根据自身业务情况逐步拓展线下业务，并通过信息技术等数字化手段实现O2O转型升级，进而优化流通供应链。

例如，京东集团具有大规模的线上零售平台，其于2016年提出新通路战略。截至2017年年底，新通路合作品牌商数量超过1300家，同时准备布局100万家京东便利店，并通过数字化方式升级线下零售基础设施，逐步从线上走向线下实现O2O，从而更好地优化流通供应链，让品牌商、终端门店以及消费者充分享受无界零售的红利。

（2）从线下走向线上实现O2O，进而扁平化流通供应链。线下零售终端是发挥消费者体验式优势的关键环节，是新零售的重要门槛。目前，线下零售终端约85%的市场空间呈高度分散化，线下零售企业通过抱团加入或开发网上销售平台的方式来拓宽销售渠道，即从线下走向线上实现O2O，以此来提高市场集中度与竞争力。随着线上渠道资源的不断扩充，零售商将增强对整个零售网络的控制能力，可直接从品牌商处获取优质价廉的商品，并通过智慧物流体系直供终端，实现流通供应链的扁平化。

例如，怡亚通作为以线下经销商起家的服务型企业，近几年逐步向平台型乃至生态型企业转型，其于2017年提出了新流通战略，即以“供应链+互联网”的模式对整个商品流通行业进行升级[1]193。它依托自建的供应链基地、380分销平台以及百万级的线下零售终端等实体资源，逐步向线上拓展业务，并通过互联网战略升级和线上线下的协同创新，开发了星链云商、星链云店、星链生活、星链友店等电商平台，将线上丰富的商品资源与线下零售终端对商品多样性的需求充分对接，实现O2O运营，从而消除品牌商与零售商之间的壁垒，实现了流通供应链的扁平化。

(3) 外包供应链服务，进而柔性化流通供应链。以品牌商主导的流通供应链商业模式由于存在多级分销等流通环节，很难适应新零售的发展趋势。在流通供应链商业模式转型升级机理的作用下，为满足用户的极致性体验需求，提高供应链的柔性及响应能力，品牌商应专注于自身的研发和品牌培育等核心业务，将流通供应链服务进行外包，从而占领价值链高端。流通供应链服务商需构建流通与生产深度融合的供应链协同平台，以人工智能和大数据为支撑打造线上线下相结合的供应链交易平台，实现需求驱动的供应链管理，完成流通供应链上品牌商、经销商、零售商的在线交易，形成一个基于"互联网+"的开放、共享、共赢的平台生态系统[28]，从而提高供应链的柔性，促进流通供应链转型升级。

例如，北京小米科技有限责任公司作为一家智能手机制造商，开创了C2B运营模式，成功地驱动了传统供应链商业模式的变革。它在下游的流通供应链中，通过小米商城、京东旗舰店、天猫旗舰店、苏宁旗舰店等线上零售平台以及线下的小米之家等零售终端进行销售，借助阿里、京东等社会化的供应链服务平台协同其上游的生产和下游的销售，实现了需求驱动的零库存供应链管理，同时实现了线上零售和线下零售的融合，提高了整个流通供应链的柔性和快速响应用户需求的能力。

(4) 打造O2O综合服务平台，进而赋能流通供应链。由于新零售将最大限度地提升全社会流通业运转效率，作为以物流服务商/信息技术服务商主导的流通供应链，它需通过打造O2O综合服务平台的方式来赋能流通供应链，实现流通供应链的生态化，进而完成转型升级。其中，O2O综合服务平台可提供一体化的供应链服务，主要包括一体化的物流服务、信息技术服务、金融服务、品牌孵化服务、资本服务、营销服务等。

物流服务商/信息技术服务商作为受雇于产品供应链相关节点的服务提供商，本身对供应链的管控能力较弱[29]。因此，需通过构建适应新零售的、线上线下相结合的O2O综合服务平台来更好地聚合流通供应链中的品牌商、零售商及不同类型的服务企业，深度参与流通供应链的运作，实现流通供应链的数字化、共享化和生态化，并在此基础上以消费者为核心，基于云计算、大数据等技术完成对消费者的立体画像，从而形成以消费需求逆向驱动供应链运营的商业模式。

例如，传化集团作为国内领先的公路物流平台运营商，目前正通过构建线上"互联网物流平台"与线下"公路港实体网络"相结合的O2O生态系统，打造"物流+互联网+金融服务+增值服务"为特征的公路物流新生态；它还依托遍布全国的实体网络及数字化入口（智慧物流商城），完成流通供应链中各节点企业的有效连接，通过提供智能供应链协同信息系统服务、供应链管理咨询与解决方案、结算支付及金融增值服务以及物流管理委托运营服务等赋能流通供应链，提高流通供应链整体运营效率，实现多方共赢。

六、新零售驱动下的流通供应链商业模式

在流通供应链商业模式转型升级机理的作用下，不同类型的流通供应链商业模式按照以上的转型升级路径逐步演化迭代，最终将形成流通供应链平台生态系统商业模式，如图3－5所示。此模式契合了新零售以人为本、数据驱动、全渠道融合，重构人、货、场的本质，可实现流通供应链的数字化、柔性化、扁平化、共享化和生态化，满足消费者对极致客户体验的需求，提高我国流通业的整体运营效率。

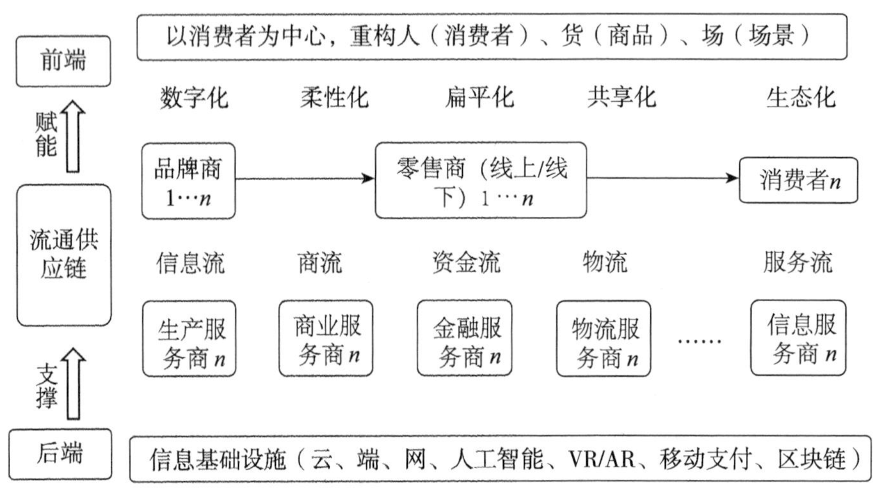

图3－5　流通供应链平台生态系统商业模式

流通供应链平台生态系统商业模式在云（云计算、大数据）、端（移动终端、智能终端）、网（互联网、物联网）、人工智能、VR/AR、移动支付、区块链等技术构建互联网底层信息基础设施的基础上，高效链接流通供应链中的品牌商、零售商、消费者以及相关服务商等生态伙伴，形成信息流、商流、资金流、物流以及服务流深度融合、线上/线下高度协同的生态系统，实现整个流通供应链的数字化、柔性化、扁平化、共享化和生态化，进而赋能前端的零售商，打造高效、繁荣的零售生态，完成新零售背景下以消费者为中心的人、货、场的重构，提高整个流通供应链效率，满足消费者个性化、多元化体验需求，实现整个流通业效率和服务体验的升级。

数字化是流通供应链平台生态系统商业模式形成的基础，以大数据、云计算、物联网以及智能终端等信息基础设施为依托，立足流通供应链运营全过程，围绕人、货、场进行深度的数据采集，形成消费者特征/行为数字化、营销数字化、产品与服务数字化、渠道数字化、消费环境数字化、物流数字化以及线上线下零售终端数字化的体系，完成流通供应链平台生态系统数据的全面打通，逐步构造立体、完整、精准、高效、动态和安全的大数据库系统。在此基础上实现消费者需求信息（信息流）、营销推广信息（商流）、线上线下支付信息（资金流）、物流运营信息（物流）以及个性化服务信

息（服务流）的深度融合，形成消费者立体画像、营销策划、移动支付、物流配送、场景布局及个性化消费体验的无缝衔接。

柔性化是流通供应链平台生态系统商业模式的核心，是从消费者需求出发，通过对全渠道零售端获取的大量消费者行为数据的分析和研判，建立由末端消费需求逆向驱动生产的管理模式，实现渠道下沉和信息打通，以此更好地指导品牌商的生产和营销活动，实现以需定产和柔性制造。通过打造基于消费需求的供应链平台生态系统可使流通供应链的前端更加柔性灵活，同时，数字化的管理实现了平台生态系统各节点的信息共享，为流通供应链平台生态系统快速精准决策提供数据支持，提高其快速响应客户需求的能力。

扁平化是流通供应链平台生态系统商业模式的关键，是在传统流通供应链的基础上，通过整合全渠道零售终端，实现线上线下的一体化运营，逐步在零售终端形成规模优势、资金优势、渠道优势和专业零售优势。此时，零售终端可依托平台生态系统提供的强大供应链物流服务体系越过中间的经销商直接与上游的品牌商对话，形成供需的直接对接和精准匹配，进而逐步取代以往多渠道的分销体系，缩短了中间环节、降低了交易成本、改善了供货周期，提高了整个流通供应链平台生态系统的运营效率和盈利能力。

共享化是流通供应链平台生态系统商业模式的重点，既包括流通供应链平台生态系统各参与主体间资源的共享、信息的共享以及收益的共享等，也包括全渠道零售终端库存信息、物流信息、个性化营销信息、客户信息以及全渠道供应链一体化运营信息的实时共享。信息与资源共享可产生新的有价值信息[17]，是平台生态系统竞争优势的重要体现。在流通供应链数字化的基础上，为实现降本增效，增强流通供应链平台生态系统的竞争优势和可持续发展能力，需围绕流通供应链一体化管理的需要，构建平台生态系统各参与主体之间的信息、资源、利益及风险的共享、共担机制，在实现客户价值的基础上，提高流通供应链平台生态系统的可持续发展能力。

生态化是流通供应链平台生态系统商业模式的亮点，为更好地服务于整个流通供应链的发展，流通供应链平台需广泛吸引并整合专业化的服务资源，不断延伸服务内容，拓展服务领域，提供诸如供应链金融、产品营销、品牌培育、个性化定制等系列增值服务。通过整合生产服务商、商务服务商、金融服务商、物流服务商、信息技术服务商等不同类型的服务主体，为生态系统植入“供应链＋互联网＋金融＋物流＋传媒＋资本＋商务＋品牌孵化＋其他增值服务”的服务生态化解决方案，形成一个围绕流通供应链提供一体化服务、线上线下相结合、良性运作的平台生态系统，从而更好地满足消费者多元化的体验需求。

七、研究结论

新零售作为流通业的第四次革命，将重构流通供应链体系，并对我国流通业产生深远影响。而我国目前的流通供应链商业模式还不能完全适应新零售的发展需要，亟待转型升级，迫切需要在理论和实践上明确其转型升级机理和路径。本文通过对流通供应链商业模式转型升级机理及路径的研究深刻地回答了新零售时代流通供应链商业模式为什么需要转型升级以及如何转型升级的问题。

本文系统地研究了新零售的内涵及其与传统零售的差异；结合商业模式理论，提出了以供应链核心竞争优势为中心、以运营管理模式、客户服务模式、盈利模式以及利益分配模式为支撑的流通供应链商业模式理论分析框架；在此基础上，立足新零售的本质，结合流通供应链商业模式分析框架，揭示出新零售驱动下流通供应链商业模式转型升级的机理，即新零售通过重塑人、货、场，完成对流通供应链商业模式要素的调整，进而实现流通供应链商业模式的转型升级；系统地梳理了我国现有的五种流通供应链商业模式，即零售商主导的流通供应链商业模式、经销商主导的流通供应链商业模式、品牌商主导的流通供应链商业模式、物流服务商主导的流通供应链商业模式以及信息技术服务商主导的流通供应链商业模式；围绕流通供应链商业模式转型升级机理，深入地研究了不同类型流通供应链商业模式转型升级的路径，即从线上走向线下实现 O2O，进而优化流通供应链；从线下走向线上实现 O2O，进而扁平化流通供应链；外包供应链服务，进而柔性化流通供应链以及打造 O2O 综合服务平台，进而赋能流通供应链等。

当前，我国零售业正迈入线上线下融合的 O2O 新零售时代，流通供应链商业模式转型升级是适应新零售发展的必然要求，也是促进流通领域供给侧结构性改革、实现流通业降本增效的重要抓手。在新零售的驱动下，传统的以供给为导向的多环节流通供应链商业模式正逐步转向以客户个性化需求为导向的扁平化供应链商业模式，并在此基础上逐步向数字化、柔性化、共享化和生态化的方向发展，形成适应新零售的流通供应链平台生态系统。这将逐步颠覆我国传统流通业的商业格局，优化流通业的商业环境，形成支撑并适应新零售发展的现代流通体系，从而进一步促进我国流通业创新转型，全面提高我国流通业的整体运营效率。

参考文献

［1］彭剑锋，宋跃三，吴满鑫．供应链改变中国［M］．北京：中信出版集团，2017：40－195.

［2］丁俊发．以零售业为突破口的中国流通变革——关于“新零售”的几点看法［J］．中国流通经济，2017（9）：3－7.

［3］王坤，相峰．“新零售”的理论架构与研究范式［J］．中国流通经济，2018（1）：3－11.

［4］杜睿云，蒋侃．新零售：内涵、发展动因与关键问题［J］．价格理论与实践，2017（2）：139－141.

[5] DHRUV G, ANNE L, ROGGEVEEN J. The future of retailing [J]. Journal of Retailing, 2017, 93 (1): 1 -6.

[6] GORDIJN J, AKKERMANS H. Designing and evaluating e - business models [J]. IEEE Intelligent Systems, 2001, 16 (4): 11 -17.

[7] 张建军，赵启兰. 基于“互联网+”的供应链平台生态圈商业模式创新 [J]. 中国流通经济，2018 (6): 37 -44.

[8] MAGRETTA J. “Why business models matter” [J]. Harvard Business Review, 2002, 80 (5): 86 -92.

[9] MILES R E, MILES G, SNOW C C. Collaborative entrepreneurship: a business model for continuous innovation [J]. Organizational Dynamics, 2006, 35 (1): 1 -11.

[10] JOHNSON M W, CHRISTENSEN C M, KAGERMANN H. Reinventing your business model [J]. Harvard Business Review, 2008, 35 (12): 57 -68.

[11] 解宝苗，亓文国. 供应链管理视角的企业商业模式创新研究 [J]. 经济研究导刊，2012 (29): 22 -23.

[12] 闫国庆，李肖钢，李秋正. 传统商业企业向商贸供应链公司转型分析——基于宁波阿凡达商贸供应链集成运营模式的案例研究 [J]. 管理世界，2012 (4): 181 -182.

[13] 姚伟峰，鲁桐. 基于资源整合的企业商业模式创新路径研究——以怡亚通供应链股份有限公司为例 [J]. 研究与发展管理，2011 (6): 97 -101.

[14] 焦聪. 利丰供应链商业模式的实践及对外贸业务的启示 [J]. 对外经贸实务，2015 (7): 79 -82.

[15] YANG M Y, PALIE S, MUKESH K, et al. Product - service systems business models for circular supply chains [J]. Production Planning & Control, 2018, 29 (6): 498 -508.

[16] PANKAJ C P, MARIA J G, JOHN A P. The role of service operations management in new retail venture survival [J]. Journal of Retailing, 2017, 93 (2): 241 -251.

[17] MOHUA B, MANIT M. Retail supply chain management practices in India: a business intelligence perspective [J]. Journal of Retailing and Consumer Services, 2017, 34 (1): 248 -259.

[18] ASIF S, FARHAD P, BYRNE P J. Retail supply chain service levels: the role of inventory storage [J]. Journal of Enterprise Information Management, 2016, 29 (6): 887 -902.

[19] 但斌，郑开维，吴胜男，等. “互联网+”生鲜农产品供应链 C2B 商业模式的实现路径——基于拼好货的案例研究 [J]. 经济与管理研究，2018 (2): 65 -77.

[20] 张旭梅，梁晓云，但斌. 考虑消费者便利性的“互联网+”生鲜农产品供应链 O2O 商业模式 [J]. 当代经济管理，2018 (2): 21 -27.

[21] 王宝义. “新零售”的本质、成因及实践动向 [J]. 中国流通经济，2017 (7):

3 -11.

[22] 商务部流通产业促进中心．走进零售新时代——深度解读新零售［EB/OL］.（2017 -09 -11）［2018 -05 -10］. http：//www. mofcom. gov. cn /article/shangwu-bangzhu/201709/20170902641772. shtml.

[23] 罗珉，李亮宇．互联网时代的商业模式创新：价值创造视角［J］. 中国工业经济，2015（1）：95 -107.

[24] CHESBROUGH H，ROSENBLOOM R S. The role of the business model in capturing value from innovation：evidence from Xerox corporation's technology spin -off companies［J］. Industrial and Corporate Change，2002，11（3）：529 -555.

[25] SCHWEIZER L. Concept and evolution of business models［J］. Journal of General Management，2005，31（2）：37 -56.

[26] TIMMERS P. Business models for electronic markets［J］. Journal on Electronic Markets，1998，8（2）：3 -8.

[27] ITAMI H，NISHINO K. Killing two birds with one stone：profit for now and learning for the future［J］. Long Range Planning，2010，43（2/3）：364 -369.

[28] 张建军，赵启兰．基于“互联网 +”的产品供应链与物流服务供应链联动发展的演化机理研究——从“去中间化”到“去中心化”［J］. 商业经济与管理，2017（5）：5 -15.

[29] LI X，LI Y J，CAI X Q. Service channel choice for supply chain：who is better off by undertaking the service?［J］. Production and Operations Management，2016，25（3）：516 -534.

第四部分 典型案例

案例一　广州市港口型国家物流枢纽——国家新一轮对外开放门户枢纽*

一、广州市港口型国家物流枢纽概况

广州市港口型国家物流枢纽以广州市南沙区龙穴岛为载体，核心范围包括已建成的一期、二期、三期码头，江海联运码头，南沙保税港区的港口区和物流区，也包括正在建设的四期码头、国际通用码头和三期物流园区及临近的驳船泊位，构成超过2149.5公顷的区块化范围。该区块具有仓储配送、中转、一次性分拨、流通加工等基础功能，并提供保税、冷库、集中查验等综合性一体化增值功能，重点发展内外贸转口物流，建设连接内地、辐射世界的海上门户；在保税港区内及附近配套建设满足保税和非保税物流需求的公共型仓库；并将建成华南国际冷鲜港等。此外，除了具备完善的物流基础设施外，还提供智能化的公共服务平台，搭建基于物联网和大数据的智慧支撑和应用平台，包括“单一窗口”建设、“易港达”拖车平台、生产调度指挥系统以及广州港关港信息交互平台。智能化的信息服务平台赋能实体布局，综合提升国家物流枢纽的服务能力。

广州市港口型国家物流枢纽将重点建设广州南沙国际物流中心（南区和北区），南区建设冷链物流项目，主要建设6座8层冷库，合计48万吨库容冷链仓储设施。项目将采取“企业+冷链物流企业+跨区运输企业”的冷链物流发展模式，用地15.35万平方米，配置5.4万标准箱容量的冷藏箱堆场，建成后将成为华南地区规模最大、功能最全、辐射范围最广的冷链物流基地和华南国际冷鲜港，打造华南地区硬件一流、体量一流的世界级冷库。北区建设海铁联运的国际物流中心项目，具有铁路集装箱站场的普通货物物流区，总建筑面积320321.9平方米，建设总投资为20.57亿元。可进一步细分为联运区、仓储区、配套区。主要承担以民用品为主的电商配送和集装箱拼箱业务，并具备联运优势，贯穿龙穴岛南北的联运铁路在园区内设有铁路装卸区，可实现铁路与园区、铁路与港区直接的转运。

* 供稿企业：广州港集团有限公司。

二、广州市港口型国家物流枢纽发展定位

（一）国家新一轮对外开放门户枢纽

2018 年 2 月，《广州市城市总体规划（2017—2035 年）》草案发布，南沙被定位为“高水平对外开放门户枢纽”。国家物流枢纽作为南沙区发展临港经济的重心，正处于国家级新区、自贸区、保税区三重国家战略叠加发展的时期，是国家新一轮对外开放、参与经济全球化竞争与合作的重要平台和载体。随着轨道交通的建设，南沙港将从地理几何中心向交通中心转变，其门户枢纽的功能将进一步显现。

（二）粤港澳大湾区世界级航运枢纽

南沙港在规划建设之初就定位为国家综合运输体系的重要枢纽，我国沿海主要港口和集装箱干线港，是广东省能源物资、重要原材料和外贸物资的主要中转港，是华南和西南地区广泛连接国际市场、全面参与国际经济竞争与合作的重要支撑。粤港澳大湾区是由广州、佛山、肇庆、深圳、东莞、惠州、珠海、中山、江门 9 市和香港、澳门两个特别行政区形成的城市群。南沙港区位于粤港澳大湾区核心地带，是国家物流枢纽的载体。南沙港区积极与珠江航运、码头企业开展资本合作，获得内河码头与港澳驳船航运资源。

（三）“一带一路”重要国际物流通道

“一带一路”倡议构建了全方位的对外开放新格局，广州作为国家中心城市，紧紧围绕着“一带一路”节点城市的定位，其枢纽作用、战略地位以及聚集要素的能量正在迎来重大提升。广州处于珠江三角洲以及广东省的中心位置，毗邻港澳，临近东南亚，处在海上丝绸之路的核心区域。随着“一带一路”倡议的实施，广州逐步成为连接国际国内“两种资源、两个市场”的重要节点，贸易方式从简单的商品货物贸易变为商品流、物流、资金流的全产业链合作；互联互通方式从依托沿线港口城市转变为依托海陆空、互联网通道的方式，辐射范围大大提高。随着广州与沿线国家经贸合作日益密切、贸易关系不断升级，广州逐步成为中国参与国际产业分工和竞争的战略节点，经济集聚力和辐射力影响着全中国以至于东南亚和世界。

（四）华南江海公铁多式联运示范基地

广州港口国家物流枢纽在发展江、海、公、铁多式联运方面具有先天的优势。南沙港背靠四通八达的珠三角水系，目前已基本形成了以通航 1000 吨级及以上标准航道为骨干，江海直达、衔接西南、连通港澳的航道运输网络，依托西江、珠江干线等内河航道，南沙港从 2006 年开始开展集装箱“穿梭巴士”业务，打造江海联运特色品牌，

促进海港与喂给港的“无缝衔接”。目前已开通“穿梭巴士”驳船支线64条，形成珠三角、黄埔、沿海、港澳4个主要流向，基本实现对珠三角区域中小码头业务的全覆盖，使水水中转成为南沙港最主要的集疏运方式，水路集疏运比例达到70%，公路集疏运比例达到30%。公路集疏运方面，主要形成广州城区、佛山、中山与江门等方向的集疏运通道。建设中的南沙铁路直达港区，将实现海、江、铁无缝衔接。通过南沙铁路和广珠铁路可以把广州南沙港、珠海高栏港、中山新港等珠江西翼地区的三大港口有机连接，降低三大港口的物流成本。

（五）华南服务贸易创新平台

服务贸易是争夺全球价值链高端的一个重要领域。在一带一路、粤港澳大湾区、自由贸易试验区等政策的背景下，通过打造国家物流枢纽，大力拓展国际服务贸易是南沙的重要发展方向之一。深入推进国家科技金融创新中心建设，建立高效信息服务和对外合作机制。跨境电商作为“互联网+外贸+中国制造”的新业态和新型贸易方式，应帮助进出口企业减少中间环节，掌握自主营销渠道，创制培育品牌，加快外贸转型升级。跨境电商已经成为促进中国外贸稳定增长和推动外贸转型升级的新引擎。广州作为我国对外贸易重要的口岸和跨境电子商务发展最快的城市，应当重塑城市核心竞争力，充分运用跨境电子商务提高对外贸易的便利化，占领国际跨境电子商务的制高点，使其成为广州新一轮对外开放的平台以及国际航运和航空枢纽的高端商务引领，服务于广州枢纽型网络城市建设。

三、广州市港口型国家物流枢纽功能

（一）装卸、运输、仓储等港口基础业务

广州市港口型国家物流枢纽具有完善的基础设施条件，提供装卸、运输、仓储等港口基础业务。截至2018年年底，南沙港区一、二、三期码头共有16个10万~20万吨级集装箱泊位，驳船泊位24个，深水岸线5718米，驳船岸线2730米，岸桥61台，门机28台，场桥192台，拖车464台，堆存能力353809标准箱，冷藏箱插座4632个，仓库面积87000平方米，进出闸62个，占地面积634公顷（1公顷=10000平方米），岸边水深15.5~17米。南沙港区一、二、三期码头2018年共完成1590万标准箱作业量。建设中的四期码头将成为华南地区首个全自动化集装箱码头。四期码头定位为内贸集装箱中转港，水转水的比例高，占地面积约120万平方米，拟建设4个5万~10万吨级海轮泊位，码头长度1460米，采用自动化岸桥作业；12个2000吨级集装箱内河驳船泊位，设计年通过能力为490万标准箱。

（二）多式联运、分拨、保税、信息等枢纽业务

一是多式联运、转运分拨业务。广州市港口型国家物流枢纽背靠四通八达的珠三

角水系，通过集装箱“穿梭巴士”业务，促进海港与喂给港的“无缝衔接”，基本实现对珠三角区域中小码头业务的全覆盖。二是保税业务。广州南沙保税港区 2008 年 10 月经国务院批准设立，保税港区享受保税区和出口加工区相关税收外汇政策。已开展了保税仓储、国际转口贸易、国际采购分销配送、国际中转、生产加工、港口作业、国货出口复进口、转关等多种业务模式。三是物流信息服务。广州市港口型国家物流枢纽将建设枢纽业务管理中心、“一站式”对外信息服务窗口及枢纽各机构间协同中心三大信息平台。业务管理中心可实现码头业务的全面监控及集装箱物流节点动态全程跟踪。四是集聚航运服务要素。开展集装箱运输集散及中转、分拨、拆拼箱、信息处理、保税等服务之外，拓展 FOB（离岸价）市场，逐步完善结算、航运金融、航运保险、法律仲裁、船舶管理等航运配套服务。

（三）产业融合与创新赋能等枢纽特色业务

广州南沙新区是广东自由贸易试验区的核心区之一，作为国家级新区的南沙将借助自身区位优势及与港澳产业互补性的优势，以国家物流枢纽为中心，打造以生产性服务业为主导的现代产业新高地，形成中部、北部、西部、南部四大特色功能组团。中部组团产业规划方面将与港澳合作发展高端商贸、特色金融与专业服务、科技研发、总部经济和文化创意产业；北部组团发挥粤港澳教育、医疗和科技优势，重点发展高技术服务业、教育培训业、高新技术产业、高端医疗产业和汽车制造业；西部组团重点发展都市型现代农业、文化旅游业；依托广州重大装备制造基地（大岗），重点发展高端装备及重型装备制造业；南部组团围绕万顷沙交通枢纽进行布局，由南沙保税港区、海洋高新技术产业基地、生态保护与度假疗养区三个功能区块组成。依托港口和保税港区，重点发展船舶制造、海洋工程等临港产业和航运及保税物流、商贸会展、生态疗养、离岸数据服务等产业。

四、广州市港口型国家物流枢纽信息化建设

将打造广州港的公共服务平台，搭建公共的港口与智能化的物流信息平台，形成覆盖船公司及代理、港口、码头、理货、货代、集疏运场站、货主、口岸、政府等供应链运作上、下游单位，达成整个物流作业链的信息化、便利化目标。

（一）外部协同中心信息平台

借助强大的数据分析能力与数据化产品，协助金融机构建立信用评估与保障供应链金融风险控制，以提高华南地区公路集疏运服务水平，构建安全高效绿色的港口公路运输服务体系，助力国际航运枢纽建设。对接政府口岸和码头的信息系统，并链接物流企业、社会车辆和车源需求企业，实现南沙港区物流运作信息链与业务链的闭环连接和透明化，满足珠三角生产企业与南沙港区之间的物流需求。目前，拖车平台备

案运输企业287家，拖车运力4966台，驾驶员5251名，成为区内最大的第三方集装箱拖车平台。平台具备南沙港区"一站式"拖车管理、南沙港区外贸出口业务"无纸化"自助办理、第三方拖车运输管理系统（TMS）、南沙港区"公路运输大数据"分析系统、车货高效匹配、在线支付与金融服务六大核心服务功能。

（二）"一站式"对外信息服务窗口

全面覆盖集团下属所有作业码头，实现与港务局系统、散杂货生产系统、集装箱数据中心、船讯网AIS系统、拖轮调度指挥系统数据对接，极大地提升了集团船舶调度管理能力、船舶动态监管效率以及应急指挥能力。实现船舶计划调度及作业实时动态监管，提高了集团总调度与码头调度之间的信息交互效率，为集团总调提供了多种管控手段。把船期计划及船舶昼夜计划有机整合，并通过可视化图形技术，实现泊位可视化管理，有效地提高集团船舶调度效率及作业监管能力。

（三）广州港关港信息交互平台

广州港关港信息交互平台致力于为海关提供物流监管、信息共享、信息互动服务，实现港区可视化监控、集装箱物流跟踪、集装箱管控、预警及订阅、信息查询等。具体而言，就是要实现全面监控、物流跟踪、关港联动、信息集成四个方面的目标。广州港南沙港区集装箱多式联运信息智慧平台可有效衔接码头信息系统、驳船信息系统、拖车信息系统、口岸信息系统以及客户对接的查询、办单模块等，实现信息互通、信息共享、信息集成、信息交换、信息服务和业务协同等，实现从单一、粗放的联运管理方式向集装箱"一单到底"、跨单位业务协同、口岸监管、客户服务和互联网应用方面的集成深化应用。

（四）华南首个全自动化无人集装箱码头系统

广州港南沙港区四期工程将建设华南地区首个全自动化无人集装箱码头，集物联网感知、大数据、云计算等先进技术为一体，打造全球首例"单小车自动化岸桥、北斗导航无人驾驶智能集卡、堆场水平布置、港区自动化"模式，这一模式在经济性、节约化、创新性等方面体现出绝对的优势，可为在运营中的传统集装箱码头进行自动化改造提供宝贵经验，也具备大规模复制推广的基础。未来，广州港将继续在智慧港口建设方面寻求突破。

五、建设广州市港口型国家物流枢纽的预期成效

（一）完善航运服务体系以提升广州物流体系

南沙港国家物流枢纽的建设，以南沙港区为国际航运中心核心功能区，加快推进

自由贸易港建设，重点发展集装箱运输，发展现代航运物流业和现代航运服务业，打造高端航运服务与航运科技创新核心体系。通过国家物流枢纽码头建设，预计到2020年，广州市政府及枢纽各相关机构完成港航相关项目投资650亿元，新增集装箱通过能力500万标准箱，集装箱吞吐量力争达到2500万标准箱；集装箱航线达到250条，其中国际班轮航线120条，力争每年新增1～2条欧美航线；集装箱吞吐量国际排名力争提升1～2位。

（二）航运物流产业链进一步延伸

依托南沙自贸试验区、南沙保税港区、广州保税区、广州国际物流园、广州出口加工区，建设大宗商品交易中心、塑胶粒分拨中心、冻品采购配送中心、保税物流基地、保税期货交割基地、出口采购配送基地和保税离岸货物基地，建成与国际市场接轨的物流园区和保税物流网络体系。临港物流仓储设施建设加快，打造一批出口型物流基地和进口型分拨基地，引入国际知名第三方物流商进驻。南沙港区三期后方物流园、南沙跨境电子商务产业园区和粤港澳大湾区国际分拨中心等重点项目建成。利用保税港区后方用地、广远综合物流基地项目等，建设一批非保税仓。跨境电子商务物流服务平台和配送网络进一步完善。

（三）建成“通道+物流+网络”模式

一是“干支配”业务。包括南沙进港铁路及其干线业务和航运干线业务。南沙进港铁路直接进港区，铁路线直通码头前沿。建成后将以南沙港区为国际航运中心核心功能区，重点发展以集装箱、粮食、原材料、商品汽车运输为主，推进广州南沙港铁路及配套站场建设，构建南沙港区集装箱铁水联运枢纽。整合港口资源开展业务，充分发挥广州港集团有限公司的管理和网络优势，在结构调整、航线布局、效率提升等方面发挥协同效应，促进整合发展，广州国际航运中心建设再上新台阶。外贸集装箱班轮航线增加，国际业务获得进一步拓展。多式联运业务进一步完善，干支配无缝衔接。与周边产业联动进一步加强，带动枢纽经济发展。

二是物流供应链集成业务。构建组织运行体系，推进供应链集成业务。一方面，实现冷链配送、跨境电商及配送业务发展。建设面向城市消费的低温加工处理中心，开展冷链共同配送、“生鲜电商+冷链宅配”等新模式；大力发展铁路冷藏运输、冷藏集装箱多式联运；支持具备实力的港口航运企业延伸物流链，深度参与跨境电商业务，建设海外仓，发挥航运特色，推动快递与仓储结合，拓展“门到门”物流服务；依托南沙东发码头快件监管中心，打通往返香港机场的水上通道。另一方面，开展分拨业务，与干线业务形成配套。拓展外贸集装箱班轮航线，与国际班轮联盟和班轮公司合作，开展集装箱运输集散及中转、分拨、拆拼箱、信息处理、保税等业务，拓展FOB（离岸价）市场，逐步完善结算、金融、保险等配套服务；开展中转业务，努力增加外贸集装箱班轮航线，积极拓展外贸集装箱班轮航线，重点开辟东南亚、南亚、中东、非洲、澳新、欧洲及美洲航线，提升广州港集装箱干线港地位；依托南沙港区三期码头，争取香港中流中转业务。发挥南沙汽车码头、南沙国际汽车物流产业园汽车滚装码头、南沙港区近洋码头及后方产业园集聚效应，争取船公司在南沙港区设立固定外贸滚装船航线，借力新沙二期码头建设，打通南北粮食物流主通道，对接北美、南美及东南亚等海外粮食进口通道，构筑珠江水系粮食分拨网络。

三是建成平台支撑运行体系。利用国家物流枢纽综合信息服务平台实现干支配一体化体系。建成后的广州港国家物流枢纽综合信息服务平台可有效衔接码头信息系统、驳船信息系统、拖车信息系统、口岸信息系统，以及客户对接的查询、办单模块等，实现信息互通、信息共享、信息集成、信息交换、信息服务和业务协同等，实现从单一、粗放联运管理方式向集装箱“一单到底”、跨单位业务协同、口岸监管、客户服务和互联网应用方面的集成深化应用转变。

四是推进供应链上下游对接和运行。推进港口现代服务业融合发展，以金融服务、平行进口汽车、冷链物流为主要抓手，加快港口功能向多元业态和高端服务拓展。助力跨境电商发展，打造跨境电商集聚区，构建多货种、多路径、多国别的国际集拼联运服务模式，融合清关、退税、物流、贸易、金融等功能，实现跨境电商的综合服务。促进港口传统功能与现代物流功能的融合，提升港口增值服务水平，实现港口功能转型。加快港口由单一水陆运输换装节点向物流、贸易、航运等生产力要素配置中心转变，促进港口由运输枢纽向“商贸中心＋物流平台＋工业基地”转型。推动形成以港口为核心的产业生态系统，通过系统内客户、供应链、生产者、流通者的融合、协作、优化、互动，实现产业活动与生态系统的良性循环和可持续发展。

五是形成与国际市场接轨的保税物流网络体系。依托南沙自贸试验区、南沙保税港区、广州保税区、广州出口加工区，大力发展国际中转、国际采购、国际配送、国际分拨以及国际转口贸易，加快建设保税物流基地、保税期货交割基地、出口采购配送基地和保税离岸货物基地，形成与国际市场接轨的保税物流网络体系。依托南沙港区，打造华南地区的集装箱空箱分拨中心，开展集装箱运输集散及中转、分拨、配送、仓储、拆拼箱、加工、信息处理、商品展示、保税等服务。推动发展江海联运物流运输方式，使广州港成为泛珠三角地区商品汽车滚装运输和进出口基地。打造“数字口岸”，完善南沙港区“7×24小时”通关保障，全面推广使用中国（广州）国际贸易单一窗口，提升应用实效。完善“互联网＋易通关”、智检口岸、全球质量溯源体系、CII易检、智慧海事，建设海上智能服务中心，助推国际贸易最大限度便利化和自由化。

（四）发展临港产业和港口经济

一是拓展船舶产业链。依托龙头企业，大力发展船舶设计建造、维修改造、海洋工程装备制造、船舶设备供应等临港船舶产业。吸引行业领先的船用产品生产企业落户。推动智能化船舶研发建造，加强船舶设计、建造、维修等领域高技术人才的培养和引进。积极举办国际船舶工业专业展会，提升广州船舶工程行业国际影响力。支持国际知名船级社、航运经纪公司在广州开展业务。

二是鼓励发展航运创新产业。加大对航运创新服务产业研究、开发的扶持力度，鼓励发展航运新业态。进一步提升广州航运交易平台，构建粤港澳大湾区信息互通、金融畅通、人才互通的综合立体式航运服务共享平台体系。引导传统航运服务业优化升级，扶持发展“互联网+航运”产业。支持进一步完善珠江航运指数体系，研究编制发布海上丝绸之路沿线港口投资信心等系列指数。支持广州航运交易所发展，打造航运交易、港航资讯、航运大数据和航运经济运行监测中心。支持广州国际航运研究中心发展，加强发展政策环境研究，加快广州国际航运研究中心智库建设。

三是港城融合，推动南沙区的发展。按照《广州市南沙区（南沙新区）国民经济和社会发展第十三个五年规划纲要》规划的“一核四区”布局，“四区”中的大岗装备制造业区、万顷沙新兴产业区、龙穴岛航运物流区大城市功能组团都将依托南沙港国家物流枢纽发展，形成物流产业、城市融合发展的格局。目前南沙正在推动高端制造业发展，南沙制造业配套齐全便利，具有用地存量充足的区域后发优势，已经成为全产业链的汽车研发制造基地、全国三大船舶海工制造基地之一、轨道交通及核电设备企业集群地。国家物流枢纽的建设将为南沙区的制造业发展提供坚实的支撑，并借鉴东京湾、洛杉矶港、安特卫普港等世界主要湾区和港口的经验，把南沙区打造成交通互通互联，资金金融齐聚，高级人才汇集，各类资源高效配置的新经济增长极和全球精英投资、创业、居住之地。

案例二　地上铁——新能源运营服务平台示范*

一、企业概况

地上铁租车（深圳）有限公司（以下简称“地上铁”见图4－1）成立于2015年4月，是一家专注于新能源物流车集约化运营的服务配套商，致力于为各大快递物流及城配企业提供一站式的新能源物流车队租售以及运营配套服务，业务涵盖新能源物流车应用解决方案、充维服务配套、运营支持及各种增值服务。地上铁本着为用户提供绿色可持续的“产品＋服务”的使命，链接产业链上下游各方优势资源，促进客户的新能源车队结构合理化升级，持续推动客户实际运营降本增效。

图4－1　地上铁租车（深圳）有限公司

2018年，地上铁获得“中国新能源行业年度最佳服务商‘金熊猫’奖”“中国分享经济领军企业”“中国新能源汽车运营商优秀品牌”“新能源汽车行业最具投资价值奖”等多项殊荣。服务企业客户超1500家，包括顺丰、京东物流、菜鸟、德邦、跨越、EMS、UPS等，标杆客户规模化效应显著。

---

* 供稿企业：地上铁租车（深圳）有限公司。

二、业务内容

（一）运营体系

地上铁提供长租、短租、以租代购、金融支持、运力项目、物流班线、分时租赁等多样化经营模式，主要包括“直租、直售、运力服务、车辆服务”四大模式。直租模式包含长租（1 年或以上）、短租（3—9 个月）、分时租赁（时租、日租、月租）；直售模式包含全款销售（一次性付清或向金融机构借贷）、以租代售（支付首期款，按月缴纳，3 年期）；运力服务包括地上铁按照客户的运输配送需求，提供“车辆 + 司机 + 充电 + 装卸 + 订单调度”的一体化运力服务；车辆服务包括地上铁提供汽车养护、应急救援、车桩巡检等全方位服务。

（二）运维保障

地上铁提供车辆维修、保养、保险、司机培训、充电配套等一站式的运维保障，持续推动客户实际运营降本增效。

一是提供租车保障。地上铁提供高额保险、定期保养、故障救援、维修保障、替换车服务等多项个性化服务，确保客户用车无忧。

二是优化运力服务。地上铁通过线路优化，降低物流运输成本；对司机进行考勤，提高人员配送效率；进行网点整合，优化运力资源配置；进行数据挖掘，深度洞察行业趋势。

三是提供充电保障。地上铁提供慢、快充电桩的充电配套服务以及应急充电车、公共充电场站、充储一体化等优势服务，建设的充电设施及合作网点遍布深圳、北京、上海、广州、成都、武汉等一二线城市，其安全可靠、强抗震性、充电效率高、便捷支付成为主要特点。

四是拥有系统服务体系。地上铁通过车辆实时监控，进行车辆实时定位，随时掌握车辆位置，根据行驶轨迹全程记录行车信息，进行安全预警严格确保行车安全，同时可进行电池检测预防动力电池衰减。此外，地上铁 App 提供应用服务，可完成在线车辆租赁、充电网点查询、充电支付、一键导航等功能，为客户提供便捷、高效、实用的在线服务。

三、取得成效

地上铁是目前国内最大的新能源物流车运营平台，通过多年的不断摸索和创新发展，其车辆保有量不断攀升，积累了较为丰富的运营经验和不同客户的服务案例，具有行业领先的技术团队和标准化服务能力。

一是运营规模方面。地上铁拥有不同类型的新能源物流车投放并实际运营超 16000

台，在全国范围内已开设5个大区，业务范围覆盖深圳、北京、上海、广州、成都等50多个一二线城市，自建场站和合作场站拥有3000多个的充电配套网点，运维和保障服务设施完善。

二是服务车型方面。地上铁拥有纯电动微面、大面、大Van、轻卡、冷藏等8种新能源车辆类型、3个核心品牌可供客户选择，并且建立业界最严格车辆选型和测试标准，还能提供车辆定制化需求，可以满足不同客户类型的车辆需求。

三是合作企业方面。顺丰、京东物流、菜鸟、天天快递、普洛斯园区等知名企业与地上铁分别在北京、上海、深圳、西安、成都等主要城市完成车辆交付及园区项目合作，地上铁的服务快速地在全国各大城市展开，积极推动城市绿色物流的发展。

四是节能减排方面。地上铁的微面、大面、大Van、轻卡、冷藏等系列车型累计行驶总里程2.44亿公里，1年节省2317万升汽油，相当于减少58292吨CO_2排放，等同于每年种树318万棵。

四、主要做法与经验

（一）精细化运营管理

为提高新能源物流车使用效率，确保运维服务水平，地上铁探索多项精细化管理措施，提高人、车、桩运营效率。

一是以“市场主导、政策引导、聚焦链条、协同推进”的原则，深挖客户需求。依托地上铁城市充、储、维、停场站基础设施建设，对投放车辆进行安全、可靠的全生命周期管理。

二是打造“轻运营模式”。为物流快递企业提供人、车、桩三位一体的物流配送方案，解决了城市配送“最后一公里”的难题。

三是建立科学的团队激励机制，推进运营效率数字化和服务密度升级。

（二）一站式运维保障

地上铁作为国内领先的新能源物流基础设施建设者，经过多年的快速发展，在车桩配套、运维后勤保障、数据化的对接及分析等方面，都具有非常丰富和专业的经验。

一是在配套设施方面。地上铁具有充电设施建设和运营的能力，目前自建和接入第三方平台的充电场站数量大于3500个，能为政府和物流快递企业提供适合业务需求的充电解决方案，并愿意参与充电基础设施建设布局和运营管理。

二是在智能系统方面。公司的数字化运营管理能力行业领先，可实现从360度运维监控（鹰眼系统）、智慧车货追踪辅助管理（铁骑系统）、渠道商管理系统、业务应用管理系统等综合管理平台赋能城配企业与车队客户，提升行业整体效率。

三是在安全管理方面。地上铁建立标准化管理机制、评价体系、培训体系以及数字信息化管理手段，提升行业整体安全管理水平。

四是在运营模式方面。公司根据峰平谷期用车需求，借助信息化平台，实现集约化共配模式，高度契合国家绿色配送项目的初衷。

五是在运力市场方面。地上铁通过标准化的产品和运营服务能力，实现统一形象、统一数据、统一管理；与客改货、网约车平台进行充分竞争，改变客改货和网约车非法营运的乱象，使运力市场绿色、安全、经济、合规。

五、下一步目标及工作计划

地上铁未来战略定位是要打造成为新能源城配领域最大的运营服务商。通过平台的运营使车辆效率最大化（深耕运营效率、数字化管理和服务密度）、实现快速交付，是未来几年服务的核心。

案例三　广州黑猫供应链——道路货运无车承运人模式*

一、企业基本情况

广州黑猫供应链管理有限公司成立于2015年7月，注册资金100万元，专业从事为母婴、化妆品、鞋服、快消品、电子元器件等行业客户提供信息化管理、仓储管理、供应链金融、国内运输配送为一体的综合性、一站式供应链管理服务，构建了具有自主知识产权、高效、全方位的供应链管理服务平台“黑猫云车”，为客户提供物流、商流、资金流、信息流四流合一的专业服务。服务的客户包括新邦物流、盛辉物流、英皇卫浴、名创优品、亚马逊、阿迪达斯、乐欣等知名企业，平台通过与多类型客户合作，积极采用多式联运、甩挂运输和城市配送等业务组织方式，目前，月交易额近600万元，日均运送货物3000件。

二、企业无车承运业务概况

“黑猫云车”无车承运业务开始时间是2015年7月，是基于移动互联网的物流解决方案服务平台，平台现已整合车辆资源6990辆，业务涉及同城配送、长途整车、零担专线、集采集销等，同时也使用甩挂运输、多式联运等物流组织方式。“黑猫云车”借助移动互联网和大数据技术，形成了信息数据交互及处理能力强的互联网物流管理信息平台，能够为C端和B端客户提供同城和长途一站式物流解决方案，为运力需求者提供高品质的车辆资源及智慧化信息服务，提供健全的金融保险体系和用户诚信体系，可以顺畅地实现对货主和实际承运人的交易、运输、结算等环节进行全过程透明动态管理，与铁路、港口、民航等运输企业实现信息资源、业务流程等的有效对接。同时，“黑猫云车”平台积极与各类型物流企业客户合作，例如广东新邦物流有限公司、福建省盛辉物流有限公司、广州日昱物流有限公司、深圳美宏联运国际货运代理有限公司、江苏百成大达物流有限公司等企业客户的多式联运、甩挂运输、城市共同配送等业务。“黑猫云车”业务及产品模块如图4-2所示。

---

* 供稿企业：广州黑猫供应链管理有限公司；整理人：张艳平，广东亚太经济指数研究中心。

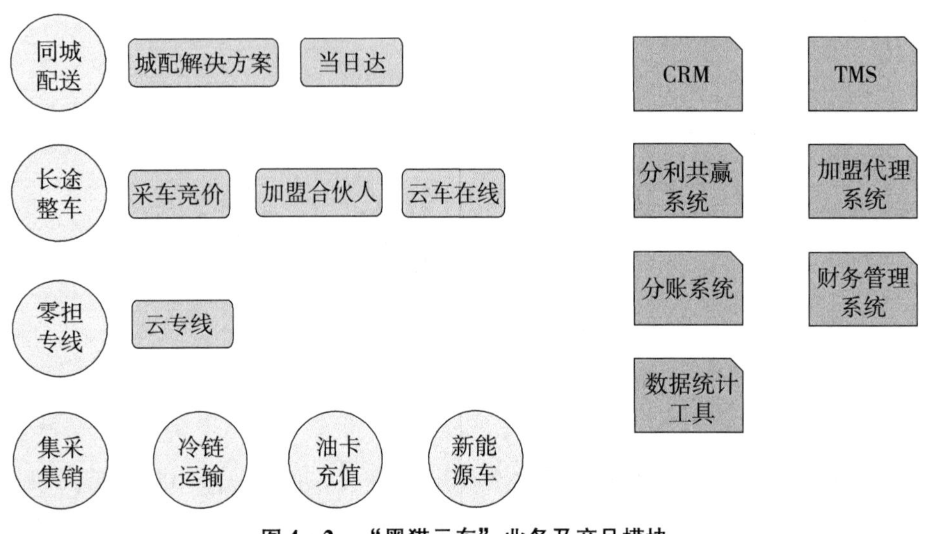

图 4－2 “黑猫云车”业务及产品模块

“黑猫云车”业务流程如图 4－3 所示。

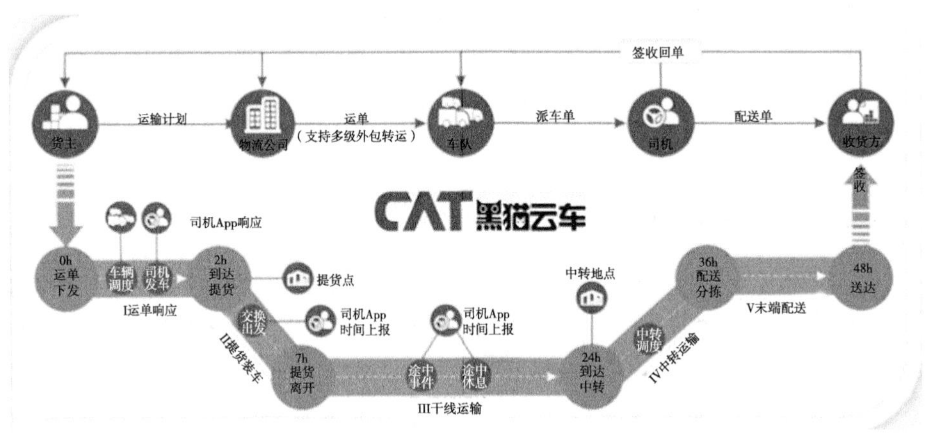

图 4－3 “黑猫云车”业务流程

三、信息平台建设情况

黑猫供应链公司具备自有互联网物流信息平台“黑猫云车”。平台运用了最新的互联网技术，采用“天网＋地网＋智慧网”的三网融合模式，同时“黑猫云车”提供开放的 API 接口能够实现数据与各合作客户以及第三方平台无缝对接。平台开放的运输管理系统（OTMS）用于车辆管理，利用数据库技术，严格审核登记每一辆注册车辆重要信息，通过移动互联网与大数据分析技术，能够进行智能化车货匹配和车辆全程跟踪，后台服务器连接百度地图 LBS 服务，实时进行路径优化。

“黑猫云车”平台依托大数据技术，可以提供智能车货配载、标准化运费测算、在线交易与结算、在线投保、财务查询、数据追踪和真实性、服务评价等方面的信息服务功能，能够实现全程透明化管理。

——智能车货配载。系统根据货物类型、运输距离、起始位置等匹配最合适的车辆。

——标准化运费测算。通过大数据分析，建立一套完整的运价核算体系，能够根据距离、车型、装卸货点等快速地计算出每一趟的运费。

——地理围栏。利用百度地图的 LBS 功能，精准掌控每个节点时间。

——在线交易与结算。移动终端可以实现在线交易与结算，货物签收成功后，系统自动进行运费结算，司机可以通过平台进行自主提现。

——在线投保。系统与平安财产保险建立数据交换接口，投保实现系统自动化对接，在移动终端可以快捷、便利地完成投保操作。

——财务查询。在财务收支方面，系统进行了详细款项记录，包括收款人、收入金额、发生时间、订单号等。通过强大的信息化系统支持，建立订单档案库和收支明细库，“黑猫云车”确保了平台每一笔订单、财务、税务数据的真实有效及货物的安全监控。

——数据追踪和真实性。“黑猫云车”平台针对每一次运输都建立了详细的订单档案，包含：订单编号、车型、始发点、卸货点、预计里程、预计运费、用车时间、订单状态、装货时间、卸货时间、额外要求等。“黑猫云车”的电子面单系统能够根据订单档案的关键内容生成电子面单，并可以进行打印。

——服务评价。平台提供了托运人服务评价功能，服务打分可以反映出实际承运人的服务水平和服务质量，能够有效帮助托运人选择车辆和司机，并能够有效增强司机提高服务水平的积极性。

四、平台运营经验介绍

（一）平台服务创新

“黑猫云车”平台基于 GPS（及其他辅助传感器）、大数据分析、智能信息管理，开发了一套实时高效的“车货匹配 + SaaS”服务平台，能够实现对社会化运力进行高效匹配与整合，实现与用户系统无缝对接，实现车辆管理与调度透明化、报表化，解决货运物流中找车、找货之间不透明、效率低的问题。“黑猫云车”可以对货主和实际承运人的交易、运输、结算等环节进行全过程透明动态管理，平台具体功能如下。

一是订单撮合。“黑猫云车”平台运用先进的技术，搭建托运人和实际承运人连接沟通的桥梁，通过开放性的平台、App 对接社会零散货主、车辆，实时推送同城、长途订单。平台具备智能车货配载系统，系统可根据货物类型、运输距离、起始位置等匹配最合适的车辆。

二是物流跟踪。“黑猫云车”平台基于 GPS（及其他辅助传感器）、大数据分析、智能信息管理，并与用户系统无缝对接，能够实现车辆实时全流程可视化跟踪，确保货物安全。

三是运费结算。“黑猫云车”平台的财务管理系统，为车主、货主、货运代理商之间，以及上述所有相关方与平台之间发生的各种交易提供清算运行管理的信息服务，具体包括：客户账单服务模块、收入统计服务模块、成本统计服务模块、货量统计服务模块、结算审批管理服务模块、赔付管理服务模块、发票管理服务模块等。平台通过大数据分析，建立了一套完整的标准化运费测算核算体系，能够根据距离、车型、装卸货点等快速地计算出每一趟的运费。同时建立了快速结算系统，司机完成货物运输并邮寄回单，平台客服在签收回单后，24 小时内进行结算快速，有效解决结款难问题。平台建立了一套完整的在线结算系统，货主签收成功后系统自动继续结算运费，司机可以通过平台进行自主提现。

四是订单归集。在数据追踪和真实性方面，“黑猫云车”平台针对每一次运输都建立了详细的订单档案，包含：订单编号、车型、始发点、卸货点、预计里程、预计运费、用车时间、订单状态、装货时间、卸货时间、额外要求等。“黑猫云车”的电子面单系统，能够根据订单档案的关键内容生成电子面单，并可以进行打印。平台财务收支方面，系统详细记录款项，包括：收款人、收入金额、发生时间、订单号等。通过强大的信息化系统支持，建立订单档案库和收支明细库，“黑猫云车”确保了平台每一笔订单、财务、税务数据的真实有效及货物的安全监控。

五是增值服务。“黑猫云车”平台还具备较多增值服务，例如：保险金融服务，针对货主、物流企业、司机提供基于业务数据征信的无抵押小额贷款服务；广告和采购服务，以货主 + 运力匹配为核心，为货主提供商贸通路，为车主提供便捷服务；油卡充值服务，提供中石化、中石油、壳牌等油站的在线充值油卡服务。

（二）运营管理模式创新

1. 平台运营建设创新发展

一是基于大数据预测行业情况。平台运用大数据、互联网等信息技术，实现了智能标准报价、智能车货匹配、智能实时调度等。平台通过实时记录货主发布的询价信息、实时交易价格、发货信息等，能够分析预测物流运输价格走势、货物流向等，为行业提供前瞻性参考数据。

二是基于线下基地完善平台服务。黑猫供应链公司发挥线上线下资源优势，整合公司仓储物流基地、线上运力资源等，采用“共仓共配”等服务模式全面参与供应链环节中的货物运输及管理等业务。例如，目前黑猫供应链公司利用在花都区的仓储基地，该仓储基地占地面积约 13000 平方米，具备现代化的仓储设施和先进的仓储管理系统。线下利用先进的仓储物流基地作为线上平台车辆、货物的中转基地，促进线上服务的完善。

三是基于三大平台形成供应链闭环。“黑猫云车”将平台具体业务分为城市配送、长途整车、零担专线三大服务，三大子平台业务涵盖了目前车货匹配业务需求，且互为补充，形成了物流供应链闭环。通过三大平台为客户提供一站式的供应链解决方案，实现低成本、高效率、可监控的“物流＋互联网”服务。其中，城市配送平台用车为专线零担平台提供短驳和“最后一公里”服务；长途整车平台为零担专线平台提供长途用车竞价服务；零担专线平台为城市配送平台、长途整车平台的客户提供全国性物流服务。

2. 业务合作模式多样化

一是开展陆空联运、公海联运，例如，广东新邦物流有限公司是南方航空、深圳航空、中国东方航空、山东航空的“优秀代理”，同时是“广州市城市配送试点单位”；深圳美宏联运国际货运代理有限公司主营国际航空货运业务；福建省盛辉物流有限公司与厦门、福州、南京等港口均有合作；“黑猫云车”平台通过与新邦物流、美宏联运、盛辉物流等达成长远合作战略协议，积极参与航空货运业务、港口物流业务，开展陆空联运、公海联运服务。

二是参与甩挂运输、公铁联运，福建省盛辉物流有限公司是全国最早开展甩挂运输的企业，在甩挂运输方面形成了盛辉模式，且在现有基础上积极探索公铁联运、陆海联运的甩挂运输，盛辉物流是“黑猫云车”平台重要的企业客户，“黑猫云车”平台通过整合社会甩挂牵引车、闲散车辆，为盛辉物流提供更多甩挂运输车辆，共同开拓甩挂运输业务。

三是为客户定制城市配送方案，黑猫供应链充分发挥运力整合优势，利用线上线下资源，运用天网、地网、智慧网，为C端客户提供在线叫车平台，满足搬家、送货、接货等整车需求；开辟“当日达”业务，市内零担业务当天送达；为B端客户提供整体解决方案，针对每一个B端客户的要求及货物配送特点，黑猫供应链会定制城市配送方案，对配送要求、配送时间、配送服务等做明确设计，目前，已为新邦物流、盛辉物流、雪贝尔、名创优品、阿迪达斯等提供专业的城市配送服务。

（三）信用体系建设

（1）信用体系建设情况。“黑猫云车”建立了较为完善的信用体系，主要体现在四个方面：一是对实际承运人资质进行严格审核，从源头控制不合规的承运方。二是成立专门承运人信用管理部门，分等级设置一套针对违规承运方的完善而全面的惩罚机制，不断筛选沉淀出诚信爱岗的司机。三是利用移动终端建立了承运方与货主互评的在线信用评价体系，直观而方便地帮助承运方积累信用。四是建立黑名单制度，对不能履行服务要求的承运方，严重者拉入黑名单，解除合作协议，不再进行其他合作。

（2）信用评价体系可操作性。公司利用自有“黑猫云车”移动终端，开发承运方与货主互评的在线信用评价体系。“黑猫云车”的司机在完成物流服务后，系统将提醒签收客户对司机进行打分和评价，同时司机也可以对客户进行评价打分，多维度保证服务的质量，建立立体化的信用体系。系统自动提醒打分，打分在手机上一触即可完成，方便快捷，增强了信用评价的可操作性。数据会自动进入系统数据库，不断积累，形成司机个人的信用记录，可以有效激励司机提高服务水平。

（3）信用评价体系完善机制。一是完善信用评价模型和方法，尝试应用决策树、神经网络等新兴信用评价模型。通过平台不断积累的数据，尽力扩展信用评价数据维度，利用大数据技术，将货主评分、承运人偏离计划程度、历史违规记录等数据进行综合分析，构建更能反映承运方服务水平的评价模型。二是采取惩罚和激励相结合的措施，对于违规承运方严格惩罚，而对于在运输服务中表现优秀的承运方要进行奖励，在终端界面给予诚信标识，或优化车货匹配规则，向信用良好的承运方倾斜，给予优先接单推荐。

案例四　苏宁物流——城市高效配送典范*

一、企业概况

苏宁物流集团（以下简称“苏宁物流”）是苏宁控股集团旗下八大产业集团之一，在智慧零售变革趋势下，专注于服务消费零售全渠道、全场景、全客群的发展模式，依托领先的软硬件支持，打造技术驱动的物流基础网络，面向合作伙伴输出高效协同的供应链解决方案。苏宁物流从1990年起进行物流能力的建设，是国内首批从事仓储、运输、配送等供应链全流程服务的企业。苏宁物流形成了独特的仓储、运输、末端配送三张基础网络的资源优势，“仓配、运输、城配、冷链、跨境、售后”6大专业化产品群对外开放，“数据+无人”2大智能生态探索物流前沿科技。

二、业务内容

（一）供应链+

苏宁物流供应链服务，致力于助推客户的品牌价值提升，提升消费者购物体验，支持客户的业务拓展。苏宁物流供应链服务包括仓配服务、多仓备货、行业解决方案、TC转运服务、跨境服务。

（二）苏宁快递

苏宁快递提供标准的门到门、全天候服务，末端服务覆盖全国98%以上城市和乡村，拥有行业产品体系，半日达、准时达、次日达、预约送、承诺达、大件送装一体，并提供多样化的最后100米服务，涵盖社区配送、社区自提、门店自提、智能自提柜。

（三）同城配送

同城服务为商户提供直径3公里商圈的配送服务。社区服务遵循服务至上、体验为王的原则，结合线上、线下融合的模式，打造围绕与用户日常生活相关的即时服务模式，提供即时物流、家政服务、家电清洗等服务。充分利用苏宁、“天天”网络优

* 供稿企业：苏宁物流集团；整理人：贾慧君，广东亚太电子商务研究院。

势，为商户提供直径3公里商圈内的多场景即时、准时、定时达的配送服务，如百货、鲜花、餐饮、生鲜等业务。

（四）农村物流

苏宁物流通过县镇服务站、农村服务站、逆向物流三大体系的建设推进农村物流的布局。同时，推动电商扶贫工程，针对国家823个贫困县“地域广阔、分布较散、运量不大”的特点，苏宁加大物流云在贫困县的渗透，发挥自身的地网功能。

（五）冷链物流

早在2013年苏宁易购开始正式涉足生鲜电商，2015年3月，苏宁自营生鲜“苏鲜生”上线，最先以上海、杭州为试点，产品涉及蔬菜、水果、海鲜、禽蛋、肉类等，几乎覆盖了线下超市的所有生鲜品类。同时，依托上海冷仓，在上海和杭州全境实现苏宁物流全程冷链配送。

（六）物流金融

针对苏宁物流仓储服务商、运输服务商、客户等上下游合作伙伴提供多样化的金融服务支持。

三、取得成效

（一）物流基地建设加快推进

截至2018年12月末，苏宁物流及“天天快递”拥有仓储及相关配套总面积950万平方米，拥有快递网点27444个，物流网络覆盖全国351个地级城市、2858个区县城市。2018年公司完成14个物流基地扩建，新建投入使用6个物流基地，截至2018年12月，公司已在41个城市投入运营50个物流基地，在15个城市有18个物流基地在建、扩建。基于生鲜类商品的发展需求，公司加快冷链物流建设，报告期内投入使用46个生鲜冷链仓，覆盖179个城市，有效地提升了生鲜类商品的配送效率。

（二）为城乡配送提质增效

苏宁物流推动电商扶贫工程，加大物流云在国家级贫困县的渗透，发挥自身强大的地网功能，将农村电商的物流能力延伸至全国，推动农村地区更多的优质农副产品进城，工业品下乡，打通贫困县市场服务的“最后一公里”。苏宁小店、城市门店、县镇市场的易购直营店、主打售后服务的苏宁帮客家，这些苏宁多样化的线下门店体系，在与物流服务打通后，将多样性的服务放在离消费者更近的地方。在标准化运作方面，苏宁物流以GS1标准统一信息采集和系统平台为支撑，促进商流、物流、信息流与资金流的有机融合，上游带托运输和下游带托及带周转箱运输，实现城乡配送提质降本增效。

（三）智能化建设加快布局

作为技术驱动、服务赋能的物流科技企业，苏宁物流近年来在智能化发展上进行了大量应用性投入和前瞻性布局，智能云仓、自动化分拨已经形成规模化产出，无人仓、无人重卡、无人车、无人机等全流程的无人技术闭环，为未来物流智能场景提供了更丰富的想象空间，带动了物流行业和科技行业的创新性融合和快速发展。苏宁物流加速推进智慧供应链建设，面向家电 3C、家居家装、生鲜、百货、母婴、健身器材等多个领域提供标准化、品质化、智能化的供应链物流服务，全方位提升商品流通效率和消费者体验，携手合作伙伴创造价值，推动企业高质量发展。

四、主要经验

（一）平台创新

苏宁物流通过自主研发构建了强大的 IT 数据平台——乐高（积木型物流管理信息平台）、物流整体运营的数据管理天眼平台、对全局和全链作业数据智能处理的天机平台、实现全自动化运作、人机结合等多方式柔性生产的指南针系统，这些平台和系统为苏宁物流提供了领先的科技竞争力。

（二）服务创新

（1）在 4 ~6 级县镇市场，苏宁物流依托零售云店销售，大力发展服务县镇市场的物流配送和售后安装维修一体化的服务载体——帮客家，在韶关市下辖南雄、始兴、乳源、新丰、翁源 5 县和清远市下辖英德、佛冈、阳山、连州、连南、连山 6 县建立 9 家帮客家，为当地老百姓提供送货安装一站式服务，提升公司在县城市场的综合服务能力。

（2）苏宁物流无车承运人项目构建门户应用、核心业务、业务支撑三大功能层级的框架结构，为货主企业、社会承运商提供可靠的物流交易匹配服务，并通过开放标准的 API 接口与 3PL（第三方物流）平台和其他服务方进行对接。主要有 5 大业务线，合同物流、城市配送、城市快递、增值服务、园区管理，实现 F2B2C 全产业链、全场景服务。

（三）绿色发展

（1）绿色包装材料。苏宁物流在绿色包装材料方面主要倡导使用二次回收包装，其中针对 3C、母婴及快消易碎品使用共享快递盒；针对冷链产品，推广冷链循环保温箱的使用，在保证生鲜产品全程冷链的同时，减少大量不利于环保的泡沫箱、干冰和冰袋等耗材。

（2）绿色仓储。一是加强仓管人员学习，强化员工绿色仓储意识。二是优化仓库布局，提高库内商品绿色保管质量。三是合理配置仓储设备，改善绿色仓储物流的作业效率。

（3）新能源车辆应用推广。

苏宁物流在构建绿色可持续发展方面，打造现代化智能绿仓——硬件设施环保，软件设施高效，推广可循环包装材料，持续深化绿色物流共享行动，推出“青城计划”，让城市一个个“绿起来”。

第五部分 政策资料

国家物流业主要政策文件

国务院办公厅关于推进电子商务与快递物流协同发展的意见

国办发〔2018〕1号

各省、自治区、直辖市人民政府，国务院各部委、各直属机构：

近年来，我国电子商务与快递物流协同发展不断加深，推进了快递物流转型升级、提质增效，促进了电子商务快速发展。但是，电子商务与快递物流协同发展仍面临政策法规体系不完善、发展不协调、衔接不顺畅等问题。为全面贯彻党的十九大精神，深入贯彻落实习近平新时代中国特色社会主义思想，落实新发展理念，深入实施“互联网+流通”行动计划，提高电子商务与快递物流协同发展水平，经国务院同意，现提出以下意见。

一、强化制度创新，优化协同发展政策法规环境

（一）深化“放管服”改革

简化快递业务经营许可程序，改革快递企业年度报告制度，实施快递末端网点备案管理。优化完善快递业务经营许可管理信息系统，实现许可备案事项网上统一办理。加强事中事后监管，全面推行“双随机、一公开”监管。（国家邮政局负责）

（二）创新产业支持政策

创新价格监管方式，引导电子商务平台逐步实现商品定价与快递服务定价相分离，促进快递企业发展面向消费者的增值服务。（国家发展改革委、商务部、国家邮政局负责）创新公共服务设施管理方式，明确智能快件箱、快递末端综合服务场所的公共属性，为专业化、公共化、平台化、集约化的快递末端网点提供用地保障等配套政策。（国土资源部、住房城乡建设部、国家邮政局负责）

（三）健全企业间数据共享制度

完善电子商务与快递物流数据保护、开放共享规则，建立数据中断等风险评估、提前通知和事先报告制度。在确保消费者个人信息安全的前提下，鼓励和引导电子商务平台与快递物流企业之间开展数据交换共享，共同提升配送效率。（商务部、国家邮政局会同相关部门负责）

（四）健全协同共治管理模式

发挥行业协会自律作用，推动出台行业自律公约，强化企业主体责任，鼓励签署自律承诺书，促进行业健康发展。引导电子商务、物流和快递等平台型企业健全平台服务协议、交易规则和信用评价制度，切实维护公平竞争秩序，保护消费者权益；鼓励开放数据、技术等资源，赋能上下游中小微企业，实现行业间、企业间开放合作、互利共赢。（商务部、交通运输部、国家邮政局会同相关部门负责）

二、强化规划引领，完善电子商务快递物流基础设施

（五）加强规划协同引领

综合考虑地域区位、功能定位、发展水平等因素，统筹规划电子商务与快递物流发展。针对电子商务全渠道、多平台、线上线下融合等特点，科学引导快递物流基础设施建设，构建适应电子商务发展的快递物流服务体系。快递物流相关仓储、分拨、配送等设施用地须符合土地利用总体规划并纳入城乡规划，将智能快件箱、快递末端综合服务场所纳入公共服务设施相关规划。加强相关规划间的有效衔接和统一管理。（各省级人民政府、国土资源部、住房城乡建设部负责）

（六）保障基础设施建设用地

落实好现有相关用地政策，保障电子商务快递物流基础设施建设用地。在不改变用地主体、规划条件的前提下，利用存量房产和土地资源建设电子商务快递物流项目的，可在 5 年内保持土地原用途和权利类型不变，5 年期满后需办理相关用地手续的，可采取协议方式办理。（各省级人民政府、国土资源部负责）

（七）加强基础设施网络建设

引导快递物流企业依托全国性及区域性物流节点城市、国家电子商务示范城市、快递示范城市，完善优化快递物流网络布局，加强快件处理中心、航空及陆运集散中心和基层网点等网络节点建设，构建层级合理、规模适当、匹配需求的电子商务快递物流网络。优化农村快递资源配置，健全以县级物流配送中心、乡镇配送节点、村级

公共服务点为支撑的农村配送网络。（国家发展改革委、商务部、国家邮政局负责）

（八）推进园区建设与升级

推动电子商务园区与快递物流园区发展，形成产业集聚效应，提高区域辐射能力。引导国家电子商务示范基地、电子商务产业园区与快递物流园区融合发展。鼓励传统物流园区适应电子商务和快递业发展需求转型升级，提升仓储、运输、配送、信息等综合管理和服务水平。（各省级人民政府、国家发展改革委、商务部、国家邮政局负责）

三、强化规范运营，优化电子商务配送通行管理

（九）推动配送车辆规范运营

鼓励各地对快递服务车辆实施统一编号和标识管理，加强对快递服务车辆驾驶人交通安全教育。支持快递企业为快递服务车辆统一购买交通意外险。规范快递服务车辆运营管理。（各省级人民政府负责）引导企业使用符合标准的配送车型，推动配送车辆标准化、厢式化。（国家邮政局、交通运输部、工业和信息化部、国家标准委、各省级人民政府负责）

（十）便利配送车辆通行

指导各地完善城市配送车辆通行管理政策，合理确定通行区域和时段，对快递服务车辆等城市配送车辆给予通行便利。推动各地完善商业区、居住区、高等院校等区域停靠、装卸、充电等设施，推广分时停车、错时停车，进一步提高停车设施利用率。（各省级人民政府、交通运输部、国家邮政局、公安部负责）

四、强化服务创新，提升快递末端服务能力

（十一）推广智能投递设施

鼓励将推广智能快件箱纳入便民服务、民生工程等项目，加快社区、高等院校、商务中心、地铁站周边等末端节点布局。支持传统信报箱改造，推动邮政普遍服务与快递服务一体化、智能化。（国家邮政局、各省级人民政府负责）

（十二）鼓励快递末端集约化服务

鼓励快递企业开展投递服务合作，建设快递末端综合服务场所，开展联收联投。促进快递末端配送、服务资源有效组织和统筹利用，鼓励快递物流企业、电子商务企业与连锁商业机构、便利店、物业服务企业、高等院校开展合作，提供集约化配送、

网订店取等多样化、个性化服务。（国家邮政局会同相关部门负责）

五、强化标准化智能化，提高协同运行效率

（十三）提高科技应用水平

鼓励快递物流企业采用先进适用技术和装备，提升快递物流装备自动化、专业化水平。（工业和信息化部、国家发展改革委、国家邮政局负责）加强大数据、云计算、机器人等现代信息技术和装备在电子商务与快递物流领域应用，大力推进库存前置、智能分仓、科学配载、线路优化，努力实现信息协同化、服务智能化。（国家发展改革委、商务部、国家邮政局会同相关部门负责）

（十四）鼓励信息互联互通

加强快递物流标准体系建设，推动建立电子商务与快递物流各环节数据接口标准，推进设施设备、作业流程、信息交换一体化。（国家标准委、国家发展改革委、工业和信息化部、商务部、国家邮政局负责）引导电子商务企业与快递物流企业加强系统互联和业务联动，共同提高信息系统安全防护水平。（商务部、国家邮政局负责）鼓励建设快递物流信息综合服务平台，优化资源配置，实现供需信息实时共享和智能匹配。（国家邮政局负责）

（十五）推动供应链协同

鼓励仓储、快递、第三方技术服务企业发展智能仓储，延伸服务链条，优化电子商务企业供应链管理。发展仓配一体化服务，鼓励企业集成应用各类信息技术，整合共享上下游资源，促进商流、物流、信息流、资金流等无缝衔接和高效流动，提高电子商务企业与快递物流企业供应链协同效率。（国家发展改革委、商务部、国家邮政局负责）

六、强化绿色理念，发展绿色生态链

（十六）促进资源集约

鼓励电子商务企业与快递物流企业开展供应链绿色流程再造，提高资源复用率，降低企业成本。加强能源管理，建立绿色节能低碳运营管理流程和机制，在仓库、分拨中心、数据中心、管理中心等场所推广应用节水、节电、节能等新技术新设备，提高能源利用效率。（国家发展改革委、环境保护部、工业和信息化部负责）

（十七）推广绿色包装

制定实施电子商务绿色包装、减量包装标准，推广应用绿色包装技术和材料，推

进快递物流包装物减量化。（商务部、国家邮政局、国家标准委负责）开展绿色包装试点示范，培育绿色发展典型企业，加强政策支持和宣传推广。（国家发展改革委会同相关部门负责）鼓励电子商务平台开展绿色消费活动，提供绿色包装物选择，依不同包装物分类定价，建立积分反馈、绿色信用等机制引导消费者使用绿色包装或减量包装。（商务部会同相关部门负责）探索包装回收和循环利用，建立包装生产者、使用者和消费者等多方协同回收利用体系。（国家发展改革委、环境保护部、商务部、国家邮政局负责）建立健全快递包装生产者责任延伸制度。（国家发展改革委、环境保护部、国家邮政局负责）

（十八）推动绿色运输与配送

加快调整运输结构，逐步提高铁路等清洁运输方式在快递物流领域的应用比例。鼓励企业综合运用电子商务交易、物流配送等信息，优化调度，减少车辆空载和在途时间。（国家邮政局、交通运输部负责）鼓励快递物流领域加快推广使用新能源汽车和满足更高排放标准的燃油汽车，逐步提高新能源汽车使用比例。（各省级人民政府负责）

各地区、各有关部门要充分认识推进电子商务与快递物流协同发展的重要意义，强化组织领导和统筹协调，结合本地区、本部门、本系统实际，落实本意见明确的各项政策措施，加强对新兴服务业态的研究和相关政策储备。各地区要制定具体实施方案，明确任务分工，落实工作责任。商务部、国家邮政局要会同有关部门加强工作指导和监督检查，确保各项措施落实到位。

推进运输结构调整三年行动计划（2018—2020年）

国办发〔2018〕91号

为贯彻落实党中央、国务院关于推进运输结构调整的决策部署，打赢蓝天保卫战、打好污染防治攻坚战，提高综合运输效率、降低物流成本，制定本行动计划。

一、总体要求

（一）指导思想

以习近平新时代中国特色社会主义思想为指导，全面贯彻党的十九大和十九届二中、三中全会精神，牢固树立和贯彻落实新发展理念，按照高质量发展要求，标本兼治、综合施策，政策引导、市场驱动，重点突破、系统推进，以深化交通运输供给侧结构性改革为主线，以京津冀及周边地区、长三角地区、汾渭平原等区域（以下称重点区域）为主战场，以推进大宗货物运输“公转铁、公转水”为主攻方向，不断完善综合运输网络，切实提高运输组织水平，减少公路运输量，增加铁路运输量，加快建设现代综合交通运输体系，有力支撑打赢蓝天保卫战、打好污染防治攻坚战，更好服务建设交通强国和决胜全面建成小康社会。

（二）工作目标

到2020年，全国货物运输结构明显优化，铁路、水路承担的大宗货物运输量显著提高，港口铁路集疏运量和集装箱多式联运量大幅增长，重点区域运输结构调整取得突破性进展，将京津冀及周边地区打造成为全国运输结构调整示范区。与2017年相比，全国铁路货运量增加11亿吨、增长30%，其中京津冀及周边地区增长40%、长三角地区增长10%、汾渭平原增长25%；全国水路货运量增加5亿吨、增长7.5%；沿海港口大宗货物公路运输量减少4.4亿吨。全国多式联运货运量年均增长20%，重点港口集装箱铁水联运量年均增长10%以上。

（三）重点区域范围

京津冀及周边地区包括北京、天津、河北、河南、山东、山西、辽宁、内蒙古8省（区、市），长三角地区包括上海、江苏、浙江、安徽4省（市），汾渭平原包括山西、河南、陕西3省。

二、铁路运能提升行动

（四）提升主要物流通道干线铁路运输能力

加快实施《“十三五”现代综合交通运输体系发展规划》《铁路“十三五”发展规划》和《中长期铁路网规划》，加快重点干线铁路项目建设进度，加快蒙华、京原、黄大等连接西部与华中、华北地区干线铁路建设和改造，提升瓦日、邯黄等既有铁路综合利用效率，实施铁路干线主要编组站设备设施改造扩能，缓解部分区段货运能力紧张，提升路网运输能力。（中国铁路总公司牵头，发展改革委、交通运输部、财政部、铁路局参与，地方各级人民政府负责落实。以下均需地方各级人民政府落实，不再列出）

（五）加快大型工矿企业和物流园区铁路专用线建设

支持煤炭、钢铁、电解铝、电力、焦化、汽车制造等大型工矿企业以及大型物流园区新建或改扩建铁路专用线。简化铁路专用线接轨审核程序，压缩接轨协议办理时间，完善铁路专用线共建共用机制，创新投融资模式，吸引社会资本投入。合理确定新建及改扩建铁路专用线建设等级和技术标准，鼓励新建货运干线铁路同步规划、设计、建设、开通配套铁路专用线。到2020年，全国大宗货物年货运量150万吨以上的大型工矿企业和新建物流园区，铁路专用线接入比例达到80%以上；重点区域具有铁路专用线的大型工矿企业和新建物流园区，大宗货物铁路运输比例达到80%以上。（交通运输部、发展改革委、自然资源部、生态环境部、铁路局、中国铁路总公司按职责分工负责）

（六）优化铁路运输组织模式

优先保障煤炭、焦炭、矿石、粮食等大宗货物运力供给。优化列车运行图，丰富列车编组形式，加强铁路系统内跨局组织协调，开发当日达、次日达等多种运输产品，实现车船班期稳定衔接。在运输总量达到一定规模的通道，开发铁路货运班列、点到点货运列车、大宗货物直达列车等多频次多样化班列产品，构建快捷货运班列网络。研究推进铁路双层集装箱、驮背运输产品开发，提升通道配套设施设备能力。充分发挥高铁运能，在有条件的通道实现客货分线运输。（中国铁路总公司牵头，交通运输部、发展改革委参与）

（七）提升铁路货运服务水平

深化铁路运输价格市场化改革，建立健全灵活的运价调整机制，发挥市场配置资源的决定性作用。完善短距离大宗货物运价浮动机制。规范铁路专用线代维收费行为，推动降低专用线共用收费水平。减少和取消铁路两端短驳环节，规范短驳服务收费行为，降低短驳成本。推动铁路运输企业与煤炭、矿石、钢铁等大客户签订运量运能互保协议，实现互惠共赢。推动铁路运输企业与港口、物流园区、大型工矿企业、物流企业等开展合作，构建门到门接取送达网络，提供全程物流服务。（中国铁路总公司牵头，发展改革委、市场监管总局、交通运输部、铁路局参与）

三、水运系统升级行动

（八）完善内河水运网络

统筹优化沿海和内河集装箱、煤炭、矿石、原油、液化天然气、商品汽车等专业运输系统布局，提升水运设施专业化水平。坚持生态优先、绿色发展理念，以流域生态系统性保护为前提，增强长江干线航运能力，推进西江干线和京杭运河山东段、江苏段、浙江段航道扩能改造，加快推进长三角高等级航道整治工程。加强长江、西江、京杭运河、淮河重要支流航道建设。加快推进三峡水运新通道等重大水运基础设施工程前期论证工作。（交通运输部牵头，发展改革委、生态环境部、水利部参与）

（九）推进集疏港铁路建设

加快实施《“十三五”港口集疏运系统建设方案》《“十三五”长江经济带港口多式联运建设实施方案》《推动长江干线港口铁水联运设施联通的行动计划》，着力推进集疏港铁路建设。加强港区集疏港铁路与干线铁路和码头堆场的衔接，优化铁路港前站布局，鼓励集疏港铁路向堆场、码头前沿延伸，加快港区铁路装卸场站及配套设施建设，打通铁路进港“最后一公里”。2020 年全国沿海重要港区铁路进港率大幅提高，长江干线主要港口全面接入集疏港铁路。（交通运输部、发展改革委、自然资源部、财政部、生态环境部、铁路局、中国铁路总公司按职责分工负责）

（十）推动大宗货物集疏港运输向铁路和水路转移

进一步规范港口经营服务性收费，对实行政府定价的，严格执行规定的收费标准；对实行市场调节价的，督促落实价格法律法规和相关规定，不得违规加收任何价外费用。进一步加强煤炭集港运输管理，2018 年年底前，环渤海地区、山东省、长三角地区沿海主要港口和唐山港、黄骅港的煤炭集港改由铁路或水路运输；2020 年采暖季前，沿海主要港口和唐山港、黄骅港的矿石、焦炭等大宗货物原则上主要改由铁路或水路运输。（交通运输部、中国铁路总公司、发展改革委牵头，生态环境部、市场监管总局、铁路局参与）

（十一）大力发展江海直达和江海联运

积极推动宁波舟山港、上海港、深圳港、广州港、连云港港以及长江干线港口等江海直达和江海联运配套码头、锚地等设施技术改造。统筹江海直达和江海联运发展，积极推进干散货、集装箱江海直达运输，实现集装箱直达运输班轮化发展。制定完善以江船出海为主的江海直达船舶规范，重点推进江海直达散货船和集装箱船等船型研发及应用。（交通运输部牵头，工业和信息化部参与）

四、公路货运治理行动

（十二）强化公路货运车辆超限超载治理

健全货运车辆非法改装联合监管工作机制，杜绝非法改装货运车辆出厂上路。加大货物装载源头监管力度，重点加强矿山、水泥厂、港口、物流园区等重点源头单位货车出场（站）装载情况检查，禁止超限超载车辆出场（站）上路行驶。严格落实治理车辆超限超载联合执法常态化制度化工作要求，统一公路货运车辆超限超载认定标准，加大对大宗货物运输车辆超限超载的执法力度。进一步优化完善公路治超网络，推广高速公路收费站入口称重检测，优化国省干线公路超限检测站点布局，完善农村公路限宽限高保护设施。加强科技治超，利用信息化手段加强车辆超限超载检测，实现跨区域、跨部门治超信息资源交换共享，落实“一超四罚”。继续加强信用治超，严格落实公路治超“黑名单”制度，对严重违法超限超载运输当事人实施联合惩戒。到2020年年底，全国高速公路全面实施收费站入口称重检测，各省（区、市）高速公路货运车辆平均违法超限超载率不超过0.5%，普通公路货运车辆超限超载得到有效遏制。（交通运输部牵头，工业和信息化部、公安部、市场监管总局参与）

（十三）大力推进货运车型标准化

巩固车辆运输车治理工作成果，稳步开展危险货物运输罐车、超长平板半挂车、超长集装箱半挂车治理工作。做好既有营运车辆情况排查，建立不合规车辆数据库，制定车辆退出计划，按照标准引导、疏堵结合、更新替代、循序渐进的原则强化执法监管，引导督促行业、企业加快更新淘汰不合规车辆，促进标准化车型更新替代。开展中置轴汽车列车示范运行，加快轻量化挂车推广应用。（交通运输部牵头，工业和信息化部、公安部、市场监管总局参与）

（十四）推动道路货运行业集约高效发展

促进“互联网＋货运物流”新业态、新模式发展，深入推进无车承运人试点工作，健全完善无车承运人法规制度，推动货运物流平台健康有序发展。到2020年，重点培育50家左右创新能力强、运营管理规范、资源综合利用效率高的无车承运人品牌企业。支持引导货运大车队、挂车共享租赁、甩挂运输、企业联盟、品牌连锁等集约高效的运输组织模式发展，发挥规模化、网络化运营优势，降低运输成本，有效整合分散经营的中小货运企业和个体运输业户。支持大型道路货运企业以资产为纽带，通过兼并、重组、收购、控股、加盟连锁等方式，拓展服务网络，延伸服务链条，实现资源高效配置，加快向现代物流企业转型升级。（交通运输部负责）

五、多式联运提速行动

（十五）加快联运枢纽建设和装备升级

推进具有多式联运功能的物流园区建设，加快铁路物流基地、铁路集装箱办理站、港口物流枢纽、航空转运中心、快递物流园区等规划建设和升级改造，加强不同运输方式间的有效衔接。进一步拓展高铁站场货运服务功能，完善货运配套设施。有序推进货运机场建设，拓展完善机场货运服务功能。大力推广集装化运输，支持企业加快多式联运运载单元、快速转运设备、专用载运机具等升级改造，完善内陆集装箱配套技术标准，推广应用45英尺集装箱和35吨敞顶集装箱，促进集装化、厢式化、标准化装备应用。（交通运输部、发展改革委、铁路局、民航局、邮政局、中国铁路总公司按职责分工负责）

（十六）加快发展集装箱铁水联运

鼓励铁路、港口、航运等企业加强合作，促进海运集装箱通过铁路集疏港。在环渤海、长三角、珠三角、北部湾和海峡西岸经济区等重点沿海区域和长江干线，打造“长途重点货类精品班列+短途城际小运转班列”铁水联运产品体系。鼓励铁路运输企业增加铁路集装箱和集装箱平车保有量，提高集装箱共享共用和流转交换能力，利用物联网等技术手段提升集装箱箱管和综合信息服务水平。（交通运输部、中国铁路总公司牵头，发展改革委、铁路局参与）

（十七）深入实施多式联运示范工程

加大对多式联运示范工程项目建设的支持力度，加强示范工程运行监测，推动运输组织模式创新。深入推进天津至华北、西北地区等六条集装箱铁水联运示范线路建设。鼓励骨干龙头企业在运输装备研发、多式联运单证统一、数据信息交换共享等方面先行先试，充分发挥引领示范作用。支持各地开展集装箱运输、商品车滚装运输、全程冷链运输、电商快递班列等多式联运试点示范创建。（交通运输部、发展改革委牵头，铁路局、民航局、邮政局、中国铁路总公司参与）

六、城市绿色配送行动

（十八）推进城市绿色货运配送示范工程

引导特大城市群和区域中心城市规划建设绿色货运配送网络，完善干支衔接型物流园区（货运枢纽）和城市配送网络节点及配送车辆停靠装卸配套设施建设。鼓励邮政快递企业、城市配送企业创新统一配送、集中配送、共同配送、夜间配送等集约化运输组织模式。到2020年，在全国建成100个左右的城市绿色货运配送示范项目。加大对示范项目物流园区（货运枢纽）建设、新能源车辆推广应用、绿色物流智慧服务平台建设等支持力度。（交通运输部牵头，公安部、商务部、财政部参与）

（十九）加大新能源城市配送车辆推广应用力度

加快新能源和清洁能源车辆推广应用，到2020年，城市建成区新增和更新轻型物流配送车辆中，新能源车辆和达到国六排放标准清洁能源车辆的比例超过50%，重点区域达到80%。各地将公共充电桩建设纳入城市基础设施规划建设范围，加大用地、资金等支持力度，在物流园区、工业园区、大型商业购物中心、农贸批发市场等货流密集区域，集中规划建设专用充电站和快速充电桩。结合城市配送需求，制定新能源城市配送车辆便利通行政策，改善车辆通行条件。在有条件的地区建立新能源城市配送车辆运营补贴机制，降低使用成本。在重点物流园区、铁路物流中心、机场、港口等推广使用电动化、清洁化作业车辆。（交通运输部、工业和信息化部牵头，公安部、财政部、自然资源部、生态环境部、铁路局、民航局参与）

（二十）推进城市生产生活物资公铁联运

充分发挥铁路既有站场资源优势，完善干支衔接的基础设施网络，创新运营组织模式，打造“轨道+仓储配送”的铁路城市物流配送新模式，提高城市生产生活物资运输中公铁联运的比例。在北京等大型城市组织开展城市生产生活物资公铁接驳配送试点，加快城市周边地区铁路外围集结转运中心和市内铁路站场设施改造，构建“外集内配、绿色联运”的公铁联运城市配送新体系，及时总结经验并推广应用。（中国铁路总公司、交通运输部按职责分工负责）

七、信息资源整合行动

（二十一）加强多式联运公共信息交换共享

加快建设多式联运公共信息平台，实现部门之间、运输方式之间信息交换共享。加强交通运输、海关、市场监管等部门间信息开放共享，为企业提供资质资格、认证认可、检验检疫、通关查验、违法违章、信用评价、政策动态等一站式综合信息服务。加快完善铁水联运信息交换接口标准体系，推进业务单证电子化，促进铁路、港口信息共享，实现铁路现车、装卸车、货物在途、到达预确报以及港口装卸、货物堆存、船舶进出港、船期舱位预订等铁水联运信息互联共享。到2019年年底，沿海及长江干线主要港口实现铁水联运信息交换共享。到2020年年底，基本建成全国多式联运公共信息平台。（交通运输部、发展改革委、中国铁路总公司牵头，海关总署、市场监管总局、铁路局、民航局、邮政局参与）

（二十二）提升物流信息服务水平

升级国家交通运输物流公共信息平台，促进铁路、港口、航运和第三方物流等龙头企业加强合作，强化货物在途状态查询、运输价格查询、车货动态匹配、集装箱定位跟踪等综合信息服务，提高物流服务智能化、透明化水平。（交通运输部、发展改革委牵头，铁路局、民航局、邮政局、中国铁路总公司参与）

（二十三）加强运输结构调整信息报送和监测分析

研究建立运输结构调整指标体系，探索相关分析方法。建立货物运输“公转铁、公转水”运行动态、多式联运发展状态、新能源车辆推广应用等信息运行监测和报送机制。（交通运输部牵头，工业和信息化部、生态环境部、铁路局、中国铁路总公司参与）

八、加大政策保障力度

（二十四）积极落实财政等支持政策

利用车购税资金、中央基建投资等现有资金，统筹推进公铁联运、海铁联运等多式联运发展，提升港口集疏运能力，加强物流园区、工矿企业等铁路专用线建设，为煤炭、矿石等大宗货物运输方式调整创造有利环境。鼓励社会资本设立多式联运产业基金，拓宽投融资渠道，加快运输结构调整和多式联运发展。鼓励各地对运输结构调整工作成效显著的工矿企业，在分解错峰生产任务时适当减少限产比例。贯彻落实《国务院关于印发打赢蓝天保卫战三年行动计划的通知》（国发〔2018〕22号）有关要求，对大力淘汰老旧车辆、推广应用新能源汽车的有关企业和人员依照有关政策及时给予经济补偿。（财政部、发展改革委、交通运输部、生态环境部牵头，铁路局、中国铁路总公司参与）

（二十五）完善用地用海支持政策

加大铁路专用线用地支持力度，将本行动计划支持的铁路专用线项目（不含物流园区），纳入占用永久基本农田的重大建设项目用地预审受理范围，按照相关规定办理用地手续。各省（区、市）要在国土空间规划指导下组织编制港口集疏运铁路、物流园区和工矿企业铁路专用线建设方案，保障用地指标。对急需开工的铁路专用线控制性工程，属于国家重点建设项目的，按照相关规定向自然资源部申请办理先行用地。加大对“公转水”码头及配建工程的用海支持力度，对纳入港口总体规划和运输结构调整计划的铁水联运、水水中转码头及配建的防波堤、航道、锚地等项目，列入国家重大战略的，在符合海域管理法律法规及围填海管理政策的情况下，重点保障用海需求。（自然资源部、交通运输部牵头，发展改革委、铁路局、中国铁路总公司参与）

九、加大督导考核力度

（二十六）加强组织领导

地方各级政府要切实加强组织领导，按照“一市一策、一港一策、一企一策”要求，组织编制本地区运输结构调整工作实施方案，细化分解目标任务，制订责任清单，健全责任体系，科学安排工作进度，出台配套政策，确保按时保质完成各项任务。交通运输部、发展改革委要加强统筹协调和组织调度，完善运输结构调整工作协调机制，及时研究解决运输结构调整中的重大问题。（交通运输部、发展改革委牵头，各有关部门参与）

（二十七）强化督导考评

加强对地方政府和有关部门运输结构调整工作推进落实情况的督查考核，结果向社会公布。地方各级政府要建立健全动态评估机制，加强对铁路、港口、工矿等企业的督导考核，确保责任落实到位。（交通运输部、发展改革委牵头，各有关部门参与）

十、营造良好发展环境

（二十八）保障行业健康稳定发展

加强部门协同联动，强化货运市场和重点企业监测，及时掌握行业动态，加大政策支持力度，完善从业人员社会保障、职业培训等服务，积极培育拓展新兴市场，推动货运行业创新稳定发展和转型升级。（交通运输部牵头，各有关部门参与）

（二十九）做好政策宣传和舆论引导

加大对运输结构调整工作的宣传报道力度，加强正面引导，及时回应社会关切，为运输结构调整工作营造良好舆论氛围。（交通运输部、发展改革委牵头，各有关部门参与）

交通运输部办公厅关于推进乡镇运输服务站建设加快完善农村物流网络节点体系的意见

交办运〔2018〕181 号

各省、自治区、直辖市、新疆生产建设兵团交通运输厅（局、委）：

农村物流网络节点是为农村地区提供仓储配送、中转分拨、车辆集散的公共基础设施，乡镇运输服务站是农村物流网络节点体系建设的重要内容。为贯彻落实党中央、国务院关于推进“四好农村路”建设的决策部署，加快完善县、乡、村三级农村物流网络节点体系，现提出如下意见。

一、总体要求

以习近平新时代中国特色社会主义思想为指导，深入贯彻落实党的十九大精神，以改进和提升农村物流服务供给为主线，以提高农村物流服务覆盖率和服务品质为目标，坚持需求导向和问题导向，加快建设县、乡、村三级农村物流网络节点体系，培育龙头骨干物流企业，推广先进运营模式和信息技术，构建资源共享、服务同网、信息互通、便利高效的农村物流发展新格局，为实施乡村振兴战略、打赢脱贫攻坚战、决胜全面建成小康社会提供更加坚实的运输服务保障。

二、主要任务

（一）提高农村物流网络节点覆盖率，优化服务功能，增强基本公共服务能力

1. 统筹利用多方资源。各省级交通运输主管部门要督促和指导县级交通运输主管部门根据地方发展实际和特色优势，主动加强与农业、商务、供销、邮政等部门的联动协同，有效整合货源和运力资源，因地制宜地制定完善县、乡、村三级农村物流网络节点体系的工作方案。县级农村物流中心包括三种类型：一是公路货运站场；二是升级改造、增设相关设施、拓展物流公共服务功能的公路客运站；三是交通运输企业与邮政、快递、供销等分拨中心开展业务合作，统筹组织县域内运输服务的物流站点。乡镇运输服务站包括三种类型：一是新建具备集客运和物流服务功能的乡镇运输服务站；二是对既有乡镇客运站、交管站、公路养护站等站场设施进行改造升级的乡镇运输服务站；三是交通运输企业充分利用邮政、供销社、电商服务网点等设施资源，通

过业务合作的方式统筹组织辖区内的农村物流服务的乡镇运输服务站。村级农村物流服务点包括两种类型：一是充分利用村相关公共设施资源，为乡村物资集散提供服务的场所；二是以小卖店、超市、村邮站为载体，开展日用生活消费品、农资以及快件接取送达服务的场所。

2. 补齐贫困地区农村物流网络节点建设短板。根据贫困地区物流需求的规模和特点，加大乡镇运输服务站建设支持力度，向贫困地区和偏远山区给予倾斜，推动客货运输、公路管养、安全监管协同发展。加强典型地区先进农村物流节点建设及发展经验的宣传推广，指导贫困地区提高农村物流网络节点覆盖率，为农产品销售、生产资料和生活消费品下乡提供畅通的物流运输保障。

3. 提升节点设施综合服务能力。适应农村一二三产业融合发展和农民消费升级的需求，加快完善县级农村物流节点停车装卸、仓储配送、流通加工、电商快递、邮政寄递等综合服务功能，健全乡镇和村级物流节点快递收寄、电商交易、信息查询、便民缴费等功能，实现“一点多能、一网多用、多站合一”。

（二）创新农村物流运营模式，整合农产品供应链资源，增强扶贫攻坚支撑保障能力

4. 创新运营组织模式。推广城乡统一配送、集中配送、共同配送等先进模式，提高配送效率和运营管理集约化水平。鼓励“互联网＋”农村物流新业态发展，支持企业在农村物流领域发展无车承运物流模式，整合社会闲散运力和分散货源，实现人、车、货、站、线等物流要素的精准匹配。充分挖掘城乡客运班线货舱运力资源，发展小件快运、电商快递等服务市场，实现客货同网、资源共享。

5. 支撑贫困地区产业发展。深入实施《交通运输脱贫攻坚三年行动计划（2018—2020年）》，以深度贫困地区为重点，加强多部门合作，着力推进一批典型的“交通物流＋优势产业”“交通物流＋电子商务”“交通物流＋特色资源”等项目建设，通过物流运输整合农业基地、生产制造、商贸流通等资源，不断拓展农村物流的服务范围、服务领域、服务内容，为农村地区一二三产业融合发展提供产销运一体的供应链综合物流服务。

（三）加强农村物流信息化建设，促进资源整合与合理配置，提高运营效率

6. 加快县级综合信息服务平台建设。支持县级农村物流中心或农村物流龙头骨干企业建设县级农村物流综合信息服务平台，完善平台网上交易、运输组织、过程监控、结算支付、金融保险、大数据分析等服务功能，并加强与电商、邮政快递等平台的有效对接，实现县、乡、村三级农村物流信息资源的高效整合、合理配置。

7. 加强农村物流信息终端建设。应用条形码、射频识别技术、车载卫星定位装置

以及电子运单等先进信息技术和管理方式，加强货物交易、运输、仓储、配送全过程的监控与追踪，并实现信息数据与县级综合信息服务平台的互联互通，通过农村物流的信息化、数字化管理，提高运营效率。

（四）推广应用先进的物流装备，提高运输装载效率，增强专业化服务能力

8. 加快装备升级改造。大力推广安全经济、节能环保的新能源车辆，不断提高新能源车辆在新增运力中的比重。鼓励农村物流、邮政快递、电子商务等企业应用托盘、集装篮、厢式货车等标准化、单元化设备和专业化包装、分拣、装卸设备，提高农村物流作业效率、减少货损货差。

9. 增强专业化服务能力。鼓励有条件的地区开展农产品冷链物流，支持农村物流节点加强冷藏保温仓储设施建设，为农产品产地预冷、多温区存储、低温加工提供必要的设施条件，推广应用冷藏保温车辆、低温物流箱等冷链物流设备，完善农产品冷链物流服务体系，提升农村物流专业化服务能力。

（五）培育龙头骨干企业，健全服务标准规范，提升服务品质

10. 培育龙头骨干企业。支持农村物流骨干企业加强与电商、邮政、快递、供销等企业的合作，实现货源和运力资源的统一调度；以品牌为纽带通过联盟、加盟等方式整合县域内分散的物流经营业户，统筹组织开展县域内的农村物流业务，扭转农村物流市场主体分散、运营效益差、竞争力弱的格局。

11. 完善服务标准规范。鼓励各地结合实际，研究制定农村物流节点设施建设标准和企业运营服务规范，明确在站场功能配置、线路经营、货物交接、仓储配送、安全管理、信息服务等方面的具体要求，提高农村物流服务标准化、规范化水平。

12. 建立农村物流市场诚信体系。研究农村物流经营服务规范与信用评价指标体系，探索考核结果与项目申请、政策支持等相挂钩的考核管理办法，通过行业自律进一步规范农村物流市场主体经营行为，提升服务品质。

三、保障措施

（一）强化组织领导

各省级交通运输主管部门要高度重视，把推进农村物流发展作为保障和改善民生的重大工程，加强对农村物流资源整合、节点建设的统筹规划，提升农村物流运营服务网络覆盖率。督促和指导下级交通运输主管部门积极争取地方人民政府的政策支持，推动建立地方人民政府统一领导，交通运输部门牵头，商务、农业、供销、邮政、财税等多部门共同参与的农村物流发展协调联动机制，及时研究解决规划、用地、税收、

投融资、财政补贴等实际问题，共同推进农村物流服务体系建设。

（二）盘活既有资源

各级交通运输主管部门要积极盘活各类存量资源，特别是对于经营困难、运营效率不高的乡镇客运站，要结合实际提出升级改造方案，吸引社会资本，拓展服务功能，提升运营效率和效益，最大限度地发挥存量资源的有效价值。

（三）完善支持政策

部根据各省级交通运输主管部门上报的项目建设需求，制订全国乡镇运输服务站建设需求表（详见附件1）。请各省级交通运输主管部门积极推进前期工作，条件具备后申请车购税资金补助，我部将按照《“十三五”交通运输专项建设规划中期评估调整方案》，对符合建设要求（详见附件2）的乡镇运输服务站给予资金支持。各省级交通运输主管部门要建立详细的乡镇运输服务站建设项目库，落实站场建设运营主体，确保列入计划的项目落地实施和可持续运营。

（四）加大督导考核

部将农村物流网络节点建设和运营服务水平作为“四好农村路”和“城乡交通一体化示范县”建设的重要内容，加强督导考核；将根据各省确定的当年建设任务目标进行考核与通报；各省级交通运输主管部门应分别于2019年、2020年的6月30日和12月31日将农村物流网络节点建设情况，包括乡镇运输服务站建设情况报部。各级交通运输主管部门要结合本区域发展实际，加强目标任务与建设进度的对标考核，切实用好资金、用足政策，逐步提高农村物流网络节点覆盖率，提升服务水平，支撑农村地区社会经济发展。

附件1. 2019—2020年全国乡镇运输服务站建设需求表（略）

附件2. 乡镇运输服务站建设基本要求

乡镇运输服务站是指在乡镇建设的服务于乡村居民日常生产生活，为各类农资、农产品、特色工业制品、生活快消品、电商快递等物资的中转仓储、分拨配送提供综合服务和作业场所的站场设施。同时，此类站场设施还可具备乡村居民日常出行、邮政、便民信息服务等综合服务功能。

一、建设主体

乡镇运输服务站建设主体包括两类：一是农村客运经营企业，集约整合电商、邮政快递等资源，依托乡镇客运站拓展物流服务功能，升级改造为乡镇综合运输服务站；二是农村物流经营企业，通过自有或长期租赁（租赁合同期限10年及以上）一定规模的土地，建设相关运输设施，整合商务、供销、农业、邮政快递等资源，开展仓储、配送等农村物流公共服务。

二、建设要求

1. 占地面积：东中部地区原则上不低于2500平方米，西部地区原则上不低于1000平方米，贫困地区可适当放宽。

2. 设施功能：相关设施应包括但不限于停车场、堆场、仓库，供物流运输、电子商务、供销合作、邮政快递等企业入驻的商业设施和办公场地。同时，还可包括缴费、票务、乘车、信息查询等相关便民服务设施。

3. 主要设备：应包括但不限于电脑（宽带接入）、条码扫描器、称重设备、货架、安检设备等。

国家物流枢纽布局和建设规划

发改经贸〔2018〕1886号

物流枢纽是集中实现货物集散、存储、分拨、转运等多种功能的物流设施群和物流活动组织中心。国家物流枢纽是物流体系的核心基础设施，是辐射区域更广、集聚效应更强、服务功能更优、运行效率更高的综合性物流枢纽，在全国物流网络中发挥关键节点、重要平台和骨干枢纽的作用。为贯彻落实党中央、国务院关于加强物流等基础设施网络建设的决策部署，科学推进国家物流枢纽布局和建设，经国务院同意，制定本规划。

一、规划背景

党的十八大以来，我国物流业实现较快发展，在国民经济中的基础性、战略性、先导性作用显著增强。物流专业设施和交通基础设施网络不断完善，特别是一些地区自发建设形成一批物流枢纽，在促进物流资源集聚、提高物流运行效率、支撑区域产业转型升级等方面发挥了重要作用，为建设国家物流枢纽网络奠定良好基础。

基础设施条件不断完善。截至2017年年底，我国铁路、公路营运总里程分别达到12.7万公里和477.3万公里，万吨级以上港口泊位2366个，民用运输机场226个，铁路专用线总里程约1.8万公里。全国营业性通用仓库面积超过10亿平方米，冷库库容约1.2亿立方米，运营、在建和规划的各类物流园区超过1600个。

运行组织效率持续提高。互联网、物联网、大数据、云计算等现代信息技术与物流业发展深度融合，无人机、无人仓、物流机器人、新能源汽车等智能化、绿色化设施设备在物流领域加快推广应用，物流枢纽运行效率显著提高，有力引导和支撑物流业规模化集约化发展，为加快物流转型升级和创新发展注入新的活力。

综合服务能力大幅提升。货物集散转运、仓储配送、装卸搬运、加工集拼等基础服务能力不断增强，与制造、商贸等产业融合发展趋势日益明显，物流要素加速向枢纽聚集，以平台整合、供应链融合为特征的新业态新模式加快发展，交易撮合、金融结算等增值服务功能不断拓展，物流枢纽的价值创造能力进一步增强。

经济支撑带动作用明显。国际陆港、中欧班列枢纽节点等快速发展，跨境电商、同城配送等物流新需求持续增长，物流枢纽的资源聚集效应和产业辐射效应不断显现，对经济增长的带动作用日益增强，有效支撑我国世界第二大经济体和第一大货物贸易国的地位。

但也要看到，与发达国家相比，我国物流枢纽发展还存在一定差距。一是系统规划不足，现有物流枢纽设施大多分散规划、自发建设，骨干组织作用发挥不足，物流枢纽间协同效应不明显，没有形成顺畅便捷的全国性网络。二是空间布局不完善，物流枢纽分布不均衡，西部地区明显滞后，部分地区还存在空白；一些物流枢纽与铁路、港口等交通基础设施以及产业集聚区距离较远，集疏运成本较高。三是资源整合不充分，部分物流枢纽存在同质化竞争、低水平重复建设问题，内部缺乏有效分工，集聚和配置资源要素的作用没有充分发挥。四是发展方式较为粗放，一些已建成物流枢纽经营方式落后、功能单一，无法开展多式联运；有的枢纽盲目扩大占地面积，物流基础设施投入不足，服务质量有待提高。

当前，我国经济已由高速增长阶段转向高质量发展阶段。加快国家物流枢纽网络布局和建设，有利于整合存量物流基础设施资源，更好发挥物流枢纽的规模经济效应，推动物流组织方式变革，提高物流整体运行效率和现代化水平；有利于补齐物流基础设施短板，扩大优质物流服务供给，打造低成本、高效率的全国性物流服务网络，提升实体经济活力和竞争力；有利于更好发挥干线物流通道效能，加快推进要素集聚、资源整合和城乡空间格局与产业布局重塑，促进区域协调发展，培育新的经济增长极；有利于深化国内国际物流体系联动协同，促进生产制造、国际贸易和国际物流深度融合，提高国际供应链整体竞争力，培育国际竞争新优势，加快推动我国产业向全球价值链中高端迈进。

二、总体要求

（一）指导思想

以习近平新时代中国特色社会主义思想为指导，全面贯彻党的十九大和十九届二中、三中全会精神，牢固树立和贯彻落实新发展理念，按照高质量发展的要求，统筹推进“五位一体”总体布局和协调推进“四个全面”战略布局，坚持以供给侧结构性改革为主线，认真落实党中央、国务院决策部署，推动物流组织模式和行业管理体制机制创新，加快现代信息技术和先进设施设备应用，构建科学合理、功能完备、开放共享、智慧高效、绿色安全的国家物流枢纽网络，打造“通道 + 枢纽 + 网络”的物流运行体系，实现物流资源优化配置和物流活动系统化组织，进一步提升物流服务质量，降低全社会物流和交易成本，为优化国家经济空间布局和构建现代化经济体系提供有力支撑。

（二）基本原则

市场主导、规划引领。遵循市场经济规律和现代物流发展规律，使市场在资源配置中起决定性作用和更好发挥政府作用，通过规划引领和指导，推动物流资源向有市场需求的枢纽进一步集聚，支持和引导具备条件的物流枢纽做大做强，在物流运行体系中发挥骨干作用。

集约整合、融合创新。坚持以存量设施整合提升为主、以增量设施补短板为辅，重点提高现有物流枢纽资源集约利用水平。依托国家物流枢纽加强物流与交通、制造、商贸等产业联动融合，培育行业发展新动能，探索枢纽经济新范式。

统筹兼顾、系统成网。统筹城市经济发展基础和增长潜力，兼顾东中西部地区协调发展，围绕产业发展、区域协调、公共服务、内联外通等需要，科学选址、合理布局、加强联动，加快构建国家物流枢纽网络。

协调衔接、开放共享。加强物流与交通基础设施衔接，提高不同运输方式间货物换装效率，推动信息互联互通、设施协调匹配、设备共享共用，增强国家物流枢纽多式联运功能，提高运行效率和一体化组织水平。

智慧高效、绿色发展。顺应现代物流业发展新趋势，加强现代信息技术和智能化、绿色化装备应用，推进货物运输结构调整，提高资源配置效率，降低能耗和排放水平，打造绿色智慧型国家物流枢纽。

（三）发展目标

到2020年，通过优化整合、功能提升，布局建设30个左右辐射带动能力较强、现代化运作水平较高、互联衔接紧密的国家物流枢纽，促进区域内和跨区域物流活动组织化、规模化运行，培育形成一批资源整合能力强、运营模式先进的枢纽运营企业，初步建立符合我国国情的枢纽建设运行模式，形成国家物流枢纽网络基本框架。

到2025年，布局建设150个左右国家物流枢纽，枢纽间的分工协作和对接机制更加完善，社会物流运行效率大幅提高，基本形成以国家物流枢纽为核心的现代化物流运行体系，同时随着国家产业结构和空间布局的进一步优化，以及物流降本增效综合措施的持续发力，推动全社会物流总费用与GDP的比率下降至12%左右。

——高效物流运行网络基本形成。以“干线运输＋区域分拨”为主要特征的现代化多式联运网络基本建立，全国铁路货运周转量比重提升到30%左右，500公里以上长距离公路运量大幅减少，铁路集装箱运输比重和集装箱铁水联运比重大幅提高，航空货运周转量比重明显提升。

——物流枢纽组织效率大幅提升。多式联运、甩挂运输等先进运输组织方式广泛应用，各种运输方式衔接更加紧密，联运换装转运效率显著提高，集疏运体系更加完善，国家物流枢纽单元化、集装化运输比重超过40%。

——物流综合服务能力显著增强。完善互联互通的枢纽信息网络，国家物流枢纽一体化运作、网络化经营、专业化服务能力进一步提高，与供应链、产业链、价值链深度融合，对实体经济的支撑和促进作用明显增强，枢纽经济效应充分显现。

到2035年，基本形成与现代化经济体系相适应的国家物流枢纽网络，实现与综合交通运输体系顺畅衔接、协同发展，物流规模化、组织化、网络化、智能化水平全面提升，铁路、水运等干线通道能力充分释放，运输结构更加合理。全社会物流总费用与GDP的比率继续显著下降，物流运行效率和效益达到国际先进水平。依托国家物流枢纽，形成一批具有国际影响的枢纽经济增长极，将国家物流枢纽打造成为产业转型升级、区域经济协调发展和国民经济竞争力提升的重要推动力量。

三、合理布局国家物流枢纽，优化基础设施供给结构

（一）国家物流枢纽的类型和功能定位

国家物流枢纽分为陆港型、港口型、空港型、生产服务型、商贸服务型、陆上边境口岸型6种类型。

陆港型。依托铁路、公路等陆路交通运输大通道和场站（物流基地）等，衔接内陆地区干支线运输，主要为保障区域生产生活、优化产业布局、提升区域经济竞争力，提供畅通国内、联通国际的物流组织和区域分拨服务。

港口型。依托沿海、内河港口，对接国内国际航线和港口集疏运网络，实现水陆联运、水水中转有机衔接，主要为港口腹地及其辐射区域提供货物集散、国际中转、转口贸易、保税监管等物流服务和其他增值服务。

空港型。依托航空枢纽机场，主要为空港及其辐射区域提供快捷高效的国内国际航空直运、中转、集散等物流服务和铁空、公空等联运服务。

生产服务型。依托大型厂矿、制造业基地、产业集聚区、农业主产区等，主要为工业、农业生产提供原材料供应、中间产品和产成品储运、分销等一体化的现代供应链服务。

商贸服务型。依托商贸集聚区、大型专业市场、大城市消费市场等，主要为国际国内和区域性商贸活动、城市大规模消费需求提供商品仓储、干支联运、分拨配送等物流服务，以及金融、结算、供应链管理等增值服务。

陆上边境口岸型。依托沿边陆路口岸，对接国内国际物流通道，主要为国际贸易活动提供一体化通关、便捷化过境运输、保税等综合性物流服务，为口岸区域产业、跨境电商等发展提供有力支撑。

（二）国家物流枢纽布局和规划建设要求

国家物流枢纽基本布局。加强宏观层面的系统布局，依据区域经济总量、产业空间布局、基础设施联通度和人口分布等，统筹考虑国家重大战略实施、区域经济发展、产业结构优化升级等需要，结合“十纵十横”交通运输通道和国内物流大通道基本格局，选择127个具备一定基础条件的城市作为国家物流枢纽承载城市，规划建设212个

国家物流枢纽，包括41个陆港型、30个港口型、23个空港型、47个生产服务型、55个商贸服务型和16个陆上边境口岸型国家物流枢纽。

专栏1　国家物流枢纽布局承载城市

1. 陆港型国家物流枢纽承载城市。包括石家庄、保定、太原、大同、临汾、呼和浩特、乌兰察布、沈阳、长春、哈尔滨、佳木斯、南京、徐州、杭州、合肥、南昌、鹰潭、济南、潍坊、郑州、安阳、武汉、长沙、衡阳、南宁、柳州、重庆、成都、遂宁、贵阳、遵义、昆明、拉萨、西安、延安、兰州、酒泉、格尔木、乌鲁木齐、哈密、库尔勒。

2. 港口型国家物流枢纽承载城市。包括天津、唐山、秦皇岛、沧州、大连、营口、上海、南京、苏州、南通、连云港、宁波－舟山、芜湖、安庆、福州、厦门、九江、青岛、日照、烟台、武汉、宜昌、岳阳、广州、深圳、湛江、钦州－北海－防城港、洋浦、重庆、泸州。

3. 空港型国家物流枢纽承载城市。包括北京、天津、哈尔滨、上海、南京、杭州、宁波、厦门、青岛、郑州、长沙、武汉－鄂州、广州、深圳、三亚、重庆、成都、贵阳、昆明、拉萨、西安、银川、乌鲁木齐。

4. 生产服务型国家物流枢纽承载城市。包括天津、石家庄、唐山、邯郸、太原、鄂尔多斯、包头、沈阳、大连、长春、哈尔滨、大庆、上海、南京、无锡、苏州、杭州、宁波、嘉兴、金华、合肥、蚌埠、福州、三明、南昌、青岛、郑州、洛阳、武汉、十堰、襄阳、长沙、郴州、广州、深圳、珠海、佛山、东莞、南宁、柳州、重庆、成都、攀枝花、贵阳、西安、宝鸡、石河子。

5. 商贸服务型国家物流枢纽承载城市。包括天津、石家庄、保定、太原、呼和浩特、赤峰、沈阳、大连、长春、吉林、哈尔滨、牡丹江、上海、南京、南通、杭州、温州、金华（义乌）、合肥、阜阳、福州、平潭、厦门、泉州、南昌、赣州、济南、青岛、临沂、郑州、洛阳、商丘、南阳、信阳、武汉、长沙、怀化、广州、深圳、汕头、南宁、桂林、海口、重庆、成都、达州、贵阳、昆明、大理、西安、兰州、西宁、银川、乌鲁木齐、喀什。

6. 陆上边境口岸型国家物流枢纽承载城市。包括呼伦贝尔（满洲里）、锡林郭勒（二连浩特）、丹东、延边（珲春）、黑河、牡丹江（绥芬河－东宁）、防城港（东兴）、崇左（凭祥）、德宏（瑞丽）、红河（河口）、西双版纳（磨憨）、日喀则（吉隆）、伊犁（霍尔果斯）、博尔塔拉（阿拉山口）、克孜勒苏（吐尔尕特）、喀什（红其拉甫）。

国家物流枢纽规划建设要求。一是区位条件良好。毗邻港口、机场、铁路场站等重要交通基础设施和产业聚集区，与城市中心的距离位于经济合理的物流半径内，并与城市群分工相匹配。二是空间布局集约。以连片集中布局为主，集中设置物流设施，集约利用土地资源。同一国家物流枢纽分散布局的互补功能设施原则上不超过2个。三是存量设施优先。以完善提升已建成物流设施的枢纽功能为主，必要情况下可结合区域经济发展需要适当整合、迁移或新建枢纽设施。四是开放性、公共性强。具备提供公共物流服务、引导分散资源有序聚集、推动区域物流集约发展等功能，并在满足区域生产生活物流需求中发挥骨干作用。五是服务功能完善。具备干线运输、区域分拨等功能，以及多式联运转运设施设备和系统集成、互联兼容的公共信息平台等，可根据需要提供通关、保税等国际物流相关服务。六是统筹运营管理。由一家企业或多家企业联合主导国家物流枢纽建设、运营和管理，统筹调配物流服务资源，整合对接物流业务，实行统一的安全作业规范。七是区域协同联动。鼓励同一承载城市内不同类型的国家物流枢纽加强协同或合并建设，增强综合服务功能；支持京津冀、长三角、珠三角等地区的承载城市在城市群内部开展国家物流枢纽合作共建，实现优势互补。

国家物流枢纽培育发展要求。各承载城市要遵循市场规律，尊重市场选择，以市场自发形成的物流枢纽设施和运行体系为基础，对照上述要求，选择基础条件成熟、市场需求旺盛、发展潜力较大的物流枢纽进行重点培育，并可根据市场和产业布局变化情况以及交通基础设施发展情况等进行必要的调整。同时，通过规划引导和政策支持，加强公共服务产品供给，补齐设施短板，规范市场秩序，促进公平竞争。要加强国家物流枢纽与其他物流枢纽的分工协作和有效衔接，两者不排斥、不替代，通过国家物流枢纽的发展带动其他物流枢纽做大做强，打造以国家物流枢纽为骨干，以其他物流枢纽为补充，多层次、立体化、广覆盖的物流枢纽设施体系。

四、整合优化物流枢纽资源，提高物流组织效率

（一）培育协同高效的运营主体

鼓励和支持具备条件的企业通过战略联盟、资本合作、设施联通、功能联合、平台对接、资源共享等市场化方式打造优势互补、业务协同、利益一致的合作共同体，推进国家物流枢纽设施建设和统筹运营管理，有序推动干线运输、区域分拨、多式联运、仓储服务、跨境物流、城市配送等物流服务资源集聚，引导物流服务企业集群发展，提升物流一体化组织效率。

（二）推动物流设施集约整合

整合优化存量物流设施。优先利用现有物流园区特别是国家示范物流园区，以及货运场站、铁路物流基地等设施规划建设国家物流枢纽。鼓励通过统筹规划迁建等方式整合铁路专用线、专业化仓储、多式联运转运、区域分拨配送等物流设施及通关、保税等配套设施，推动物流枢纽资源空间集中；对迁建难度较大的分散区块设施，支持通过协同运作和功能匹配实现统一的枢纽功能。支持国家物流枢纽集中承接第三方物流、电子商务、邮政、快递等物流服务的区域分拨和仓储功能，减少物流设施无效低效供给，促进土地等资源集约利用，提升设施综合利用效率。

统筹补齐物流枢纽设施短板。加强物流枢纽设施薄弱地区特别是中西部地区物流软硬件设施建设，支持物流枢纽设施短板突出地区结合产业发展和城市功能定位等，按照适度超前原则高起点规划新建物流枢纽设施，推动国家物流枢纽网络空间结构进一步完善，带动区域经济发展。

（三）增强国家物流枢纽平台支撑能力

加强综合信息服务平台建设。鼓励和支持国家物流枢纽依托现有资源建设综合信息服务平台，打破物流信息壁垒，推动枢纽内企业、供应链上下游企业信息共享，实现车辆、货物位置及状态等信息实时查询；加强交通、公安、海关、市场监管、气象、邮政等部门公共数据开放共享，为便利企业生产经营和完善物流信用环境提供支撑；加强物流服务安全监管和物流活动的跟踪监测，推动相关企业落实实名登记和信息留存等安全管理制度，实现货物来源可追溯、责任可倒查。依托国家交通运输物流公共信息平台等建立国家物流枢纽间综合信息互联互通机制，促进物流订单、储运业务、货物追踪、支付结算等信息集成共享、高效流动，提高物流供需匹配效率，加强干线运输、支线运输、城市配送的一体化衔接。完善数据交换、数据传输等标准，进一步提升不同枢纽信息系统的兼容性和开放性。

推动物流资源交易平台建设。依托具备条件的国家物流枢纽综合信息服务平台，建设物流资源要素交易平台，开展挂车等运输工具、集装箱、托盘等标准化器具及叉车、正面吊等装卸搬运设备的租赁交易，在制度设计和交易服务等方面加强探索创新，允许交易平台开展水运、航空货运、陆运等运力资源和仓储资源交易，提高各类物流资源的市场化配置效率和循环共用水平。

专栏2　国家物流枢纽资源整合工程

1. 国家物流枢纽建设运营主体培育工程。借鉴国外成熟经验，遵循市场化原则，创新物流枢纽经营管理模式，探索建立国家物流枢纽建设运营参与企业的利益协同机制，培育协同高效的运营主体，提高枢纽组织效率。

目标及完成时限：2020年年底前，争取培育10家左右国家物流枢纽建设运营标杆企业，形成可推广、可复制的枢纽建设运营经验。

2. 国家物流枢纽联盟工程。发挥行业协会等作用，支持和推动枢纽建设运营企业成立国家物流枢纽联盟。发挥骨干企业网络化经营优势，推动国家物流枢纽之间加强业务对接，积极推进要素流动、信息互联、标准协同等合作机制建设，加快推动形成国家物流枢纽网络。

目标及完成时限：2020年年底前，依托已投入运行的国家物流枢纽，成立国家物流枢纽联盟，在信息互联互通、标准规范对接等方面取得突破。2025年年底前，基本形成稳定完善的国家物流枢纽合作机制，力争将已建成的国家物流枢纽纳入联盟，形成顺畅衔接、高效运作的国家物流枢纽网络。

五、构建国家物流枢纽网络体系，提升物流运行质量

（一）建设国家物流枢纽干线网络体系

构建国内物流干线通道网络。鼓励国家物流枢纽间协同开展规模化物流业务，建

设高质量的干线物流通道网络。重点加快发展枢纽间的铁路干线运输，优化运输组织，构建便捷高效的铁路货运网络。鼓励陆港型、生产服务型枢纽推行大宗货物铁路中长期协议运输，面向腹地企业提供铁路货运班列、点到点货运列车、大宗货物直达列车等多样化铁路运输服务；支持陆港型、港口型、商贸服务型枢纽间开行“钟摆式”铁路货运专线、快运班列，促进货物列车客车化开行，提高铁路运输的稳定性和准时性，优先鼓励依托全国性和区域性铁路物流中心培育发展陆港型枢纽；加密港口型枢纽间的沿海沿江班轮航线网络，提升长江中上游港口码头基础配套水平和货物集散能力；拓展空港型枢纽货运航线网络，扩大全货机服务覆盖范围。完善进出枢纽的配套道路设施建设，提高联运疏解效率。

提升国际物流网络化服务水平。提高国家物流枢纽通关和保税监管能力，支持枢纽结合自身货物流向拓展海运、空运、铁路国际运输线路，密切与全球重要物流枢纽、能源与原材料产地、制造业基地、贸易中心等的合作，为构建“全球采购、全球生产、全球销售”的国际物流服务网络提供支撑。促进国家物流枢纽与中欧班列融合发展，指导枢纽运营主体集中对接中欧班列干线运力资源，加强分散货源组织，提高枢纽国际货运规模化组织水平。充分发挥中欧班列国际铁路合作机制作用，强化国家物流枢纽与国外物流节点的战略合作和业务联系，加强中欧班列回程货源组织，进一步提高运行质量。发挥陆上边境口岸型枢纽的辐射作用，加强与“一带一路”沿线国家口岸相关设施的功能衔接、信息互联，加强单证规则、检验检疫、认证认可、通关报关、安全与应急等方面的国际合作，畅通陆路双向贸易大通道。

（二）依托国家物流枢纽加快多式联运发展

加强干支衔接和组织协同。充分发挥国家物流枢纽的资源集聚和区域辐射作用，依托枢纽网络开发常态化、稳定化、品牌化的“一站式”多式联运服务产品。推动港口型枢纽统筹对接船期、港口装卸作业、堆存仓储安排和干线铁路运输计划。鼓励空港型枢纽开展陆空联运、铁空联运、空空中转，发展“卡车航班”，构建高价值商品的快捷物流服务网络。支持具备条件的国家物流枢纽建立“公共挂车池”，发展甩挂运输，试点开展滚装运输；支持建设多式联运场站和吊装、滚装、平移等快速换装转运设施，加快发展国内国际集装箱公铁联运和海铁联运。

创新标准形成和应用衔接机制。支持和引导国家物流枢纽采用已发布的快递、仓储、冷链、口岸查验等推荐性国家标准和行业标准，严格执行有关规划建设和安全作业标准。研究国家物流枢纽间多式联运转运、装卸场站等物流设施标准，完善货物装载要求、危险品界定等作业规范，加强物流票证单据、服务标准协调对接。充分发挥物流骨干企业作用，通过高频次、规模化、市场化的物流活动，推动多式联运服务、设施设备等标准进一步衔接，重点在水铁、公铁联运以及物流信息共享等领域，探索形成适应枢纽间多式联运发展的市场标准，为制定国家和行业有关标准提供依据。

推广多式联运“一单制”。研究在国家物流枢纽间推行集装箱多式联运电子化统一单证，加强单证信息交换共享，实现“一单制”物流全程可监测、可追溯。加强不同运输方式在货物交接、合同运单、信息共享、责任划分、保险理赔等方面的制度与规范衔接。鼓励企业围绕“一单制”物流创新业务模式，拓展统一单证的金融、贸易、信用等功能，扩大单证应用范围，强化与国际多式联运规则对接，推动“一单制”物流加快发展。

（三）打造高效专业的物流服务网络

现代供应链。促进国家物流枢纽与区域内相关产业协同联动和深度融合发展，打造以国家物流枢纽为核心的现代供应链。鼓励和引导制造、商贸、物流、金融等企业，依托国家物流枢纽实现上下游各环节资源优化整合和高效组织协同，发展供应链库存管理、生产线物流等新模式，满足敏捷制造、准时生产等精益化生产需要；探索发展以个性化定制、柔性化生产、资源高度共享为特征的虚拟生产、云制造等现代供应链模式，提升全物流链条价值创造能力，实现综合竞争力跃升。

邮政快递物流。推动邮政和快递物流设施与新建国家物流枢纽同步规划、同步建设，完善提升已有物流枢纽的邮件快件分拨处理功能。推动快递专业类物流园区改扩建，积极承接国家物流枢纽功能。提升邮件快件分拨处理智能化、信息化、绿色化水平。鼓励发展航空快递、高铁快递、冷链快递、电商快递、跨境寄递，推动快递物流与供应链、产业链融合发展。支持建设国际邮件互换局（交换站）和国际快件监管中心。

电子商务物流。鼓励和支持国家物流枢纽增强电子商务物流服务功能，发挥干线与区域分拨网络作用，为电商提供覆盖更广、效率更高的专业物流服务，促进农村电子商务物流体系建设，推动农产品“上行”和工业品“下行”双向高效流通，提高电子商务物流服务的时效性、准确性。鼓励国家物流枢纽综合信息服务平台与电子商务物流信息平台对接，推动国家物流枢纽网络与电子商务网络信息互联互通，实现“双网”融合。增强国家物流枢纽在跨境电商通关、保税、结算等方面的功能，提高枢纽支撑电子商务物流一体化服务的能力。

冷链物流。引导冷链物流设施向国家物流枢纽集聚，促进冷链物流规模化发展。鼓励国家物流枢纽高起点建设冷链物流设施，重点发展流通型冷库、立体库等，提高冷链设施供给质量。鼓励企业依托国家物流枢纽建设面向城市消费的低温加工处理中心，开展冷链共同配送、“生鲜电商+冷链宅配”等新模式；大力发展铁路冷藏运输、冷藏集装箱多式联运。依托国家物流枢纽综合信息服务平台，加强全程温度记录和信息追溯，促进消费升级，保障食品质量安全。

大宗商品物流。鼓励粮食、棉花等大宗商品物流嵌入国家物流枢纽服务系统，通过供应链信息协同、集中存储、精细化生产组织等方式，加快资源产地、工业聚集区、贸易口岸的物流组织变革，推动大宗商品物流从以生产企业安排为主的传统模式向以枢纽为载体的集约模式转型，促进枢纽与相关生产企业仓储资源合理配置，进一步降低库存和存货资金占用。发展铁路散粮运输、棉花集装箱运输和能源、矿产品重载运输，推动运输结构调整。

驮背运输。依托国家物流枢纽在具备条件的地区选择适合线路发展驮背运输，充分发挥驮背运输安全可靠、节能环保、运输灵活等优势。加强国家物流枢纽网络的驮背运输组织体系建设，完善与既有铁路、公路运输体系的高效衔接，进一步推动公铁联运发展，促进货物运输“公转铁”。

航空物流。促进国家物流枢纽与机场等航空货运基础设施协同融合发展，加强设施联通和流程对接。依托国家物流枢纽创新航空货运产品体系和业务模式，为集成电路等高端制造业以及生鲜冷链等高附加值产业发展提供高效便捷的物流服务支撑，优化提升航空物流产业链，增强服务实体经济能力。

应急物流。发挥国家物流枢纽网络功能和干线转运能力优势，构建应对突发情况能力强、保障效率和可靠性高的应急物流服务网络。优化存量应急物资储备设施布局，完善枢纽综合信息平台应急功能，提升统一调度、信息共享和运行协调能力。研究制订枢纽应急物流预案，建立制度化的响应机制和协同机制，确保应急物流运行迅速、精准、顺畅。

（四）促进国家物流枢纽网络军民融合发展

按照军民融合发展战略和国防建设有关要求，明确有关枢纽设施服务军事物流的建设内容和标准，支持军队后勤保障社会化。根据军事物流活动保密性、时效性、优先性等要求，拓宽军队使用地方运力、仓储设施、交通网络等物流资源的工作渠道，打通军地物流信息系统数据安全交换通道，建设物流信息资源军地共享平台，建立枢纽服务军事物流需求的运行机制，利用国家物流枢纽的干线调配能力和快速分拨网络服务军事物流需要。

专栏3　国家物流枢纽服务能力提升工程
1. 内陆集装箱体系建设工程。结合我国国情和物流业发展实际，研究推广尺寸和类型适宜的内陆集装箱，完善相关技术标准体系。加强载运工具、转运设施等与内陆集装箱标准间的衔接，在国家物流枢纽网络内积极开展内陆集装箱多式联运，形成可复制的模式后逐步推广。 目标及完成时限：2020年年底前，在部分国家物流枢纽间试点建立“钟摆式”内陆集装箱联运体系。 2. 枢纽多式联运建设工程。加快国家物流枢纽集疏运铁路、公路和多式联运转运设施建设，建立规模化、专业化的集疏运分拨配送体系。研究制定满足多式联运要求的快速中转作业流程和服务规范。依托统一单证探索开展“一单制”物流。

目标及完成时限：2020年年底前，在已投入运行的国家物流枢纽间初步建立多式联运体系，标准化联运设施设备得到推广应用，多式联运相关的服务规范和运行规则建设取得积极进展。

2025年年底前，多式联运体系基本建成，先进的标准化联运设施设备得到大规模应用，多式联运相关的服务规范和运行规则基本形成，“一单制”物流加快发展。

3. 枢纽铁路专用线工程。支持国家物流枢纽新建或改扩建铁路专用线，简化铁路专用线建设审批程序，建立专用线共建共用机制，提高国家物流枢纽内铁路专用线密度，加强装卸场站等联运换装配套设施建设。重点推进港口型枢纽建设连接码头堆场、铁路干线的专用线，鼓励有需要、有条件的铁路专用线向码头前沿延伸。鼓励具备条件的空港型枢纽加强铁路专用线建设。

目标及完成时限：结合国家物流枢纽建设持续推进。除空港型、部分陆上边境口岸型外，已投入运行的国家物流枢纽均具备铁路专用线，实现与铁路运输干线以及港口等交通基础设施有效连接。

4. 枢纽国际物流功能提升工程。支持基础条件好的国家物流枢纽扩大国际物流业务，建设全球转运中心、分拨中心，拓展全球交易中心、结算中心功能，积极推进中国标准“走出去”并与国际标准对接，提高在世界物流和贸易网络中的影响力。

目标及完成时限：2020年年底前，建设5～10个具有较强国际竞争力的国家物流枢纽，健全通达全球主要经济体的国际物流服务网络，辐射带动更多枢纽提升国际物流功能。

5. 标准化装载器具推广应用工程。重点加强集装箱、集装袋、周转箱等载运工具和托盘（1200mm×1000mm）、包装基础模数（600mm×400mm）在国家物流枢纽推广应用，促进不同物流环节、不同枢纽间的设施设备标准衔接，提高标准化装载器具循环共用水平。

目标及完成时限：到2020年，已投入运行的国家物流枢纽中标准托盘、集装箱、集装袋、周转箱等标准化装载器具得到广泛应用，基本建立标准化装载器具循环共用体系。

六、推动国家物流枢纽全面创新，培育物流发展新动能

（一）加强新技术、新装备创新应用

促进现代信息技术与国家物流枢纽运营管理深度融合，提高在线调度、全流程监测和货物追溯能力。鼓励有条件的国家物流枢纽建设全自动化码头、“无人场站”、智能化仓储等现代物流设施。推广电子化单证，加强自动化控制、决策支持等管理技术以及场内无人驾驶智能卡车、自动导引车、智能穿梭车、智能机器人、无人机等装备在国家物流枢纽内的应用，提升运输、仓储、装卸搬运、分拣、配送等作业效率和管理水平。鼓励发展智能化的多式联运场站、短驳及转运设施，提高铁路和其他运输方式换装效率。加强物流包装物在枢纽间的循环共用和回收利用，推广使用可循环、可折叠、可降解的新型物流设备和材料，鼓励使用新能源汽车等绿色载运工具和装卸机械，配套建设集中式充电站或充电桩，支持节能环保型仓储设施建设，降低能耗和排放水平。

（二）发展物流新业态新模式

高效响应物流市场新需求。适应产业转型、内需扩大、消费升级带来的物流需求变化，加强国家物流枢纽与腹地生产、流通、贸易等大型企业的无缝对接，提高市场感知能力和响应力。发展集中仓储、共同配送、仓配一体等消费物流新模式，构建以国家物流枢纽为重要支撑的快速送达生活物流圈，满足城乡居民小批量、多批次、个性化、高品质生活物流需求。引导国家物流枢纽系统对接国际物流网络和全球供应链体系，支持中欧班列、跨境电商发展。鼓励大型物流企业依托国家物流枢纽开展工程设备、大宗原材料的国际工程物流服务。

鼓励物流枢纽服务创新。建立国家物流枢纽共享业务模式，通过设施共建、产权共有、利益协同等方式，引导企业根据物流需求变化合理配置仓储、运力等资源。加强基础性、公共性、联运型物流设施建设，强化物流枢纽社会化服务功能，提高设施设备共享共用水平。发展枢纽平台业务模式，将枢纽内分散的物流业务资源向枢纽平台整合，以平台为窗口加强业务资源协作，统一对接上游产业物流需求和下游物流服务供给。拓展枢纽供应链业务模式，发挥国家物流枢纽在区域物流活动中的核心作用，创新枢纽的产业服务功能，依托国家物流枢纽深化产业上下游、区域经济活动的专业化分工合作，推动枢纽向供应链组织中心转变。

（三）打造特色鲜明的枢纽经济

引导地方统筹城市空间布局和产业发展，充分发挥国家物流枢纽辐射广、成本低、效率高的优势，带动区域农业、制造、商贸等产业集聚发展，打造形成各种要素大聚集、大流通、大交易的枢纽经济，不断提升枢纽的综合竞争优势和规模经济效应。依托陆港型枢纽，加快推进与周边地区要素禀赋相适应的产业规模化发展。依托港口型枢纽，优先推进临港工业、国际贸易、大宗商品交易等产业联动发展。依托空港型枢纽，积极推进高端国际贸易、制造、快递等产业提质升级。依托生产服务型枢纽，着力推进传统制造业供应链组织优化升级，培育现代制造业体系。依托商贸服务型枢纽，重点推进传统商贸向平台化、网络化转型，带动关联产业集群发展壮大。依托陆上边境口岸型枢纽，推进跨境电商、进出口加工等产业聚集发展，打造口岸产业集群。

专栏4　国家物流枢纽创新驱动工程
1. 枢纽经济培育工程。发挥国家物流枢纽要素聚集和辐射带动优势，推进东部地区加快要素有机融合与创新发展，提高经济发展效益和产业竞争力，培育一批支撑产业升级和高质量发展的枢纽经济增长极；推进中西部地区加快经济要素聚集，促进产业规模化发展，培育一批带动区域经济增长的枢纽经济区。

目标及完成时限：2025 年年底前，依托国家物流枢纽及相关产业要素资源，推动 20 个左右承载城市发展各具特色的枢纽经济，探索形成不同区域、不同类型国家物流枢纽支撑和带动经济发展的成熟经验。

2. 枢纽业务模式创新培育工程。支持和引导国家物流枢纽开展物流线上线下融合、共同配送、云仓储、众包物流等共享业务。在平台开展物流对接业务的基础上，进一步拓展交易担保、融资租赁、质押监管、信息咨询、金融保险、信用评价等增值服务，搭建物流业务综合平台。结合枢纽供应链组织中心建设，提高枢纽协同制造、精益物流、产品追溯等服务水平，有序发展供应链金融，鼓励开展市场预测、价格分析、风险预警等信息服务。

目标及完成时限：2025 年年底前，建设 30 个左右体现共享型、平台型、供应链组织型特色的国家物流枢纽。

3. 智能快递公共枢纽建设工程。依托国家物流枢纽，建设一批信息化、标准化、智能化、绿色化特征显著，设施配套、运行高效、开放共享的国际和国内快递公共枢纽，推进快递与上下游行业信息联通、货物畅通、资金融通，促进快递运转效率进一步提升。

目标及完成时限：2025 年年底前，基于国家物流枢纽的快递高效服务网络基本建立，联结并辐射国际重要节点城市，实现物品安全便捷寄递。

七、加强政策支持保障，营造良好发展环境

（一）建立完善枢纽建设协调推进和动态调整机制

充分发挥全国现代物流工作部际联席会议作用，建立国家物流枢纽培育和发展工作协调机制，统筹推进全国物流枢纽布局和规划建设工作。在符合国土空间规划的基础上加强与综合交通运输规划等的衔接。研究制定国家物流枢纽网络建设实施方案，有序推动国家物流枢纽建设。建立国家物流枢纽定期评估和动态调整机制，在规划实施过程中，对由市场自发建设形成且对完善国家和区域物流网络具有重要意义的枢纽和所在城市及时调整纳入规划范围，享受相关政策；对枢纽长期达不到建设要求或无法有效推进枢纽实施的承载城市要及时调出。有关地方要加强部门间的协调，扎实推进相关工作，形成工作合力和政策协同。

（二）优化枢纽培育和发展环境

持续深化物流领域“放管服”改革，打破阻碍货畅其流的制度藩篱，支持国家物流枢纽的运营企业通过技术创新、模式创新、管理创新等方式提升运营水平，为入驻企业提供优质服务。规范枢纽内物流服务企业的经营行为，严格执行明码标价有关规定，坚决消除乱收费、乱设卡等推高物流费用的“痼疾”。适当下浮枢纽间铁路干线运输收费，适当提高中西部地区铁路运输收费下浮比例。研究内陆地区国家物流枢纽实

施陆港启运港退税的可行性。鼓励地方政府在国家物流枢纽统筹设立办事服务机构，支持交通、公安、市场监管、税务、邮政等部门进驻枢纽并开展联合办公。在全国信用信息共享平台和国家企业信用信息公示系统中，完善枢纽物流服务企业信用信息，增强企业信用信息记录和查询服务功能，落实企业失信联合惩戒制度，为国家物流枢纽发展提供良好信用环境。

（三）完善规划和用地支持政策

对国家物流枢纽范围内的物流仓储、铁路站场、铁路专用线和集疏运铁路、公路等新增建设用地项目，经国务院及有关部门审批、核准、备案的，允许使用预留国家计划；地方相关部门审批、核准、备案的，由各省（区、市）计划重点保障。鼓励通过“先租后让”“租让结合”等多种方式供应土地。对因建设国家物流枢纽需调整有关规划的，要积极予以支持。利用国家物流枢纽中的铁路划拨用地用于物流相关设施建设，从事长期租赁等物流经营活动的，可在五年内实行继续按原用途和土地权利类型使用土地的过渡期政策，期满及涉及转让需办理相关用地手续的，可按新用途、新权利类型和市场价格以协议方式办理。加强国家物流枢纽空间布局与城市功能提升的衔接，确保枢纽用地规模、土地性质和空间位置长期稳定。研究制定合理的枢纽容积率下限，提高土地资源利用效率。

（四）加大投资和金融支持力度

中央和地方财政资金利用现有渠道积极支持枢纽相关设施建设。研究设立国家物流枢纽中央预算内投资专项，重点支持国家物流枢纽铁路专用线、多式联运转运设施、公共信息平台、军民合用物流设施以及内部道路等公益性较强的基础设施建设，适当提高中西部地区枢纽资金支持比例。中央财政投资支持的国家物流枢纽项目需签订承诺书，如改变项目土地的物流用途等，须连本带息退还中央财政资金。引导商业金融机构在风险可控、商业可持续条件下，积极支持国家物流枢纽设施建设。支持符合条件的国家物流枢纽运营主体通过发行公司债券、非金融企业债务融资工具、企业债券和上市等多种方式拓宽融资渠道。按照市场化运作原则，支持大型物流企业或金融机构等设立物流产业发展投资基金，鼓励包括民企、外企在内的各类社会资本共同参与国家物流枢纽规划建设和运营。

（五）加强规划组织实施

各地区、各部门要按照职责分工，完善细化相关配套政策措施，认真落实规划各项工作任务。各省级发展改革部门要会同交通运输等部门，根据本规划和相关工作方案要求，指导承载城市结合城市总体规划和本地区实际编制具体方案，并对照有关要求和重点任务，积极推进枢纽规划建设。已编制物流业发展规划的城市，应结合国家物流枢纽布局，对原有规划进行调整修编；尚未编制物流业发展规划的城市，按照本规划要求结合实际尽快统筹编制相关规划。国家物流枢纽运营主体要完善统计制度，加强数据收集和分析，定期报送相关运营情况。国家发展改革委、交通运输部要会同有关部门加强统筹协调和工作指导，及时协调解决规划实施中存在的问题，重大问题及时向国务院报告。

广东省物流业相关主要政策文件

广东省推进电子商务与快递物流协同发展实施方案

粤府办〔2018〕35号

为全面贯彻落实习近平新时代中国特色社会主义思想和党的十九大精神，落实新发展理念，深入实施“互联网+流通”行动计划，提高我省电子商务与快递物流协同发展水平，根据《国务院办公厅关于推进电子商务与快递物流协同发展的意见》（国办发〔2018〕1号）精神，结合我省实际，制定本方案。

一、工作目标

到2020年，全省电子商务产业规模进一步扩大，网络平台和园区建设取得明显成效，创新能力逐步增强。快递物流产业布局进一步优化，基础设施信息化水平显著提升，电商物流末端服务能力明显提高，电子商务与快递物流更加高效协同，全省快递业务量达到170亿件，年业务收入达到2000亿元，基本实现电商快递在全省各地级以上市及港澳地区间24小时内送达。

二、主要任务

（一）强化制度创新，优化发展环境

1. 深化“放管服”改革。简化快递业务经营许可办理程序，优化审批、备案手续，压缩办理时间。深化商事制度改革，完善快递企业年度报告制度，进一步便利快递企业及其分支机构工商登记，实施快递末端网点备案管理。完善快递业务经营许可管理信息系统，实现许可备案事项网上统一办理。加强事中事后监管，建立完善执法人员数据库和监管企业数据库，建立快递物流随机抽查事项清单，全面推行“双随机、一公开”监管。（省邮政管理局、省商务厅、省工商局负责）

2. 完善价格监管体系。密切关注快递行业价格动态，鼓励经营者根据供需情况和

成本变化灵活定价，多渠道运用政策公告、提醒告诫、经营者承诺等方式，探索实施包容审慎的监管模式，引导经营者自觉规范价格行为，及时协调解决定价中的利益失衡问题。引导电子商务平台逐步实现商品定价与快递服务定价相分离，推动服务品类扩展，大力发展特殊物品寄递、逆向物流、代收货款、快递保险等服务，促进快递企业发展面向消费者的增值服务。（省发展改革委、省邮政管理局、省商务厅负责）

3. 加强快递物流标准体系建设。引导和支持快递物流骨干企业、科研院校、专业机构和联盟组织参与制定电子商务、快递物流等领域行业标准、联盟标准，推动上升为地方标准、国家标准以及国际标准。推动研制和实施基础共性标准、关键技术标准、服务规范标准、主体资质标准、产品质量标准，探索建立适合电商快递物流的包装、托盘、周转箱、物品编码等标准规范，推进设施设备、作业流程、信息交换一体化。（省邮政管理局、省质监局负责）

4. 健全协同共治管理模式。支持行业协会组织企业建立诚信经营联盟，推动行业出台并签订行业自律公约，强化企业主体责任，加强行业自律管理，促进行业健康发展。引导电子商务、物流和快递企业建立健全平台服务协议、交易规则和信用评价制度，适时进行公开公示，提高行业流程标准化、透明化程度。引导快递物流企业实施品牌战略，落实快递服务标准和业务操作规范，加强服务质量监督，提升服务品质。（省商务厅、省邮政管理局、省交通运输厅负责）

（二）强化规划引领，完善基础设施

5. 促进电子商务与快递物流资源衔接。各地、各有关部门要统筹规划电子商务与快递物流发展，将快递物流相关仓储、集散分拨、分拣配送等设施用地纳入城乡规划和土地利用总体规划，将智能快件箱、快递末端综合服务场所纳入城市公共服务设施建设规划。针对电子商务全渠道、多平台、线上线下融合等特点，积极推进铁路、公路、水运、民航等物流基础设施建设的有效衔接，实现快递物流、空港物流、干线配送、城市配送等组织方式高效对接。（各地级以上市人民政府、省国土资源厅、省住房城乡建设厅、省邮政管理局负责）

6. 保障基础设施建设用地。各地在分配用地指标时，对符合土地利用总体规划和国家产业政策的快递物流项目要予以倾斜支持，并在用地审批、不动产登记等方面加快审批流程，推动项目尽快落地。支持将工业区旧厂房、仓库、闲置土地和存量土地资源用于发展电商快递物流，在不改变用地主体、规划条件的前提下，可在5年内保持土地原用途和权利类型不变，5年期满后需办理相关用地手续的，可采取协议方式办理。明确智能快件箱、快递末端综合服务场所的公共属性，为专业化、公共化、平台化、集约化的快递末端网点提供用地保障等配套政策。明确智能快件箱、快递储存派送网点的基准地价参照仓储用地的基准地价计缴，智能快件箱可以地役权的方式使用土地，不另行计缴地价。（各地级以上市人民政府、省国土资源厅负责）

7. 加强基础设施网络建设。引导快递物流企业依托全国性物流节点城市、国家电子商务示范城市、快递示范城市，进一步优化快递物流网络、仓储、配送节点布局。支持快递物流企业选择交通优势明显、商贸发达、辐射能力强的地区，依托航空物流园区、综合性物流园区等载体，建设电商快递物流节点，强化区域性电商快递物流枢纽功能。鼓励支持邮政部门、供销合作社与当地交通、快递、物流、电商企业创新合作，整合现有网点资源，完善县、乡、村三级快递物流网络体系建设，加快建设或升级改造一批快递物流县级处理中心、乡镇配送节点、村级公共服务点，构建城乡一体化快递物流配送网络，增强快递物流企业对农村电子商务发展的支撑作用。引导有实力的快递物流企业加快资源整合，利用市场化手段开展跨地区、跨行业、跨境并购重组，壮大发展规模，完善经营网络。（省发展改革委、省商务厅、省邮政管理局、省供销合作联社负责）

8. 支持“电商＋快递物流”园区建设。结合城市建设布局和功能规划，在主要供配货对象所在地、主要交通干道出入口周边以及铁路站场、港口码头等交通枢纽设施周边，科学合理规划建设电子商务与快递物流园区。支持各级电子商务示范基地探索推广“电商＋快递物流”融合发展新模式，延伸展示交易、仓储配送、加工包装、快递分拣、供应链金融等综合性服务功能。鼓励传统电商物流园区适应电子商务和快递业发展需求转型升级，配套建设集约化快递物流集散中心，建设集自动化设备、标准化设施、信息系统软件等功能于一体的仓配一体化项目，推动现代化“电商＋快递物流”园区建设。（各地级以上市人民政府、省商务厅、省住房城乡建设厅、省邮政管理局、省发展改革委负责）

（三）强化规范运营，优化通行管理

9. 推动快递配送车辆规范运营。依法规范快递服务车辆的管理和使用，统一快递服务车辆标识、编号，统一购买交通意外险，统一纳入信息化管理系统，推动全省快递末端配送车辆规范运营。鼓励各地结合实际研究制定快递专用电动三轮车等车辆通行管理细则，明确快递专用电动三轮车行驶时速、装载量等具体规定，解决“最后一公里”配送问题。交通运输主管部门要会同公安、商务等部门研究制定城市配送企业运营服务规范，健全城市货运配送企业质量信誉考核制度，引导城市配送规范发展。出台快递末端配送车辆城市道路通行安全管理指导意见，强化安全教育和培训，强化道路通行安全主体责任，支持快递企业为快递服务车辆统一购买交通意外险。（各地级以上市人民政府、省交通运输厅、省公安厅、省邮政管理局、省质监局负责）

10. 保障快递机动车辆便利通行。各地要科学规划城市配送车辆专用临时停车位，在有条件的区域划定一批配送车辆临时装卸停靠点，完善停车位标志标线，制定相应停车管理办法，防止停车设施被挪用、占用。根据区域车流量情况，明确城市配送车辆分时、错时和分类停车要求，契合快递物流中转时间要求，对进出城快件运输车辆

给予通行便利。推动商业区、住宅区、工业区等封闭管理场所的物业服务单位，为快递物流服务提供通行、临时免费停车等便利。（各地级以上市人民政府、省交通运输厅、省邮政管理局、省公安厅负责）

11. 提升电子商务跨境通关效率。加强与港澳海关间快递跨境通关合作，通过复制推广“粤港澳跨境快速通关对接项目”，推动快递、跨境电商物品通关便利化。推动寄递企业信息系统和跨境电商平台信息对接与共享，积极开展粤港澳跨境电子签名互认试点。推动快递物流企业提高跨境快递物流服务能力，鼓励跨境电商、传统货代、跨境物流企业采用现代物流管理理念和现代化智能装备，提高跨境仓储、运输、配送服务效率。（省邮政管理局、省商务厅、海关广东分署负责）

（四）强化服务创新，提升服务能力

12. 支持投递设备智能化升级。加强大数据、云计算、机器人等先进技术和智能装备在电子商务与快递物流领域的应用，大力推进库存前置、智能分仓、科学配载、线路优化。鼓励快递物流装备企业、研发机构加强关键技术攻关，加大投递设备智能化研发推广力度，提升投递设备智能化、专业化水平。鼓励商贸和快递物流等企业采用先进技术和装备，改造或新建一批适应消费者需求的智能快件箱。支持对传统信报箱进行统一改造，推动邮政普遍服务与快递服务一体化、智能化。（省邮政管理局、省发展改革委、省经济和信息化委、省商务厅负责）

13. 鼓励快递末端集约化发展。鼓励快递物流企业、电子商务企业与商业连锁机构、便利店、物业服务企业、高等院校开展合作，在社区、高等院校、地铁站周边等设置智能快件箱等终端投递设施，推动快递末端网点在城区合理化、集约化布局。鼓励各类企业参与快递服务，鼓励有条件的小区与快递企业合作建立快递服务点，支持专业第三方企业办理快递业务经营许可。支持在城市建立综合性快递集散站点，鼓励快递综合服务点为所有快递物流企业提供开放性快件代投服务。引导在农村公共服务点设立快递代收代发网点。鼓励农村地区快递企业间合作，将快递物流收派服务整合在同一地点。（各地级以上市人民政府、省邮政管理局、省商务厅、省交通运输厅负责）

14. 完善城市配送服务体系。结合连锁商超、品牌餐饮、便利店、无人超市等新零售业态发展需求，鼓励快递物流企业应用现有城市配送服务资源，提供更加准确快捷的终端配送服务。支持有条件的电子商务或快递物流企业，增加门店服务、大数据分析、行业系统解决方案等高附加值服务。面向生活服务电商、同城信函、小件物品等服务需求，加快发展同城即时配送、宅配模式。支持电子商务与城市配送信息平台互联互通物流数据，增强社会资源对电商快递物流的调度与分拨能力，积极发展车货匹配、同城货运等业态，加快推进无车承运试点示范。（省商务厅、省交通运输厅、省供销合作联社、省邮政管理局负责）

（五）强化信息化建设，提高运行效率

15. 健全企业间数据共享制度。完善电子商务与快递物流数据保护、开放共享规则，引导电子商务企业与快递物流企业加强系统互联和业务联动，建立数据中断等风险评估、提前通知和事先报告制度，共同提高信息系统安全防护水平。在确保消费者个人信息安全的前提下，鼓励和引导电子商务平台、电子商务企业与快递物流企业之间开展数据交换共享，共同提升配送效率。制定电子商务与快递物流企业信息系统数据接口标准，推动实现网络零售、快递物流、仓储配送等各环节信息系统互联互通与数据共享。鼓励平台型企业开放数据、技术等资源，为大型企业技术外溢提供分享平台，实现行业间、企业间技术开放、资源共享，提高行业整体技术水平。（省邮政管理局、省商务厅、省质监局、省经济和信息化委、省交通运输厅负责）

16. 建立快递物流信息平台。引导快递行业大型国有企业联合研究机构、行业协会等组织，共建快递物流信息综合服务平台，统一数据标准，规范行业秩序，优化资源配置，实现行业监督、管理和供需信息实时共享、智能匹配。支持信息科技企业开发快递物流信息平台、快递物流信息综合服务平台，支持移动端应用开发与使用。鼓励传统快递物流园区依托国家物流信息平台建设，推进平台间信息共享，提升仓储、运输、配送、信息等环节运行效率和服务水平。（省邮政管理局负责）

17. 推动供应链协同发展。支持电商企业与快递物流企业运用现代信息技术，整合业务流程，促进上下游衔接，提高企业供应链协同发展水平。鼓励仓储、快递、第三方技术服务企业利用"互联网＋"创新管理和服务，发展智能仓储、仓配一体化服务，延伸服务链条，拓展服务环节，增强供应链管理服务能力，为工业电子商务企业提供定制化、标准化物流服务。开展省级供应链管理试点示范工作，引导物流企业向现代化供应链管理转型升级，助力电子商务创新发展。（省发展改革委、省经济和信息化委、省商务厅、省邮政管理局负责）

（六）强化模式创新，支持新业态发展

18. 推动跨境电商与快递物流融合发展。依托广州、深圳、珠海、东莞四个国家跨境电商综合试验区，积极推广创新"六体系两平台"试点经验，运用云计算、物联网、大数据等技术和现有物流公共信息平台，加快完善跨境电商物流智能服务体系。鼓励支持快递物流企业发展面向全球的电商物流航空货运航线、铁路行包专列和公路快运专线，促进跨境电商物流服务国际化发展。充分发挥各市现有跨境电商分拣清关中心效能，鼓励各清关中心日处理能力最大化利用。支持快递企业在自贸区、综合保税区、保税物流园区等区域内建设跨境快件物流中心，提供统一采购、仓储和配送等服务，形成与跨境电子商务相适应的快递物流服务体系。推动快递企业物流信息系统与跨境电子商务通关服务平台、跨境电子商务平台实现信息对接与数据共享，为跨境电子商

务企业提供物流信息一体化服务。（省商务厅、省交通运输厅、海关广东分署、省邮政管理局负责）

19. 支持生鲜农产品冷链物流发展。针对生鲜电商频次高、时效要求高的特点，不断完善生鲜农产品预冷、冷藏加工、冷链运输等全过程流通环节服务。统筹优化农产品冷链物流资源分布，重点支持粤东西北地区初级农产品田头预冷库、移动冷库、储备冷库等基础设施建设，支持邮政企业、供销合作社和民营物流快递企业在重点农产品产区加强基层网点设置，与农产品主要供销地加强对接，完善农产品冷链物流网络体系。支持改善冷链运输环节服务品质，推广应用多温区冷链运输车辆和移动式冷柜、便携式冷藏箱等末端冷链设备，实现农产品流通上下游高效衔接的全程冷链物流服务。推动特色农产品加强包装标准统一，支持发展专线运输、干线运输等的集拼集配模式，提高农产品冷链物流服务效率。促进生鲜电商与冷链物流数据对接和共享，支持农产品冷链物流溯源体系建设。（省商务厅、省发展改革委、省农业厅、省供销合作联社、省邮政管理局负责）

（七）强化绿色理念，发展绿色供应链

20. 推动绿色运输与配送。推广应用节能环保设施设备，鼓励快递物流企业采用新能源汽车，逐步提高新能源汽车使用比例。支持快递物流企业运用电子商务交易、物流配送等信息，优化车辆调度，减少空载和在途时间。有效整合城际干线运输、城市配送相关公共信息系统以及城市交通管理系统等各类资源，加快推进绿色城市配送体系建设，鼓励发展统一配送、共同配送，集约化利用配送资源，实现运输车辆节能减排。利用大数据技术，优化运输投递路线设计，提高运输效率。推广应用智能快件箱，减少末端投递车辆无效出行，缓解交通污染和拥堵压力。积极推动电子运单在行业中的应用，推广运输配送无纸化操作。（各地级以上市人民政府、省交通运输厅、省邮政管理局负责）

21. 加快绿色包装推广应用。支持行业协会、快递包装生产企业、快递物流企业、电商企业及科研机构组建省快递包装产业绿色发展联盟。推动制定实施电子商务绿色包装、减量包装标准，推广应用绿色包装技术和材料，推进快递物流包装物减量化。积极推广技术先进、节能环保的新产品、新材料在行业中的应用，鼓励企业使用可循环利用的包装材料、环保填充物及可降解的物料辅料。开展绿色包装试点示范，培育绿色发展典型企业。支持电商企业、快递企业、回收企业以及包装生产企业联合开展包装回收和循环利用合作试点，探索建立包装生产者、使用者和消费者在内的多方回收利用体系。鼓励电子商务平台开展绿色消费活动，提供绿色包装物选择，依据不同包装物分类定价，建立积分反馈、绿色信用等机制引导消费者使用绿色包装或减量包装。（省商务厅、省环境保护厅、省发展改革委、省邮政管理局、省质监局负责）

三、保障措施

（一）加强组织协调

各地、各有关部门要强化组织领导，加强对快递物流相关规划、政策制订和园区、重大项目建设以及资金整合等方面的统筹协调，按照本实施方案和任务分工，制定具体落实措施，积极推动快递物流转型升级、提质增效，促进我省电子商务与快递物流协同发展。

（二）加强政策扶持

各地、各有关部门要认真落实国家和省关于促进物流业降本增效的各项政策，支持符合规划要求的快递物流设施项目用地需求，统筹利用现有相关财政专项资金加大扶持力度。鼓励各地、各有关部门结合实际，进一步研究和完善支持电子商务、快递物流业发展相关配套措施，加大政策扶持力度，着力解决影响、制约电子商务与快递物流协同发展的体制机制问题。

（三）强化工作落实

各地、各有关部门要建立工作落实台账，及时总结工作成效，积极推广好的经验做法和典型案例。省商务厅、邮政管理局要会同有关单位加强督促指导，强化跟踪落实，及时协调解决工作中遇到的问题，确保各项工作落到实处。

广东省关于积极推进供应链创新与应用的实施意见

粤商务建字〔2018〕11号

为全面贯彻党的十九大精神，以习近平新时代中国特色社会主义思想为指导，深入贯彻习近平总书记对广东重要指示批示精神，落实《国务院办公厅关于积极推进供应链创新与应用的指导意见》（国办发〔2017〕84号）文件精神，加快供应链创新与应用，提高全省供应链的核心竞争力，特制定本实施意见。

一、总体目标

奋力实现“四个走在全国前列”，按照“政府引导、市场运作、创新引领、协同联动、绿色发展、开放合作”的原则，培育国家供应链创新与应用试点城市。奋力推动习近平新时代中国特色社会主义思想在南粤大地落地生根、结出丰硕成果，全省供应链发展水平明显提升，供应链与制造业、流通业的融合程度不断深化，供应链金融、绿色供应链等新业态快速发展，现代供应链体系建设成效显著。开创新时代广东改革发展的新局面，供应链对促进降本增效、供需匹配和产业升级的作用显著增强，成为供给侧结构性改革的重要支撑，我省在“一带一路”、粤港澳大湾区建设中的引领作用凸显，成为亚太地区重要供应链中心。

二、重点任务

（一）提升制造业供应链服务水平

1. 推进供应链协同制造。发挥制造企业在供应链中的主导地位和核心作用，推动机械装备、消费品、电子信息、纺织服装等工业制造企业，完善研发设计、品牌营销、生产制造、产品流通到售后服务的全链条供应链体系。结合广东电子信息、汽车、电气、机械设备等优势制造产业，打造一批供应链协同制造公共服务平台，鼓励中小企业全面对接供应链协同制造平台，强化供需对接和资源整合，促进网络化协同制造，促进大中小企业专业化分工协作，提高产业协同效率。

2. 发展服务型制造。加快发展基于供应链的生产性服务业，支持建设面向先进制造业的公共服务平台。引导制造企业深化服务外包，做大生产性服务市场，促进制造业与生产性服务业融合发展。推动制造企业服务化，支持大型骨干企业全面发展个性化定制服务、全生命周期管理、网络精准营销和在线支持服务等新型制造模式。支持制造企业服务资源开放，鼓励制造企业向社会提供产品设计、技术开发、节能环保、融资服务等专业化服务，推动制造供应链向产业服务供应链转型，提升制造产业价值链。

3. 促进制造供应链可视化、数字化和智能化。推动感知技术等在制造供应链关键节点的应用，促进全链条信息共享，实现供应链可视化。支持企业加强信息化改造，引导企业采用先进信息管理系统，提高采购计划、生产执行、流程衔接、库存管理等数字化水平。推进机械、汽车、电子、轻工、纺织等行业供应链体系的智能化，加快人机智能交互、工业机器人、智能工厂等技术和装备的应用，提高敏捷制造、智能制造能力。

4. 加强制造业与物流业联动发展。积极推进制造业与物流业联动发展和供需对接，推广先进的物流组织模式和联动发展体系。推进制造业与物流业深化融合联动，鼓励物流企业与生产企业合作，建设供应链协同平台，准确及时传导需求信息，实现需求、库存和物流信息的实时共享，引导生产端优化配置生产资源，实现供应链精准化管理。扩大内外销“同线同标同质”实施范围，增加企业数量，提高供给质量。

（二）加快发展智慧供应链

1. 加快推进供应链大数据应用。支持企业供应链管理信息技术应用，实施供应链 + 大数据战略，推动供应链大数据应用及供应链管理数字化。加快供应链大数据基础设施建设，推进供应链大数据收集、管理、开放、应用等标准规范、统一，推动制造业企业、供应链管理企业及政府数据资源整合、开放、共享。以开展大数据创新应用示范为抓手，支持供应链管理企业开发、应用大数据、云计算等服务，带动供应链管理企业经营管理方式变革、服务模式和商业模式创新。

2. 加快构建智慧供应链体系。鼓励企业利用物联网、云计算、大数据、人工智能等新技术，通过跨界融合和协同发展，打通设计、生产、流通、消费各个环节，全面集成商流、物流、信息流和资金流，实现供需最佳匹配和资源精准投放。支持龙头企业建设开放共享的供应链管理信息平台，引导和推动供应链各节点主体向平台集聚和信息共享。依托广东机械、汽车、电子、轻工、纺织等优势行业，培育若干行业性的大型智慧供应链系统平台，组织形成供应链体系，实现供应链协调。创新政策支持手段，重点在贸易、金融、进出口、财税等方面，加强政府部门与供应链企业数据互通和业务对接，营造适应智慧供应链的发展环境。

（三）提高商贸流通现代化水平

1. 推进“互联网 + 流通”建设。实施“互联网 + 现代物流”“互联网 + 供应链管理”专项行动，强化互联网、云计算、物联网、北斗导航等现代信息技术应用，推广机器人、无人机等智能设施设备在流通领域的应用，改造提升传统物流产业，培育建设智慧物流服务平台，构建智慧物流产业链和生态圈。

2. 支持建立供应链综合服务平台。引导传统流通企业向供应链服务企业转型，大力推进供应链一体化服务发展。支持外贸、大宗产品批发等全省优势流通业建立供应链综合服务平台，拓展研发设计、采购执行、产品分销、商检报关、追溯服务、质量管理等服务功能，提供物流金融、物流保险、在线交易、融资结算、数据服务等增值服务。

（四）提高农业产业链发展质量

1. 支持农业产业组织形式创新。鼓励和支持农民合作社、农产品加工企业、农业社会化服务组织等开展多种形式的合作与联合，建设和完善农产品生产、加工、仓储、冷链配送、市场流通等设备设施，打造种养、加工、销售、服务于一体的农业产业链，开展农产品直营直供和网上交易。以专业合作社为载体，支持建设区域性农机社会综合服务中心，促进多种形式的农业规模经营。加快推进农村土地承包经营权确权登记颁证工作，鼓励农户采用土地流转、股份合作、农业生产托管等方式融入农业供应链体系，健全利益联结机制，切实保障农户收益。

2. 完善农业农村金融服务。推动“政银保”“政融保”模式发展，为涉农企业、农民专业合作社、种养大户提供融资便利。支持订单农户参加农业保险，持续开展农业保险承保理赔检查，提高农业保险服务水平。实现农业保险多险种“一揽子”推动，提高主要险种保障水平，同时简化承保机构招标流程。

3. 提高农业生产现代化水平。推动建立农机社会化服务信息监测系统，将数据导入农业供应链信息平台，逐步实现共享农业生产经营大数据，提高农业生产科技化和精准化水平。深入推进农业标准化示范区建设，狠抓农业标准化生产、品牌创建、质量安全监管，增加绿色优质农产品供给。加强农业新品种、农业绿色种养技术、安全农资、智慧农业智能农业装备技术研发和应用。鼓励和支持家庭农场、农民合作社、农业龙头企业等新型农业经营主体建设农产品冷藏库和农产品净化、预冷、干燥、分级、包装等产地初加工设施，实现农产品标准化、商品化，降低农产品腐损率，提升附加值。

4. 建设重要产品质量安全追溯体系。加强农产品冷链物流保鲜关键技术、冷链物流关键装备和生产追溯体系的研发与应用。加快食品安全信用档案建设，推动食品安全信用档案覆盖到整个食品供应链。加快食品产业信息化发展，构建食品监管数据库，搭建食品安全风险交流公共信息平台。加快建成全国领先的“来源可查、去向可追、责任可究”的重要食品追溯体系，将食用农产品、食品、药品、主要农业生产资料、特种设备、危险品、稀土产品等重要产品纳入追溯范围，逐渐实现跨部门、跨区域、跨环节的全过程追溯信息互联互通。强化食品生产加工链条监管，打造“阳光车间”、推动食品产业链可视化应用。

（五）积极稳妥发展供应链金融

1. 拓宽供应链融资渠道。鼓励商业银行、供应链核心企业在做好风险防控的基础上，积极开展仓单质押、应收账款质押等供应链融资业务。探索深化“银税互动”供应链企业服务，开展“银税互动”信贷项目，利用纳税信用评价结果为供应链企业拓宽融资渠道。加强“政银企”对接，推动政府采购项下融资业务开展，推动金融机构等资金提供方优化应收账款融资业务流程。开展供应链金融业务资质研究，支持供应链试点企业依法合规开展供应链金融业务。支持符合条件的供应链试点企业发行公司信用类债券，鼓励社会资本设立供应链创新产业投资基金，为供应链企业创新与应用提供融资支持。

2. 推广线上应收账款融资业务。推动省内国有大型企业、核心龙头企业、商业保理公司、资产管理公司、政府采购单位等加入人民银行征信中心应收账款融资服务平台，实施核心龙头企业奖补，引导金融机构业务拓展，开展在线应收账款融资业务，为关联产业链大企业、供应商中小微企业提供融资服务。充分发挥应收账款融资服务平台金融基础设施作用，发挥应收账款融资服务平台在小微企业应收账款融资中的主体作用，解决账款确认难，质押、转让通知难等业务痛点，促进融资信息传递，提高融资效率。

3. 提高供应链金融风险防控能力。推动金融机构、供应链核心企业建立债项评级和主体评级相结合的风险控制体系，建立中小企业信用风险评价评级模型，设立预警机制识别风险。明确应收账款融资业务中债权转让人、金融机构及第三方权利和义务，建立应收账款融资业务风险补偿机制，降低业务风险和中小企业应收账款融资业务门槛。加强小额贷款保证保险信息共享机制建设，引导保险公司创新保险产品，改革经营模式，提升保险服务。鼓励依托人民银行征信中心建设的动产融资统一登记系统开展应收账款及其他动产融资质押和转让登记，防止重复质押和空单质押。引导金融机构、融资租赁公司、金融租赁公司和商业保理公司等资金提供方充分利用动产融资统一登记系统查询和登记应收账款、存货仓单和租赁标的物等动产权属情况，提高动产权属信息透明度，降低交易风险。

（六）支持发展绿色供应链

1. 大力推行绿色制造与绿色流通。支持家电、建材、机械、汽车、电子信息、化工、纺织等优势制造行业创建绿色工厂，开发设计绿色产品，对生产流程、生产设备进行绿色改造升级，推广应用节能、节水、节电新技术新装备，构建全流程绿色供应链管理体系，建立闭环绿色产业供应链。积极组织开展城市绿色货运配送示范工程，推广应用新能源城市配送车辆，推动形成集约高效的城市货运配送组织链条。支持现代物流、电子商务、商贸流通等企业推行绿色流通，更新使用标准化、专业化、环保型运输与物流装备，加强甩挂运输、无车承运人、城市共同配送等新型物流组织模式推广应用，贯彻执行运输、装卸、仓储等环节的绿色标准。

2. 建立行业绿色供应链联盟。支持广东相关企业、园区、高校、科研院所、金融机构、服务机构等单位发起成立相应行业绿色供应链联盟。发挥行业联盟广泛联动的枢纽作用，打造绿色供应链平台，积极探索建立统一的绿色产品标准、认证、标识体系，定期发布节能、节水、节电技术设备推广目录，制定实施快递物流绿色包装、减量包装标准，推广应用绿色包装技术和材料。

3. 支持代表性行业优先发展逆向物流。支持再生资源交易市场发展，鼓励在汽车、家电、电子信息等行业建立基于供应链废旧资源回收利用平台，加快废钢材、废有色金属、废塑料、废电池、废纸等废旧产品的交易流通。探索包装回收和循环利用，建立包装生产者、使用者和消费者等多方协同回收利用体系。

（七）努力构建全球供应链

1. 主动融入全球供应链网络。鼓励中欧班列、中亚班列等国际货运班列管理模式创新，推进与东盟、中亚、南亚等“一带一路”沿线国家跨境物流通道建设。推动制造企业应用精益供应链等管理技术，完善从研发设计、生产制造到售后服务的全球供应链体系。加强粤港澳大湾区互联互通合作平台建设，探索粤港澳贸易、物流等互联互通体制机制，推进湾区标准化对接。推动增加粤东西北地区港澳货运车辆直通厂车指标。积极争取设立国际多式联运海关监管中心。借助推进粤港澳大湾区战略的历史性契机，以推动粤港澳共建国际航运中心为重点牵引，深度协同港澳地区，将珠三角地区建设成为全球供应链驱动中心，形成规模化、集约化、敏捷化的全球资源配置能力。大力实施广东省“走出去”战略，充分发挥广东省走出去公共服务平台作用，促进粤企与“一带一路”沿线国家和不同经贸合作区之间的合作，完善境外投资、通关、物流、退税、保险等环境。支持与鼓励广州、深圳、佛山、东莞等优势产业走出去，积极布局海外批发市场、境外优势产业博览馆、国际产业创新联盟和境外物流供应链信息服务平台等，建立服务产业、覆盖全球的供应链网络。支持与鼓励供应链管理示范企业设立境外研发设计中心和分支机构、境外采购中心、境外分销和服务网络、海外仓和境外配送中心等，建立产能协调、覆盖广泛的全球供应链体系。

2. 防范应对全球供应链风险。支持企业建立重要资源和产品全球供应链风险预警系统，引导企业充分利用国内国际市场资源，有效对冲和规避全球供应链风险。贯彻和落实国家供应链安全计划，依照全球供应链风险预警评价指标体系，建立全球供应链风险预警机制，提升全球供应链风险防控能力。贯彻和落实《中华人民共和国海关企业信用管理办法》，强化供应链企业进出口信用管理，加强供应链企业在中国海关进行 AEO（经认证的经营者）资质认证，利用中国海关推进与其他国家或地区海关 AEO 互认合作契机，促进广东供应链企业的贸易安全与便利。

（八）积极开展供应链创新与应用试点示范

1. 开展供应链创新与应用城市试点示范。围绕广东省产业区域战略布局，支持广州、深圳建设国家供应链创新与应用试点城市，对接粤港澳大湾区发展战略，鼓励试点城市积极探索依托湾区经济建设优势的创新支持政策，完善重点产业供应链体系。重点围绕电子信息、汽车及零部件、家电、家具、纺织服装，以及冷链、物流快递、电子商务等行业领域，加快推进广州、深圳、东莞、佛山等重点城市开展现代供应链体系建设。

2. 开展供应链创新与应用企业试点示范。鼓励供应链企业、物流龙头企业、先进制造业企业申报供应链创新与应用企业试点示范，以示范为带动，推动建立重点示范企业供应链体系。积极开展供应链创新与应用试点示范工作，重点培育一批跨行业、跨领域的供应链协同、交易和服务示范平台。优先支持电子信息、汽车零部件、家电、家具、纺织服装、绿色物流等行业领域开展供应链模式创新，加快流程标准化、技术标准化和信息标准化的建设，引导供应链企业加强自主创新能力建设和知识产权保护。

三、保障措施

（一）营造良好的供应链创新与应用政策环境

鼓励社会资本设立供应链创新产业投资基金，为企业开展供应链创新与应用提供融资支持。鼓励符合条件的供应链相关企业申报认定为国家高新技术企业，对符合外贸企业转型升级、服务外包相关政策条件的供应链服务企业给予相应支持政策。优化供应链企业的纳税服务。支持企业、高校、科研机构创建省级供应链科创研发中心。支持建设供应链创新与应用的政府监管、公共服务和信息共享平台，探索建立行业指数、经济运行、社会预警等指标体系，加强统计监测。

（二）持续完善供应链信用和监管服务体系建设

完善广东省公共信用信息管理系统、“信用广东”网站等信用平台，健全政府部门协作机制，促进交通、商务、海关、税务、质监、工商、银行等部门和机构之间建立企业公共数据资源共享共用和协作平台，推进信用信息跨部门归集共享，落实跨部门“联合激励、联合惩戒”措施，研究利用区块链、人工智能等新兴技术，建立基于供应链的信用评价机制和行业信用评估标准。开展供应链企业纳税信用等级评价工作，对纳税信用A级供应链企业提供守信激励。推进各类供应链平台有机对接，强化动态监管，依法加强对信用评级、信用记录、风险预警、违法失信行为等信息的披露和共享。创新供应链监管机制，整合供应链各环节涉及的市场准入、海关、质检等政策，加强供应链风险管控，促进供应链健康稳定发展。

（三）推动建立多层次供应链标准体系

发挥珠三角国家大数据综合试验区政策优势，加快推进供应链产品信息、数据采集、指标口径、交换接口、数据交易等关键共性标准制定，加强行业间数据信息标准的兼容，促进供应链数据高效传输和交互。推动企业提高供应链管理流程标准化水平，推进供应链服务标准化，提高供应链系统集成和资源整合能力。鼓励大型供应链企业探索建立供应链管理及服务标准，支持本省供应链标准体系上升为国家标准，积极参与全球供应链标准制定。

（四）加快培养与引进供应链人才

支持有条件的高等院校和职业学校设置供应链相关专业和课程，培养供应链专业人才。依托“省专业技术人才知识更新工程”，加强供应链技术人才的培养，鼓励高等院校、科研机构、培训机构等举办供应链高级研修班，将供应链人才引进纳入广东高层次人才引进及奖励范围，对符合条件的供应链人才帮助落实子女入学、配偶安置、人才公寓等政策优待。积极引进国际高端供应链人才，开展供应链创新与应用的研究与合作，支持国际先进供应链管理企业在广东设置企业总部。

（五）积极完善供应链行业组织建设

不断完善供应链行业组织建设，推动建立供应链公共服务平台，强化行业研究、数据统计、标准制修订等功能，提供供应链咨询、人才培训等服务。鼓励行业组织为供应链创新与应用试点示范企业提供智力支持。支持优势行业组建完备产业链企业联盟。积极与国外供应链行业组织交流合作，以家电、家具、装备制造等优势产业为先导，促进广东供应链发展与国际接轨。

广东省推进运输结构调整实施方案

粤府办〔2019〕8号

为贯彻落实党中央、国务院关于推进运输结构调整的决策部署，提高综合运输效率、降低物流成本，助力我省打赢蓝天保卫战、打好污染防治攻坚战，根据《国务院办公厅关于印发推进运输结构调整三年行动计划（2018—2020年）的通知》（国办发〔2018〕91号）和《交通运输部等九部门贯彻落实国务院办公厅〈推进运输结构调整三年行动计划（2018—2020年）〉的通知》（交运发〔2018〕142号）要求，制定本方案。

一、工作目标

通过集中攻坚，到2020年实现运输结构明显优化，水路、铁路承担的大宗货物运输量显著提高，水运优势得到较充分发挥，全省水路货物运输量达到11.5亿吨，较2017年增长约20%；全省铁路货物发送量达到9960万吨，较2017年增长15%以上；多式联运货运量较2017年增长约20%，重点港口集装箱铁水联运快速发展，达到45万标准箱，较2017年增长150%以上；全社会公路货运分担率呈明显下降态势。

二、主要任务

（一）升级水运系统

1. 优化区域港口群布局。优化全省港口功能布局，加快推进《广东省港口布局规划》的编制工作。巩固和提升广州港作为内外贸集装箱干线港、煤炭和散粮中转港、商品汽车滚装运输枢纽港，深圳港作为全国外贸集装箱干线港，珠海港作为煤炭中转港和外贸进口铁矿石接卸港，汕头港作为粤东区域集装箱和煤炭中转运输的公共物流枢纽港，惠州港、揭阳港作为外贸进口原油接卸港，佛山港作为粤港澳大湾区主要集装箱喂给港，东莞港作为内贸集装箱干线港、煤炭和散粮中转港、商品汽车滚装运输枢纽港，湛江港作为外贸进口原油及铁矿石接卸港，茂名港作为承担煤炭、原油等大宗散货运输的综合性港口，肇庆港作为珠三角连接大西南地区的水运集散中心，清远港作为大宗货物水路运输集散港的作用。稳步推进沿海港口主要港区大型化、专业化码头建设和改造升级，推进内河港口规模化、集约化建设，统筹推进进港航道和公共锚地等港口公共基础设施建设，提升港口基础设施服务能力和综合运输效率。到2020年全省港口货物吞吐量达22亿吨，其中集装箱吞吐量达到6800万标准箱。（省交通运输厅牵头，省发展改革委、生态环境厅、水利厅按职责分工负责，各地级以上市人民政府落实。以下事项均需各地级以上市人民政府落实，不再列出）

2. 完善内河航运基础设施网络。加快出台《广东省航道发展规划（2019—2035年)》，统筹利用航道资源，提升内河水运系统航运能力。打造干支联动、高效畅通的内河水运体系，加快落实西江、北江等航道扩能升级建设方案，开展西伶通道、龙穴南水道、泥湾门至鸡啼门水道、江门崖门万吨级航道整治工程，推进东江航道尽快恢复通航。至2020年全面建成西江干流及珠江三角洲“三纵三横三线”高等级航道网，全省高等级（三级以上）航道里程达1400公里。统筹优化内河港口布局，有序推进西江、北江沿线港口开发建设，提升内河港口装卸设施专业化水平，加强佛山、肇庆两个重要港口以及韶关、清远、云浮等大宗物资主要集散地内河港口建设。强化珠三角、粤东、粤西区域航道和船闸通航统一管理，提高航道通行效率。（省交通运输厅牵头，省发展改革委、生态环境厅、水利厅按职责分工负责）

3. 加快集疏港铁路专用线建设。加强港口集疏运基础设施建设，推进铁路专用线直达堆场、码头，完善铁水联运配套设施。重点推进广州南沙港疏港铁路、汕头广澳疏港铁路、茂名东站至博贺港区铁路、平南铁路改造、平盐铁路改造、珠海高栏港疏港铁路二期等项目，加快构建广州、深圳、珠海、汕头、湛江沿海五个主要港口的铁路集疏运网络。结合港口建设及货物运输需求，适时推进梅州（大埔）至潮州港疏港铁路、揭阳港疏港铁路、云浮新港支线、肇庆港新基湾作业区支线项目建设。（省发展改革委、交通运输厅，中国铁路广州局集团牵头，省自然资源厅、生态环境厅按职责分工负责）

4. 鼓励大宗货物集疏港向水路和铁路转移。进一步规范港口经营服务性收费，严格执行港口收费计费办法，不得违规加收任何价外费用。优化港口收费制度，鼓励各港口实施降低煤炭、矿石等大宗货物港口作业费用。加大柴油货车大宗货物集疏港运输管控力度，引导重点港口大宗物资运输采用铁路、水运等绿色高效运输方式，对铁水联运船舶实施优先靠港政策，力争铁水联运运量年均增长15%。总结大宗货物绿色运输北江示范工程经验，引导北江、西江、珠江干线沿岸大宗货物运输宜水则水，推进水运业务发展。（省发展改革委、交通运输厅，中国铁路广州局集团按职责分工负责）

5. 大力推进江海联运发展。积极推动广州港、深圳港、珠海港、湛江港等港口江海联运配套码头、锚地等设施的技术改造。优化内贸集装箱航线，协调外贸集装箱航线与内河水运实现运输联动。积极推动南沙多式联运中心建设，支持内河驳运航线班轮化，进一步拓展驳船运输网络，打造精品驳运航线，鼓励“穿梭巴士”“驳船联盟”等发展模式，构建珠江、西江流域江海联运网络。推进江海联运信息化建设，研究江

海联运配套技术，制定江海联运标准和服务规范。（省交通运输厅牵头）

6. 积极推进内陆无水港建设。拓展港口腹地范围，延伸港口物流产业链，加强对内陆无水港建设的统筹规划，重点支持具备铁路运输条件的大型公共无水港项目，依托成都、昆明、重庆铁路集装箱中心站建设无水港，与我省沿海港口开行集装箱班列。鼓励铁路、港口、航运、公路等企业合作建设内陆无水港，统筹布局集装箱还箱点。研究出台内陆无水港建设与运营的相关地方标准和规范，切实提高无水港转运分拨、物流集聚等核心功能。（省发展改革委、交通运输厅牵头，省商务厅、中国铁路广州局集团按职责分工负责）

（二）提升铁路运能

7. 加快推进铁路货运网络建设。以“十三五”现代综合交通运输体系发展规划、铁路“十三五”发展规划和中长期铁路网规划为指导，进一步完善铁路线网布局，推进广州枢纽东北货车外绕线、广茂线、广梅汕线龙川至龙湖南段电气化改造等项目建设，提升铁路运输能力。积极推进瑞金至梅州、韶关至柳州、柳州至广州铁路建设项目前期工作。充分利用高速铁路客运网逐步完善释放的运能，加速提升京广、京九重要干线及其他既有普速铁路网的货运能力。（中国铁路广州局集团牵头，省发展改革委参与）

8. 提升铁路货运枢纽物流服务能力。强化铁路物流枢纽货物集散功能，加快推进广州大田、深圳平湖南、东莞石龙等铁路物流基地建设，充分发挥广州、深圳等全国性铁路物流节点和佛山、东莞、肇庆等区域性铁路物流节点的作用。整合铁路现有传统物流资源，构建现代物流信息系统，拓展铁路物流增值业务，完善公铁联运、铁水联运中转设施，与公路运输货站、港口码头构成高效率的综合物流中心，推动传统铁路货运场站向城市物流配送中心、现代物流园区转型发展。（中国铁路广州局集团牵头，省发展改革委、交通运输厅按职责分工负责）

9. 加快大型工矿企业和物流园区铁路专用线建设。支持钢铁、水泥、汽车制造等大型工矿企业、大型物流园区、港口新建或改扩建集疏运铁路专用线，完善铁路专用线共建共用机制，创新投融资模式，吸引企业和社会资本投入，并配套出台财政、土地等方面的支持政策。（省发展改革委、中国铁路广州局集团牵头，省财政厅、自然资源厅、生态环境厅、交通运输厅按职责分工负责）

10. 优化铁路运输组织模式。优化铁路货运受理方式，简化受理环节，优先保障煤炭、钢铁、矿石、粮食等大宗货物及集装箱运力供给。构建快捷货运服务网络，开发多形式运输产品，在运输总量达到一定规模的铁路线，大力组织开行铁路货运班列、点到点货运列车、大宗货物直达列车等多样化多频次班列。推进铁路敞顶集装箱、双层集装箱等产品开发。充分发挥高铁运能，在有条件的通道逐步实现客货分线运输，积极探索推进高铁运输快件业务。优化铁路货场短驳运输环境，完善城市内铁路货场周边道路交通限行区域车辆通行政策，在特定时段适当给予进出铁路货站的集疏运货车特别通行权。（中国铁路广州局集团牵头，省发展改革委、公安厅、交通运输厅按职责分工负责）

11. 提升铁路货运服务水平。深化铁路运输价格市场化改革，建立健全灵活的运价调整机制，充分发挥价格调节和引导作用，优化和促进铁路运力资源合理配置。充分发挥铁路运价对煤炭、矿石等大宗货物运输的整体优势和竞争力，进一步提升铁路货运量。规范铁路专用线委托运输管理收费行为，推动降低专用线共用收费水平。减少铁路两端短驳环节，规范短驳服务收费行为，降低短驳成本。推进铁路运输企业与煤炭、矿石、钢铁、石油产运销大客户、港口及大型生产企业签订运量运能互保协议，确保原材料及生产产品的运输需求。加快应用铁路冷藏运输新装备，拓展铁路冷链运输市场份额。构建铁路门到门接取送达网络，提供全程物流服务，拓展城市配送功能。（中国铁路广州局集团负责）

12. 大力发展集装箱铁水联运。推动形成以广州港、深圳港等主要集装箱集散港口为中心的铁水联运枢纽，提升铁水联运比例。支持港口与铁路相互合作，将具备条件的内陆铁路货场建设为无水港，鼓励开行集装箱班列，促进我省内外贸经济发展。以深圳港为试点，探索建立近距离内陆港体系，统筹布局集装箱还箱点，推动集装箱集疏港由公路向铁路转移。加强货运设施设备建设，满足集装箱多式联运增量需要。至2020年，全省重点港口集装箱铁水联运达到45万标准箱。（省交通运输厅、中国铁路广州局集团按职责分工负责）

（三）发展多式联运

13. 强化多式联运基础设施建设。推进多式联运枢纽建设，完善铁路物流枢纽布局，加强航空物流中心建设，重点推进广州、深圳等国家多式联运枢纽，广东铁路国际物流基地和广州白云、深圳宝安机场国际航空货运枢纽建设，加强不同运输方式间的有效衔接。进一步拓展高铁站场货运服务功能，完善货运配套设施。进一步提升空港经济区物流服务功能，拓展国际国内货运航线网络，重点推进深圳空港经济区、湛江空港经济区等重点工程建设。（省发展改革委、交通运输厅，民航中南地区管理局，省机场集团，中国铁路广州局集团按职责分工负责）

14. 推动多式联运服务与装备标准化。加快完善多式联运技术标准体系，大力推广集装箱、托盘等标准化运载单元，鼓励发展多式联运先进装备技术。加快推进供应链创新与应用试点工作，加快标准化托盘应用及循环共用，提高供应链协同水平。推广应用大型转运吊装设备、驮背运输特种铁路车辆等专用装备，实现装卸设备和转运设备的无缝对接。（省发展改革委、工业和信息化厅、交通运输厅、商务厅、市场监管局，中国铁路广州局集团按职责分工负责）

15. 深入实施多式联运示范工程。建立多式联运重点企业联系制度，成立广东省多式联运创新发展联盟，深入推进“东盟—广东—欧洲”公铁海河多式联运、盐田港亚太—泛珠三角—欧洲国际集装箱多式联运、粤港澳大湾区“7 + 5”多层节点网络多式联运等国家示范工程建设。启动省级多式联运示范工程建设，加强运行监测，及时掌握进展情况，总结推广示范经验。（省交通运输厅、发展改革委牵头，省财政厅、中国铁路广州局集团按职责分工负责）

16. 积极发展航空多式联运。完善航空枢纽集疏运体系建设，积极推动高速铁路、高速公路等接驳机场，强化空铁联运、陆空联运。加快建设航空综合物流信息平台，推动实施货运便利通关政策，提供全过程一体化信息服务。加快广州空港过境电商集聚区建设，打造冷链产品跨境电商进口枢纽，打造生物医药、电子信息等商品国际分拨中心。（省发展改革委、交通运输厅，民航中南地区管理局，省机场集团，中国铁路广州局集团按职责分工负责）

17. 加强多式联运信息资源互联互通。加快建设多式联运公共信息平台，重点推进顺丰铁联多式联运平台示范工程，实现铁路、公路、水路、民航、海关等信息资源整合，打通物流信息链。加快完善铁水联运信息交换，依托广州港、深圳港、湛江港等重点港口，实现组织调度、作业计划及监管服务等生产动态信息的实时交换，推行“一单制”全程物流运输体系，促进口岸通关检验“三个一”全面实施。（省发展改革委、工业和信息化厅、交通运输厅、商务厅，海关总署广东分署、民航中南地区管理局，省机场集团，中国铁路广州局集团按职责分工负责）

18. 加快提升物流信息服务水平。按照我省“数字政府”建设总体要求，加快实施“互联网 +”政务服务，研究制订现代物流发展基础公共信息公开目录清单，促进政府部门数据资源整合和开放共享，提高综合信息服务能力，构建“一站式”信息服务平台。鼓励各类物流专业平台、车货匹配平台等开放数据接口，促进货源、车（船）源和物流服务等信息的高效匹配。促进铁路、港口、航运、公路等领域龙头企业合作，强化货物在途状态查询、运输价格查询、车辆物品轨迹查询等综合信息服务，提高物流服务的智能化、透明化水平。（交通运输厅牵头，省发展改革委、公安厅、商务厅、市场监管局，海关总署广东分署、民航中南地区管理局，中国铁路广州局集团按职责分工负责）

（四）推进绿色配送

19. 推进城市货运绿色发展。鼓励邮政快递企业、城市配送企业探索统一配送、集中配送、共同配送、夜间配送等集约化运输组织模式。统筹优化城市末端共同配送网络节点建设，探索建设“集约、高效、绿色、智能”的城市货运配送服务体系。研究制定城市绿色货运配送示范工程相关扶持政策，积极推进广州、深圳城市绿色货运配送示范工程建设，推动在相关地市开展省级示范工程建设。（省交通运输厅、省邮政管理局牵头，省公安厅、商务厅按职责分工负责）

20. 加大新能源物流车辆推广应用力度。大力推进新能源汽车在物流领域的应用。珠三角地区每年更新或新增的城市物流配送车辆、邮政快递车辆全部使用新能源汽车，逐步提升城市物流配送领域车辆电动化率。广州、深圳试点制定新能源物流车优惠通行政策，探索在城市市区划定新能源物流车夜间专用停车区，分类支持新能源物流车使用，物流企业可利用自有停车站场建设集中充电站，并鼓励对外提供公共充电服务。（省发展改革委、公安厅、交通运输厅按职责分工负责）

21. 建设珠三角区域绿色物流片区。研究在珠三角地区城市中心区逐步试点设立“绿色物流片区”，优化城市公路货运站场布局，引导货运站场向城市外围地区发展。以发展枢纽园区经济为导向，推进传统铁路货运场站向城市物流配送中心、现代物流园区转型发展，逐步改变中长距离用公路大规模转运货物的状况，减少公路货运量和货车使用量。（省交通运输厅、商务厅牵头，省住房城乡建设厅、市场监管局，中国铁路广州局集团按职责分工负责）

（五）加强货运治理

22. 强化公路货运车辆超限超载治理。健全货运车辆非法改装联合监管工作机制，杜绝非法改装货运车辆出厂上路。加大货物装载源头监管力度，重点加强矿山、砂石厂、水泥厂、混凝土搅拌站、港口、物流园区等重点源头单位货车出场（站）装载情况检查，禁止超限超载车辆出场（站）上路行驶。严格落实车辆超限超载联合执法常态化制度化工作要求，加大对超限超载行为的监管力度，推进跨区域、跨部门治超信息资源交换共享，落实“一超四罚”。大力推进科技治超工作，推动全省治超工作科技化、高效化。严格落实公路治超“黑名单”制度，对严重违法当事人实施联合惩戒。（省交通运输厅、公安厅牵头，省工业和信息化厅、自然资源厅、住房和城乡建设厅、市场监管局按职责分工负责）

23. 大力推进货运车型标准化。巩固车辆运输车治理工作成果，稳步开展危险货物运输罐车、超长平板半挂车、超长集装箱半挂车治理工作。引导督促行业、企业加快更新淘汰不合规车辆，促进标准化车型更新替代。鼓励企业积极参与国家中置轴汽车列车示范工程，加快轻量化挂车推广应用。鼓励发展厢式运输、冷链运输、城市配送专用运输车辆，积极发展集装箱运力，大力推进货运车辆标准化、专业化。（省交通运输厅、公安厅牵头，省工业和信息化厅、市场监管局按职责分工负责）

24. 推动货运组织模式创新。大力发展公路甩挂运输，推广网络化、干支衔接等甩挂运输模式，不断壮大延伸甩挂运输网络。推进“互联网+高效物流”新业态发展，鼓励发展道路货运无车承运人业务，建设完善省级道路无车承运人监测平台，健全监督监测机制。探索“互联网+专线整合”“互联网+共同配送”等新管理模式，推动互联网、物流、金融、保险理赔等业务融合发展。支持大型货运物流企业、快递物流企业以资产为纽带，通过兼并、重组、收购、控股、加盟连锁等方式，拓展服务网络，

延伸服务链条，实现资源高效配置，加快向现代物流企业转型升级。（省交通运输厅、省邮政管理局牵头）

三、保障措施

（一）加强组织领导

各地、各有关单位要建立健全运输结构调整工作协调机制，及时解决工作中的重点、难点问题，检查督导工作落实情况。2019 年 5 月底前，完成本地区、本行业运输结构调整具体实施方案制定工作，并报省交通运输厅备案。省交通运输厅会同省有关单位加强统筹督导考核，建立动态督导考评机制，确保各项任务举措落实到位。

（二）加大财政支持力度

落实财政税费支持政策，加大对大宗货物“公转铁、公转水”、铁路专用线建设、老旧柴油货车淘汰、新能源和清洁能源车辆推广、多式联运创新发展等重点项目的支持力度。各地要结合实际研究制定具体财政支持政策。

（三）完善用地用海等相关支持政策

对纳入运输结构调整的铁路专用线、内河航运基础设施等重点项目建立审批“绿色通道”，推进发展改革、自然资源、生态环境、交通运输等部门实施并联审批。加大铁路专用线用地支持力度，对新增建设用地指标予以优先安排，落实国家相关规定，对占用永久基础农田的项目积极纳入用地预审受理范围；加大对纳入港口总体规划和运输结构调整的“公转水”、铁水联运、“水水”中转码头及配套的防波堤、航道、锚地等项目用海支持力度。

（四）营造良好发展环境

强化货运市场和重点企业监测，跟踪了解行业动态和行业从业者诉求，及时掌握行业动态，完善从业人员社会保障、职业培训等服务。积极培育拓展新兴市场，推动货运行业创新稳定发展和转型升级。加强政策宣传和舆论引导，定期发布运输结构调整行动进展和成效，增强数据和信息的公开性、透明性和一致性。

广东省农村物流建设发展规划（2018—2022年）

为深入学习贯彻习近平新时代中国特色社会主义思想和党的十九大精神，落实中央关于实施乡村振兴战略的决策部署和习近平总书记视察广东重要讲话精神，彻底打通农产品进城、消费品下乡通道，助推乡村经济发展，提升乡村居民生活水平，促进城乡协调发展，推动我省乡村全面振兴，制定本发展规划。

一、发展现状

（一）发展基础

1. 农村物流产业基础发展良好。农产品总产量大，不少品种居全国前列，2017年广东粮食产量1208.56万吨，糖蔗1144.14万吨、蔬菜3177.49万吨、水果1421.23万吨、水产品833.54万吨、肉类444.08万吨。农村消费能力持续提升，2017年农村常住人口人均可支配收入15779.7元，增速高于地区生产总值和城镇居民收入增速；农村消费品零售额4776.33亿元，同比增长10.5%，连续3年高于城镇同期水平。全省丰富的农产品产量、1亿多常住人口的农副产品需求、持续提升的农村消费能力为农村物流发展奠定坚实的基础。

2. 农村物流基础设施不断完善。截至2017年年底，全省农村公路总里程约18.3万公里，建制村客运班车通达率达92%。截至2016年年底，在乡镇地域范围内，有火车站的乡镇占6.7%，有码头的占14.6%，有高速公路出入口的占41.4%。粤东西北地区基本形成了以县城为中心、乡镇为节点的农村客货运网络。

3. 农村物流服务能力显著提升。截至2017年年底，全省共有各类物流园区362个、A级物流企业251家，载货汽车超过183万辆，总货物周转量超过22032亿吨公里，覆盖全省城乡。粤东西北传统运输业、快递业、仓储业、供应链管理加速融合，各地物流龙头企业逐步走向经营多元化、布局网络化和管理现代化；农村地区传统的邮政物流、商贸物流以及新兴的电子商务物流、国际物流等，共同构建了覆盖市、县、乡（镇）三级的农村物流体系。农村流通节点持续增多，目前经交通运输部门登记的县乡村三级物流节点覆盖率分别达81%、81%、38%左右，80.8%的乡镇有商品交易市场，全省纳入农业农村部定点的批发市场有35个、纳入省农业农村厅定点的批发市场有50个。农批市场配套设置相关物流设施，发挥着物流集散的重要作用。

4. 农村电子商务快速发展。至2017年年底，全省98.5%的村通宽带互联网，有淘宝镇54个、淘宝村411个。充分利用县域电子商务优势，结合地区产业集群特色，积极打造线上产业集群。电子商务扶贫工程极大推动了农村偏远地区物流及经济发展，2017年，全省21个扶贫开发重点县网店年销售额超过120亿元；南雄、龙川、平远和饶平四个电子商务进农村综合示范县（市）建成6个县级电子商务（物流）服务中心和643个乡村服务站点，带动3.23万农村人口创业就业，农产品网络销售额达6.75亿元。

5. 农村物流规模不断扩大。全省农村经营主体不断发展壮大，通过集约化、规模化的生产和销售，大大提升了农村物流发展质量和水平。目前，全省有农业龙头企业3805家，其中年销售收入超亿元的350家，农民专业合作社4.5万家，农业部门登记认定的家庭农场1.53万家。通过“公司+农户”“合作社+农户”等集成生产模式，集合分散的农户产能，开展标准化生产，统一包销并进行规模化运输，农民创收保收取得良好效果，在一定程度上解决了农村物流成本过高和网络渠道不畅问题。

6. 新技术推广应用提升了物流效率。信息技术逐步运用于农村物流。冷链物流信息化助推全程冷链不断发展，不仅满足了农产品的保鲜需求，还降低了损耗率。通过运用物联网及卫星定位技术，实现了农资流通的在线监控，实现物流车辆即时定位、补货配货电子化等。全省标准化托盘逐步推广，车货匹配平台、智能机器人、智能快递柜、无人机、无人仓等智慧物流技术加速运用，降低了物流成本，提升了物流效率。

（二）发展瓶颈

1. 部分地区农村物流基础设施发展滞后。不少农村地区无法满足大型物流车辆通车要求，山区网络及移动手机信号不稳定，不能满足电子商务的基本要求。粤东西北地区物流基础设施与自身需求不相匹配：乡镇人口占比达67%，但作为农产品主产区，未铺装路面总里程占比达81%，快递和货物周转量只占10%左右，快递及物流需求没有得到有效满足；水产肉类、蔬菜和热带水果产量占比分别为65%、64%和85%，但只分布了全省约30%的冷库容量。共用型农村仓储设施缺乏，共享共用物流体系非常薄弱。

2. 农村物流成本较高。广东农村多丘陵，土地适度规模经营占比仅为25%，农业种植分散和农村人口低密度分布，导致农产品运输和物资配送成本上升；农产品保鲜期短、运输要求高、价值低、重量大的特性，加大了运输困难；农产品销售不畅，产需不能有效对接，严重影响农村物流生态。2017年，全省物流总费用占地区生产总值比重为14.49%，而粤东西北地区占比达到18.6%，高出全省4.11个百分点。较高的物流成本严重制约农村物流发展。

3. 农村物流标准化信息化水平较低。由于缺乏物流信息平台、车货匹配平台等信息手段支持，农村物流企业多数以线下揽货方式为主，物流供需无法有效对接；规模小而散，托盘、笼车等专业物流设施应用不足，包装、装卸、分拣等作业流程尚未标准化，削弱了物流运行效率；普遍仅限于提供简单的运输服务，不能运用信息技术实现货物跟踪调配、物流信息查询、智能化配送等，经营模式低端粗放，无法满足现代化物流发展需要。一些大型农产品流通中心交易模式仍较传统，信息管理系统不完善，产品集散能力不强，市场辐射范围较窄。农村小规模生产模式下品种选育、施肥施药、采摘分拣、包装标识等缺乏标准，难以达到农产品标准化流通要求。

4. 农村物流发展不均衡。粤西地区物产丰饶，生产了全省93.5%的糖蔗、72%的热带水果、41.5%的水产品和30.6%的猪肉，但是未达到任何公路等级标准的公路和未铺装路面却占全省的55%和32.7%。粤北地区多丘陵，种植分散，但面积覆盖广总产量大，生产全省44.9%的柑橘橙、33.4%的粮食、25.6%的蔬菜和24.3%的猪肉，农林牧渔产值占全省的22%，但未铺装路面占比高达39%。粤北地区纬度高，果品质量好，三华李、鹰嘴桃、杨梅等享誉国内，分散化种植模式适合电子商务销售，但农村空心化严重，电子商务人才匮乏。粤东地区道路交通条件好、集约化程度较高，但受区域总面积限制，种养规模偏小，最有代表性的水产品和蔬菜占比均仅为17%左右。

5. 多头管理缺乏整合。长期以来，我省物流业存在“多头参与、条块分割”的情况。发改、交通运输、商务、自然资源、农业农村、供销、邮政等部门职能与农村物流业务均相关，部门间既存在职责交叉又存在信息壁垒；每个部门均有涉农资金和政策，但资源分散，存在整合不够、效率不高的问题。全省未设立统一推进农村物流工作的协调机构，影响了农村物流统筹规划和科学发展。现有农村物流节点由各快递、物流企业根据业务需要自发布局，导致经济繁荣、人口密度高的镇村设点扎堆，偏远村庄物流网点则几乎空白。

二、发展目标

到2022年，初步建成与农村居民生活相匹配、与农业现代化发展相匹配、与现代流通方式相匹配，布局合理、高效畅通、特色突出、管理现代的农村物流服务体系。

——推动构建完备的农村物流网络体系。依托各区域特色农产品，盘活、新建一批农村物流重要节点。在粤东西北地区各建设1个枢纽型物流园区；粤东西北地区每个地级市至少建设1个区域性物流园区，每个县（市、区）至少建设1个县级农村物流中心，每个乡镇至少建设1个农村物流综合服务站，每个村统一建成标准化的“幸福驿站”物流服务点。

——推动农村物流整体运行效率显著提高。全省农产品预冷保鲜比例提升至50%，粤东西北地区物流费用与GDP的比率下降至15%左右。大力完善冷链物流基础设施，推动农产品损耗率下降。

——推动农村物流经营主体运营规模化。推动各类物流主体上下游拓展经营能力提升，初步形成一批智能化水平高、综合服务能力好、竞争力强的农村物流企业，全省培育100家农村物流龙头企业。

——推动农村物流信息化水平提升。支持农村物流信息化平台发展，推动实现车货有效匹配。

三、主要任务

（一）完善农村物流网络体系

构建以县级农村物流中心、乡镇农村物流综合服务站、村级农村物流服务点为支撑的县乡村三级农村物流网络布局。县（区）选择交通便利的地点或依托批发市场、电子商务产业园等，建设或升级改造县级农村物流中心，整合县级商贸流通市场、干线物流、快递物流、农资配送等资源，强化县域农村物资下行配送和农副产品上行的物流服务能力。乡镇以商超、邮政、农村综合服务中心、客运站点、快递集聚点等为依托，设立乡镇农村物流综合服务站，整合乡镇快递收发、农村电子商务、农资代购、农产品代销等资源，打造上接县、下联村的中间物流节点，支撑农村各类物资的中转仓储和分拨配送。行政村以农村综合服务中心、邮政及供销服务点、便利店、客运站点等为依托，建设村级农村物流服务点。推动行政村实现各类物资“最初一公里”和“最后一公里”有序集散和高效配送。同步构建县乡村三级农村应急物流体系。开展农村物流建设试点示范工作，形成可复制推广的经验做法。

专栏1　农村物流网络布局
县级农村物流中心：县域与外部区域之间物流交换的枢纽节点，作为县域范围内物资集聚和物流组织的中心。 乡镇农村物流综合服务站：农村物流网络节点体系上接县、下联村的中间节点，承担区域内物流组织与管理，支撑农村物流各类物资的中转仓储和分拨配送。 村级农村物流服务点：农村物流网络节点体系中的基层网点，处于节点体系的末端，实现农村末端物流的集聚与配送。

（二）加强农产品重要流通节点建设

依托全省农业发展布局和主要干道、航线等，改造或新建一批布局合理、业态丰富、梯次优化、辐射能力强的农产品物流园区（集散中心），形成枢纽型与区域性物流园区梯度分布的格局。

专栏2　农产品重要流通节点布局
1. 依托珠三角都市农业区，着重在城乡连接区域建设若干枢纽型农产品物流园区，叠加特色农产品交易、产品分级分拣、包装加工、仓储配送、价格指导、信息服务等功能，以完善的冷链配送体系支撑交易，以批发集散带动物流发展，力争成为辐射全国的国家级枢纽中心。 2. 依托雷州半岛热带水果示范区、粤西北运蔬菜基地、粤北夏秋蔬菜基地和优质果蔬生产基地等主产区，建设一批以田头冷库、区域冷链配送中心为核心的农产品冷链物流节点，打造粤北、粤西、粤东枢纽型果蔬物流园区。 3. 依托湛江、潮州、汕头等滨海海水养殖加工基地，建设一批水产品冷链加工和交易集散中心，增强广东海产品产业对全国水产市场的辐射能力。

（三）提升冷链物流发展质量

优化全省冷链物流网络布局，加强粤东西北地区农产品主产区预冷库、重要物流节点冷链仓储建设。改善冷链运输车辆装备配置，推广具有多温区功能的冷链运输车辆以及移动式冷柜、便携式冷藏箱等末端冷链设备，发展农产品全程冷链物流。推动农产品保鲜技术与蓄冷装备的推广普及，鼓励建设低耗节能型冷库，提高农产品预冷、保鲜加工与包装技术水平。扶持培育农产品冷链物流企业发展壮大，加大对冷链运力明显不足的农产品主产区扶持。

（四）推动农村物流发展模式创新

鼓励探索农商互联模式，推进产供销一体化发展模式。鼓励通过土地流转、需求引导等方式，支持专业大户、家庭农场、农民合作社、农业龙头企业开展适度规模经营；积极推动“公司＋合作社＋农户”“公司＋基地”等模式发展，开展标准化精准化生产；探索产销对接模式，推动随机松散的买卖关系转变为长期稳定的合作关系。整合村级各类服务站点，推动物流服务和农村生活综合服务中心、益农服务站等功能融合，保障物流末端的可持续经营。探索定时定点定线配送模式，鼓励大型电子商务、快递物流企业与本地中小商贸流通、物流企业进行商业合作，整合线路网点，实现定时、定点、定线统一配送。

（五）支持农村物流信息化应用推广

鼓励农村物流综合信息平台建设，推动智慧物流技术的推广使用。依托导航、物联网、云计算等技术，发展农村物流公共信息平台，促进农村零散物流需求和各路运力资源的快速匹配；完善平台功能，解决产销和流通组织化程度不高问题。鼓励物流公司改造升级，采用信息手段进行智慧管理，利用射频技术、GPS等实现货物跟踪调配、车辆定位调度、物流信息汇总查询等；逐步推动机器人、无人机等实现智能化操作；设置产品二维码，推动主要农产品的溯源。

（六）强化农村物流标准化工作

加强物流全产业链标准体系建设，覆盖农产品种养加工、检测分级、包装运输等各环节。推动物流设施设备标准化：以托盘标准化及规范化运营为基础，推动运输车辆、叉车、货架、月台、车厢等设施设备标准化；推动物流作业标准化，涵盖包装、装卸、搬运、运输作业、仓储等环节；推动物流信息标准化，推广基于全球统一编码标识（GS1）的商品条码体系，推动商品条码、箱码、托盘条码、物流单元编码、物流节点编码关联衔接。推动物流综合信息服务平台统一标准研发建设，统一技术接口标准，鼓励平台间开展联盟合作，实现可公开信息的共享互联互通。制定县乡村三级农村物流服务规范，推动网点建设和运营标准化。

（七）推进农村物流与电子商务扶贫联动发展

推进电子商务进农村工作，支持有条件的镇、村建设电子商务产业园。发挥电子商务聚单能力，整合碎片化产品需求和物流需求，加强与大型综合性电子商务及专业农产品电子商务平台对接，开辟广东特色馆、县域特色馆。支持大型电子商务与贫困县、村“结对子”工作。鼓励电子商务企业设立贫困地区农产品销售专柜和扶贫频道。推动贫困地区农产品进学校、进企业、进机关、进社区，开拓直接对接渠道。探索对贫困县、村农村物流的合理扶持模式。

（八）打造一批农村物流品牌

推进品牌强农，提升绿色优质产品供给，打造一批产业特色优势突出、企业市场竞争力强、产品安全优质的区域公用品牌、企业品牌和产品品牌。开展品牌农产品宣传推介活动，加强线上线下宣传及产销对接。支持物流企业集约发展、做大做强，成为网络化、规模化的品牌公司。

（九）推进产业融合发展

支持各类市场主体创新发展新型农业产业模式，促进农业生产、加工和流通的融合发展，延伸产业链、提升产品价值、延长保鲜期、改变运输状态。建立现代农业产业园，依托农业龙头企业、物流骨干企业，以规模化种养基地为基础，建设集生产、加工、流通、研发、示范、服务为一体的现代农村物流产业基地。鼓励具有冷冻及加工条件的公司出租设备，发展社会化加工及冷储服务，支持农产品就地深加工。升级改造农产品批发市场，合理部署“中央大厨房”，支撑农产品产后规模化分级、加工、包装、营销等。

四、重点工程

（一）重点物流园区建设工程

对接全省农业发展格局，依托特色岭南水果、北运菜、水产品、药材等农产品主产区，建设一批特色农产品物流园区。在粤东西北地区各建设 1 个枢纽型物流园区，集农产品交易、加工仓储、分拣包装、物流配送、价格信息发布、认证检测、电子结算、电子商务、供应链金融等功能于一体，形成农产品交易集散中心、仓储配送中心、价格指数中心和信息发布中心。力争将珠三角地区物流园区打造成为市场辐射全国、价格指导全国的国家级示范园区。每个地级以上市至少建成或改造升级 1 家物流园区、农批市场，打造成为区域性物流园区，强化本区加工仓储、冷藏冷冻、分拨配送等服务功能。

（二）农产品冷链物流建设工程

推动粤东西北地区果蔬、水产、肉类产地加快改造建设农产品冷链物流设施，部分节点建立冷链物流基地。在茂名、湛江、梅州、韶关等市的果蔬种植基地，建设一批公用型果蔬预冷库、储存保鲜库。在粤东、粤西地区等水产品主产地和广州、深圳、佛山等水产品主销地，改造升级一批水产品现代仓配一体化冷库。在茂名、肇庆、江门和梅州等畜禽主产区，打造覆盖全省、服务全国、全程冷链的肉类冷链物流中心。围绕农产品大型批发市场，改善升级冷链冷藏设施，建设一批冷链储运中心。探索冷链基础设施政企“共建”模式。鼓励跨区域共建农产品流通节点，提供公共冷链设施。在特色农产品集聚区建设公共性初加工和包装设施，连接第三方物流，完善产地收储加工—冷链运输—销区冷储配送—冷藏销售冷链流通渠道。

（三）农村电子商务建设工程

加强与知名综合电子商务平台、农产品专业电子商务平台合作，力争新增若干个亿元“电商县”，各县积极推动本地特色产品成为“网红品”。探索农商互联新模式，推动贫困地区与电子商务平台合作设立扶贫频道，推动特色产品丰富县域设立特色馆。加强拳头产品“三品一标”（无公害农产品、绿色食品、有机农产品、农产品地理标志）认证，举行农产品“电商节”“嘉年华”等活动，集中宣传和销售。加强电子商务配套服务，开展人才培训、创业孵化、品牌建设、网络推广、金融支持，形成电子商务产业集聚。

（四）乡村“幸福驿站”建设工程

按照“整体规划、市场运作、多业融合”发展原则，探索建设村级“幸福驿站”。

整合乡村生活综合服务中心、助农服务中心、村邮政、便利店等，实行“多站合一、多点合一”，融合快递收发、代销代购、水电费代收、信息服务等多重便民服务功能，建立村级快递物流收发服务点和综合便民服务点，统一加挂“幸福驿站”标牌，实现“三规范”“四统一”，即建设规范、服务规范、管理规范，装修式样统一、设施设备统一、服务范围统一、服务标准统一。依托本地较成熟的物流体系，探索定时、定点、定线的农村物流“货运班车”服务，直抵终端“幸福驿站”，打通农村物流配送“最后一公里”。

（五）物流综合信息服务平台建设工程

支持建设农村物流综合信息服务平台，提供农村物流供需信息发布、撮合物流交易、物流资源调配、物流跟踪、信用评价、数据分析、宣传推广等功能。推动整合邮政车辆、客货班车、农资配送、农超商贸配送、电子商务配送、快递物流以及社会零散车辆运力资源，与农村各种零散物流需求快速撮合，实现规模化运输，提升物流效率。推动平台技术接口标准、操作流程及服务规范进一步统一，实现可公开信息的共享和互联互通，实现农村物流信息资源的汇总。

（六）农村物流标准化工程

制订农村物流配送服务规范，明确县级农村物流中心、乡镇农村物流综合服务站、村级农村物流服务点实现“五个标准化”建设运作，即网络节点建设标准化、运输设施标准化、服务标准化、包装标准化、品牌标准化。村级物流服务点重点打造统一标识的乡村“幸福驿站”。选择有条件的市县进行农村物流标准化示范建设，通过“典型引领、示范带动、由点到面、全面推进”方式逐步开展。

（七）龙头企业培育工程

重点培育一批主业突出、竞争力强、管理现代化、服务水平高、示范作用强的农村物流龙头企业。制定省、市、县三级农村物流龙头企业评定标准。支持农村物流龙头企业牵头制定农村物流行业标准。支持农村物流龙头企业开展绿色环保技术和物流信息技术的研发推广。

五、保障措施

（一）强化农村物流工作协调管理

加强各部门物流职能的统筹整合，理顺农村物流发展的组织框架和运作机制。建立由商务、发改、交通运输、财政、自然资源、农业农村、供销、邮政等部门共同参与的农村物流工作协调机制，形成工作合力，加强对农村物流相关规划制定、物流园区建设、重大项目建设、资金运用等方面工作的统筹协调，打破部门壁垒，形成“大物流”概念。

（二）加强农村物流发展政策保障

将农村物流建设发展纳入县域、村庄建设规划。支持符合规划要求的产地预冷库、农产品物流园区及基地等项目用地需求，鼓励利用工业旧厂房、仓库等土地用于农村物流服务；支持承包土地向专业大户、家庭农场、农民合作社流转。加强农村“四好农村路”建设，进一步完善乡镇至村、组的客货车通车条件；加强重点农产品主产区公路改扩建，在物流综合服务点规划充电桩，便利小型电动货车行驶。继续提升农村地区通信网络建设水平。落实农村物流相关税收优惠政策。严格执行鲜活农产品运输“绿色通道”政策，清理规范道路、水路运输收费项目，合理减少抽检次数；放宽农产品配送车辆的城市交通管制；研究制定冷链物流企业用水、用电、用气价格梯度优惠措施，推动田头冷库用电与农业生产用电同价。

（三）加强资金引导扶持

加大资金扶持力度，重点对县、乡、村三级农村物流服务网络、公共信息平台、冷链物流、设施装备改造、组织模式创新、试点示范等，以补贴、贴息、奖励、股权投资等方式给予引导和支持。引导金融机构、社会资本投资建设农村物流基础设施。

（四）推进农村物流统计工作

探索建立科学规范的统计调查制度，明确统计口径，科学设计农产品物流、农资物流、农村商贸物流指标体系，做好定期发布。支持社会化平台和企业建立农村物流大数据中心，推动建立广东农村物流数据共享机制，加强监测，为全省农村物流动态监测、形势分析和决策提供依据。

（五）加强农村物流人才保障

将农村物流发展急需的各类专业人才纳入“实施乡村专业人才培育工程”，根据相应条件享受“上岗退费”和高级职称专业人才财政奖励等待遇。鼓励企业与本科高等院校、职业院校等联合培养物流人才，基本实现农村物流从业人员全员培训。推动粤东西北地区各市开设电子商务培训课程，加强电子商务人才培养。联合研究机构、高校、企业、行业组织专家，打造农村物流省级智库，开展农村物流专题研究，为政府提供决策咨询，为农村物流企业提供培训和业务指导。

（六）加强组织实施

省商务厅牵头负责本发展规划的组织落实，各地、各有关部门结合本地区、本部门实际推进本发展规划的实施。省商务厅要加强对本发展规划实施情况的跟踪分析、指导评估和监督检查，确保本发展规划各项任务落实到位，有关落实情况及时报告省政府。

广东省重要物流企业名单

2018年评选的A级物流企业名单（广东省）

序号	所属城市	等级	企业名称	备注
1	深圳	AAAAA（4家）	盐田国际集装箱码头有限公司	
2	深圳		深圳市赤湾东方物流有限公司	
3	深圳		深圳市怡亚通供应链股份有限公司	
4	深圳		跨越速运集团有限公司	4A升5A
5	佛山	AAAA（17家）	佛山市顺德区澳沪物流有限公司	
6	东莞		广东喜佰年物流有限公司	
7	珠海		广东东源新地股份有限公司	
8	深圳		深圳市飞腾顺达物流有限公司	3A升4A
9	深圳		深圳市华通达物流有限公司	
10	深圳		深圳市百腾物流有限公司	3A升4A
11	深圳		深圳均辉华惠国际货运有限公司	3A升4A
12	深圳		深圳合新国际物流有限公司	
13	深圳		深圳市锐迅供应链管理有限公司	
14	深圳		深圳市怡亚通物流有限公司	
15	深圳		深圳市深国际华南物流有限公司	
16	深圳		深圳市富润德供应链管理有限公司	
17	广州		广东合捷国际供应链有限公司	

续　表

序号	所属城市	等级	企业名称	备注
18	佛山	AAAA（17家）	佛山市南海金叶物流有限公司	3A升4A
19	广州		广州市宇轩物流有限公司	
20	广州		广州市长鹏实业有限公司	
21	广州		广州飞梭云供应链有限公司	
22	广州	AAA（27家）	广州捷世通物流股份有限公司	
23	广州		广州市岐山物流有限公司	
24	广州		广州海明物流有限公司	
25	广州		广州市汇通运输有限公司	
26	广州		广东珠江国际货运代理有限公司	
27	茂名		茂名市茂南华鹏汽车运输有限公司	
28	东莞		东莞致远物流有限公司	
29	广州		广州鹏升运输有限公司	
30	深圳		深圳和记内陆集装箱仓储有限公司	
31	深圳		深圳市益嘉物流有限公司	2A升3A
32	深圳		深圳市友和运输有限公司	
33	深圳		深圳市帮全物流有限公司	
34	深圳		深圳市逸迅达国际货运代理有限公司	
35	深圳		深圳市韩润国际物流有限公司	
36	深圳		深圳市有路物流有限公司	
37	深圳		深圳市天之舟物流有限公司	
38	深圳		深圳市航威实业有限公司	2A升3A
39	深圳		深圳市昂威物流有限公司	
40	深圳		深圳市韵国国际物流有限公司	
41	深圳		深圳万国集通国际货运代理有限公司	
42	深圳		深圳市中海通海运有限公司	
43	深圳		深圳市西部疆源货运有限公司	
44	深圳		深圳市航驿物流有限公司	
45	深圳		深圳市博亿美国际物流有限公司	
46	深圳		深圳市理想物流有限公司	
47	深圳		深圳市凯利物流有限公司	
48	深圳		深圳市鸿泰信国际货运代理有限公司	

续　表

序号	所属城市	等级	企业名称	备注
49	深圳	AA（4家）	深圳市中宝丰商贸有限公司	
50	深圳		深圳市汉文广达电子商务有限公司	
51	深圳		深圳市星辰现代物流有限公司	
52	深圳		深圳市大常生国际物流有限公司	
53	深圳	A（4家）	深圳商壹国际物流有限公司	
54	深圳		深圳市力安物流有限公司	
55	深圳		深圳市安能启航物流有限公司	
56	深圳		深圳市四邦物流有限公司	

资料来源：中国物流与采购联合会。

2018 年评选的物流企业信用评价 A 级信用企业名单（广东省）

序号	所属城市	等级	企业名称	备注
1	广州	AAA	广东合捷国际供应链有限公司	第二十三批
2	广州	AAA	广州江楠农业发展有限公司	第二十三批
3	深圳	AAA	深圳市怡亚通物流有限公司	第二十三批
4	中山	AAA	广东秦粤物流有限公司	第二十二批
5	深圳	AA	深圳市佳捷现代物流有限公司	第二十二批

资料来源：中国物流与采购联合会。

2018 年度中国物流企业 50 强排名

排名	企业名称	物流业务收入（万元）	排名变化情况
1	中国远洋海运集团有限公司	17861977	未变化
2	厦门象屿股份有限公司	12197438	上升 2
3	冀中能源国际物流集团有限公司	8028159	未变化
4	中国外运股份有限公司	7315751	下降 2
5	顺丰控股股份有限公司	7109430	未变化
6	河北省物流产业集团有限公司	4283982	未变化
7	山东物流集团有限公司	3132382	上升 1
8	中铁物资集团有限公司	2890123	上升 1
9	天津港（集团）有限公司	2638298	下降 2
10	京东物流集团	2636382	新进入
11	中国物资储运集团有限公司	2570254	上升 1
12	开滦集团国际物流有限责任公司	2246411	上升 4
13	安吉汽车物流股份有限公司	2232400	下降 3
14	德邦物流股份有限公司	2035011	下降 3
15	招商局物流集团有限公司	1508239	下降 1
16	锦程国际物流集团股份有限公司	1441103	下降 1
17	河北港口集团有限公司	1401308	上升 3
18	厦门港务发展股份有限公司	1371270	上升 3
19	国药控股湖北有限公司	1182125	未变化
20	连云港港口集团有限公司	1180035	下降 3
21	一汽物流有限公司	1130000	上升 6
22	全球国际货运代理（中国）有限公司	1068341	上升 4
23	福建省交通运输集团有限责任公司	1057920	下降 5
24	中国石化管道储运有限公司	978355	下降 1

续　表

排名	企业名称	物流业务收入（万元）	排名变化情况
25	广州铁路（集团）公司	952000	下降 3
26	嘉里物流（中国）投资有限公司	896941	下降 1
27	重庆港务物流集团有限公司	871629	上升 4
28	江苏省如皋港现代物流基地	860294	未变化
29	中铁铁龙集装箱物流股份有限公司	760814	上升 3
30	武汉商贸国有控股集团有限公司	700466	未变化
31	泉州安通物流有限公司	673842	上升 8
32	重庆长安民生物流股份有限公司	664391	下降 3
33	云南能投物流有限责任公司	646300	上升 1
34	准时达国际供应链管理有限公司	646213	新进入
35	江苏苏宁物流有限公司	636525	上升 10
36	上药控股江苏股份有限公司	618220	上升 5
37	海航冷链控股股份有限公司	592400	新进入
38	上海中谷物流股份有限公司	560038	新进入
39	全球捷运物流有限公司	521726	新进入
40	北京长久物流股份有限公司	496067	下降 4
41	日通国际物流（中国）有限公司	467383	下降 6
42	青岛日日顺物流有限公司	430730	上升 1
43	中都物流有限公司	425995	下降 5
44	湖南星沙物流投资有限公司	425962	下降 2
45	玖隆钢铁物流有限公司	422500	新进入
46	南京港（集团）有限公司	406089	上升 1
47	林森物流集团有限公司	366511	新进入
48	东方国际物流（集团）有限公司	327574	新进入
49	浙江物产物流投资有限公司	312900	新进入
50	云南物流产业集团有限公司	296458	新进入

资料来源：中国物流与采购联合会。

2018 年全国优秀物流园区名单

序号	园区名称	所属城市
1	北京通州物流基地	北京
2	天津港集装箱物流中心	天津
3	天津陆路港枢纽园区	天津
4	迁安市北方钢铁物流产业聚集区	河北迁安
5	邢台好望角物流园区	河北邢台
6	石家庄市栾城区润丰物流园	河北石家庄
7	唐山海港物流产业聚集区	河北唐山
8	秦皇岛临港物流园区	河北秦皇岛
9	邯郸国际陆港物流园区	河北邯郸
10	冀中能源国际物流集团新铁物流园（河北邯郸）	河北邯郸
11	河北宝信物流有限公司宝信物流园（河北邢台）	河北邢台
12	河北新发地农副产品物流园	河北保定
13	白沟天德现代物流商贸中心（河北保定）	河北保定
14	承德国际商贸物流园区	河北承德
15	肃宁县物流产业聚集区	河北沧州
16	佳兴物流园（河北沧州）	河北沧州
17	安平县聚成国际物流园区	河北衡水
18	中鼎物流园（山西太原）	山西太原
19	山西穗华物流园	山西太原
20	山西万昌国际物流园区	山西大同
21	宝特物流园（山西侯马）	山西侯马
22	内蒙古红山物流园	内蒙古赤峰
23	集宁现代物流园区	内蒙古乌兰察布
24	沙良物流园（内蒙古呼和浩特）	内蒙古呼和浩特

续 表

序号	园区名称	所属城市
25	通辽经济技术开发区综合物流园区	内蒙古通辽
26	鄂尔多斯空港物流园区	内蒙古鄂尔多斯
27	满洲里国际物流产业园区	内蒙古满洲里
28	内蒙古华蒙物流园区	内蒙古包头
29	沈阳国际物流港	辽宁沈阳
30	铁成（大连）物流园	辽宁大连
31	瓦房店市电子商务物流产业园（辽宁大连）	辽宁大连
32	东北快递（电商）物流产业园（辽宁盘锦）	辽宁盘锦
33	香江物流园（吉林长春）	吉林长春
34	哈尔滨龙运物流园区	黑龙江哈尔滨
35	中国（上海）自由贸易试验区（外高桥保税物流园区）	上海
36	张家港玖隆钢铁物流园	江苏张家港
37	惠龙国际物流园区（江苏镇江）	江苏镇江
38	南京龙潭综合物流园区	江苏南京
39	上合组织（连云港）国际物流园	江苏连云港
40	无锡西站物流园区	江苏无锡
41	江苏志宏物流园区（常州）	江苏常州
42	江苏大成物流园（徐州）	江苏徐州
43	江苏海安商贸物流产业园	江苏海安
44	普洛斯扬州普佳物流园	江苏扬州
45	淮安市生态物流园	江苏淮安
46	盐城市现代物流园	江苏盐城
47	盐城城西南现代物流园区	江苏盐城
48	泰州高港综合物流园	江苏泰州
49	江苏三江现代物流园区（泰州）	江苏泰州
50	宿迁电商物流园	江苏宿迁
51	杭州传化公路港临江综合物流产业园	浙江杭州
52	宁波（镇海）大宗货物海铁联运物流枢纽港	浙江宁波
53	嘉兴现代物流园	浙江嘉兴
54	宁波经济技术开发区现代国际物流园区	浙江宁波
55	义乌港物流园	浙江金华

续　表

序号	园区名称	所属城市
56	衢州工业新城物流园区	浙江衢州
57	嘉兴港区综合物流园	浙江嘉兴
58	德清临杭物流园区（浙江湖州）	浙江湖州
59	义乌普洛斯物流园	浙江金华
60	安徽合肥商贸物流园区	安徽合肥
61	安徽华源现代物流园	安徽阜阳
62	宝湾（合肥）国际物流中心	安徽合肥
63	芜湖宝特铁路综合物流基地	安徽芜湖
64	皖北徽商物流港（蚌埠）	安徽蚌埠
65	厦门保税物流园区	福建厦门
66	福建福港综合物流园区	福建福州
67	福建翔福国际电商物流园	福建福州
68	晋江陆地港（泉州）	福建泉州
69	漳龙物流园区（漳州）	福建漳州
70	鹰潭市现代物流园	江西鹰潭
71	赣州传化南北公路港	江西赣州
72	山东盖家沟国际物流园	山东济南
73	青岛胶州湾国际物流园	山东青岛
74	临沂经济技术开发区现代物流园	山东临沂
75	山东佳怡物流园	山东济南
76	威海国际物流园	山东威海
77	济南零点物流港园区	山东济南
78	山东岱岳经济开发区综合物流产业园	山东泰安
79	天源国际物流园（山东临沂）	山东临沂
80	河南保税物流中心	河南郑州
81	郑州国际物流园区	河南郑州
82	豫东综合物流产业园区（商丘）	河南商丘
83	武汉东西湖综合物流园	湖北武汉
84	宜昌三峡物流园	湖北宜昌
85	湖南金霞现代物流园	湖南长沙
86	湘南国际物流园	湖南郴州

续 表

序号	园区名称	所属城市
87	一力物流园（湖南长沙）	湖南长沙
88	湖南梨江国际智能物流园	湖南长沙
89	湖南中强物流园（长沙）	湖南长沙
90	湖南家电物流中心暨湖南物流总部	湖南长沙
91	湘潭荷塘现代综合物流园	湖南湘潭
92	衡阳铁路口岸综合物流园	湖南衡阳
93	衡阳市雁城物流园	湖南衡阳
94	湖南三湘和达现代物流园	湖南常德
95	怀化狮子岩物流园区	湖南怀化
96	林安物流园（广州）	广东广州
97	南方物流集团物流园（广州）	广东广州
98	深国际华南物流园（深圳）	广东深圳
99	广西凭祥综合保税区物流园	广西凭祥
100	重庆西部现代物流园	重庆
101	秀山（武陵）现代物流园区	重庆
102	重庆勤牛物流中心	重庆
103	中国西部现代物流港（四川遂宁）	四川遂宁
104	南充现代物流园	四川南充
105	成都市新都区国际商贸物流港	四川成都
106	成都新津物流园区	四川成都
107	成都国际铁路港	四川成都
108	泸州临港物流园	四川泸州
109	宜宾临港国际物流园	四川宜宾
110	清镇市物流园区（贵州）	贵州贵阳
111	黔中（安顺）物流园区	贵州安顺
112	福泉市物流园区（贵州黔南州）	贵州黔南州
113	云南腾俊国际陆港	云南昆明
114	昆明王家营宝象物流中心	云南昆明
115	陕西国际航空物流港	陕西西安
116	甘肃（兰州）国际陆港	甘肃兰州
117	嘉峪关多式联运物流园	甘肃嘉峪关

续　表

序号	园区名称	所属城市
118	青海朝阳物流园区	青海西宁
119	宁夏众一物流园区	宁夏银川
120	兵团乌鲁木齐国际物流园	新疆乌鲁木齐
121	新疆天业（集团）有限公司北工业园区物流园	新疆石河子
122	阿拉山口综合保税区多式联运物流园区	新疆博尔塔拉

资料来源：中国物流与采购联合会。

2018 年中国冷链物流百强（广东省）

顺丰速运有限公司
大昌行物流（中国）
深圳市泛亚物流有限公司
深圳招商美冷供应链有限公司
佛山市粤泰冷库物业投资有限公司
深圳小田冷链物流股份有限公司
望家欢农产品集团有限公司
广州拓领物流有限公司
广州鑫赟冷冻运输有限公司
东莞市华雪食品有限公司
广州保事达物流有限公司
广州长运冷链服务有限公司

资料来源：中国物流与采购联合会冷链物流专业委员会。

国家物流枢纽建设名单

（2019 年）

所在地	国家物流枢纽名称
天津市	天津港口型国家物流枢纽
山西省	太原陆港型（生产服务型）国家物流枢纽
内蒙古自治区	乌兰察布—二连浩特陆港型（陆上边境口岸型）国家物流枢纽
辽宁省	营口港口型国家物流枢纽
上海市	上海商贸服务型国家物流枢纽
江苏省	南京港口型（生产服务型）国家物流枢纽
浙江省	金华（义乌）商贸服务型国家物流枢纽
江西省	赣州商贸服务型国家物流枢纽
山东省	临沂商贸服务型国家物流枢纽
河南省	郑州空港型国家物流枢纽
湖北省	宜昌港口型国家物流枢纽
湖南省	长沙陆港型国家物流枢纽
广东省	广州港口型国家物流枢纽
广西壮族自治区	南宁陆港型国家物流枢纽
重庆市	重庆港口型国家物流枢纽
四川省	成都陆港型国家物流枢纽
陕西省	西安陆港型国家物流枢纽
甘肃省	兰州陆港型国家物流枢纽
新疆维吾尔自治区	乌鲁木齐陆港型国家物流枢纽
宁波市、舟山市	宁波－舟山港口型国家物流枢纽
厦门市	厦门港口型国家物流枢纽
青岛市	青岛生产服务型（港口型）国家物流枢纽
深圳市	深圳商贸服务型国家物流枢纽

资料来源：国家发展改革委、交通运输部。

附 录

附录一　2018 年广东省全社会交通运输邮电主要统计指标

附表 1　2018 年与 2017 年广东省全社会交通运输邮电主要统计指标情况对比

指标名称	单位	2018 年	2017 年	同比增长率（%）
一、货运量	万吨	424996.0	400601.0	6.1
铁路	万吨	7617.0	7254.0	5.0
公路	万吨	304743.0	288904.0	5.5
水路	万吨	102352.0	94871.0	7.9
民航	万吨	226.0	166.0	6.5
管道	万吨	10058.0	9407.0	6.9
二、货物周转量	亿吨公里	28644.8	28192.2	1.6
铁路	亿吨公里	268.0	262.0	2.3
公路	亿吨公里	3890.3	3636.9	7.0
水路	亿吨公里	24177.4	24011.9	0.7
民航	亿吨公里	80.5	68.7	7.3
管道	亿吨公里	228.5	212.7	7.4
三、客运量	万人	154682.0	148549.0	3.9
铁路	万人	33745.0	28476.0	18.5
公路	万人	105249.0	105919.0	-0.6
水路	万人	2775.0	2733.0	1.5
民航	万人	12913.0	11420.0	10.2
四、旅客周转量	亿人公里	4502.0	4140.3	7.5
铁路	亿人公里	953.8	872.1	9.4
公路	亿人公里	1120.7	1129.5	-0.8
水路	亿人公里	11.1	10.9	1.8
民航	亿人公里	2416.4	2127.8	11.1
五、港口货物吞吐量	万吨	211037.0	198015.0	6.6

续　表

指标名称	单位	2018 年	2017 年	同比增长率（%）
六、港口旅客吞吐量	万人	3812.5	3659.6	4.2
七、邮电业务总量	亿元	11010.3	6107.2	80.3
邮政	亿元	3215.8	2526.3	27.3
电信	亿元	7794.5	3580.9	117.7

资料来源：《广东统计年鉴 2019》。

注：1. 邮电业务总量 1989—2000 年按 1990 年价格计算，2011 年起按 2010 年不变价格计算，从 2017 年起电信业务总量按 2015 年不变价格计算。增长速度按可比价格计算。

2. 2017 年起，铁路客运量和货运量改为按发送量计算，客运量、货运量数据与往年不可比。增长速度按可比口径计算。

3. 2018 年新增 2 个航空运输报送单位，增长速度按可比口径计算。

附录二 2018年广东省各市货运量完成情况

附表2　　2018年与2017年广东省各市货运量完成情况对比

地市	货运量（万吨）			货运周转量（亿吨公里）		
	2018年	2017年	同比增长率（%）	2018年	2017年	同比增长率（%）
合计	424996.0	400601.0	6.1	28644.8	28192.2	1.6
广州	124641.0	114595.0	8.8	21398.5	21173.7	1.1
深圳	32586.0	32100.0	1.5	2156.3	2286.8	-5.7
珠海	12541.0	11471.0	9.3	206.5	155.6	32.7
汕头	6928.0	6403.0	8.2	162.3	147.8	9.8
佛山	32165.0	30997.0	3.8	323.8	299.2	8.2
韶关	20878.0	19442.0	7.4	391.6	360.5	8.6
河源	6861.0	6702.0	2.4	94.7	90.0	5.2
梅州	8824.0	8356.0	5.6	190.8	182.5	4.5
惠州	26080.0	24693.0	5.6	481.5	462.9	4.0
汕尾	2879.0	2722.0	5.8	34.3	31.9	7.4
东莞	17272.0	16725.0	3.3	527.3	483.6	9.0
中山	16640.0	17656.0	-5.8	139.0	156.8	-11.4
江门	15893.0	14975.0	6.1	168.4	186.6	-9.8
阳江	10231.0	10013.0	2.2	98.3	101.2	-2.9
湛江	19010.0	17559.0	8.3	591.6	528.7	11.9
茂名	11340.0	10520.0	7.8	267.2	239.0	11.8
肇庆	7847.0	7171.0	9.4	81.2	76.1	6.7
清远	17318.0	15866.0	9.2	287.7	261.9	9.8
潮州	5976.0	5482.0	9.0	307.0	276.3	11.1
揭阳	4448.0	4092.0	8.7	81.9	75.2	8.9
云浮	6738.0	6236.0	8.1	78.4	72.6	8.0

资料来源：《广东统计年鉴2019》。

注：由于统计原因，全省合计数据与各地市加总数据不一致，本表保持与统计年鉴数据一致。

附录三　2018 年广东省各市客运量完成情况

附表 3　　2018 年与 2017 年广东省各市客运量完成情况对比

地市	客运量（万人次）			旅客周转量（亿人公里）		
	2018 年	2017 年	同比增长率（%）	2018 年	2017 年	同比增长率（%）
合计	154682. 0	148549. 0	4. 1	4502. 0	4140. 3	8. 7
广州	25780. 0	25482. 0	1. 2	265. 5	258. 1	2. 8
深圳	6654. 0	6467. 0	2. 9	129. 0	125. 8	2. 6
珠海	3191. 0	3393. 0	-6. 0	48. 6	53. 8	-9. 7
汕头	1635. 0	1604. 0	1. 9	22. 7	22. 3	1. 8
佛山	5057. 0	5268. 0	-4. 0	65. 2	66. 7	-2. 3
韶关	5558. 0	5291. 0	5. 0	28. 8	27. 3	5. 3
河源	3654. 0	3527. 0	3. 6	43. 2	41. 1	5. 0
梅州	3027. 0	2856. 0	6. 0	41. 7	39. 4	5. 9
惠州	6616. 0	6617. 0	0. 0	55. 9	55. 6	0. 6
汕尾	1348. 0	1371. 0	-1. 7	15. 7	15. 7	0. 1
东莞	3383. 0	4342. 0	-22. 1	45. 6	68. 1	-33. 0
中山	1401. 0	1518. 0	-7. 7	23. 0	24. 1	-4. 4
江门	9417. 0	9606. 0	-2. 0	61. 3	61. 1	0. 4
阳江	1582. 0	1549. 0	2. 1	10. 7	10. 5	1. 9
湛江	9187. 0	9429. 0	-2. 6	95. 1	96. 1	-1. 0
茂名	6658. 0	6515. 0	2. 2	62. 3	60. 9	2. 2
肇庆	2893. 0	3042. 0	-4. 9	13. 4	13. 9	-3. 5
清远	3060. 0	2997. 0	2. 1	24. 6	23. 5	4. 6
潮州	2334. 0	2377. 0	-1. 8	29. 9	29. 3	2. 2
揭阳	2363. 0	2221. 0	6. 4	25. 5	23. 9	6. 5
云浮	3225. 0	3179. 0	1. 4	24. 1	23. 3	3. 3

资料来源：《广东统计年鉴 2019》。

注：由于统计原因，全省合计数据与各地市加总数据不一致，本表保持与年鉴数据一致。

附录四 2018年广东省各市港口货物吞吐量完成情况

附表4 2018年与2017年广东省各市港口货物吞吐量完成情况对比

地市	港口货物吞吐量（万吨）		
	2018年	2017年	同比增长率（%）
合计	211037.0	198015.0	6.6
广州	61313.0	59012.0	3.9
深圳	25127.0	24136.0	4.1
珠海	13799.0	13586.0	1.6
汕头	3963.0	4890.0	-19.0
佛山	8973.0	7967.0	12.6
韶关	47.0	54.0	-13.0
河源	—	16.0	—
梅州	—	102.0	—
惠州	8757.0	7214.0	21.4
汕尾	1245.0	1155.0	7.8
东莞	16417.0	15714.0	4.5
中山	11965.0	8044.0	48.7
江门	9369.0	8267.0	13.3
阳江	2627.0	2734.0	-3.9
湛江	30185.0	28209.0	7.0
茂名	2540.0	2491.0	2.0
肇庆	3921.0	3973.0	-1.3
清远	3894.0	3910.0	-0.4
潮州	1458.0	1153.0	26.5
揭阳	3080.0	2968.0	3.8
云浮	2357.0	2419.0	-2.6

资料来源：《广东统计年鉴2019》。

附录五　2018 年广东省港口货物和集装箱吞吐量完成情况

附表 5　　2018 年与 2017 年广东省港口货物和集装箱吞吐量完成情况对比

港口	港口货物吞吐量（万吨）			港口集装箱吞吐量（万标准箱）		
	2018 年	2017 年	同比增长率（%）	2018 年	2017 年	同比增长率（%）
合计	211037.0	198015.0	6.6	6446.8	6226.7	3.5
沿海港口	175007.0	164408.0	6.4	5714.1	5504.1	3.8
广州港	59396.0	57003.0	4.2	2162.3	2017.0	7.2
湛江港	30185.0	28209.0	7.0	101.1	90.3	11.9
汕头港	3963.0	4890.0	-19.0	130.7	129.9	0.6
深圳港	25127.0	24136.0	4.1	2573.6	2520.9	2.1
内河港口	36030.0	33607.0	7.2	732.8	722.5	1.4

资料来源：《广东统计年鉴 2019》。

附录六　2018 年广东省各市邮电业务总量完成情况

附表 6　　　　2018 年与 2017 年广东省各市邮电业务总量完成情况对比

地市	邮电业务总量（亿元）	
	2018 年	2017 年
合计	11010.3	6107.2
广州	2613.1	1544.9
深圳	2769.3	1659.2
珠海	198.6	108.5
汕头	358.0	198.1
佛山	686.9	360.6
韶关	103.4	52.0
河源	103.6	51.0
梅州	136.8	67.8
惠州	381.3	203.7
汕尾	87.9	47.5
东莞	1282.2	694.4
中山	397.5	211.3
江门	258.2	128.9
阳江	104.3	54.2
湛江	290.7	146.1
茂名	221.2	107.6
肇庆	169.1	84.2
清远	150.3	78.2
潮州	122.2	62.3
揭阳	374.0	202.7
云浮	85.0	42.7

资料来源：《广东统计年鉴 2019》。

注：1. 邮电业务总量 1989—2000 年按 1990 年价格计算，2001—2010 年按 2000 年不变价格计算，2011—2016 年按 2010 年不变价格计算，2017 年起，电信业务总量按 2015 年不变价格计算，邮政业务总量仍按 2010 年不变价格计算。指数按可比价格计算。

2. 统计范围是辖区内全社会所有从事电信运营企业和国家邮政企业，以及获得快递业务经营许可的快递服务企业。

3. 由于统计原因，全省合计数据与合地市加总数据不一致，本表保持与统计年鉴数据一致。

广东省现代物流研究院成立于2009年4月17日，是根据中共中央政治局常委、原广东省委书记、现任全国政协主席汪洋关于促进物流业发展的批示，在广东省政府相关职能部门指导下组建成立的民办非企业单位。广东省现代物流研究院已建设成一个既能为政府提供宏观决策依据，又能为企业提供物流与供应链管理解决方案和技术创新支持，在国内物流与供应链领域达到领先水平的研究机构，致力于打造我国现代物流与供应链研究和技术推广的高水平、跨学科、开放式平台。

（时任广东省副省长佟星为省物研院成立揭牌）

广东亚太电子商务研究院

ASIA-PACIFIC E-COMMERCE INSTITUTE

广东亚太电子商务研究院是在广东省商务厅等有关部门的指导下，于2015年5月26日在广东省民政厅登记成立，具备法人资格的独立第三方智库。发展目标：立足广东，致力成为面向亚太地区的一流电商智库。发展定位：电子商务发展的智慧高地，电子商务新模式和新业态的推动者，互联网+传统产业的交流平台，互联网高端人才培育与服务基地。广东亚太电子商务研究院集中于电子商务研究、电商培训、电商论坛展会等业务领域，已成功承办四届中博会跨境电商展。

广东亚太经济指数研究中心

ASIA-PACIFIC ECONOMIC INDEX CENTER

广东亚太经济指数研究中心（ASIA-PACIFIC ECONOMIC INDEX CENTER，以下简称指数中心）成立于2016年3月，是独立的第三方指数研究民间智库（民办非企业法人单位）。指数中心以客观、科学和个性化需求为工作原则，深耕于工业经济、生产服务业、电子商务、物流等领域，研究分析先行指数与经济数据的关系，致力于先行指数的研究、编制、发布、应用和咨询等服务；满足政府、行业和企业对数据服务、经济运行分析的需求，以采集、加工、整理、编制、发布经济数据、指数及分析报告为主要任务，并做好政策咨询及研企合作项目。

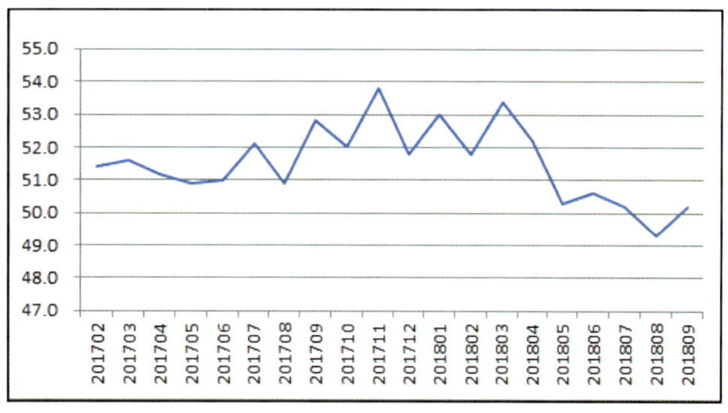

（广东省制造业PMI，广东亚太经济指数中心参与编制和发布）

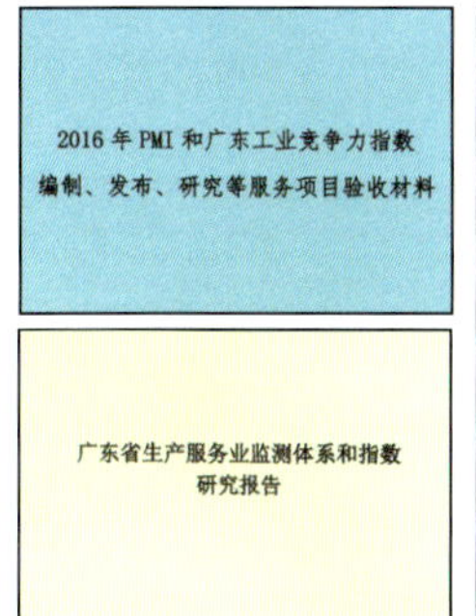

2016年PMI和广东工业竞争力指数编制、发布、研究等服务项目验收材料

广东省生产服务业监测体系和指数研究报告

广东省经济和信息化委员会文件

粤经信运行〔2017〕94号　　签发人：涂高坤

广东省经济和信息化委
关于我省企业税费负担情况调研的报告

省人民政府：

根据马兴瑞省长关于"进一步落实企业减负工作"交办事项的工作要求，为全面掌握我省企业特别是制造业实体经济的总体税费负担情况，我委会同省地税局、省国税局、省发展改革委、省财政厅等部门开展调查研究，赴广州、佛山、东莞市等地，深入不同规模、类型和行业企业开展典型调研，向全省2000家企

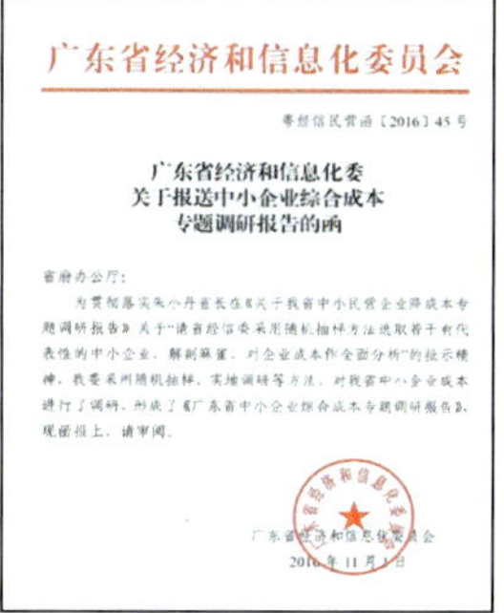

广东省经济和信息化委员会

粤经信民营函〔2016〕45号

广东省经济和信息化委
关于报送中小企业综合成本
专题调研报告的函

省府办公厅：

为贯彻落实张小丹省长在《关于我省中小民营企业降成本专题调研报告》关于"请省经信委采用随机抽样方法选取若干有代表性的中小企业，解剖麻雀，对企业成本作全面分析"的批示精神，我委采用随机抽样、实地调研等方法，对我省中小企业成本进行了调研，形成了《广东省中小企业综合成本专题调研报告》，现随报上，请审阅。

广东省经济和信息化委员会
2016年11月[illegible]日

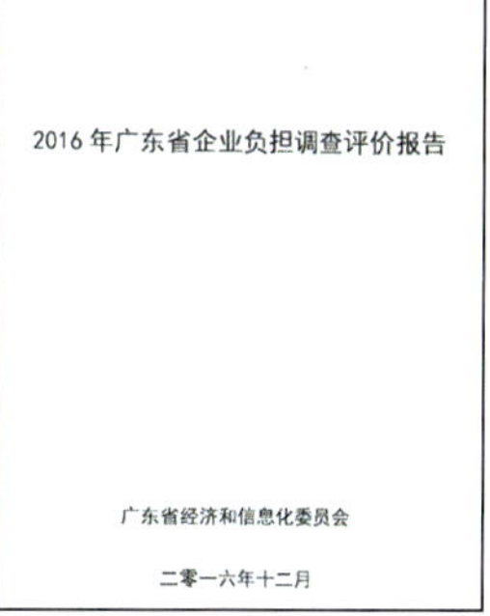

2016年广东省企业负担调查评价报告

广东省经济和信息化委员会

二零一六年十二月

广东省物流与供应链学会

SOCIETY OF GUANGDONG LOGISTICS & SUPPLY CHAIN

广东省物流与供应链学会成立于2014年1月，是由广东省不同种经济性质的物流与供应链服务企业以及有关联的事业单位、社会团体或热爱本行业的专家和学者自愿组成的非营利性社会团体组织，是广东物流与供应链学术研究的重要集聚中心。